YR
ATLAS
CYMRAEG
NEWYDD

GOLYGYDD YMGYNGHOROL
GARETH JONES

CYFLWYNIR I
DAFYDD ORWIG
GOLYGYDD *YR ATLAS CYMRAEG*

UNED IAITH GENEDLAETHOL CYMRU
CBAC

Rhagair

Bu cyhoeddi *Yr Atlas Cymraeg*, dan olygyddiaeth y diweddar Dafydd Orwig, ym 1987, yn garreg filltir arbennig. Am y tro cyntaf cafwyd atlas safonol, lliw-llawn o'r byd yn y Gymraeg. Adargraffwyd yr atlas ddwywaith i ateb y galw mawr amdano. Cyhoeddwyd yr atlas hwnnw dan nawdd Cyd-bwyllgor Addysg Cymru; yn yr un modd y Cyd-bwyllgor sy'n sicrhau cyhoeddi'r atlas hwn ar ran holl awdurdodau addysg Cymru gan obeithio y bydd yn erfyn arall i hybu'r Gymraeg.

O dderbyn bod atlas cynhwysfawr, cyfoes o'r byd yn adnawdd creiddiol y mae ei angen ar iaith fyw ochr yn ochr â geiriaduron a gwyddoniaduron, penderfynwyd datblygu atlas Cymraeg newydd i roi darlun o'r byd fel y mae ar drothwy mileniwm newydd. Bwriedir i'r atlas newydd hwn fod yn ddilyniant i'r *Atlas Cymraeg* gwreiddiol, gan fabwysiadu ac adeiladu ar ei seiliau golygyddol cadarn.

Er mwyn manteisio ar y dechnoleg gartograffig ddigidol ddiweddaraf aed ati i werthuso a dewis o blith goreuon yr atlasau addysgol Saesneg diweddaraf. Roedd y grŵp ymgynghorol a fu'n cynghori Gweithgor Cyhoeddiadau Cyd-bwyllgor Addysg Cymru yn gytûn mai *Collins-Longman Student Atlas* oedd yn rhagori o ran eglurder y mapiau a'r dylunio, cydbwysedd ei gynnwys, ansawdd arbennig y delweddau lloeren a'r gronfa o ddata ac ystadegau rhyngwladol. Dyma'r atlas, felly, sydd yn sail i'r *Atlas Cymraeg Newydd*.

Bu gweithgor o chwech o arbenigwyr wrthi am dros bedair blynedd yn datblygu ac yn cytuno ar bolisi golygyddol ar gyfer *Yr Atlas Cymraeg* gwreiddiol. Cofnodwyd crynodeb o'r prif ganllawiau gan Dafydd Orwig yn rhagair yr atlas hwnnw. Atgynhyrchir y crynodeb, a mân amrywiadau i adlewyrchu rhai gwahaniaethau o ran cynnwys rhwng *Yr Atlas Cymraeg* gwreiddiol a'r *Atlas Cymraeg Newydd*, yn dilyn mynegai'r atlas hwn.

Mae enwau lleoedd yn ddrych i'r newidiadau gwleidyddol parhaus sydd ar waith ledled y byd. Er cyhoeddi'r *Atlas Cymraeg* trodd Burma yn Myanmar a Zaïre yn Weriniaeth Ddemocrataidd Congo. Mae ffurfiau enwau lleoedd cyn-weriniaethau Sofietaidd Belarus, Ukrain, Moldova, Armenia, Georgia, Azerbaijan, Tajikistan a Kyrgyzstan yn adlewyrchu eu statws annibynnol newydd. Yn naturiol, mae'r *Atlas Cymraeg Newydd* yn ymgorffori newidiadau diweddar i statws cenhedloedd a'u ffiniau, gan gynnwys ailuno'r Almaen, a rhannu'r Undeb Sofietaidd, Tsiecoslofacia ac Iwgoslafia.

Dymunir diolch i bawb a fu ynglŷn â chynhyrchu a chyhoeddi'r atlas newydd hwn. Diolch i Rhian Wyn Jones am olygu a chyfieithu'r gronfa ddata sy'n sail i'r mapiau a'r mynegai; i Moira Jones a Sheena Barclay, Adran Gartograffig Cwmni HarperCollins, Glasgow, am eu cydweithrediad parod a'u gofal manwl wrth baratoi'r argraffiad Cymraeg ar gyfer y wasg; i Rhian Ithel ac Eluned Rowlands am eu cymorth golygyddol gyda phroflenni'r mynegai; i Siân Roffe, Prifysgol Cymru Aberystwyth, am ei chymorth ysgrifenyddol. Llywiwyd yr holl waith drwy'r wasg gan Alun Treharne o Gyd-bwyllgor Addysg Cymru. Gan y bu'n rhan o dîm golygyddol cyhoeddi'r *Atlas Cymraeg* gwreiddiol bu ei brofiad yntau yn gaffaeliad mawr ac yn gyfrwng i sicrhau cyhoeddiad sydd yn garreg filltir arall yn hanes cyhoeddi yng Nghymru.

Y mae'r diolch pennaf, fodd bynnag, i Olygydd, Gweithgor a Phanel *Yr Atlas Cymraeg* gwreiddiol am lunio canllawiau manwl yn sail i waith map safonol yn y Gymraeg. O'r herwydd, cyflwynir yr atlas newydd hwn i'r diweddar Dafydd Orwig i goffáu ei weledigaeth, ei arweiniad a'i lafur.

Rwyf yn ffyddiog y caiff *Yr Atlas Cymraeg Newydd* yr un croeso brwd yn yr ysgol, y cartref, y swyddfa, y coleg a'r llyfrgell ag a gafodd *Yr Atlas Cymraeg* gwreiddiol.

Gareth Jones
Prifysgol Cymru Aberystwyth
Golygydd Ymgynghorol

SYMBOLAU

Defnyddir symbolau neu arwyddion arbennig ar fapiau i gynrychioli lleoliad ac i roi gwybodaeth.

Gall symbolau map fod ar ffurf pwyntiau, llinellau neu ardaloedd, gan amrywio o ran maint, siâp a lliw. Mae hyn yn golygu bod modd creu amrywiaeth eang o wahanol symbolau. Rhaid dewis y symbolau hyn yn ofalus er mwyn sicrhau bod y mapiau yn rhwydd eu deall. Defnyddir yr un symbolau

fel arfer i gynrychioli nodweddion ar fapiau sydd o'r un math a graddfa o fewn atlas.

Rhan bwysig o unrhyw fap yw'r allwedd sy'n egluro beth mae'r symbolau yn ei gynrychioli. Mae allwedd i bob map yn yr atlas hwn. Gwelir isod enghreifftiau nodweddiadol o'r allweddi sydd ar fapiau cyfeiriadol yr atlas. Mae'r math cyntaf i'w weld ar fapiau 1:1 200 000 Ynysoedd Prydain, a'r ail ar y mapiau o weddill y byd sydd ar raddfa lai.

AMRYWIOL FATHAU O DEIP

Defnyddir amrywiol fathau o deip i wahaniaethu rhwng nodweddion sydd i'w gweld ar y mapiau yn yr atlas hwn. Dangosir nodweddion ffisegol mewn teip italig a gwahaniaethir rhwng nodweddion tir a dŵr.

Defnyddir llythrennau italig bach ar gyfer copaon mynyddoedd.
e.e. *Yr Wyddfa   M. Kenya   Fuji-san*

Defnyddir priflythrennau italig trwm ar gyfer cadwyni mynyddoedd mawr.
e.e. ***HIMALAYA   YR ALPAU***
ROCKIES

Defnyddir llythrennau italig bach ar gyfer afonydd hefyd, ond mewn teip gwahanol i gopaon mynyddoedd.
e.e. *Tafwys Ewffrates Rhein Amazonas*

Defnyddir priflythrennau italig mawr trwm ar gyfer cefnforoedd.
e.e. ***CEFNFOR IWERYDD***
Y CEFNFOR TAWEL
CEFNFOR INDIA

Pan fydd nodwedd yn ymestyn dros ardal eang rhoddir bwlch rhwng y llythrennau, a'u plygu weithiau i ddilyn siâp y nodwedd.
e.e. *S A H A R A*
M Ô R   B E A U F O R T

Defnyddir teip unionsyth ar gyfer aneddiadau. Defnyddir priflythrennau ar gyfer prifddinasoedd.
e.e. **CAERDYDD**
PARIS
TŌKYŌ
MOSKVA

Mae maint a thrwch y teip yn cynyddu yn ôl maint poblogaeth yr anheddiad.
e.e. Bethesda
Abertawe
Bryste
Birmingham

Defnyddir priflythrennau ar gyfer enwau gweinyddol.
e.e. CEREDIGION
RONDÔNIA
KERELA
CALIFORNIA

Defnyddir priflythrennau mawr trwm ar gyfer enwau gwledydd.
e.e. **CHINA**
FFRAINC

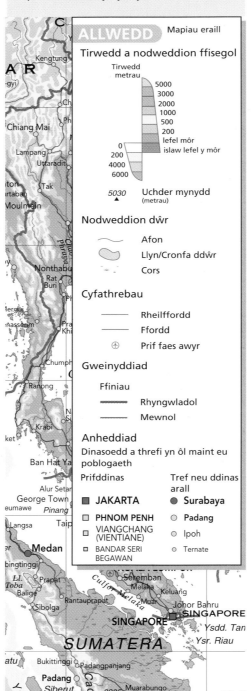

Mae map atlas o'r byd yn dangos y byd cyfan ar arwyneb gwasatad y dudalen. Ond, mewn gwirionedd, sffêr yw'r ddaear. Mae hyn yn golygu bod angen dull o droi arwyneb crwn y ddaear yn fap gwasatad o'r byd, neu ran o'r byd. Nid oes modd gwneud hyn heb rywfaint o aflunio - ar fap bydd rhai rhannau o'r byd wedi cael eu hestyn, a rhannau eraill eu cywasgu. Enw ar ddull ar gyfer troi'r glôb yn fap gwasatad yw **tafluniad**.

Mae nifer o dafluniadau gwahanol, pob un yn aflunio gwahanol briodweddau i greu map gwastad. Gall tafluniad gyfleu arwynebedd cywir, siâp cywir neu gyfeiriannau cywir; ond i gyfleu unrhyw un o'r priodweddau hyn rhaid aflunio'r lleill. Wrth ddewis pa dafluniad i'w ddefnyddio ar fap arbennig, rhaid ystyried pa briodwedd y mae'n bwysicaf ei dangos yn gywir.

Mae'r prif fathau o dafluniadau i'w gweld isod, gan gynnwys rhai a ddefnyddir yn yr atlas hwn.

Tafluniad silindrog

 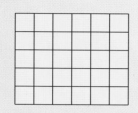

Llunnir tafluniadau silindrog trwy daflunio arwyneb y glôb ar silindr sydd yn prin gyffwrdd â'r glôb.

Tafluniad conig

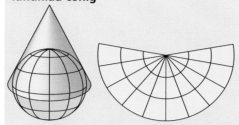

Llunnir tafluniadau conig trwy daflunio rhan o'r glôb ar gôn sydd yn prin gyffwrdd â'r glôb.

Tafluniad asimwthol

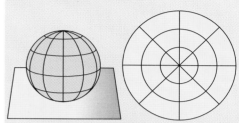

Llunnir tafluniadau asimwthol trwy daflunio rhan o'r glôb ar blân sydd yn cyffwrdd â'r glôb yn un man yn unig.

Enghreifftiau o dafluniadau

Tafluniad Mercator
De Ddwyrain Asia tt. 104-105

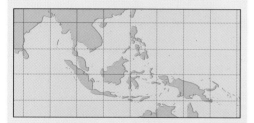

Tafluniad silindrog yw Tafluniad Mercator. Mae'n ddefnyddiol ar gyfer ardaloedd sydd 15° i'r de neu i'r gogledd o'r Cyhydedd lle mae aflunio siâp ar ei leiaf. Defnyddir y tafluniad hwn ar gyfer mordwyo oherwydd y gellir plotio cyfeiriannau arno yn llinellau syth.

Tafluniad Eckert IV
Y Byd tt. 114-115

Tafluniad arwynebedd-hafal yw Tafluniad Eckert IV. Mae tafluniadau arwynebedd-hafal yn ddefnyddiol ar gyfer mapiau thematig o'r byd lle mae'n bwysig dangos meintiau cymharol y cyfandiroedd yn gywir. Mae gan Eckert IV feridian canolog syth ond mae'r gweddill yn grwm sy'n gymorth i awgrymu natur sfferaidd y ddaear.

Tafluniad Conig Arwynebedd-hafal Albers
Ewrop tt. 34-35

Mae tafluniadau conig yn fwyaf defnyddiol ar gyfer yr ardaloedd rhwng 30° a 60° i'r de ac i'r gogledd ac iddynt hyd dwyrain-gorllewin hwy na hyd gogledd-de - er enghraifft, Ewrop. Mae'r meridianau yn syth a'r un pellter oddi wrth ei gilydd.

Tafluniad Trimetrig Chamberlin
Canada tt. 62-63

Tafluniad cytbell yw Tafluniad Trimetrig Chamberlin. Mae'n dangos pellteroedd cywir o ryw dri phwynt. Caiff ei ddefnyddio ar gyfer ardaloedd sydd yn fwy eang gogledd-de na dwyrain-gorllewin - er enghraifft, Gogledd America.

Tafluniad Asimwthol Arwynebedd-hafal Lambert
Awstralia t. 110

Mae Tafluniad Lambert yn ddefnyddiol ar gyfer ardaloedd â dimensiynau dwyrain-gorllewin a gogledd-de tebyg, fel Awstralia.

Tafluniad Stereograffig Pegynol
Antarctica t.112

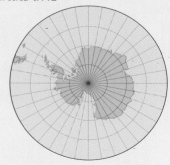

Nid yw'r tafluniad hwn yn aflunio o ran ongl na siâp dros ardaloedd bychain. Mae pob pwynt ar y map mewn safle a phellter cymharol cyson o'r canol.

LLEDRED

Llinellau dychmygol sy'n amgylchynu'r byd o'r dwyrain i'r gorllewin yw llinellau lledred. **Cyflinau** lledred yw'r enw arall arnynt gan eu bod yn rhedeg yn gyfochrog i'w gilydd. Caiff lledred ei fesur mewn **graddau** (°).

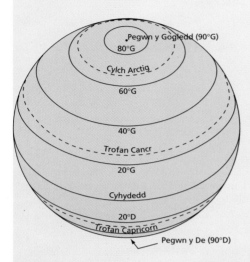

Y llinell ledred bwysicaf yw'r **Cyhydedd** (0°). Mae Pegwn y Gogledd 90° i'r gogledd (90°G) a Phegwn y De 90° i'r de (90°D). Mae gan bob llinell ledred rhif rhwng 0° a 90°, naill ai i'r gogledd (G) neu i'r de (D) o'r Cyhydedd. Llinellau lledred pwysig eraill yw Trofan Cancr (23½°G), Trofan Capricorn (23½° D), Y Cylch Arctig (66½° G) a'r Cylch Antarctig (66½° D).

Gellir defnyddio'r Cyhydedd fel llinell i rannu'r ddaear yn ddau hanner. Yr hanner sydd i'r gogledd o'r Cyhydedd yw **Hemisffer y Gogledd**. Yr hanner sydd i'r de o'r Cyhydedd yw **Hemisffer y De**.

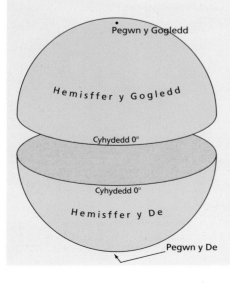

HYDRED

Llinellau dychmygol sy'n amgylchynu'r byd o'r gogledd i'r de, o Begwn y Gogledd i Begwn y De, yw llinellau hydred. **Meridianau** hydred yw'r enw arall arnynt. Caiff y rhain hefyd eu mesur mewn **graddau** (°).

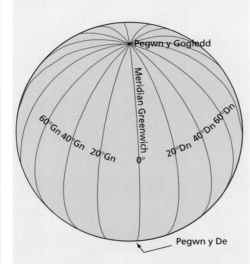

Y llinell hydred bwysicaf yw'r prif feridian (0°). Gan fod y llinell hon yn rhedeg trwy Arsyllfa Greenwich yn Llundain caiff ei galw'n Feridian Greenwich. Yn union gyferbyn â Meridian Greenwich, ar ochr arall y byd, mae llinell hydred 180° a elwir yn Ddyddlinell. Mae gan bob llinell hydred arall rif rhwng 0° a 180°, naill ai i'r dwyrain (Dn) neu i'r gorllewin (Gn) o Feridian Greenwich.

Gellir defnyddio Meridian Greenwich (0°) a'r Ddyddlinell (180°) hefyd i rannu'r byd yn ddau hanner. Yr hanner sydd i'r gorllewin o Feridian Greenwich yw **Hemisffer y Gorllewin**. Yr hanner sydd i'r dwyrain o Feridian Greenwich yw **Hemisffer y Dwyrain**.

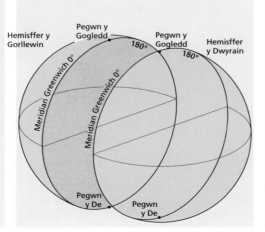

DOD O HYD I LEFYDD TRWY DDEFNYDDIO LLEDRED A HYDRED

Wrth dynnu llinellau hydred a lledred ar fap mae patrwm grid yn datblygu, yn debyg iawn i batrwm o sgwariau.

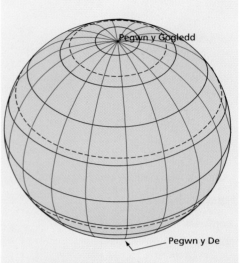

O wybod **lledred** a **hydred** lle arbennig, mae'n llawer haws dod o hyd iddo ar fap. Mae'n hawdd dod o hyd i Bwynt A ar y map isod achos ei fod yn union ar ledred 58° i'r gogledd o'r Cyhydedd a hydred 4° i'r gorllewin o Feridian Greenwich (58°G, 4°Gn).

I leoli lle yn fwy manwl gellir rhannu pob gradd o ledred a hydred yn unedau llai o'r enw **munudau** ('). Mae 60 munud ym mhob gradd. Ar y map isod mae Halkirk hanner (neu 30/60) o'r ffordd heibio i ledred 58°G, a hanner (30/60) o'r ffordd heibio i hydred 3°Gn. Felly lledred Halkirk yw 58 gradd 30 munud i'r gogledd, a'i hydred yw 3 gradd 30 munud i'r gorllewin - sef yn gryno 58° 30' G, 3° 30' Gn.

GRADDFA

I lunio map o unrhyw ran o'r byd rhaid lleihau'r arwynebedd er mwyn iddo ffitio ar dudalen. Bydd graddfa map yn dweud wrthym faint y cafodd yr arwynebedd ei leihau.

Gellir defnyddio graddfa map i ddarganfod pellter ac arwynebedd hefyd. Bydd graddfa map yn dangos y berthynas rhwng pellter ar y map a phellter ar y ddaear.

Mae sawl ffordd o ddangos graddfa ar fap:

(a) **ar ffurf geiriau**
e.e. 'un cm. i un km.' (mae un cm. ar y map yn cynrychioli un km. ar y ddaear); 'un cm. i un m.' (mae un cm. ar y map yn cynrychioli un m. ar y ddaear).

(b) **ar ffurf rhifau**
e.e. '1 : 100 000' neu '1/100 000' (mae un cm. ar y map yn cynrychioli 100 000 cm., neu un km., ar y ddaear); '1 : 25 000' neu '1/25 000' (mae un cm. ar y map yn cynrychioli 25 000 cm., neu 250 m., ar y ddaear); '1 : 100' neu '1/100' (mae un cm. ar y map yn cynrychioli 100 cm., neu un m., ar y ddaear).

(c) **ar ffurf llinell raddfa**
e.e.

| 0 | 10 | 20 | 30 | 40 | 50 km |

MESUR PELLTER AR FAP

Pan nad oes pellteroedd wedi eu nodi ar fap gallwch ddefnyddio graddfa'r map i ddarganfod y pellter rhwng dau le. Llinell raddfa yw'r un rwyddaf i'w defnyddio. Rhaid i chi ddarganfod y pellter rhwng y ddau le ar y map ac yna gweld beth mae'r pellter hwn yn ei gynrychioli ar y llinell raddfa. I fesur pellter llinell syth rhwng dau bwynt:

a) Rhowch ddarn o bapur rhwng y ddau bwynt ar y map.
b) Marciwch y pellter rhwng y ddau bwynt ar ymyl y papur.
c) Rhowch y papur ar hyd y llinell raddfa.
ch) Darllenwch y pellter ar y raddfa.

Cam 1

Gosodwch y papur yn ei le a marciwch y pellter o A i B.

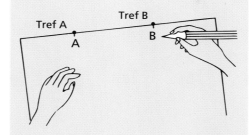

Cam 2

Cymharwch y pellter rydych wedi'i farcio ar y papur â'r llinell raddfa ar waelod y map. Ar y llinell raddfa 1.5 km yw'r pellter rhwng A a B.

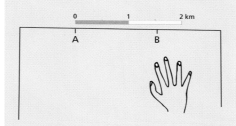

I fesur y pellter rhwng dau bwynt ar hyd llinell sydd heb fod yn syth:

a) Rhowch ddarn o bapur ar y map gan farcio'r man cychwyn ar ymyl y papur.
b) Symudwch y papur fel bod yr ymyl yn dilyn y troeon sydd ar y llinell ar y map. (Awgrym: defnyddiwch flaen eich pensil i ddal ymyl y papur ar y tro wrth i chi symud y papur o amgylch y tro.)
c) Marciwch y man gorffen ar eich darn o bapur.
ch) Rhowch y papur ar hyd y llinell raddfa.
d) Darllenwch y pellter ar y raddfa.

Dilyn llinell o amgylch tro: marciwch y man cychwyn yna trowch y papur i ddilyn y tro.

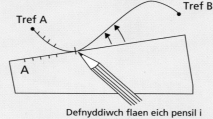

Defnyddiwch flaen eich pensil i ddal y papur ar y tro. Mae hyn yn atal y papur rhag symud o'r llinell.

GRADDFA MAP A GWYBODAETH AR FAP

Mae graddfa map hefyd yn pennu faint o wybodaeth y gellir ei dangos ar y map. Wrth i'r arwynebedd a ddangosir ar fap gynyddu, bydd y manylion a ddangosir ar y map, a'i gywirdeb, yn lleihau.

Graddfa'r map hwn yw 1 : 5 000 000

Graddfa'r map hwn yw 1 : 10 000 000

Graddfa'r map hwn yw 1 : 20 000 000

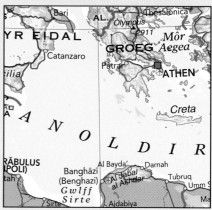

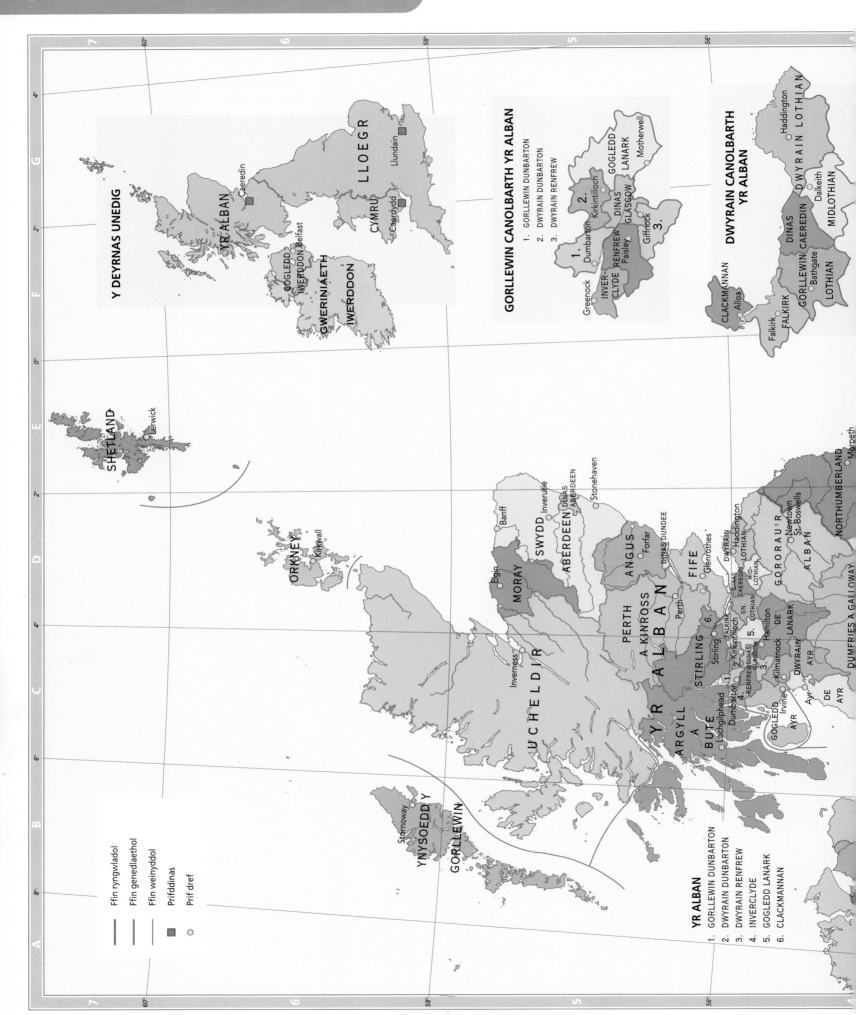

Y DEYRNAS UNEDIG

YR ALBAN
Caeredin

LLOEGR
Llundain

CYMRU
Caerdydd

GWERINIAETH IWERDDON
GOGLEDD IWERDDON Belfast

GORLLEWIN CANOLBARTH YR ALBAN

1. GORLLEWIN DUNBARTON
2. DWYRAIN DUNBARTON
3. DWYRAIN RENFREW

GOGLEDD LANARK
Motherwell
Kirkintilloch
DINAS GLASGOW
2.
1.
Dumbarton
INVER-CLYDE RENFREW
Greenock Paisley
Giffnock
3.

DWYRAIN CANOLBARTH YR ALBAN

DWYRAIN LOTHIAN
Haddington
Dalkeith
MIDLOTHIAN
DINAS CAEREDIN
GORLLEWIN CAEREDIN Bathgate
LOTHIAN
CLACKMANNAN
Alloa
FALKIRK
Falkirk

SHETLAND
Lerwick

ORKNEY
Kirkwall

MORAY
Elgin
Banff
SWYDD Inverurie
ABERDEEN DINAS ABERDEEN
Stonehaven

UCHELDIR
Inverness

PERTH A KINROSS
Perth
ANGUS
Forfar
DINAS DUNDEE

FIFE
Glenrothes

DWYRAIN Haddington LOTHIAN
MID-LOTHIAN
STIRLING
Stirling
6.
FALKIRK
Kirkintilloch
DINAS CAEREDIN GN.
LOTHIAN
1
2
DINAS GLASGOW
5.
RENFREW
4
3.
Dumbarton
Kilmarnock
Hamilton
DE LANARK
DWYRAIN

ARGYLL A BUTE
Lochgilphead

GORORAU'R ALBAN
Newtown
St-Boswells
NORTHUMBERLAND
Morpeth

GOGLEDD AYR
Irvine
Ayr
DE AYR
DWYRAIN AYR
Ayr

DUMFRIES A GALLOWAY

YNYSOEDD Y GORLLEWIN
Stornoway

YR ALBAN

1. GORLLEWIN DUNBARTON
2. DWYRAIN DUNBARTON
3. DWYRAIN RENFREW
4. INVERCLYDE
5. GOGLEDD LANARK
6. CLACKMANNAN

Ffin ryngwladol
Ffin genedlaethol
Ffin weinyddol
Prifddinas
Prif dref

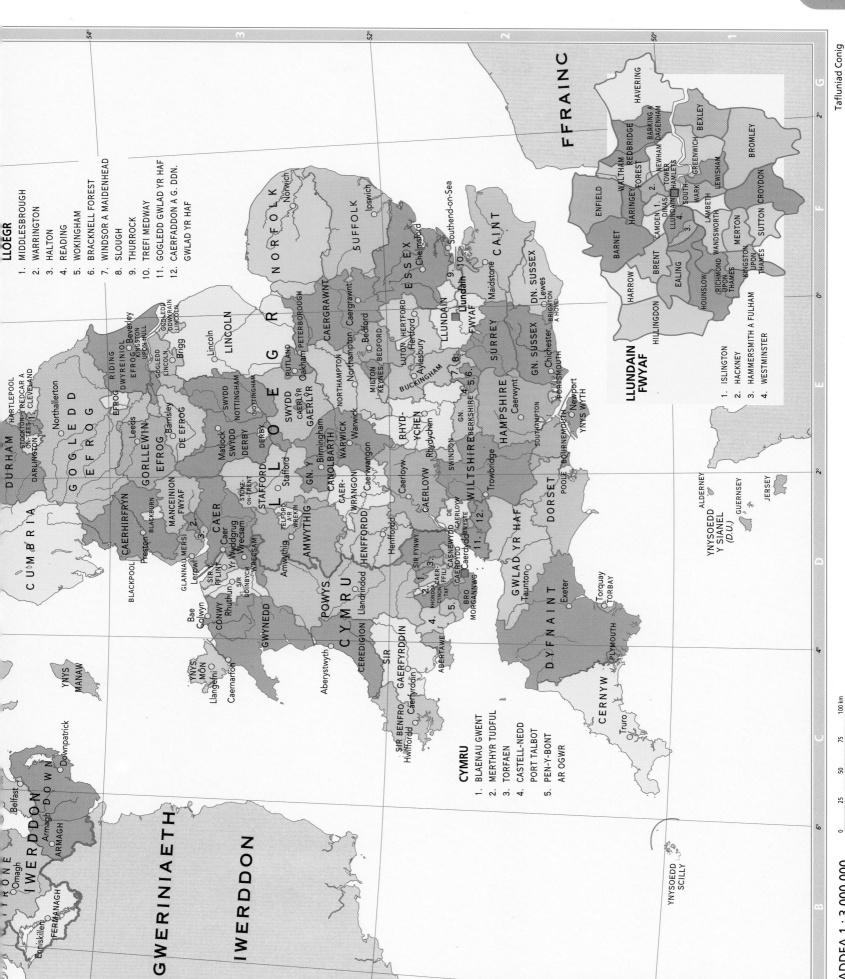

LLOEGR

1. MIDDLESBROUGH
2. WARRINGTON
3. HALTON
4. READING
5. WOKINGHAM
6. BRACKNELL FOREST
7. WINDSOR A MAIDENHEAD
8. SLOUGH
9. THURROCK
10. TREFI MEDWAY
11. GOGLEDD GWLAD YR HAF
12. CAERFADDON A G. DDN.
    GWLAD YR HAF

LLUNDAIN FWYAF

1. ISLINGTON
2. HACKNEY
3. HAMMERSMITH A FULHAM
4. WESTMINSTER

CYMRU

1. BLAENAU GWENT
2. MERTHYR TUDFUL
3. TORFAEN
4. CASTELL-NEDD
   PORT TALBOT
5. PEN-Y-BONT
   AR OGWR

FFRAINC

GWERINIAETH IWERDDON

IWERDDON

GRADDFA 1 : 3 000 000

Tafluniad Conig

0   25   50   75   100 km

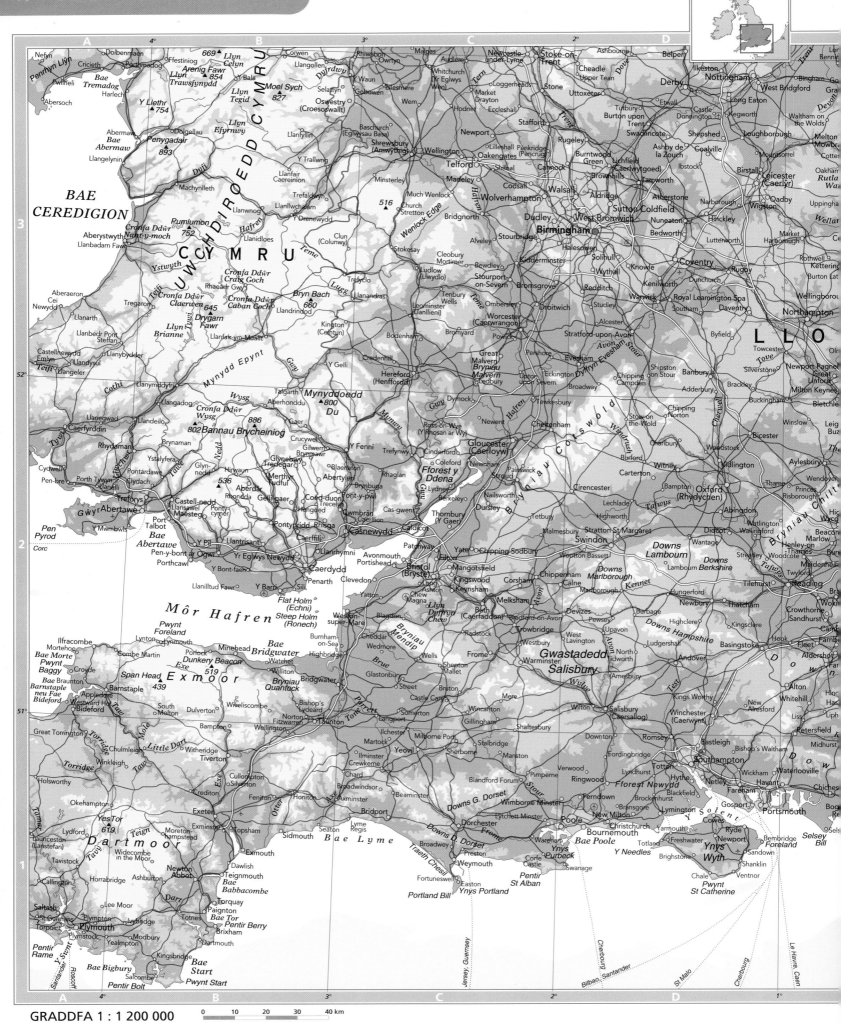

GRADDFA 1 : 1 200 000

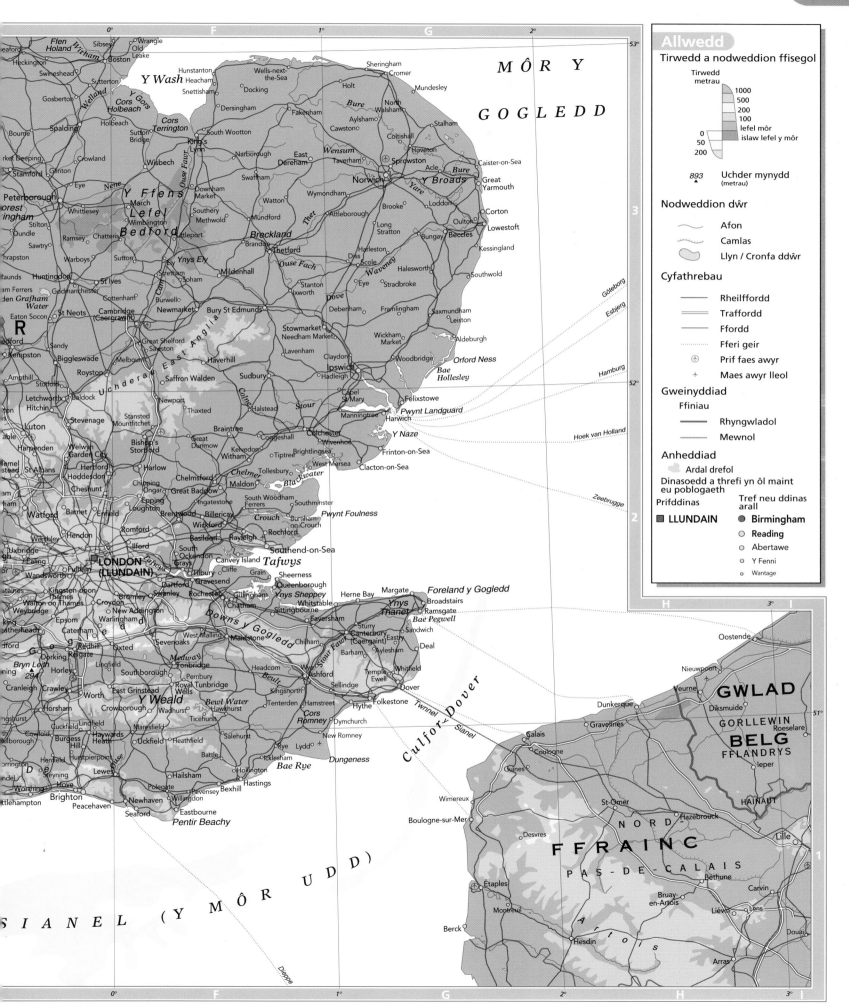

MÔR Y

GOGLEDD

SIANEL (Y MÔR UDD)

Allwedd

Tirwedd a nodweddion ffisegol

Tirwedd
metrau

1000
500
200
100
0 lefel môr
islaw lefel y môr
50
200

893 Uchder mynydd
▲ (metrau)

Nodweddion dŵr

〜 Afon

〜 Camlas

Llyn / Cronfa ddŵr

Cyfathrebau

Rheilffordd

Trafford

Ffordd

Fferi geir

⊕ Prif faes awyr

✈ Maes awyr lleol

Gweinyddiad

Ffiniau

Rhyngwladol

Mewnol

Anheddiad

Ardal drefol

Dinasoedd a threfi yn ôl maint
eu poblogaeth

Prifddinas

■ LLUNDAIN

Tref neu ddinas
arall

● Birmingham

◎ Reading

◌ Abertawe

○ Y Fenni

○ Wantage

GWLAD

GORLLEWIN

BELG

FFLANDRYS

FFRAINC

PAS-DE-CALAIS

Tafluniad Conig

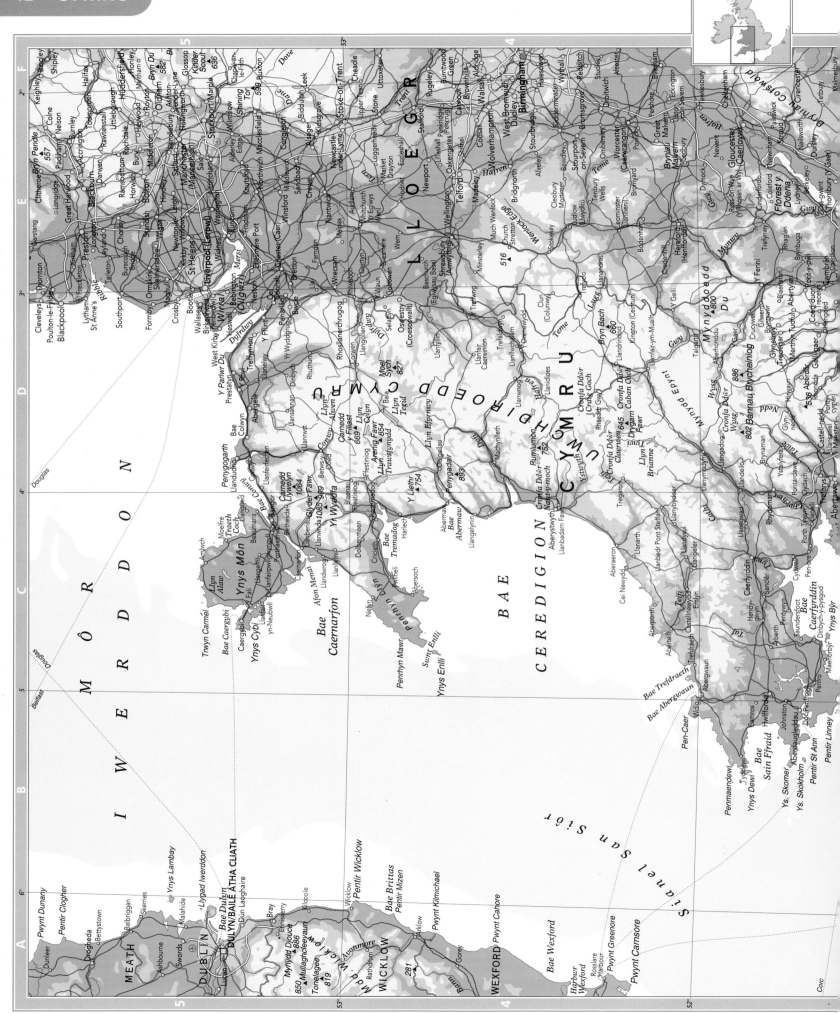

GRADDFA 1 : 1 200 000

0   10   20   30   40 km

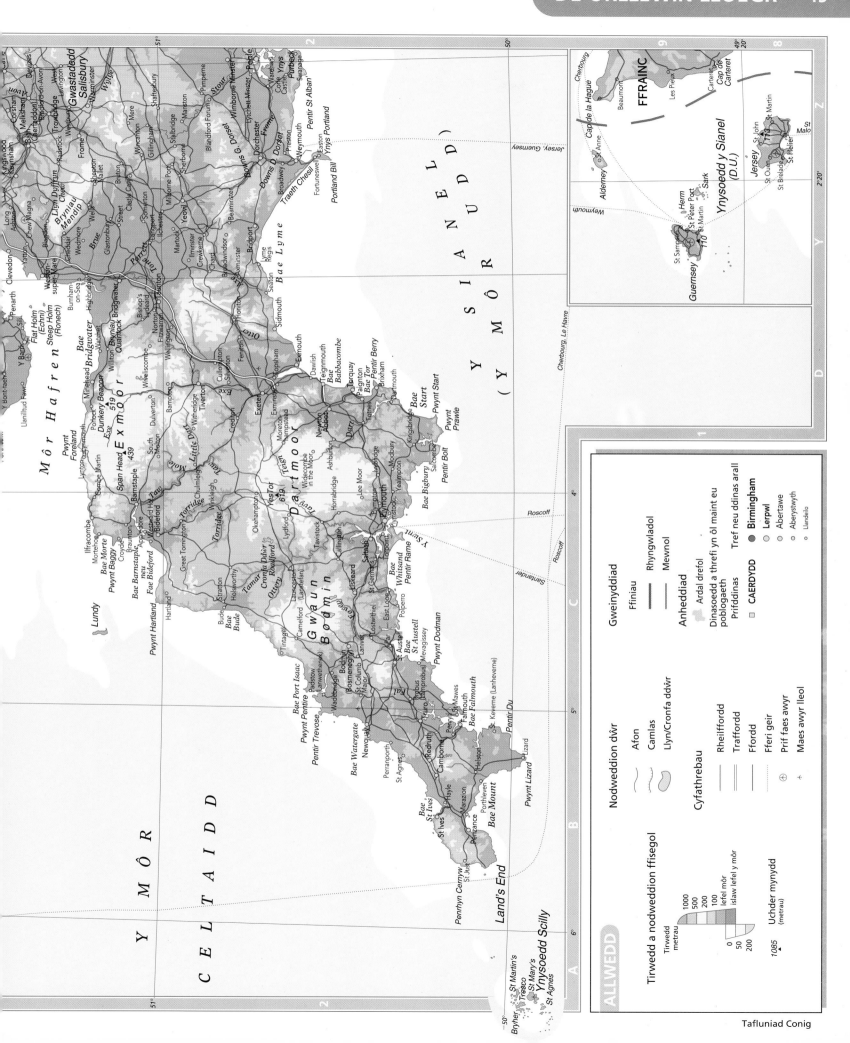

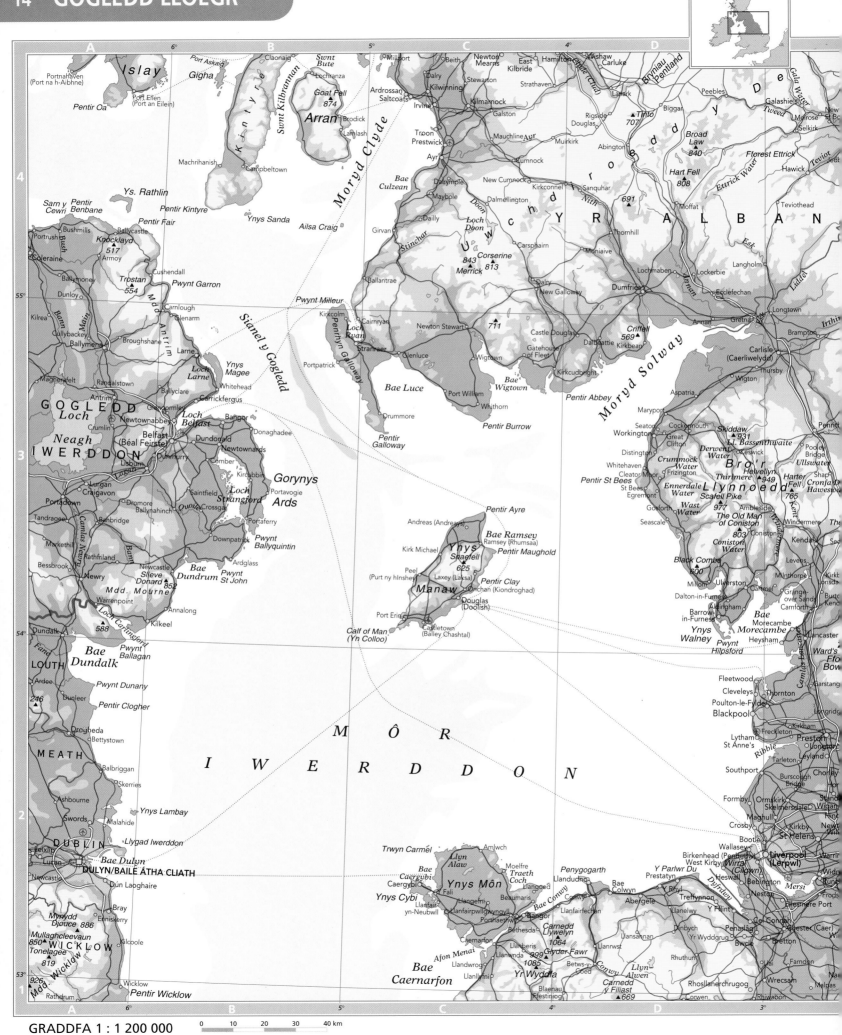

GRADDFA 1 : 1 200 000

0   10   20   30   40 km

GRADDFA 1 : 1 200 000

0   10   20   30   40 km

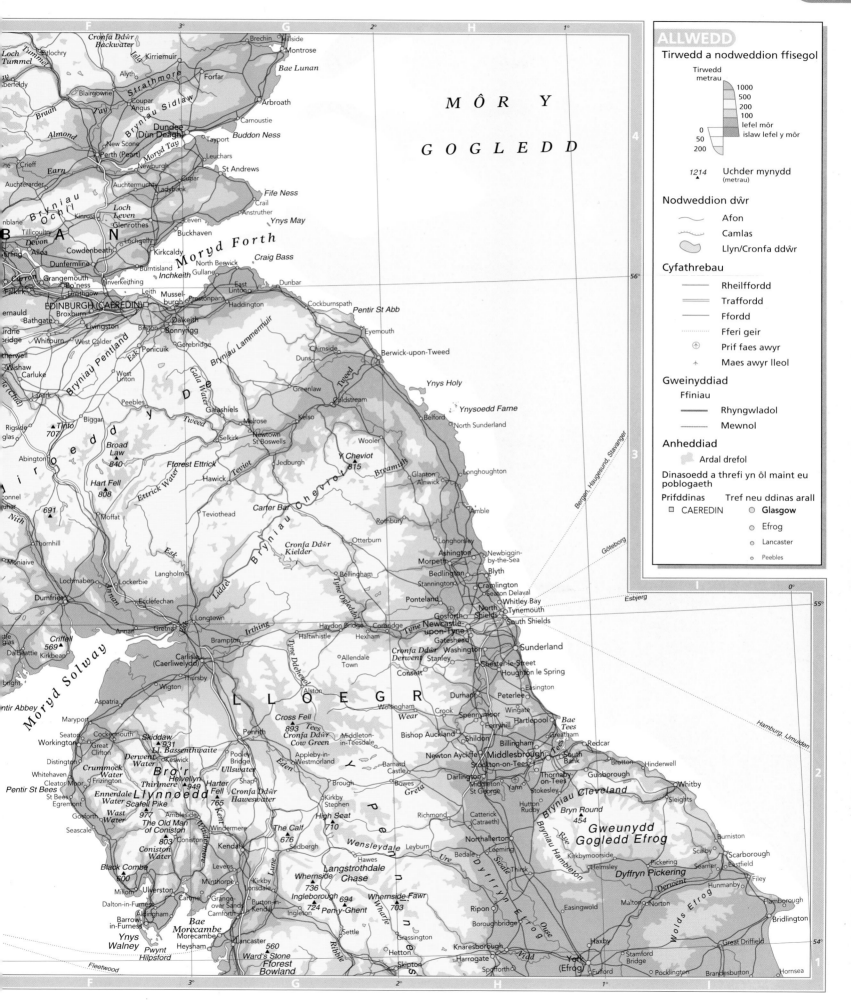

ALLWEDD

Tirwedd a nodweddion ffisegol

Tirwedd metrau

1000
500
200
100
0 lefel môr
50 islaw lefel y môr
200

1214 ▲ Uchder mynydd (metrau)

Nodweddion dŵr

Afon

Camlas

Llyn/Cronfa ddŵr

Cyfathrebau

Rheilffordd

Traffordd

Ffordd

Fferi geir

⊕ Prif faes awyr

↙ Maes awyr lleol

Gweinyddiad

Ffiniau

Rhyngwladol

Mewnol

Anheddiad

Ardal drefol

Dinasoedd a threfi yn ôl maint eu poblogaeth

Prifddinas | Tref neu ddinas arall
□ CAEREDIN | ● Glasgow
| ○ Efrog
| ○ Lancaster
| ○ Peebles

Môr y Gogledd

Tafluniad Conig

ALLWEDD

Tirwedd a nodweddion ffisegol

Tirwedd
metrau

1000
500
200
100
0 lefel môr
50 islaw lefel y môr
200

1344 Uchder mynydd
▲ (metrau)

Nodweddion dŵr

Afon

Camlas

Llyn/Cronfa ddŵr

Cyfathrebau

Rheilffordd

Ffordd

Fferi geir

⊕ Prif faes awyr

✈ Maes awyr lleol

Gweinyddiad

Ffiniau

Mewnol

Anheddiad

Dinasoedd a threfi yn ôl maint eu poblogaeth

○ Aberdeen

○ Inverness

○ Kirkwall

GRADDFA 1 : 1 200 000

0 10 20 30 40 km

Penrhyn Wrath
Pwynt Lewis
Port of Ness (Port Nis)
Kinlochbervie
Loch Inchard
L. Laxford
Foinaven 915
Muirneag 248
Pentir Tolsta
Ynys Handa
Scourie (Sgobhairigh)
Loch Roag Gorllewinol
Bernera Fawr
Stornoway (Steòrnabhagh)
Loch a Tuath
Gòrynys Eye
Pwynt Stoer
Lochinver (Loch an Inbhir)
Loch Assynt
Ben Mor Assynt 998
Callanish
Lewis
Ynys Mealasta
Loch Langavat
Pentir Kebock (A' Chabag)
Rubha Coigeach
Canisp 846
Cul Mor 849
Scarp
Tirga Mor 679
Clisham 799
Ynysoedd yr Haf
Loch Lurgainn
Minch
Pwynt Greenstone
Bae Gruinard
Loch Broom
Loch Ullapool (Ullabol)
Tarbert (An Tairbeart)
Scalpay
Ynysoedd Shiant
Rubha Reidh
Harris
Loch Langavat
Loch Tarbert Dwyreiniol
An Teallach 1062
Fionn Loch
Beinn Dearg 1084
Pabbay
Rodel (Roghadal)
Rubha Hunish
Gair Loch
Gairloch (Geàrrloch)
Loch Maree
Sgurr Mor 1170
Berneray
Boreray
Uig (Uige)
WESTER ROSS
Loch Fannich
St Kilda
Swnt Harris
Minch Bach
Loch Snizort
L. Torridon
Gogledd Uist
Lochmaddy (Loch nam Madadh)
Storr 719
Swnt Raasay
Rona
Torridon (Toirbheartan)
Shieldaig (Sildeag)
Ynysoedd Monach
Swnt Monach
L. Dunvegan
Portree (Portrigh)
Raasay
Swnt Mewnol
Orrin
Benbecula
Balivanich
Skye (An t-Eilean Sgiathanach)
Scalpay
Loch Monar
Cefnfor Iwerydd
Hebrides Allanol
De Uist
Mdd. Cuillin 993
Blaven 928
Sgurr Alasdair
L. Bracadale
Kyle of Lochalsh (Caol Loch Aillse)
Càrn Eighe 1183
A'Chralaig 1120
Lochboisdale (Loch Baghasdail)
Soay
L. Eishort
Moriston
Loch Cluanie
Glen Mor
L. Hourn 1020
Ladhar Bheinn
Glen Garry
Loch Quoich
Eriskay
Swnt Barra
Canna
Swnt Cuillin
Swnt Sleat
Ardvasar (Aird a' Bhasain)
L. Nevis
Loch Garry
Loch Loyne
Barra
Castlebay
Rum
Mallaig
Loch Morar
Loch Arkaig
L. Lochy
Vatersay
Pabbay
Sandray
Eigg
Arisaig (Arasaig)
Stob Choire Claurigh 1177
Swnt Arisaig
Eilean Shona
Fort William (An Gearasdan)
1344
Mingulay
Muck
Loch Shiel
Sgurr Dhomhnuill 888
Ben Nevis (Beinn Nibheis)
Kinlochleven (Ceann Loch Liobhainn)
Berneray
Pwynt Ardnamurchan
Coll
Coll
Loch Sunart
Loch Linnhe
Loch Leven (Gleann Comhann)
Glen Coe
Bidean nam Bian 1150

Pentir Noup
Westray
Pentir Mull
Papa
Westray
Swnt y
Gogledd
Eday
Moryd Westray
Rousay
Egilsay
Pentir Brough
Loch
Harray
Tir Mawr
Loch
Stenness
Stromness
Bryn Ward
479
Hoy
Scapa
Flow Flotta
Burray
De Walls
De Ronaldsay
St Margaret's Hope
Gogledd
Ronaldsay
Torshavn
Moryd G. Ronaldsay
Sanday
Swnt
Sanday
Stronsay
Moryd
Stronsay
Shapinsay
Auskerry
Ynysoedd
Orkney
Moryd Wide
Kirkwall
Skaill
Copinsay
Lerwick
Egilsay

Moryd Pentland
Pentir Dunnet
Pwynt
Strathy
Bae
Thurso
Bae
Dunnet
De Walls
Burwick
Brough Ness
Ynys Stròma
Skerries Pentland
Pentir Duncansby
John o Groats

Tongue
(Tunga)
Hope
764
an Loyal Loch
Loyal
Naver
Ben
Klibreck
961
SUTHERLAND
THERLAND
Loch
nan Clar
Melvich
(Mealbhaich)
Dounreay
Thurso
Halkirk
CAITHNESS
Thurso
Loch
Watten
Bae
Sinclair
Wick
Wick
Latheron
Helmsdale
Helmsdale
Brora
Brora
Lairg
Golspie
Bonar Bridge
Dornoch
Moryd Dornoch
Tarbat Ness
Tain
Balintore

Loch Glass
Wyvis
Invergordon
Bae
Nigg
Cromarty
Moryd Cromarty
Ynys
Ddu
Conon Bridge
Fortrose
Inverness (Inbhirnis)
Moryd Beauly
Moryd
Moray
Moryd Moray

Unst
Herma Ness
Pwynt
Fethaland
Yell
Fetlar
Esha Ness
Bryn Ronas
450
Bae
St Magnus
Muckle
Roe
Out Skerries
Voe
Whalsay
Papa
Stour
Melby
Lerwick
Ynys
Noss
Bressay
Burra
Orllewinol
Bergen (a Hansholm)
(haf yn unig)
Foula
Ynysoedd
Shetland
Mousa
Sumburgh
Pentir
Sumburgh
Ynys Fair
Stromness
Lerwick
Aberdeen

Lossiemouth
Portknockie
Cullen
Portsoy
Pentir Troup
Macduff
Fraserburgh
Burghead
Buckie
Banff
Loch Strathbeg
Elgin
Kinloss
Fochabers
Bryn Knock
430
Deveron
Newo
Pitsligo
Ugie Ogleddol
Pentir Rattray
Crimond
Forres
Isla
Aberchirder
Turriff
Peterhead
Nairn
Lossie
Keith
Boddam
Rothes
Spey
Huntly
Mintlaw
Cruden Bay
Dufftown
Deveron
Ellon
Findhorn
STRATHBOGIE
Ythan
Strathspey
Bogie
Insch
Urie
Oldmeldrum
Grantown-
on-Spey
Bryniau
Cromdale
Kemnay
Kintore
Dyce
Inverurie
Geal Charn
821
Aviemore
Don
Westhill
Aberdeen
(Obair Dheathain)
Kingussie
Cairn Gorm
1245
Mdd. Cairngorm
Ben Macdui
1291 1309
Cairn Toul
Avon
Dee
Portlethen
Newtonmore
Braemar
Dee
Ballater
Aboyne
Banchory
Newtonhill
Monadhliath
M. Keen
939
Lochnagar
1155
Esk Ogleddol
Stonehaven
Grampian
1008
Carn nan
Beinn Dearg Gabhar
Fforest Atholl 1121
Mayar
928
Water of Saughs
Laurencekirk
Inverbervie
Esk Ddeheuol
Loch
Garry
Cronfa Ddŵr
Backwater
Hillside
Brechin
Montrose
L. Rannoch
Schiehallion
1083
Loch
Errochty
Blair Atholl
Pitlochry
Loch
Tummel
Tummel
Glen Shee
Isla
Kirriemuir
Forfar
Bae Lunan
MÔR Y
GOGLEDD

9
60°
8
2
57°
19

4° F 3° G 2° X 2° Y 1° Z
4° F 3° G 2° H 1° I

Tafluniad Conig

ALLWEDD

Tirwedd a nodweddion ffisegol

Tirwedd
metrau
1000
500
200
100
lefel môr
0
200
4000
islaw lefel y môr

1041   Uchder mynydd
(metrau)

Nodweddion dŵr

~~~ Afon

Camlas

Llyn/Cronfa ddŵr

Cors

Cyfathrebau

Rheilffordd

Traffordd

Ffordd

⊕ Prif faes awyr

Gweinyddiad

Ffiniau

Rhyngwladol

Mewnol

Anheddiad

Dinasoedd a threfi yn ôl
maint eu poblogaeth

Prifddinas   Tref neu ddinas arall

□ DULYN   ○ Corc

         ○ Killarney

GWERINIAETH IWERDDON

GOGLEDD IWERDDON

MÔR IWERDDON

Sianel San Siôr

Sianel y Gogledd

Counties / regions: DONEGAL, SLIGO, LEITRIM, MAYO, ROSCOMMON, CAVAN, MONAGHAN, LOUTH, MEATH, WESTMEATH, LONGFORD, GALWAY, OFFALY, KILDARE, WICKLOW, LAOIS, CLARE, TIPPERARY, CARLOW, KILKENNY, WEXFORD, LIMERICK, KERRY, CORC, WATERFORD

Places: Belfast (Béal Feirste), DULYN, BAILE ÁTHA CLIATH, Corc / Corcaigh, Limerick, Waterford, Galway, Sligo, Donegal, Letterkenny, Derry, Coleraine, Ballymena, Armagh, Newry, Dundalk, Drogheda, Navan, Mullingar, Athlone, Tullamore, Portlaoise, Naas, Newbridge, Bray, Wexford, New Ross, Kilkenny, Carlow, Clonmel, Cashel, Tralee, Killarney, Mallow, Cobh, Kinsale, Bantry, Ennis, Westport, Castlebar, Ballina, Boyle, Carrick-on-Shannon, Longford, Cavan, Monaghan, Enniskillen, Omagh, Strabane, Lifford

Physical features: Ynys Achill, Conamara, Mynydd Mourne, Macgillycuddy's Reeks, Carrantuohill 1041, Errigal 752, Slieve Snaght 615, Mweelrea, Loch Neagh, Loch Corrib, Loch Mask, Loch Derg, Loch Ree, Loch Conn, Bae Donegal, Bae Galway, Bae Dingle, Bae Bantry, Bae Dundalk, Pentir Malin, Bloody Foreland, Pentir Mizen, Pentir Carnsore

---

GRADDFA 1 : 2 000 000

0   20   40   60   80 km

Tafluniad Conig

1 TYMHEREDD

IONAWR

Tymheredd
°C
8
6
4
0

GORFFENNAF

Tymheredd
°C
16
14
12
10

2 Y TYMOR TYFU

Nifer y misoedd â thymheredd
cymedrig dros 6°C

9-12
7-8
5-6
0-4

3 GLAWIAD BLYNYDDOL

Glawiad
blynyddol cyfartalog
mm

dros 2500
2000-2500
1500-2000
1000-1500
750-1000
625-750
0-625

Lleoliad trefi
y graffiau
hinsawdd

Lerwick

Onich

Caeredin

Dumfries

Belfast

Efrog

Penbedw

Cromer

Birmingham

Aberystwyth

Llundain

Plymouth

4 GRAFFIAU HINSAWDD

Tref

Mae'r amrediad
tymheredd yn
dangos yr
uchafbwynt a'r
isafbwynt dyddiol
cyfartalog.

Glawiad
misol
cyfartalog
mewn mm

I Ch M E M M G A M H T Rh

Aberystwyth — Tymheredd — Glawiad — I Ch M E M M G A M H T Rh

Belfast — Tymheredd — Glawiad — I Ch M E M M G A M H T Rh

Penbedw — Tymheredd — Glawiad — I Ch M E M M G A M H T Rh

Birmingham — Tymheredd — Glawiad — I Ch M E M M G A M H T Rh

Cromer — Tymheredd — Glawiad — I Ch M E M M G A M H T Rh

Dumfries — Tymheredd — Glawiad — I Ch M E M M G A M H T Rh

Caeredin — Tymheredd — Glawiad — I Ch M E M M G A M H T Rh

Llundain (Kew) — Tymheredd — Glawiad — I Ch M E M M G A M H T Rh

Lerwick — Tymheredd — Glawiad — I Ch M E M M G A M H T Rh

Onich — Tymheredd — Glawiad — I Ch M E M M G A M H T Rh

Plymouth — Tymheredd — Glawiad — I Ch M E M M G A M H T Rh

Efrog — Tymheredd — Glawiad — I Ch M E M M G A M H T Rh

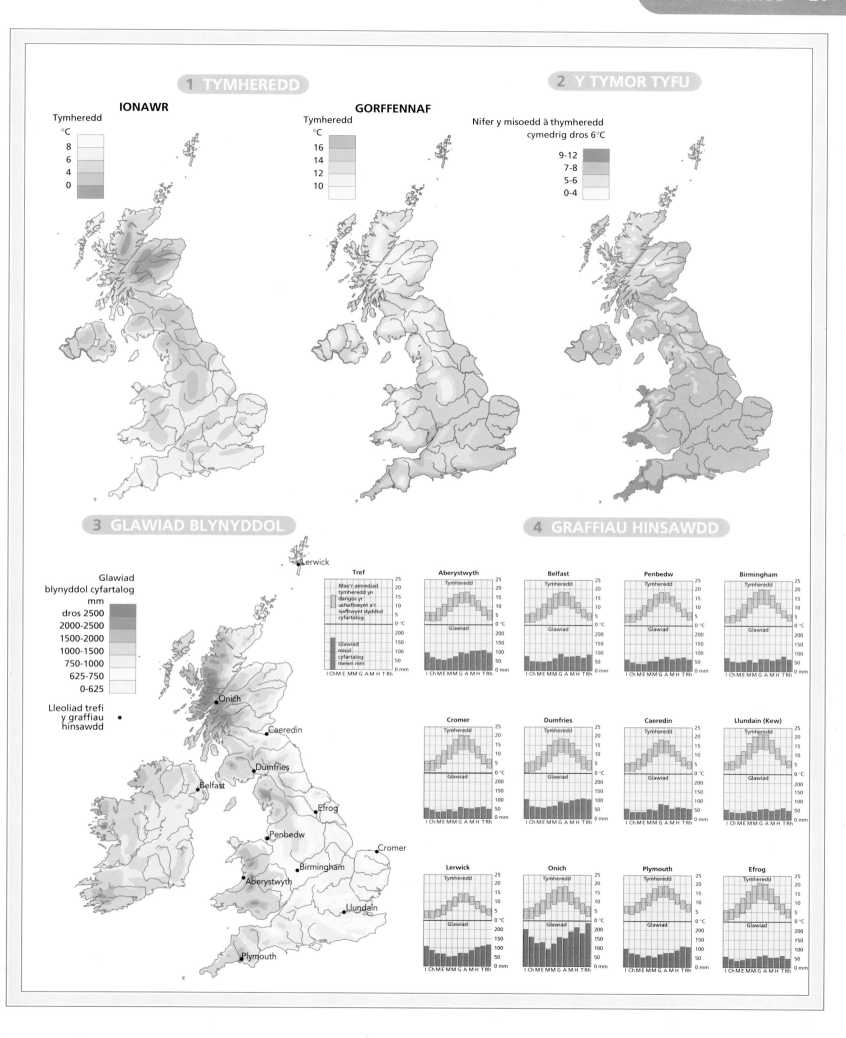

Ysdd. Shetland
Uust
Yell Fetlar
Foula
Tir Mawr Whalsay
Bressay
Pentir Sumburgh
Ynys Fair

Tirwedd
metrau
1000
500
200
100
0 lefel môr
200

Ysdd. Orkney
Westray Sanday
Tir Mawr Stronsay
Hoy De Ronaldsay
Moryd Pentland
Pentir Duncansby

Penrhyn Wrath
Pwynt Lewis
Loch Shin
Thurso
Loch Broom

Hebrides Allanol
Lewis
Clisham 799
St. Kilda
Harris
Minch
Gogledd Uist
Skye
De Uist
Minch Bach
Mdd. Cuillin 993
Barra
Rum
Hebrides Mewnol
Coll
Tiree

Loch Ness
Moryd Dornoch
Moryd Moray
Spey Deveron Don
Mdd. Cairngorm
Ben Macdhui 1309
Ucheldiroedd y Gogledd Orllewin
Ben Nevis 1344
Mdd. Grampian
Dee

MÔR Y GOGLEDD

CEFNFOR IWERYDD

Ben Lawers 1214
Tay
Loch Tay
Moryd Tay
Loch Awe
Bryniau Ochil
Loch Lomond
Moryd Forth
Ben More 966
Mull
Moryd Lorn
Loch Fyne
Forth
Jura
Islay
Goat Fell 874
Arran
Moryd Clyde
Clyde (Clud)
Ayr
Tweed
Ynys Holy
Bryniau Cheviot

Uwchdiroedd y De

Pentir Malin
Ys. Rathlin
Péntir Kintyre
Merrick 843
Nith
Tyne
Errigal 752
Mdd. Antrim
Foyle
Barrn
Sianel y Gogledd
Moryd Solway
Y Pennines
Tees
Eden
Pentir Erris
Bae Donegal
Loch Neagh
Loch Erne Isaf
Blackwater
Lagan
Pentir Galloway
Scafell Pike 977
Bro'r Llynnoedd
Gweunydd Gogledd Efrog
Loch Conn
Loch Erne Uchaf
Mdd. Mourne
Slieve Donard 852
Ynys Manaw
Ouse
Derwent
Pentir Flamborough
Ys. Achill
Loch Mask
Shannon (Llinon)
Erne
Bae Dundalk
Bae Morecambe
Wharfe
Bae Clew
Loch Corrib
Suck
Loch Ree
Boyne
Liffey
MÔR IWERDDON
Ribble
Mersi
High Peak
Kinder Scout 636
Pentir Spurn
Aber Afon Humber
Pentir Slyne
Brosna
Ysdd. Aran
Bae Galway
Barrow
M. Lughaquilla 926
Mdd. Wicklow
Môn
Bae Caernarfon
Yr Wyddfa 1085
Dyfrdwy
Trent
Witham
Y Wash
Loch Derg
Nore
Wensum
Y Broads
Ouse Fach
Waveney
Suir
UWCHDIROEDD CYMRU
Hafren
Wetland
Ouse Fawr
Ffens
Mdd. Galty
Blackwater
Bae Ceredigion
Trent

CEFNFOR
Carrantuohill 1041
Bae Dingle
Lee
Teifi
Gwy
Avon
Bryniau Cotswold
Bryniau Chiltern
Chelmer
Pentir Dursey
Penrhyn Clear
Penmaendewi
Mynyddoedd Du 886
Bannau Brycheiniog
Hafren
Tafwys
Gwastadedd Salisbury
Tafwys
Ynys Sheppey
Pen St Gofan
Bae Caerfyrddin
Avon
Bryniau Mendip
Gwastadedd Salisbury
Bryn Leith 294
Downs y Gogledd
Dungeness

Y MÔR CELTAIDD
Lundy
Môr Hafren
Exmoor
Test
Avon
Fforest Newydd
Y Solent
Downs y De
Pentir Beachy
Ynys Wyth
Gwaun Bodmin
Dartmoor
Yes Tor 619
Exe
Stour
Bae Lyme
Portland Bill

Pwynt Carnsore
Sianel San Siôr
Pwynt Start
Y Sianel (Y Môr Udd)
Land's End
Ynysoedd Scilly
Pwynt Lizard

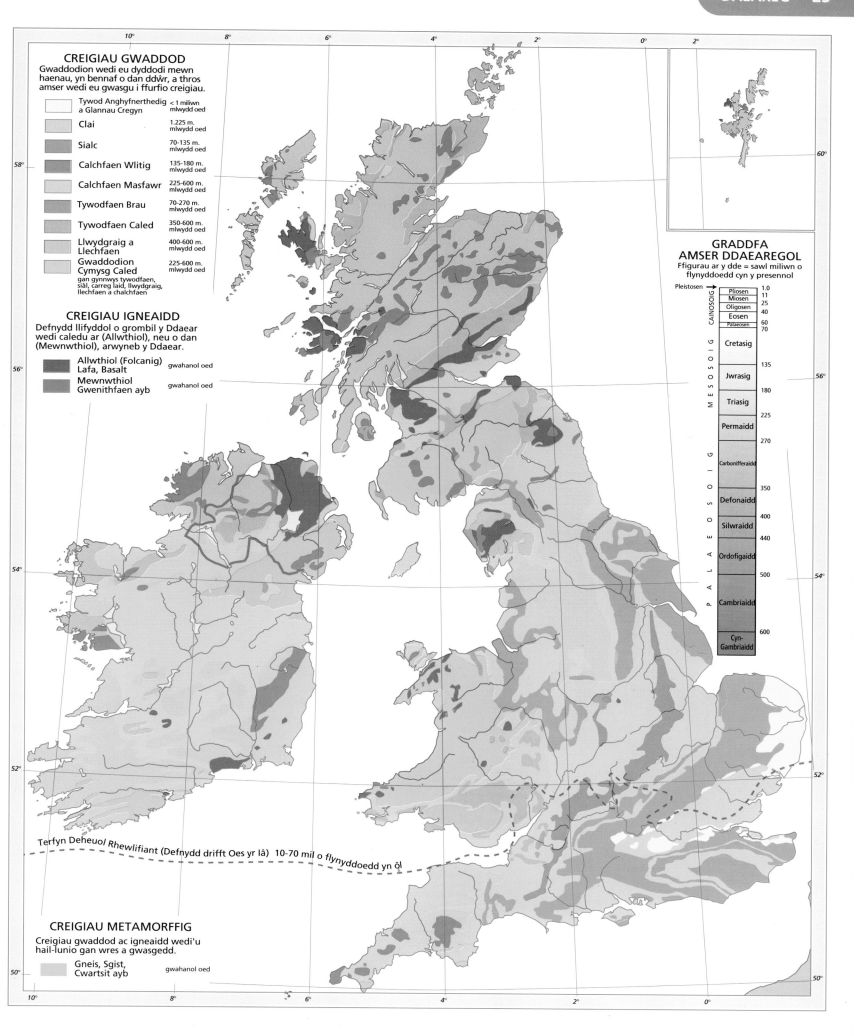

CREIGIAU GWADDOD

Gwaddodion wedi eu dyddodi mewn haenau, yn bennaf o dan ddŵr, a thros amser wedi eu gwasgu i ffurfio creigiau.

	Tywod Anghyfnerthedig a Glannau Cregyn	< 1 miliwn mlwydd oed
	Clai	1.225 m. mlwydd oed
	Sialc	70-135 m. mlwydd oed
	Calchfaen Wlitig	135-180 m. mlwydd oed
	Calchfaen Masfawr	225-600 m. mlwydd oed
	Tywodfaen Brau	70-270 m. mlwydd oed
	Tywodfaen Caled	350-600 m. mlwydd oed
	Llwydgraig a Llechfaen	400-600 m. mlwydd oed
	Gwaddodion Cymysg Caled	225-600 m. mlwydd oed

gan gynnwys tywodfaen, siâl, carreg laid, llwydgraig, llechfaen a chalchfaen

CREIGIAU IGNEAIDD

Defnydd llifyddol o grombil y Ddaear wedi caledu ar (Allwthiol), neu o dan (Mewnwthiol), arwyneb y Ddaear.

	Allwthiol (Folcanig) Lafa, Basalt	gwahanol oed
	Mewnwthiol Gwenithfaen ayb	gwahanol oed

GRADDFA AMSER DDAEAREGOL

Ffigurau ar y dde = sawl miliwn o flynyddoedd cyn y presennol

Pleistosen →

CAINOSOIG	Pliosen	1.0
	Miosen	11
	Oligosen	25
	Eosen	40
	Palaeosen	60
		70
MESOSOIG	Cretasig	
		135
	Jwrasig	
		180
	Triasig	
		225
	Permaidd	
		270
PALAEOSOIG	Carbonifferaidd	
		350
	Defonaidd	
		400
	Silwraidd	
		440
	Ordofigaidd	
		500
	Cambriaidd	
		600
	Cyn-Gambriaidd	

Terfyn Deheuol Rhewlifiant (Defnydd drifft Oes yr lâ) 10-70 mil o flynyddoedd yn ôl

CREIGIAU METAMORFFIG

Creigiau gwaddod ac igneaidd wedi'u hail-lunio gan wres a gwasgedd.

	Gneis, Sgist, Cwartsit ayb	gwahanol oed

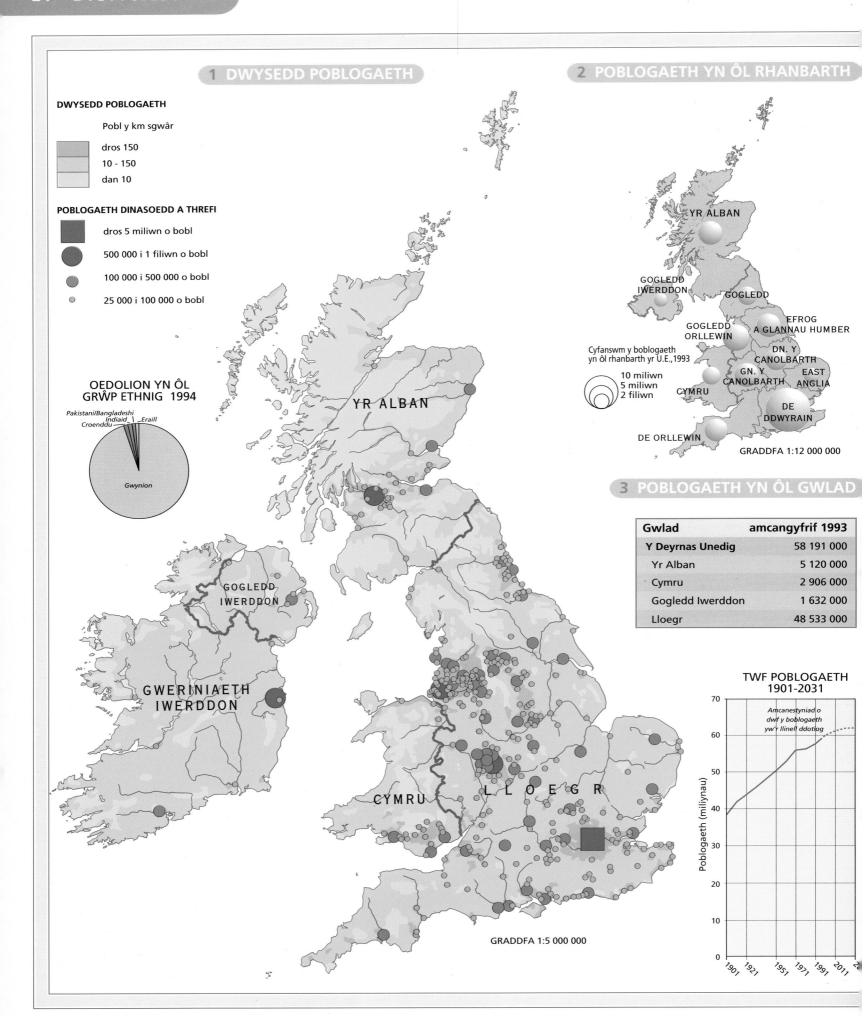

1 DWYSEDD POBLOGAETH

DWYSEDD POBLOGAETH

Pobl y km sgwâr

dros 150
10 - 150
dan 10

POBLOGAETH DINASOEDD A THREFI

dros 5 miliwn o bobl

500 000 i 1 filiwn o bobl

100 000 i 500 000 o bobl

25 000 i 100 000 o bobl

OEDOLION YN ÔL GRŴP ETHNIG 1994

Pakistani/Bangladeshi
Indiaid
Croenddu
Eraill

Gwynion

YR ALBAN

GOGLEDD IWERDDON

GWERINIAETH IWERDDON

CYMRU

LLOEGR

GRADDFA 1:5 000 000

2 POBLOGAETH YN ÔL RHANBARTH

YR ALBAN

GOGLEDD IWERDDON

GOGLEDD

EFROG A GLANNAU HUMBER

GOGLEDD ORLLEWIN

DN. Y CANOLBARTH

GN. Y CANOLBARTH

EAST ANGLIA

CYMRU

DE DDWYRAIN

DE ORLLEWIN

Cyfanswm y boblogaeth
yn ôl rhanbarth yr U.E.,1993

10 miliwn
5 miliwn
2 filiwn

GRADDFA 1:12 000 000

3 POBLOGAETH YN ÔL GWLAD

Gwlad	amcangyfrif 1993
Y Deyrnas Unedig	58 191 000
Yr Alban	5 120 000
Cymru	2 906 000
Gogledd Iwerddon	1 632 000
Lloegr	48 533 000

TWF POBLOGAETH 1901-2031

Amcanestyniad o
dwf y boblogaeth
yw'r llinell ddotiog

Poblogaeth (miliynau)

70
60
50
40
30
20
10
0

1901 1921 1951 1971 1991 2011

4 NEWID POBLOGAETH

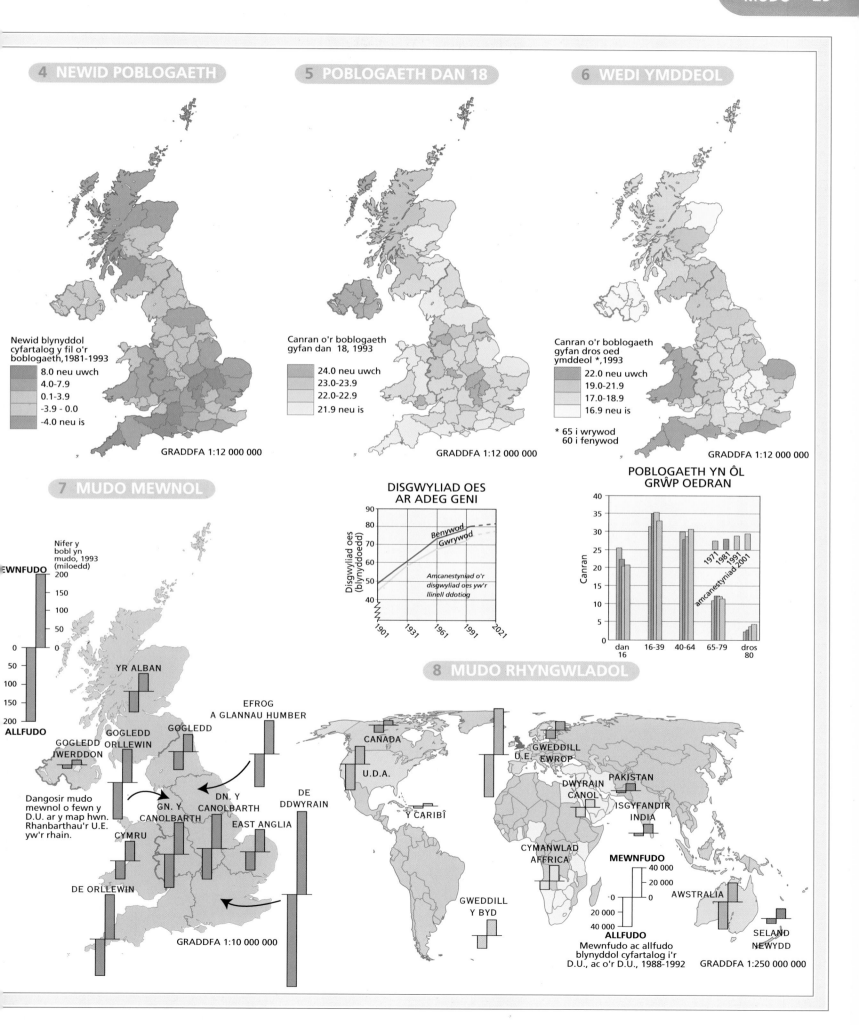

Newid blynyddol
cyfartalog y fil o'r
boblogaeth,1981-1993

- 8.0 neu uwch
- 4.0-7.9
- 0.1-3.9
- -3.9 - 0.0
- -4.0 neu is

GRADDFA 1:12 000 000

5 POBLOGAETH DAN 18

Canran o'r boblogaeth
gyfan dan 18, 1993

- 24.0 neu uwch
- 23.0-23.9
- 22.0-22.9
- 21.9 neu is

GRADDFA 1:12 000 000

6 WEDI YMDDEOL

Canran o'r boblogaeth
gyfan dros oed
ymddeol *,1993

- 22.0 neu uwch
- 19.0-21.9
- 17.0-18.9
- 16.9 neu is

* 65 i wrywod
60 i fenywod

GRADDFA 1:12 000 000

7 MUDO MEWNOL

Nifer y
bobl yn
mudo, 1993
(miloedd)

MEWNFUDO
200
150
100
50
0
50
100
150
200
ALLFUDO

YR ALBAN

GOGLEDD
IWERDDON

GOGLEDD
ORLLEWIN

GOGLEDD

EFROG
A GLANNAU HUMBER

Dangosir mudo
mewnol o fewn y
D.U. ar y map hwn.
Rhanbarthau'r U.E.
yw'r rhain.

GN. Y
CANOLBARTH

DN. Y
CANOLBARTH

CYMRU

EAST ANGLIA

DE ORLLEWIN

DE
DDWYRAIN

GRADDFA 1:10 000 000

DISGWYLIAD OES AR ADEG GENI

Disgwyliad oes
(blynyddoedd)

90
80
70
60
50
40

Benywod
Gwrywod

Amcanestyniad o'r
disgwyliad oes yw'r
llinell ddotiog

1901 1931 1961 1991 2021

POBLOGAETH YN ÔL GRŴP OEDRAN

Canran

40
35
30
25
20
15
10
5
0

dan 16   16-39   40-64   65-79   dros 80

1971
1981
1991
amcanestyniad 2001

8 MUDO RHYNGWLADOL

CANADA

U.D.A.

Y CARIBÎ

U.E.

GWEDDILL
EWROP

DWYRAIN
CANOL

PAKISTAN

ISGYFANDIR
INDIA

CYMANWLAD
AFFRICA

AWSTRALIA

GWEDDILL
Y BYD

SELAND
NEWYDD

MEWNFUDO
40 000
20 000
0
20 000
40 000
ALLFUDO

Mewnfudo ac allfudo
blynyddol cyfartalog i'r
D.U., ac o'r D.U., 1988-1992

GRADDFA 1:250 000 000

1 CYFLOGAETH YN ÔL RHANBARTH

STRWYTHUR
CYFLOGAETH

◢ Amaethyddiaeth

◣ Gweithgynhyrchu

◿ Gwasanaethau

YR ALBAN

GOGLEDD
IWERDDON

GOGLEDD

GOGLEDD
ORLLEWIN

EFROG A
GLANNAU HUMBER

DN Y
CANOLBARTH

GN Y
CANOLBARTH

EAST
ANGLIA

CYMRU

LLAFURLU, 1994
(miloedd)

— 2000
— 1000
— 500

DE DDWYRAIN

DE ORLLEWIN

GRADDFA 1:10 000 000

2 CYFLOGAETH YN ÔL SECTOR

Y DEYRNAS UNEDIG

1948   1994

STRWYTHUR
CYFLOGAETH

◢ Amaethyddiaeth

◣ Gweithgynhyrchu

◿ Gwasanaethau

FFRAINC

YR ALMAEN

U.D.A

SBAEN

YR EIDAL

JAPAN

BANGLADESH

BRASIL

KENYA

GRADDFA 1:250 000 000

CYFRADDAU DIWEITHDRA
(yn dangos y gyfradd uchaf ac isaf)

Gogledd Iwerddon
Y Deyrnas Unedig
East Anglia

Canran

1986 1987 1988 1989 1990 1991 1992 1993 1994

DIWEITHDRA
RHAI GWLEDYDD

Canran

1976 1981 1986 1993

Sbaen   Yr Almaen   D.U.   Sweden   Japan

3 NEWID MEWN CYFLOGAETH 1981-1994

AMAETHYDDIAETH

Lleihad (%) mewn
cyflogaeth mewn
amaethyddiaeth,
1981-1994

-14.9 neu is
-15 - -29.9
-30 - -44.9
-45 neu uwch

GRADDFA 1:12 000 000

GWEITHGYNHYRCHU

Lleihad (%) mewn
cyflogaeth mewn
gweithgynhyrchu,
1981-1994

-7.9 neu is
-8 - -15.9
-16 - -23.9
-24 neu uwch

GRADDFA 1:12 000 000

GWASANAETHAU

Cynnydd (%) mewn
cyflogaeth mewn
gwasanaethau
1981-1994

28 neu uwch
18 - 27.9
9 - 17.9
8.9 neu is

GRADDFA 1:12 000 000

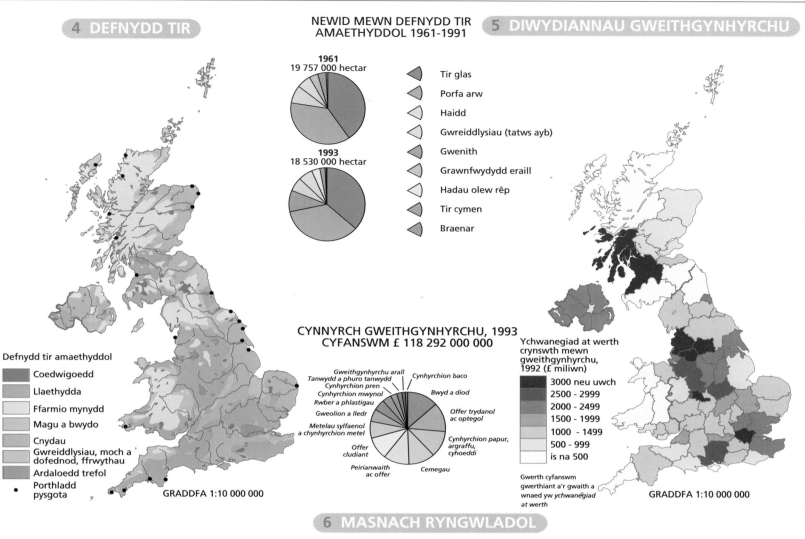

4 DEFNYDD TIR

NEWID MEWN DEFNYDD TIR AMAETHYDDOL 1961-1991

1961
19 757 000 hectar

1993
18 530 000 hectar

- Tir glas
- Porfa arw
- Haidd
- Gwreiddlysiau (tatws ayb)
- Gwenith
- Grawnfwydydd eraill
- Hadau olew rêp
- Tir cymen
- Braenar

Defnydd tir amaethyddol

- Coedwigoedd
- Llaethydda
- Ffarmio mynydd
- Magu a bwydo
- Cnydau
- Gwreiddlysiau, moch a dofednod, ffrwythau
- Ardaloedd trefol
- Porthladd pysgota

GRADDFA 1:10 000 000

CYNNYRCH GWEITHGYNHYRCHU, 1993
CYFANSWM £ 118 292 000 000

Gweithgynhyrchu arall
Tanwydd a phuro tanwydd
Cynhyrchion pren
Cynhyrchion mwynol
Rwber a phlastigau
Gweolion a lledr
Metelau sylfaenol a chynhyrchion metel
Offer cludiant
Peirianwaith ac offer
Cynhyrchion baco
Bwyd a diod
Offer trydanol ac optegol
Cynhyrchion papur, argraffu, cyhoeddi
Cemegau

5 DIWYDIANNAU GWEITHGYNHYRCHU

Ychwanegiad at werth crynswth mewn gweithgynhyrchu, 1992 (£ miliwn)

- 3000 neu uwch
- 2500 - 2999
- 2000 - 2499
- 1500 - 1999
- 1000 - 1499
- 500 - 999
- is na 500

Gwerth cyfanswm gwerthiant a'r gwaith a wnaed yw *ychwanegiad at werth*

GRADDFA 1:10 000 000

6 MASNACH RYNGWLADOL

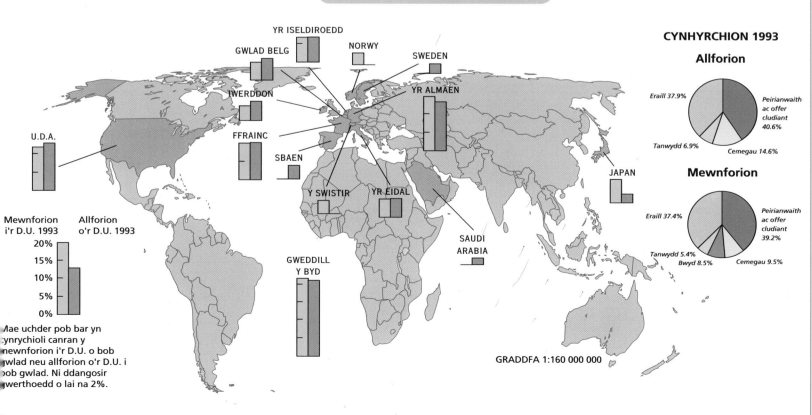

YR ISELDIROEDD
GWLAD BELG
NORWY
SWEDEN
IWERDDON
YR ALMAEN
U.D.A.
FFRAINC
SBAEN
Y SWISTIR
YR EIDAL
JAPAN
SAUDI ARABIA
GWEDDILL Y BYD

Mewnforion i'r D.U. 1993 — Allforion o'r D.U. 1993

- 20%
- 15%
- 10%
- 5%
- 0%

Mae uchder pob bar yn cynrychioli canran y mewnforion i'r D.U. o bob gwlad neu allforion o'r D.U. i bob gwlad. Ni ddangosir gwerthoedd o lai na 2%.

GRADDFA 1:160 000 000

CYNHYRCHION 1993

Allforion

Eraill 37.9%
Peirianwaith ac offer cludiant 40.6%
Tanwydd 6.9%
Cemegau 14.6%

Mewnforion

Eraill 37.4%
Peirianwaith ac offer cludiant 39.2%
Tanwydd 5.4%
Bwyd 8.5%
Cemegau 9.5%

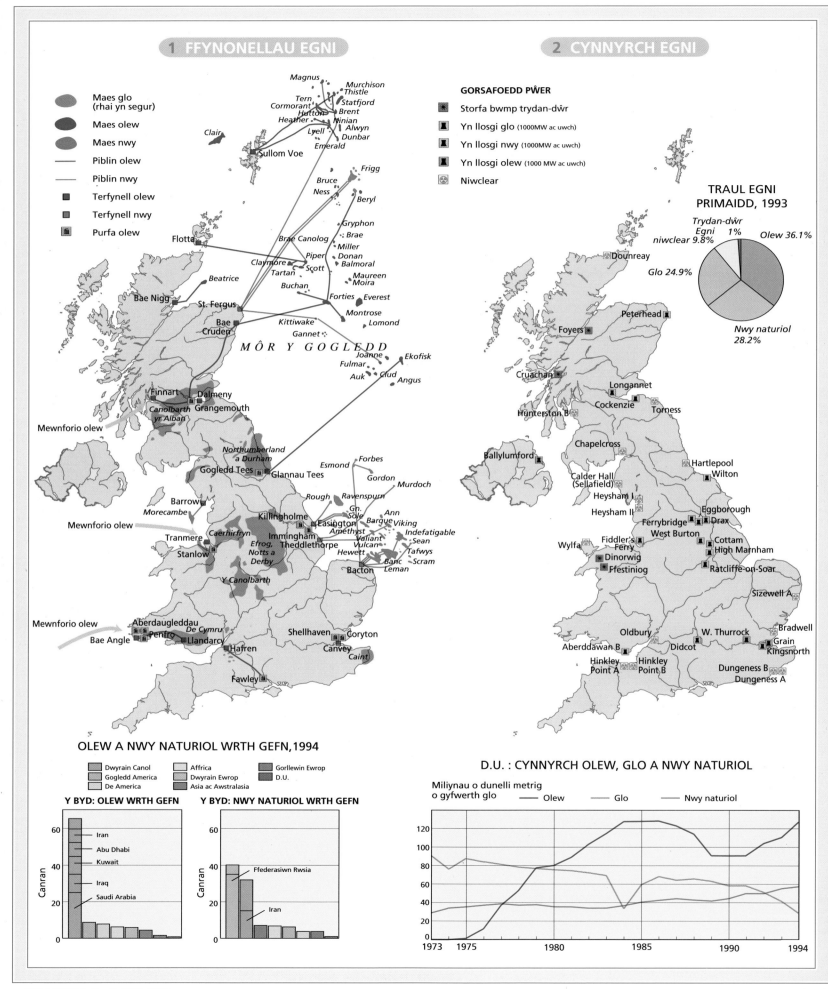

1 FFYNONELLAU EGNI

Maes glo (rhai yn segur)
Maes olew
Maes nwy
Piblin olew
Piblin nwy
Terfynell olew
Terfynell nwy
Purfa olew

Magnus
Murchison
Thistle
Tern
Statfjord
Cormorant
Brent
Hutton
Ninian
Heather
Alwyn
Lyell
Dunbar
Emerald
Clair
Sullom Voe
Frigg
Bruce
Ness
Beryl
Gryphon
Brae
Brae Canolog
Miller
Flotta
Donan
Claymore
Piper
Balmoral
Tartan
Scott
Maureen
Beatrice
Buchan
Moira
Bae Nigg
Forties
Everest
St. Fergus
Montrose
Bae Cruden
Kittiwake
Lomond
Gannet
MÔR Y GOGLEDD
Joanne
Ekofisk
Fulmar
Auk
Clud
Angus

Finnart
Dalmeny
Canolbarth yr Alban
Grangemouth
Mewnforio olew

Northumberland a Durham
Gogledd Tees
Esmond
Forbes
Glannau Tees
Gordon
Rough
Ravenspurn
Murdoch
Barrow
Morecambe
Mewnforio olew
Killingholme
Gn. Sole
Ann
Caerhirfryn
Immingham
Bargue
Viking
Tranmere
Easington
Amethyst
Stanlow
Efrog, Notts a Derby
Theddlethorpe
Valiant
Indefatigable
Vulcan
Sean
Hewett
Tafwys
Y Canolbarth
Bacton
Banc
Scram
Leman

Mewnforio olew
Aberdaugleddau
De Cymru
Shellhaven
Coryton
Pentro
Llandarcy
Bae Angle
Hafren
Canvey
Caint
Fawley

OLEW A NWY NATURIOL WRTH GEFN, 1994

Dwyrain Canol
Affrica
Gorllewin Ewrop
Gogledd America
Dwyrain Ewrop
D.U.
De America
Asia ac Awstralasia

Y BYD: OLEW WRTH GEFN

Canran

Iran
Abu Dhabi
Kuwait
Iraq
Saudi Arabia

Y BYD: NWY NATURIOL WRTH GEFN

Canran

Ffederasiwn Rwsia
Iran

2 CYNNYRCH EGNI

GORSAFOEDD PŴER

Storfa bwmp trydan-dŵr
Yn llosgi glo (1000MW ac uwch)
Yn llosgi nwy (1000MW ac uwch)
Yn llosgi olew (1000 MW ac uwch)
Niwclear

TRAUL EGNI PRIMAIDD, 1993

Trydan-dŵr Egni 1%
niwclear 9.8%
Olew 36.1%
Glo 24.9%
Nwy naturiol 28.2%

Dounreay
Foyers
Peterhead
Cruachan
Longannet
Hunterston B
Cockenzie
Torness
Chapelcross
Ballylumford
Hartlepool
Calder Hall (Sellafield)
Wilton
Heysham I
Heysham II
Eggborough
Ferrybridge
Drax
West Burton
Wylfa
Fiddler's Ferry
Cottam
Dinorwig
High Marnham
Ffestiniog
Ratcliffe-on-Soar
Sizewell A
Oldbury
Bradwell
W. Thurrock
Aberddawan B
Didcot
Grain
Kingsnorth
Hinkley Point A
Hinkley Point B
Dungeness B
Dungeness A

D.U. : CYNNYRCH OLEW, GLO A NWY NATURIOL

Miliynau o dunelli metrig o gyfwerth glo

Olew
Glo
Nwy naturiol

1973 1975 1980 1985 1990 1994

1 ATYNIADAU I YMWELWYR

2 GWYLIAU YN Y D.U.

Parc Cenedlaethol

Ardaloedd o Harddwch Naturiol Eithriadol (Cymru, Lloegr a G. Iwerddon)
Ardaloedd Golygfaol Cenedlaethol (Yr Alban)

Arfordir Treftadaeth (Cymru a Lloegr)
Cylchfâu Cadwraeth Arfordirol (Yr Alban)

Llwybr hirfaith

▲ Safle Treftadaeth Byd

○ Prif atyniadau i ymwelwyr
(dros 1 filiwn o ymwelwyr)

Shetland

Orkney

Dim data

Rhanbarthau lle y
treuliodd trigolion y D.U.
eu gwyliau, 1993 (yn ôl
rhanbarth bwrdd croeso)

%
15 neu uwch
10-14
5-9
5 neu is

Lewis

St Kilda
▲ St Kilda

Harris

Gogledd Uist

De Uist

Skye

Wester
Ross

Glen
Affric

Mynyddoedd
Cairngorm

Llwybr Glannau
Spey

Kintail
Knoydart

Glannau Dee a
Lochnagar

L. Sheil

Ben Nevis a
Glen Coe

L. Tummel

Mull

Trossachs

Jura

Loch
Lomond

Islay

Arran

Castell Caeredin

Parc Gwledig
Ystrad Clud

Sarn y
Cewri

Sperrins

Arfordir a
Glynnoedd
Antrim

Belfast

Llwybr Ulster

Dyffryn
Lagan

Loch
Strangford

Mdd.
Mourne

Northumberland

Mur Hadrian

Gogledd y
Pennines

Eglwys Gadeiriol/
▲ Castell Durham

Bro'r
Llynnoedd

Gweunydd
Gogledd
Efrog

Dales
Efrog

Abaty Fountains/
▲ Parc Studley Royal

Llwybr
Cleveland

Frontierland
Morecambe

Fforest
Bowland

Eglwys
Gadeiriol
Efrog

Crochendy
Hornsea

Traeth Pleser Blackpool

Llwybr y Wolds

Twr Blackpool

Tropical World
Leeds

Pleasureland
Southport

Wolds
Lincoln

Parc Clumber
Worksop

Ardal y
Peak

Môn

Alton
Towers

Parc Gwledig
Fforest Sherwood

Cestyll/Muriau
Trefi Edward I

Bryniau
Clwyd

Parc Drayton Manor

Arfordir
Norfolk

P. Llŷn

Eryri

Ironbridge
Gorge

Parc Gwledig
Sandwell

Y
Broads

Traeth Pleser
Great Yarmouth

Bryniau
Swydd
Amwythig

Bryniau
Malvern

Parc
Fforest
Thetford

Rhostiroedd ac
Arfordir Suffolk

Arfordir
Penfro

Bannau
Brycheiniog

Dyffryn
Gwy

Cotswolds

Palas
Blenheim

Dyffryn
Dedham

Abaty Waltham

Gŵyr

Chilterns

Abaty/Palas Westminster
▲ Twr Llundain

Eglwys Gadeiriol
Caergaint

Caerfaddon

Bryniau
Mendip

Bryniau
Quantock

Dyffryn
Gogledd
Wessex

Côr y Cewri/
▲ Avebury

Ridgeway

Downs

Bryniau Surrey

Dn. Hampshire
Downs Sussex

High
Weald

Downs
Caint

Llwybr Downs y Gogledd

Exmoor

Dorset

Ynys
Wyth

Pier y Palas, Brighton

Dartmoor

Ynysoedd
Scilly

Llwybr Penrhyn y De Orllewin

Llwybr Arfordir
Penfro

1. Thorpe Park
2. Hampton Court
3. Byd Anturiaethau Chessington

YMWELWYR Â'R D.U., 1993

miloedd

3000
2500
2000
1500
1000
500
0

U.D.A. | Ffrainc | Yr Almaen | Iwerddon | Gwlad Belg | Yr Eidal | Sbaen | Canada | Awstralia | Japan

LLUNDAIN

Madame
Tussauds

Yr Amgueddfa
Brydenig

Eglwys Gadeiriol
St. Paul

Yr Oriel
Genedlaethol

Yr Amgueddfa
Wyddoniaeth

Amgueddfa Victoria ac Albert

Amgueddfa
Astudiaethau Natur

Twr
Llundain

Abaty Westminster

Oriel Tate

GRADDFA 1 : 5 000 000

Tafluniad Conig

1 RHWYDWAITH FFYRDD

Trafford a'i rhif
Priffordd cysylltu a'i rhif

Thurso
A9
Inverness
Aberdeen
A9
A92
M90
A9
M80 M9
Glasgow M8 Caeredin
A7
M74 A1
A74(M)
Londonderry A2 A69 Newcastle-upon-Tyne
A6 M2 A75 A1(M)
A4 Belfast Stranraer Caerliwelydd
M1 A1 A66 A19
M6 A1
A1 A64 Scarborough
A65
M55 M65 A62 M62
M58 M62 M180
Lerpwl Manceinion A16
Caergybi A55 A6
A5 A52
M54 A1 A11
Birmingham A14 A47 A12
M42 M6 A45
M50 A1 A1(M)
Abergwaun M40 M11 M25
A40 A40 Llundain M2
M4 M4 M25 M20 Folkestone
M5 M3 A3 M23
A35 Brighton
A30 A38
Penzance

2 RHWYDWAITH RHEILFFYRDD

Llwybrau trenau dinas-i-ddinas
a threnau cyflym
- - - - Twnnel y Sianel

Inverness
Aberdeen
Dundee
Glasgow Caeredin
Londonderry Larne
Belfast Middlesbrough
Scarborough
Efrog Hull
Blackpool Leeds
Lerpwl Doncaster Grimsby
Caergybi Manceinion
Crewe King's Lynn
Birmingham Norwich
Peterborough
Abergwaun Harwich
Casnewydd Llundain
Bryste Dover
Hastings Calais
Portsmouth Brighton Paris
Weymouth Brwsel
Penzance

TEITHIO I'R GWAITH, CYFARTALEDD 1991-1993

Trên   Cerdded   Eraill
Car   Beic
Bws   Beic modur

CANOL LLUNDAIN

Canran
60
40
20
0

Y D.U. GYFAN

Canran
60
40
20
0

NIFER Y CEIR

Miloedd
25 000
20 000
15 000
10 000
5 000
0
1952 1962 1973 1981 1991 1993

D.U. : CLUDO NWYDDAU AR Y FFYRDD A'R RHEILFFYRDD

Miliynau o dunelli metrig
1750
1500
1250
1000
750
500
250
0

Ffordd
Rheil-ffordd

1989 1990 1991 1992 1993 1994

GRADDFA 1 : 8 000 000

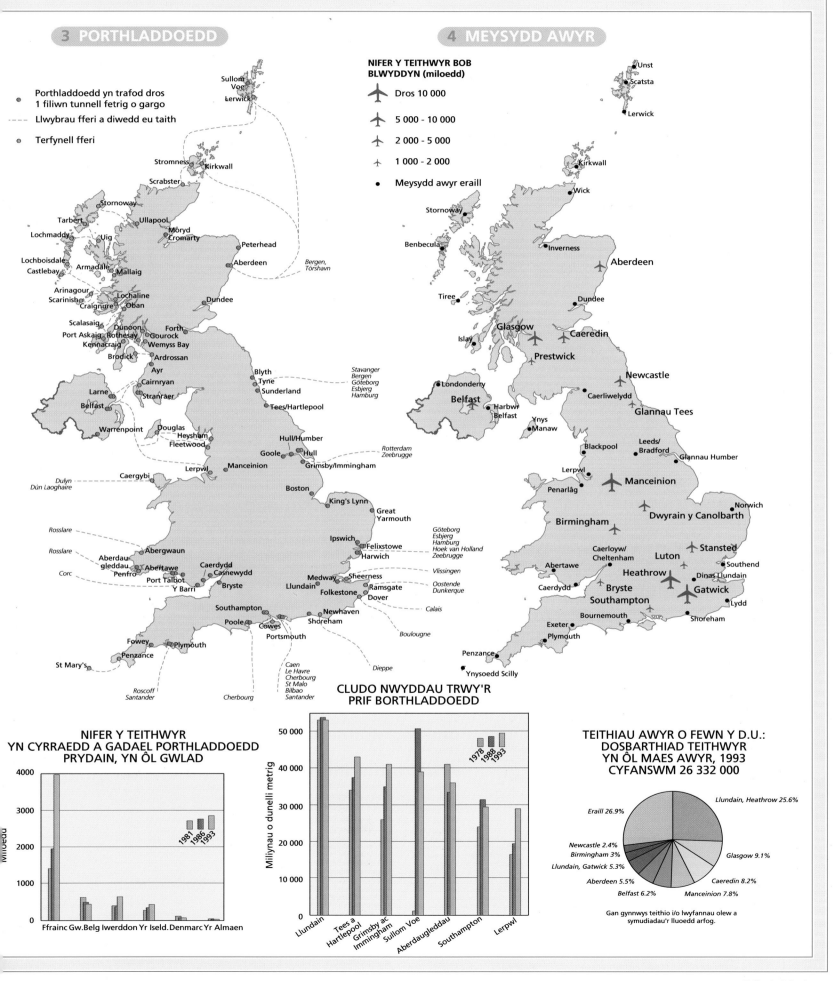

3 PORTHLADDOEDD

- Porthladdoedd yn trafod dros 1 filiwn tunnell fetrig o gargo
- Llwybrau fferi a diwedd eu taith
- Terfynell fferi

4 MEYSYDD AWYR

NIFER Y TEITHWYR BOB BLWYDDYN (miloedd)

- Dros 10 000
- 5 000 - 10 000
- 2 000 - 5 000
- 1 000 - 2 000
- Meysydd awyr eraill

CLUDO NWYDDAU TRWY'R PRIF BORTHLADDOEDD

NIFER Y TEITHWYR YN CYRRAEDD A GADAEL PORTHLADDOEDD PRYDAIN, YN ÔL GWLAD

Ffrainc Gw.Belg Iwerddon Yr Iseld. Denmarc Yr Almaen

TEITHIAU AWYR O FEWN Y D.U.: DOSBARTHIAD TEITHWYR YN ÔL MAES AWYR, 1993 CYFANSWM 26 332 000

- Llundain, Heathrow 25.6%
- Glasgow 9.1%
- Caeredin 8.2%
- Manceinion 7.8%
- Belfast 6.2%
- Aberdeen 5.5%
- Llundain, Gatwick 5.3%
- Birmingham 3%
- Newcastle 2.4%
- Eraill 26.9%

Gan gynnwys teithio i/o lwyfannau olew a symudiadau'r lluoedd arfog.

Tafluniad Conig

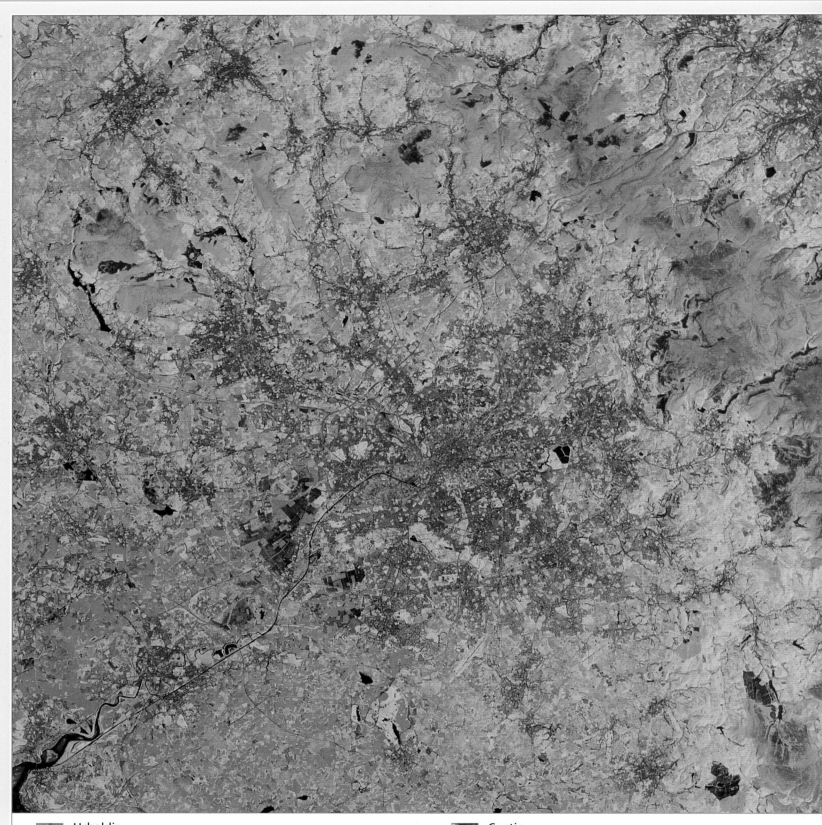

Ucheldir

Mae'r lliw glas/gwyrdd yn cyfateb i laswelltir dros 300 metr uwchlaw lefel môr ar y map gyferbyn. Yn ardaloedd uchaf y Pennines mae'r lliw yn troi'n wyrddach wrth i'r glaswelltir newid yn weundir, er enghraifft o amgylch Shining Tor.

Iseldir a thir âr

Yr ardaloedd sy'n amgylchynu Manceinion yw'r ardaloedd lliw oren a choch. Mae'r tir amaethyddol ar lan afon Mersi yn gochach.

Ardal adeiledig

Mae'r ardaloedd hyn yn las tywyll ar y llun lloeren. Yr ardal adeiledig fwyaf yw cytref Manceinion. Yn rhan uchaf y llun lloeren, ar y chwith, mae ardaloedd adeiledig Blackburn ac Accrington yn sefyll allan o'r tiroedd fferm sydd o'u hamgylch.

Coetir

Gellir gweld rhai ardaloedd o goetir ar lethrau isaf Shining Tor, yn ogystal ag ardal fechan ger Alderley Edge.

Cronfa Ddŵr

Gellir gweld siâp arbennig cronfeydd dŵr yn ardal y Pennines - er enghraifft Cronfa Ddŵr Watergrove ger Whitworth a Chronfa Ddŵr Errwood i'r de o Whaley Bridge.

Camlas

Gellir gweld llinell syth Camlas Longau Manceinion yn rhedeg wrth ochr llwy troellog afon Mersi.

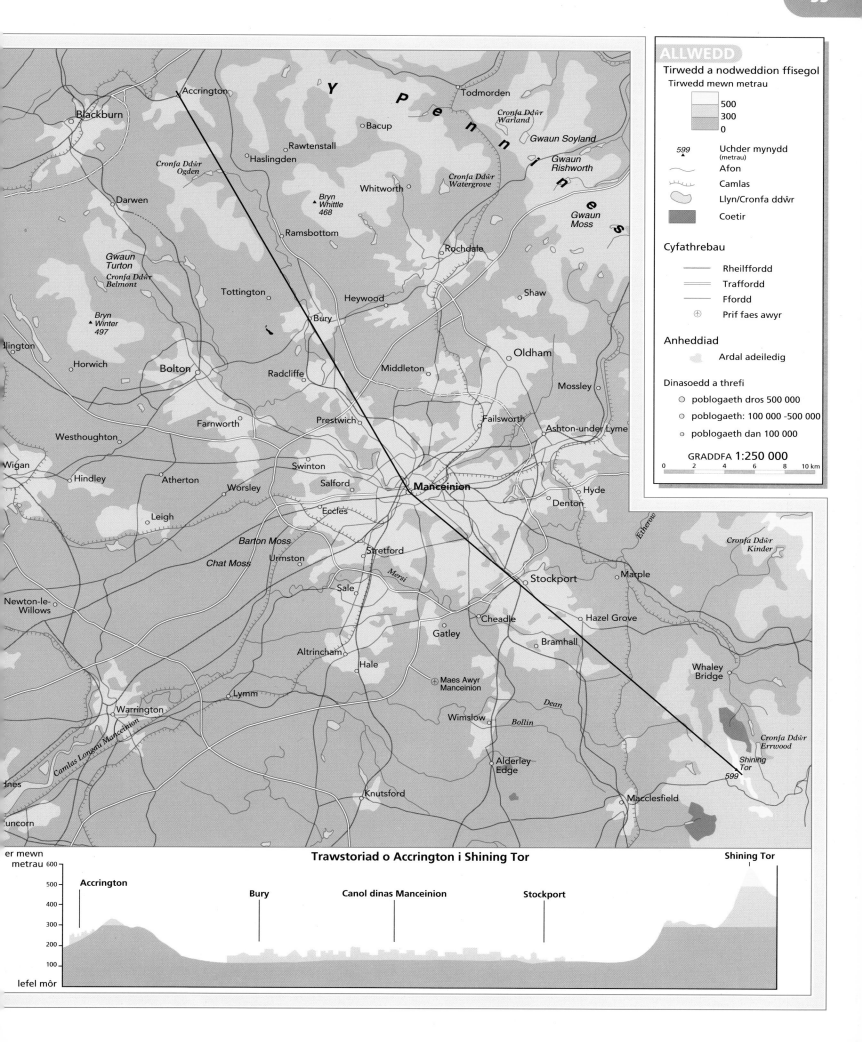

Tirwedd a nodweddion ffisegol

Tirwedd mewn metrau

500
300
0

599 Uchder mynydd
(metrau)

Afon

Camlas

Llyn/Cronfa ddŵr

Coetir

Cyfathrebau

Rheilffordd

Trafford

Ffordd

Prif faes awyr

Anheddiad

Ardal adeiledig

Dinasoedd a threfi

⊙ poblogaeth dros 500 000

⊙ poblogaeth: 100 000 -500 000

○ poblogaeth dan 100 000

GRADDFA 1:250 000

0 2 4 6 8 10 km

Map labels:
Accrington, Blackburn, Todmorden, Y Pennines, Bacup, Cronfa Ddwr Warland, Gwaun Soyland, Rawtenstall, Haslingden, Cronfa Ddwr Ogden, Gwaun Rishworth, Whitworth, Cronfa Ddwr Watergrove, Gwaun Moss, Bryn Whittle 468, Darwen, Ramsbottom, Rochdale, Gwaun Turton, Cronfa Ddwr Belmont, Tottington, Heywood, Shaw, Bryn Winter 497, Bury, llington, Horwich, Bolton, Radcliffe, Middleton, Oldham, Mossley, Farnworth, Prestwich, Failsworth, Ashton-under Lyme, Westhoughton, Wigan, Swinton, Salford, Hindley, Atherton, Worsley, Eccles, Manceinion, Hyde, Denton, Leigh, Barton Moss, Chat Moss, Urmston, Stretford, Mersi, Stockport, Marple, Cronfa Ddwr Kinder, Edierou, Newton-le-Willows, Sale, Cheadle, Hazel Grove, Gatley, Bramhall, Altrincham, Hale, Whaley Bridge, Maes Awyr Manceinion, Dean, Lymm, Wimslow, Bollin, Cronfa Ddwr Errwood, Warrington, Alderley Edge, Shining Tor 599, Camlas Longau Manceinion, nes, Knutsford, Macclesfield, uncorn

Trawstoriad o Accrington i Shining Tor

er mewn metrau 600

Shining Tor

500 Accrington

400

300 Bury Canol dinas Manceinion Stockport

200

100

lefel môr

Tirwedd

Tirwedd
metrau
5000
3000
2000
1000
500
200
lefel môr
islaw lefel y môr
0
200
4000
6000

Cap iâ

MÔR
BARENTS

Jan Mayen

Cylch Arctig

Faxaflói

Húnaflói

Vestmannaeyjar
Snæfell
1833
Fontur

Vatnajökull

Ynys yr Iâ

Penrhyn y Gogledd
Sørøya

Inarijärvi

Lapdir

Lofoten
Vesterålen

Ffiord y Gorllewin

Kemi

Mør Norwy

Lule

Ume

Llychlyn

Gwlff Bothnia

Indals

Føroyar

Åland

Shetland

Gwlff y Ffindir

Hebrides Allanol
Orkney

Mälaren

Hiiumaa
Saaremaa
Gwlff
Riga

Ll.
Peipus

Ben Nevis
1344

Vänern

Vättern

Gotland

Pentir Malin

Mør y

Bae Donegal

Prydain

Ynysoedd
Prydain

Öland

Y Môr Baltig

Bae Galway
Shannon
(Linon)

Mør
Iwerddon

Gogledd

Sjaelland
Fyn
Bornholm

GWASTADEDD GOGLE

Pennines

Skagerrak

Kattegat

Corsydd
Pripyat

Penrhyn Clear

Iwerddon

Prydain

Yr Wyddfa
1085

Sianel San Siôr

Fawr

Y Wash

Ysdd Ffrisia

Wisła (Vistula)

Bug

Land's End
Ynysoedd
Scilly

Tafwys

Ijsselmeer

Elbe

Warta

Odra

Wisła (Vistula)

Dnestr

Y Sianel (Y Môr Udd)

Culfor Dover

Maas

Weser

Elbe

Mdd. Mwyn
Mdd. Sudety

Ynysoedd y Sianel

Ardennes
Rhein
Taunus

Fforest Bohemia

Carpatiau

Seine
Marne
Seine
Mosel

Llydaw

Bae

Donaw

Inn

Donaw

Ll. Balaton

Gwastadedd Hwngari

Bae

Vizcaya

Loire
Saône
Vosges
Jura
Rhein
Bodensee
YR ALPAU
Grossglockner
3798

Sava

Alpau Transilvania

M. Dore
1885
Allier

Vienne

Ll. Genefa
M. Blanc
4808
Matterhorn
4478

Donaw

Gwlff
Gasgwyn

P. Finisterre

Gironde

Massif
Central

Rhône

Po

Alpau Dinarig

Mures

Mdd. Cantàbria

Pyreneau
Copa
Aneto
3404

Côte d'Azur
Gwlff
Genova
Mør
Liguria

Appennini

Mør Adria

Mdd. y Balcanau

Douro

Duero

Ebro

Gwlff
Lion

Mdd. Rodopi

Tejo

Corse

Gwlff
Valencia
Ysdd. Baleares
Menorca

Culfor Bonifacio

Vesuvius
1281

Gwlff
Taranto

Mynyddoedd Pindos

Mør
Tirreno

Mør

P. S. Vicente

Sierra Morena

Guddalquivir

Ibiza

Mallorca

Sardegna

Corfu

Mør

Èvvoia

Sierra Nevada

Stromboli

Sicilia

Ionia

Zákinthos

Aegea Dodec

Culfor Gibraltar

Y

M. Etna
3323

Naxos

Toubkal
4167

Atlas Mawr

Llwyfandiroedd Uchel

Atlas Sahara

Ô

R

P. Passero

C

A

N

O

L

D

Creta

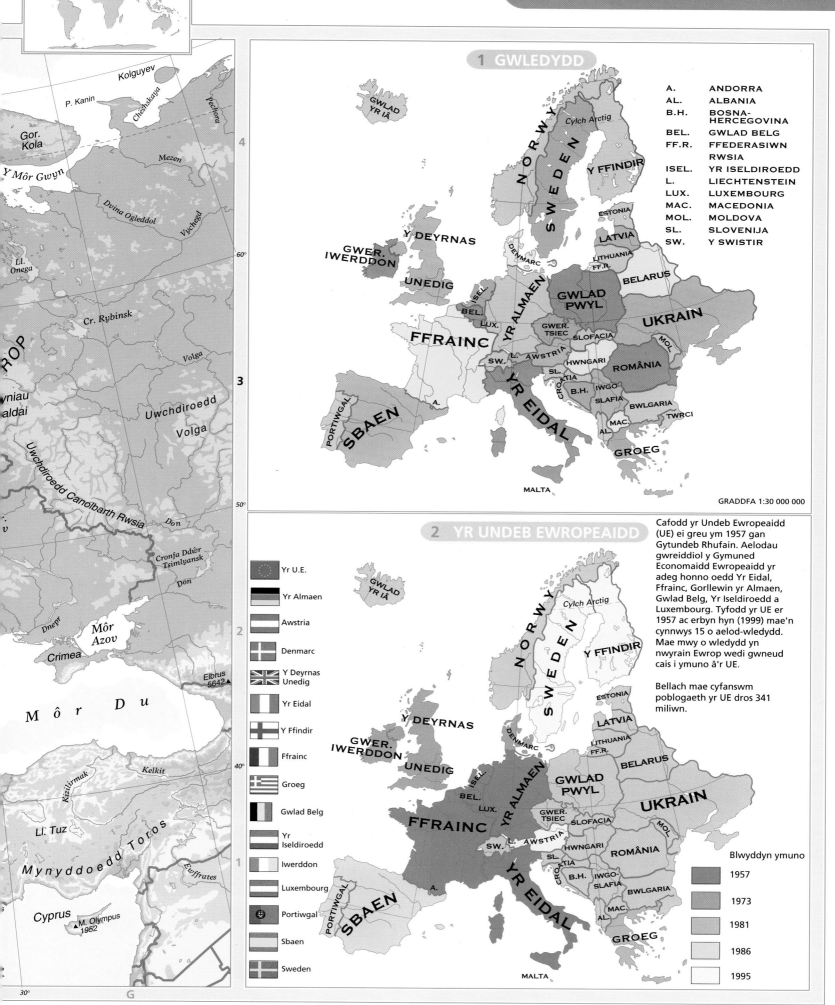

1 GWLEDYDD

A.	ANDORRA
AL.	ALBANIA
B.H.	BOSNA-HERCEGOVINA
BEL.	GWLAD BELG
FF.R.	FFEDERASIWN RWSIA
ISEL.	YR ISELDIROEDD
L.	LIECHTENSTEIN
LUX.	LUXEMBOURG
MAC.	MACEDONIA
MOL.	MOLDOVA
SL.	SLOVENIJA
SW.	Y SWISTIR

GRADDFA 1:30 000 000

2 YR UNDEB EWROPEAIDD

Cafodd yr Undeb Ewropeaidd (UE) ei greu ym 1957 gan Gytundeb Rhufain. Aelodau gwreiddiol y Gymuned Economaidd Ewropeaidd yr adeg honno oedd Yr Eidal, Ffrainc, Gorllewin yr Almaen, Gwlad Belg, Yr Iseldiroedd a Luxembourg. Tyfodd yr UE er 1957 ac erbyn hyn (1999) mae'n cynnwys 15 o aelod-wledydd. Mae mwy o wledydd yn nwyrain Ewrop wedi gwneud cais i ymuno â'r UE.

Bellach mae cyfanswm poblogaeth yr UE dros 341 miliwn.

Yr U.E.
Yr Almaen
Awstria
Denmarc
Y Deyrnas Unedig
Yr Eidal
Y Ffindir
Ffrainc
Groeg
Gwlad Belg
Yr Iseldiroedd
Iwerddon
Luxembourg
Portiwgal
Sbaen
Sweden

Blwyddyn ymuno
1957
1973
1981
1986
1995

Tafluniad Arwynebedd-hafal Albers

Tafluniad Conig

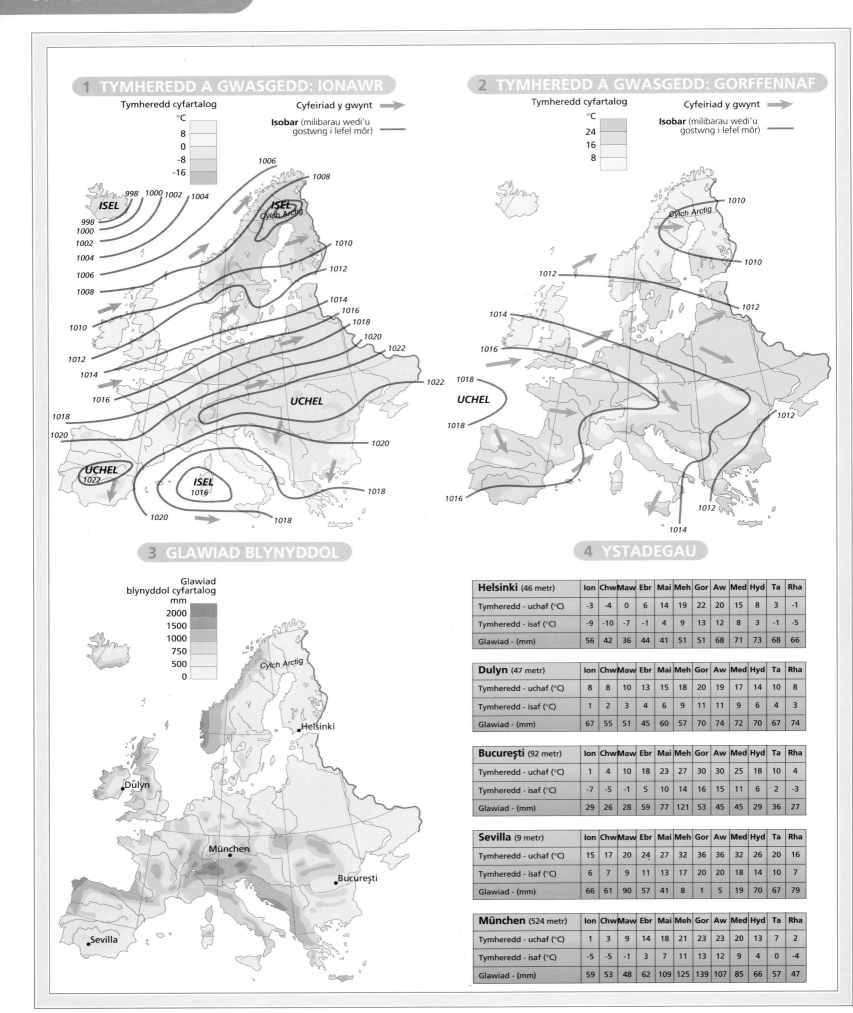

1 TYMHEREDD A GWASGEDD: IONAWR

Tymheredd cyfartalog

°C
8
0
-8
-16

Cyfeiriad y gwynt

Isobar (milibarau wedi'u gostwng i lefel môr)

2 TYMHEREDD A GWASGEDD: GORFFENNAF

Tymheredd cyfartalog

°C
24
16
8

Cyfeiriad y gwynt

Isobar (milibarau wedi'u gostwng i lefel môr)

3 GLAWIAD BLYNYDDOL

Glawiad blynyddol cyfartalog mm

2000
1500
1000
750
500
0

4 YSTADEGAU

Helsinki (46 metr)	Ion	Chw	Maw	Ebr	Mai	Meh	Gor	Aw	Med	Hyd	Ta	Rha
Tymheredd - uchaf (°C)	-3	-4	0	6	14	19	22	20	15	8	3	-1
Tymheredd - isaf (°C)	-9	-10	-7	-1	4	9	13	12	8	3	-1	-5
Glawiad - (mm)	56	42	36	44	41	51	51	68	71	73	68	66

Dulyn (47 metr)	Ion	Chw	Maw	Ebr	Mai	Meh	Gor	Aw	Med	Hyd	Ta	Rha
Tymheredd - uchaf (°C)	8	8	10	13	15	18	20	19	17	14	10	8
Tymheredd - isaf (°C)	1	2	3	4	6	9	11	11	9	6	4	3
Glawiad - (mm)	67	55	51	45	60	57	70	74	72	70	67	74

Bucureşti (92 metr)	Ion	Chw	Maw	Ebr	Mai	Meh	Gor	Aw	Med	Hyd	Ta	Rha
Tymheredd - uchaf (°C)	1	4	10	18	23	27	30	30	25	18	10	4
Tymheredd - isaf (°C)	-7	-5	-1	5	10	14	16	15	11	6	2	-3
Glawiad - (mm)	29	26	28	59	77	121	53	45	45	29	36	27

Sevilla (9 metr)	Ion	Chw	Maw	Ebr	Mai	Meh	Gor	Aw	Med	Hyd	Ta	Rha
Tymheredd - uchaf (°C)	15	17	20	24	27	32	36	36	32	26	20	16
Tymheredd - isaf (°C)	6	7	9	11	13	17	20	20	18	14	10	7
Glawiad - (mm)	66	61	90	57	41	8	1	5	19	70	67	79

München (524 metr)	Ion	Chw	Maw	Ebr	Mai	Meh	Gor	Aw	Med	Hyd	Ta	Rha
Tymheredd - uchaf (°C)	1	3	9	14	18	21	23	23	20	13	7	2
Tymheredd - isaf (°C)	-5	-5	-1	3	7	11	13	12	9	4	0	-4
Glawiad - (mm)	59	53	48	62	109	125	139	107	85	66	57	47

GRADDFA 1 : 40 000 000

Tafluniad Conig

1 DWYSEDD POBLOGAETH

POBLOGAETH
Pobl y km sgwâr

dros 200
100-200
50-100
10-50
1-10
0-1

Dinasoedd

■ dros 5 000 000
● 1 000 000-5 000 000
· 500 000-1 000 000

GRADDFA 1:30 000 000

Cylch Arctig

Llundain

Paris

2 TABL POBLOGAETH

Gwlad	Newid (%) 1990-1995	Disgwyliad oes (bl.) 1990-5
Albania	0.9	72
Almaen, Yr	0.55	76
Awstria	0.67	76
Belarus	-0.14	70
Bosna-Hercegovina	-4.39	72
Bwlgaria	-0.5	71
Croatia	-0.1	71
Denmarc	0.16	75
Deyrnas Unedig, Y	0.29	76
Eidal, Yr	0.06	77
Estonia	-0.58	69
Ffindir, Y	0.48	76
Ffrainc	0.44	77
Groeg	0.41	78
Gwer. Iwerddon	0.28	75
Gwer. Tsiec	-0.02	71
Gwlad Belg	0.32	76
Gwlad Pwyl	0.14	71
Gwlad yr Iâ	1.06	78
Hwngari	-0.49	69
Iseldiroedd, Yr	0.72	77
Iwgoslafia	1.32	72
Latvia	-0.87	69
Lithuania	-0.06	70
Luxembourg	1.26	76
Macedonia	1.11	
Malta	0.67	76
Moldova	0.32	68
Norwy	0.45	77
Portiwgal	0.09	75
Românía	-0.32	70
Sbaen	0.18	78
Slofacia	0.36	71
Slovenija	0.29	73
Sweden	0.51	78
Swistir, Y	1.05	78
Ukrain	-0.1	69

3 POBLOGAETH DAN 15

Allwedd i Fap 3 a Map 4: Canran o'r boblogaeth gyfan, 1993

35
30
27.5
25
22.5
20
17.5
15
7.5

Cylch Arctig

GRADDFA 1:40 000 000

4 POBLOGAETH DROS 60

Cylch Arctig

GRADDFA 1:40 000 000

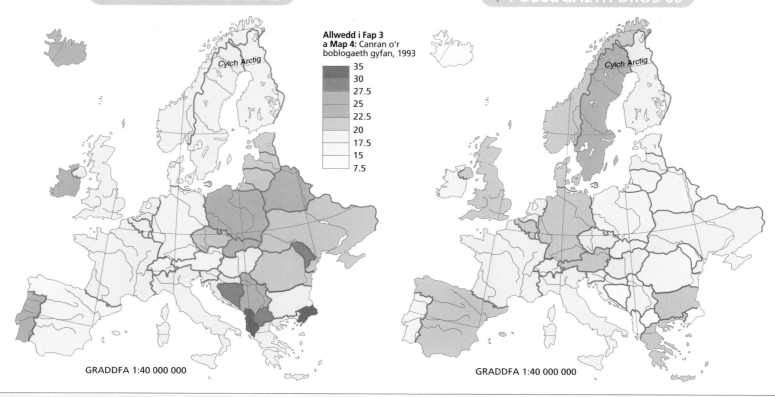

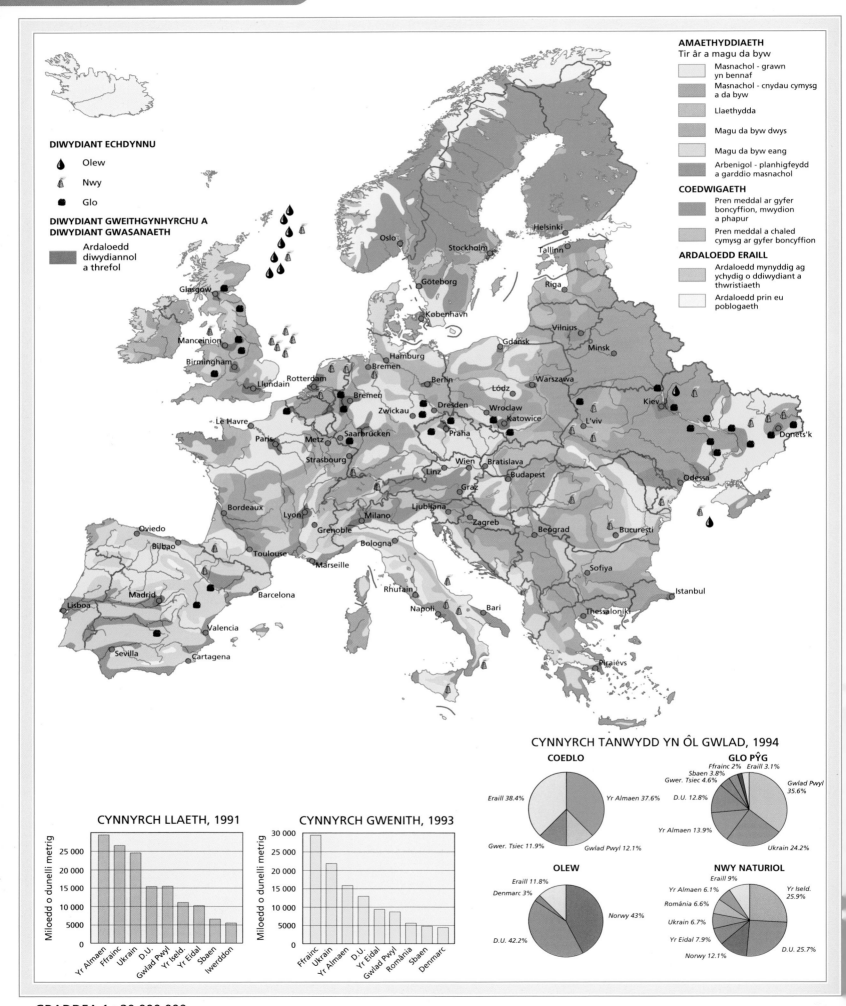

DIWYDIANT ECHDYNNU

◆ Olew

🔥 Nwy

⬛ Glo

DIWYDIANT GWEITHGYNHYRCHU A DIWYDIANT GWASANAETH

Ardaloedd diwydiannol a threfol

AMAETHYDDIAETH
Tir âr a magu da byw

Masnachol - grawn yn bennaf

Masnachol - cnydau cymysg a da byw

Llaethydda

Magu da byw dwys

Magu da byw eang

Arbenigol - planhigfeydd a garddio masnachol

COEDWIGAETH

Pren meddal ar gyfer boncyffion, mwydion a phapur

Pren meddal a chaled cymysg ar gyfer boncyffion

ARDALOEDD ERAILL

Ardaloedd mynyddig ag ychydig o ddiwydiant a thwristiaeth

Ardaloedd prin eu poblogaeth

CYNNYRCH TANWYDD YN ÔL GWLAD, 1994

COEDLO

Eraill 38.4%
Yr Almaen 37.6%
Gwer. Tsiec 11.9%
Gwlad Pwyl 12.1%

GLO PŶG

Ffrainc 2%   Eraill 3.1%
Sbaen 3.8%
Gwer. Tsiec 4.6%
D.U. 12.8%
Gwlad Pwyl 35.6%
Yr Almaen 13.9%
Ukrain 24.2%

OLEW

Eraill 11.8%
Denmarc 3%
Norwy 43%
D.U. 42.2%

NWY NATURIOL

Eraill 9%
Yr Almaen 6.1%
Románia 6.6%
Ukrain 6.7%
Yr Eidal 7.9%
Norwy 12.1%
Yr Iseld. 25.9%
D.U. 25.7%

CYNNYRCH LLAETH, 1991

Miloedd o dunelli metrig

Yr Almaen, Ffrainc, Ukrain, D.U., Gwlad Pwyl, Yr Iseld., Yr Eidal, Sbaen, Iwerddon

CYNNYRCH GWENITH, 1993

Miloedd o dunelli metrig

Ffrainc, Ukrain, Yr Almaen, D.U., Yr Eidal, Gwlad Pwyl, Románia, Sbaen, Denmarc

GRADDFA 1 : 20 000 000

Tafluniad Conig Arwynebedd-hafal Albers

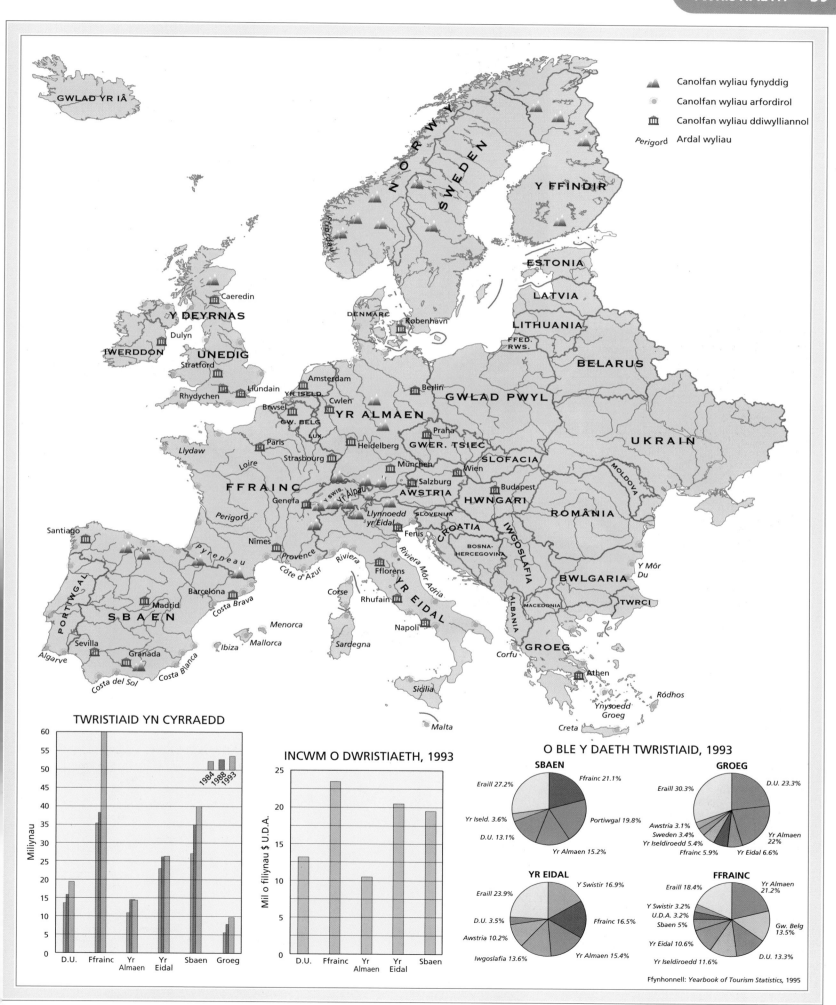

GWLAD YR IÂ

Canolfan wyliau fynyddig
Canolfan wyliau arfordirol
Canolfan wyliau ddiwylliannol
Perigord Ardal wyliau

NORWY
SWEDEN
Y FFINDIR
ESTONIA
LATVIA
LITHUANIA
FFED. RWS.
BELARUS
GWLAD PWYL
UKRAIN
MOLDOVA
ROMÂNIA
HWNGARI
SLOFACIA
GWER. TSIEC
AWSTRIA
SLOVENIA
CROATIA
IWGOSLAFIA
BOSNA-HERCEGOVINA
BWLGARIA
MACEDONIA
ALBANIA
TWRCI
GROEG
Y Môr Du

Caeredin
Y DEYRNAS
Dulyn
IWERDDON
UNEDIG
Stratford
Rhydychen
Llundain
Amsterdam
YR ISELD.
Brwsel
GW. BELG
LUX.
Cwlen
Berlin
Praha
Heidelberg
Paris
Llydaw
Strasbourg
Loire
München
Wien
Salzburg
Budapest
FFRAINC
Genefa
YR ALMAEN
SWIS.
Yr Alpau
Llynnoedd yr Eidal
Fenis
Perigord
Nîmes
Provence
Riviera
Côte d'Azur
Riviera Môr Adria
Fflorens
YR EIDAL
Corse
Rhufain
Napoli
Sicilia
Sardegna
Corfu
Athen
Ynysoedd Groeg
Creta
Ródhos
Malta

Santiago
PORTIWGAL
Pyreneau
Barcelona
Costa Brava
Madrid
SBAEN
Sevilla
Granada
Algarve
Costa del Sol
Costa Blanca
Menorca
Ibiza
Mallorca

DENMARC
København

TWRISTIAID YN CYRRAEDD

Miliynau

1984 1988 1993

D.U. | Ffrainc | Yr Almaen | Yr Eidal | Sbaen | Groeg

INCWM O DWRISTIAETH, 1993

Mil o filiynau $ U.D.A.

D.U. | Ffrainc | Yr Almaen | Yr Eidal | Sbaen

O BLE Y DAETH TWRISTIAID, 1993

SBAEN
Ffrainc 21.1%
Eraill 27.2%
Portiwgal 19.8%
Yr Iseld. 3.6%
D.U. 13.1%
Yr Almaen 15.2%

GROEG
D.U. 23.3%
Eraill 30.3%
Yr Almaen 22%
Awstria 3.1%
Sweden 3.4%
Yr Iseldiroedd 5.4%
Ffrainc 5.9%
Yr Eidal 6.6%

YR EIDAL
Y Swistir 16.9%
Eraill 23.9%
Ffrainc 16.5%
D.U. 3.5%
Awstria 10.2%
Yr Almaen 15.4%
Iwgoslafia 13.6%

FFRAINC
Yr Almaen 21.2%
Eraill 18.4%
Y Swistir 3.2%
U.D.A. 3.2%
Sbaen 5%
Gw. Belg 13.5%
Yr Eidal 10.6%
D.U. 13.3%
Yr Iseldiroedd 11.6%

Ffynhonnell: *Yearbook of Tourism Statistics*, 1995

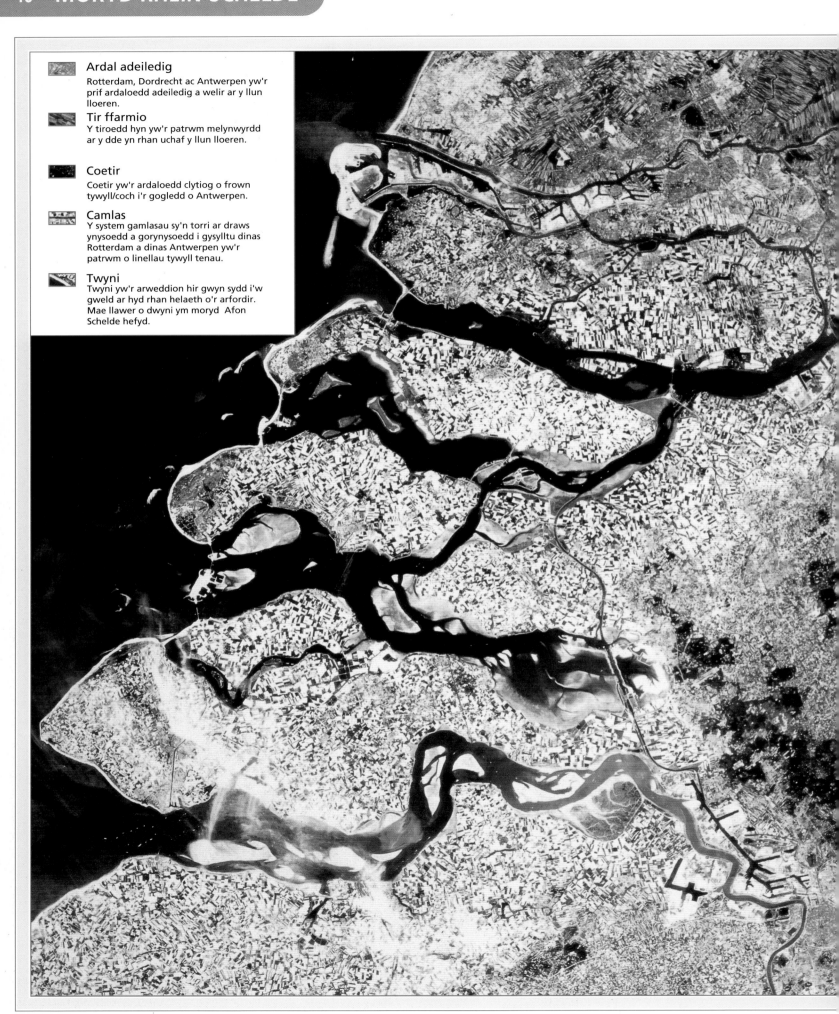

Ardal adeiledig
Rotterdam, Dordrecht ac Antwerpen yw'r prif ardaloedd adeiledig a welir ar y llun lloeren.

Tir ffarmio
Y tiroedd hyn yw'r patrwm melynwyrdd ar y dde yn rhan uchaf y llun lloeren.

Coetir
Coetir yw'r ardaloedd clytiog o frown tywyll/coch i'r gogledd o Antwerpen.

Camlas
Y system gamlasau sy'n torri ar draws ynysoedd a gorynysoedd i gysylltu dinas Rotterdam a dinas Antwerpen yw'r patrwm o linellau tywyll tenau.

Twyni
Twyni yw'r arweddion hir gwyn sydd i'w gweld ar hyd rhan helaeth o'r arfordir. Mae llawer o dwyni ym moryd Afon Schelde hefyd.

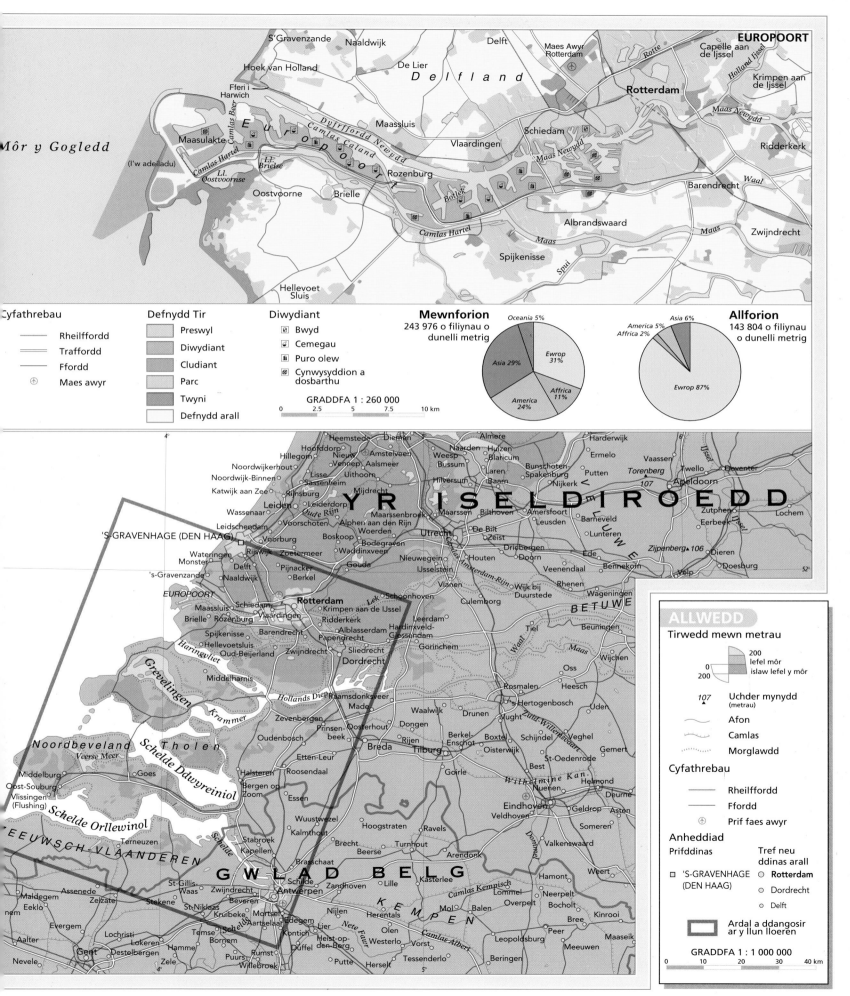

EUROPOORT

Môr y Gogledd

S'Gravenzande · Naaldwijk · Delft · Maes Awyr Rotterdam · Capelle aan de Ijssel · Krimpen aan de Ijssel

Hoek van Holland · De Lier · *Delfland* · **Rotterdam**

Fferi i Harwich · Maassluis · Schiedam · Ridderkerk

Maasvlakte · *Euro poort* · Vlaardingen · Maas Newydd

(I'w adeiladu) · Ll. Brielse · Rozenburg · Botlek · Barendrecht · *Maas*

Ll. Oostvoornse · Oostvoorne · Brielle · *Camlas Hartel* · Albrandswaard · Zwijndrecht

Hellevoet Sluis · Spijkenisse · *Spui*

Cyfathrebau
— Rheilffordd
═ Traffordd
— Ffordd
⊕ Maes awyr

Defnydd Tir
Preswyl
Diwydiant
Cludiant
Parc
Twyni
Defnydd arall

Diwydiant
☐ Bwyd
☐ Cemegau
☐ Puro olew
☐ Cynwysyddion a dosbarthu

GRADDFA 1 : 260 000
0   2.5   5   7.5   10 km

Mewnforion
243 976 o filiynau o dunelli metrig

- Oceania 5%
- Ewrop 31%
- Asia 29%
- America 24%
- Affrica 11%

Allforion
143 804 o filiynau o dunelli metrig

- Asia 6%
- America 5%
- Affrica 2%
- Ewrop 87%

YR ISELDIROEDD

Heemstede · Diemen · Almere · Harderwijk · Hoofddorp · Nieuw · Amstelveen · Naarden · Huizen · Ermelo · Hillegom · Vennep · Aalsmeer · Weesp · Bussum · Blaricum · Putten · Vaassen · Torenberg 107 · Twello · Deventer · Noordwijkerhout · Lisse · Sassenheim · Uithoorn · Hilversum · Laren · Baarn · Nijkerk · Apeldoorn · Noordwijk-Binnen · Mijdrecht · Bunschoten-Spakenburg · Katwijk aan Zee · Rijnsburg · Leiderdorp · Maarssenbroek · Maarssen · Bilthoven · Amersfoort · Barneveld · Zutphen · Leiden · Oude Rijn · Wassenaar · Voorschoten · Alphen aan den Rijn · Woerden · De Bilt · Leusden · Lunteren · Eerbeek · Lochem · Leidschendam · Boskoop · Bodegraven · Utrecht · Zeist · Driebergen · Ede · Bennekom · Zijpenberg 106 · Dieren · Doesburg · 'S-GRAVENHAGE (DEN HAAG) · Voorburg · Zoetermeer · Waddinxveen · Gouda · Nieuwegein · Doorn · Veenendaal · Velp · Wateringen · Rijswijk · Pijnacker · IJsselstein · Houten · Monster · Delft · Berkel · Vianen · Wijk bij Duurstede · Rhenen · Wageningen · *BETUWE* · 's-Gravenzande · Naaldwijk · EUROPOORT · Schoonhoven · Culemborg · Waal · Tiel · Beuningen · Maassluis · Schiedam · **Rotterdam** · Lek · Krimpen aan de IJssel · Leerdam · Wijchen · Brielle · Rozenburg · Vlaardingen · Ridderkerk · Hardinxveld-Giessendam · Gorinchem · Maas · Oss · Heesch · Spijkenisse · Barendrecht · Alblasserdam · Papendrecht · Rosmalen · Hellevoetsluis · Oud-Beijerland · Zwijndrecht · Sliedrecht · Dordrecht · 's-Hertogenbosch · Uden · *Haringvliet* · Middelharnis · *Grevelingen* · *Hollands Diep* · Raamsdonksveer · Waalwijk · Drunen · Vught · Schijndel · Veghel · *Krammer* · Made · Dongen · Berkel-Enschot · Boxtel · Oisterwijk · St-Oedenrode · Gemert · *Noordbeveland* · *Tholen* · Zevenbergen · Oosterhout · Rijen · Tilburg · Best · *Veerse Meer* · Prinsenbeek · Breda · *Wilhelmine Kan.* · Helmond · Middelburg · Goes · Oudenbosch · Etten-Leur · Goirle · Nuenen · Deurne · *Schelde Ddwyreiniol* · Halsteren · Roosendaal · Eindhoven · Geldrop · Asten · Oost-Souburg · Bergen op Zoom · Essen · Veldhoven · Someren · Vlissingen (Flushing) · *Schelde Orllewinol* · Wuustwezel · Hoogstraten · Ravels · Valkenswaard · *Zuid-Willemsvaart* · Terneuzen · Kalmthout · Brecht · Turnhout · Arendonk · Weert · *ZEEUWSCH-VLAANDEREN* · Stabroek · Kapellen · Beerse · *KEMPEN* · Hamont · St-Gillis-Waas · Zwijndrecht · Zandhoven · Lille · Kasterlee · Lommel · Overpelt · Neerpelt · Bocholt · Maldegem · Assenede · Zelzate · Stekene · St-Niklaas · Kruibeke · Mortsel · Brasschaat · Schilde · *GWLAD BELG* · Nijlen · Herentals · Olen · Mol · Balen · Kinrooi · Eeklo · Beveren · Aartselaar · Edegem · Lier · Heist-op-den-Berg · Westerlo · *Camlas Albert* · Leopoldsburg · Peer · Meeuwen · Maaseik · Evergem · Lochristi · Lokeren · Hamme · Temse · Bornem · Kontich · Duffel · Vorst · *Nete Faur* · Aalter · Gent · Destelbergen · Zele · Puurs · Rumst · Herselt · Tessenderlo · Beringen · Nevele · Willebroek · Putte

ALLWEDD

Tirwedd mewn metrau
- 200 / 0 / 200 — lefel môr islaw lefel y môr
- 107 ▲ Uchder mynydd (metrau)
- ～ Afon
- ～ Camlas
- ⋯⋯ Morglawdd

Cyfathrebau
— Rheilffordd
— Ffordd
⊕ Prif faes awyr

Anheddiad
Prifddinas
☐ 'S-GRAVENHAGE (DEN HAAG)

Tref neu ddinas arall
◉ **Rotterdam**
○ Dordrecht
○ Delft

☐ Ardal a ddangosir ar y llun lloeren

GRADDFA 1 : 1 000 000
0   10   20   30   40 km

Tafluniad Asimwthol Arwynebedd-hafal Lambert

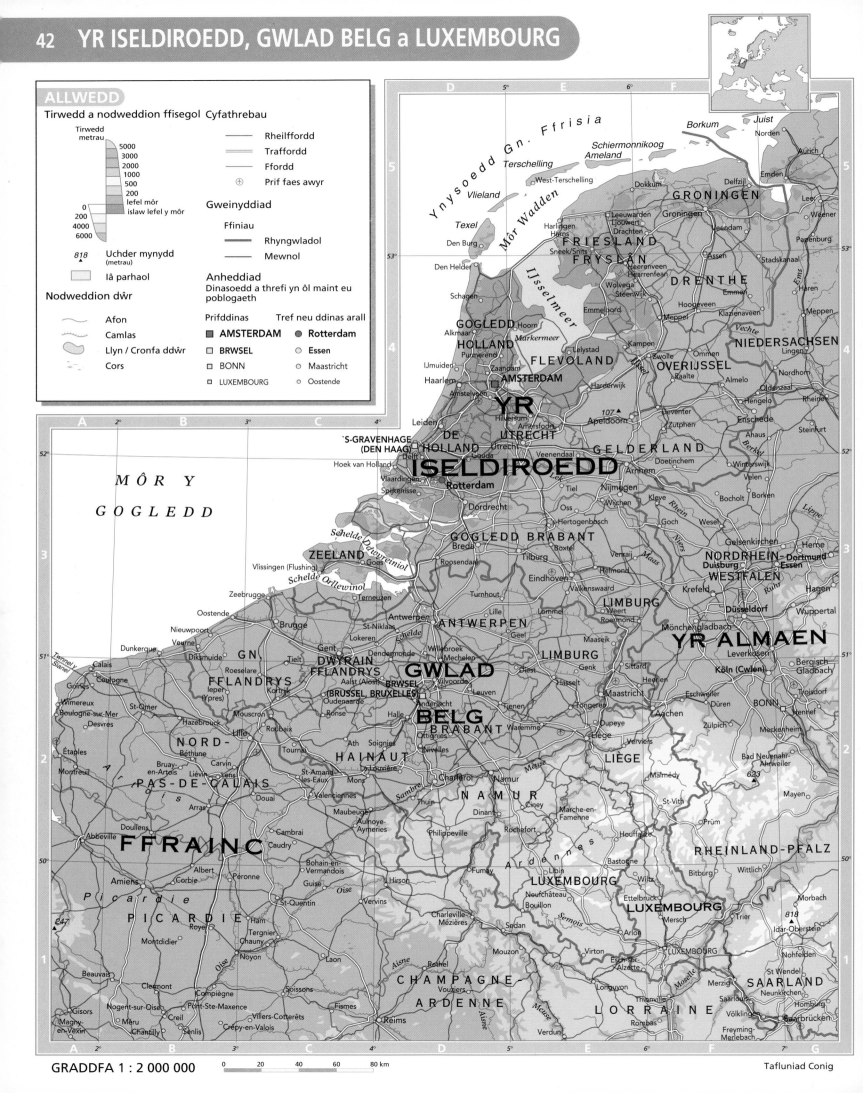

GRADDFA 1 : 2 000 000

Tafluniad Conig

GRADDFA 1 : 7 500 000

0   100   200   300 km

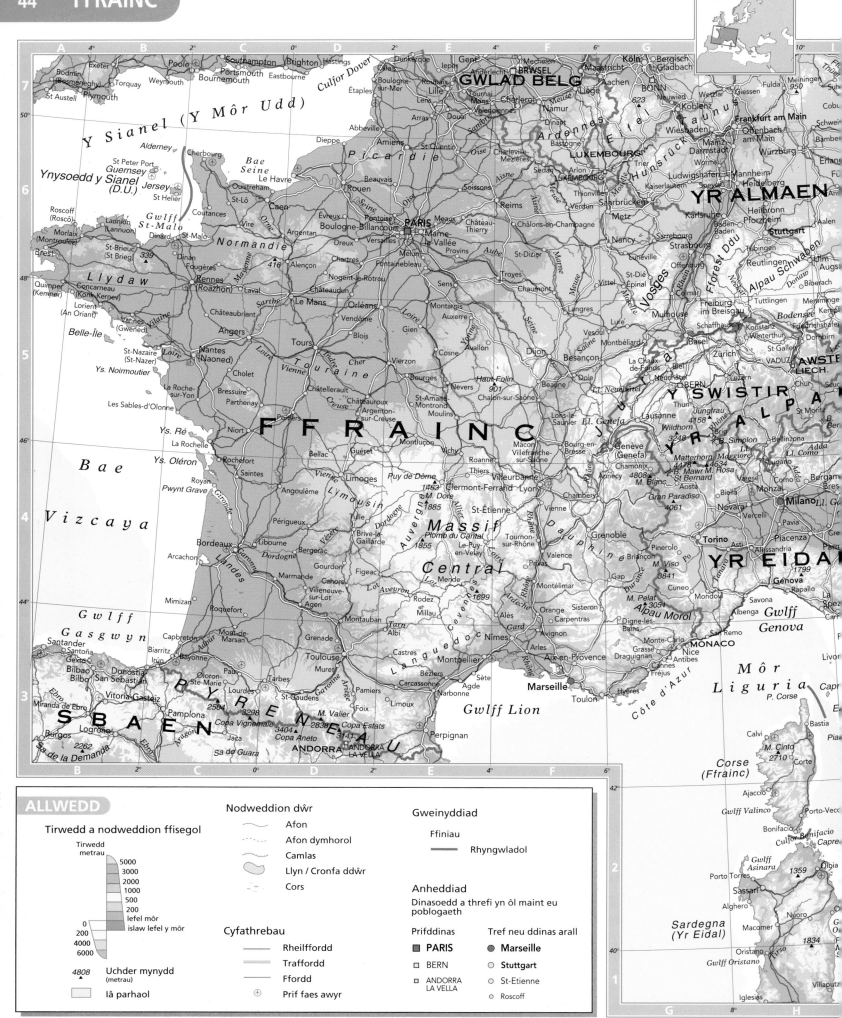

ALLWEDD

Tirwedd a nodweddion ffisegol

Tirwedd
metrau

5000
3000
2000
1000
500
200
lefel môr
islaw lefel y môr
200
4000
6000

▲ 4808 Uchder mynydd
(metrau)

Iâ parhaol

Nodweddion dŵr

Afon

Afon dymhorol

Camlas

Llyn / Cronfa ddŵr

Cors

Cyfathrebau

Rheilffordd

Traffordd

Ffordd

⊕ Prif faes awyr

Gweinyddiad

Ffiniau

Rhyngwladol

Anheddiad

Dinasoedd a threfi yn ôl maint eu poblogaeth

Prifddinas
■ PARIS
□ BERN
□ ANDORRA LA VELLA

Tref neu ddinas arall
● Marseille
◉ Stuttgart
○ St-Etienne
○ Roscoff

GRADDFA 1 : 5 000 000

0   50   100   150   200 km

Tafluniad Conig Cydffurfiol Lam

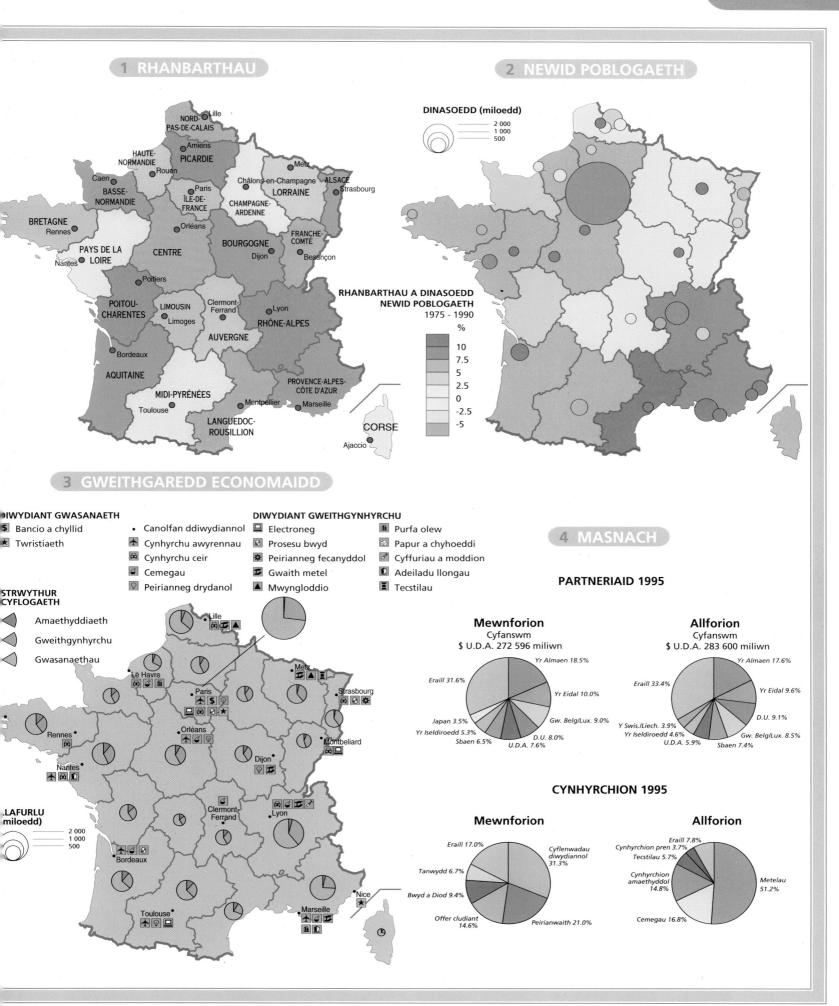

1 RHANBARTHAU

NORD-PAS-DE-CALAIS
Lille
HAUTE-NORMANDIE
Amiens
PICARDIE
Rouen
Metz
Caen
Châlons-en-Champagne
ALSACE
BASSE-NORMANDIE
Paris
LORRAINE
Strasbourg
BRETAGNE
ÎLE-DE-FRANCE
CHAMPAGNE-ARDENNE
Rennes
Orléans
FRANCHE-COMTÉ
PAYS DE LA LOIRE
CENTRE
BOURGOGNE
Besançon
Nantes
Dijon
Poitiers
POITOU-CHARENTES
LIMOUSIN
Clermont-Ferrand
Lyon
Limoges
RHÔNE-ALPES
AUVERGNE
Bordeaux
AQUITAINE
MIDI-PYRÉNÉES
PROVENCE-ALPES-CÔTE D'AZUR
Montpellier
Marseille
Toulouse
LANGUEDOC-ROUSILLION
CORSE
Ajaccio

2 NEWID POBLOGAETH

DINASOEDD (miloedd)

2 000
1 000
500

RHANBARTHAU A DINASOEDD
NEWID POBLOGAETH
1975 - 1990
%
10
7.5
5
2.5
0
-2.5
-5

3 GWEITHGAREDD ECONOMAIDD

DIWYDIANT GWASANAETH

$ Bancio a chyllid
★ Twristiaeth

• Canolfan ddiwydiannol
✈ Cynhyrchu awyrennau
🚗 Cynhyrchu ceir
Cemegau
Peirianneg drydanol

DIWYDIANT GWEITHGYNHYRCHU

Electroneg
Prosesu bwyd
Peirianneg fecanyddol
Gwaith metel
▲ Mwyngloddio

Purfa olew
Papur a chyhoeddi
Cyffuriau a moddion
Adeiladu llongau
Tecstilau

STRWYTHUR CYFLOGAETH

Amaethyddiaeth
Gweithgynhyrchu
Gwasanaethau

Lille
Le Havre
Metz
Paris
Strasbourg
Orléans
Montbeliard
Rennes
Dijon
Nantes
Clermont-Ferrand
Lyon
Bordeaux
Nice
Toulouse
Marseille

LAFURLU (miloedd)

2 000
1 000
500

4 MASNACH

PARTNERIAID 1995

Mewnforion
Cyfanswm
$ U.D.A. 272 596 miliwn

Eraill 31.6%
Yr Almaen 18.5%
Yr Eidal 10.0%
Gw. Belg/Lux. 9.0%
D.U. 8.0%
U.D.A. 7.6%
Sbaen 6.5%
Yr Iseldiroedd 5.3%
Japan 3.5%

Allforion
Cyfanswm
$ U.D.A. 283 600 miliwn

Eraill 33.4%
Yr Almaen 17.6%
Yr Eidal 9.6%
D.U. 9.1%
Gw. Belg/Lux. 8.5%
Sbaen 7.4%
U.D.A. 5.9%
Yr Iseldiroedd 4.6%
Y Swis./Liech. 3.9%

CYNHYRCHION 1995

Mewnforion

Eraill 17.0%
Cyflenwadau diwydiannol 31.3%
Tanwydd 6.7%
Bwyd a Diod 9.4%
Offer cludiant 14.6%
Peirianwaith 21.0%

Allforion

Eraill 7.8%
Cynhyrchion pren 3.7%
Tecstilau 5.7%
Cynhyrchion amaethyddol 14.8%
Metelau 51.2%
Cemegau 16.8%

ALLWEDD

Tirwedd a nodweddion ffisegol

Tirwedd
metrau

5000
3000
2000
1000
500
200
0 lefel môr
islaw lefel y môr
200
4000
6000

3482 ▲ Uchder mynydd
(metrau)

Nodweddion dŵr

Afon
Afon dymhorol
Camlas
Llyn / Cronfa ddŵr
Cors

Cyfathrebau

Rheilffordd
Trafordd
Ffordd
⊕ Prif faes awyr

Gweinyddiad

Ffiniau
Rhyngwladol

Anheddiad

Dinasoedd a threfi yn ôl maint eu poblogaeth

Prifddinas
■ **MADRID**
□ ANDORRA LA VELLA

Tref neu ddinas arall
● **Barcelona**
○ **Málaga**
○ Pamplona
○ Benidorm

GRADDFA 1 : 5 000 000

0 50 100 150 200 km

Tafluniad Conig Cydffurfiol Lambert

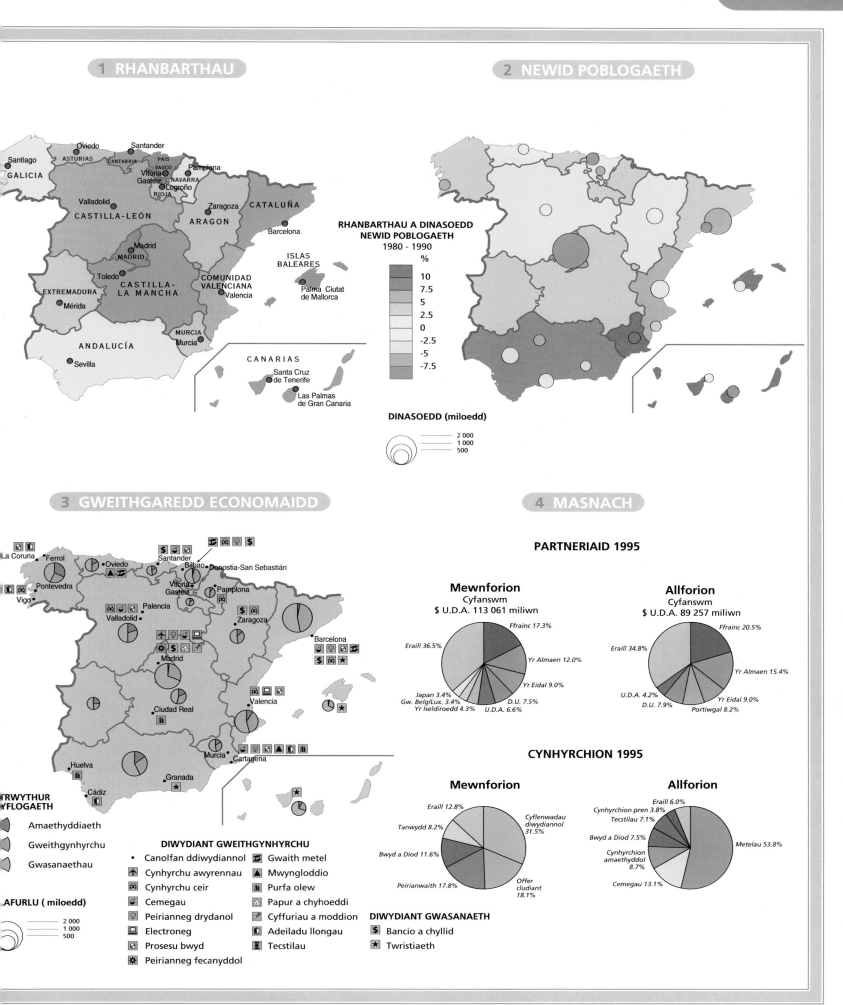

1 RHANBARTHAU

Santiago
GALICIA
Oviedo
ASTURIAS
Santander
CANTABRIA
PAIS
VASCO
Vitoria
Gasteiz
Pamplona
NAVARRA
Logroño
RIOJA
Valladolid
CASTILLA-LEÓN
Zaragoza
ARAGON
CATALUÑA
Barcelona
Madrid
MADRID
ISLAS
BALEARES
Toledo
CASTILLA-
LA MANCHA
COMUNIDAD
VALENCIANA
Valencia
Palma Ciutat
de Mallorca
EXTREMADURA
Mérida
MURCIA
Murcia
ANDALUCÍA
Sevilla

CANARIAS
Santa Cruz
de Tenerife
Las Palmas
de Gran Canaria

**RHANBARTHAU A DINASOEDD
NEWID POBLOGAETH
1980 - 1990**
%
10
7.5
5
2.5
0
-2.5
-5
-7.5

DINASOEDD (miloedd)
2 000
1 000
500

2 NEWID POBLOGAETH

3 GWEITHGAREDD ECONOMAIDD

La Coruña
Ferrol
Oviedo
Santander
Bilbao
Donostia-San Sebastián
Pontevedra
Vitoria
Gasteiz
Pamplona
Vigo
Palencia
Valladolid
Zaragoza
Barcelona
Madrid
Ciudad Real
Valencia
Huelva
Granada
Cádiz
Murcia
Cartagena

**TRWYTHUR
YFLOGAETH**
Amaethyddiaeth
Gweithgynhyrchu
Gwasanaethau

AFURLU (miloedd)
2 000
1 000
500

DIWYDIANT GWEITHGYNHYRCHU
• Canolfan ddiwydiannol
✈ Cynhyrchu awyrennau
🚗 Cynhyrchu ceir
🧪 Cemegau
💡 Peirianeg drydanol
🖥 Electroneg
🍴 Prosesu bwyd
⚙ Peirianeg fecanyddol
🔧 Gwaith metel
🔺 Mwyngloddio
🏭 Purfa olew
📰 Papur a chyhoeddi
💊 Cyffuriau a moddion
🚢 Adeiladu llongau
🧵 Tecstilau

DIWYDIANT GWASANAETH
$ Bancio a chyllid
★ Twristiaeth

4 MASNACH

PARTNERIAID 1995

Mewnforion
Cyfanswm
$ U.D.A. 113 061 miliwn
Ffrainc 17.3%
Yr Almaen 12.0%
Yr Eidal 9.0%
D.U. 7.5%
U.D.A. 6.6%
Yr Iseldiroedd 4.3%
Gw. Belg/Lux. 3.4%
Japan 3.4%
Eraill 36.5%

Allforion
Cyfanswm
$ U.D.A. 89 257 miliwn
Ffrainc 20.5%
Yr Almaen 15.4%
Yr Eidal 9.0%
Portiwgal 8.2%
D.U. 7.9%
U.D.A. 4.2%
Eraill 34.8%

CYNHYRCHION 1995

Mewnforion
Eraill 12.8%
Cyflenwadau
diwydiannol
31.5%
Tanwydd 8.2%
Bwyd a Diod 11.6%
Peirianwaith 17.8%
Offer
cludiant
18.1%

Allforion
Eraill 6.0%
Cynhyrchion pren 3.8%
Tecstilau 7.1%
Bwyd a Diod 7.5%
Metelau 53.8%
Cynhyrchion
amaethyddol
8.7%
Cemegau 13.1%

RADDFA 1 : 12 000 000   0   100   200   300 km

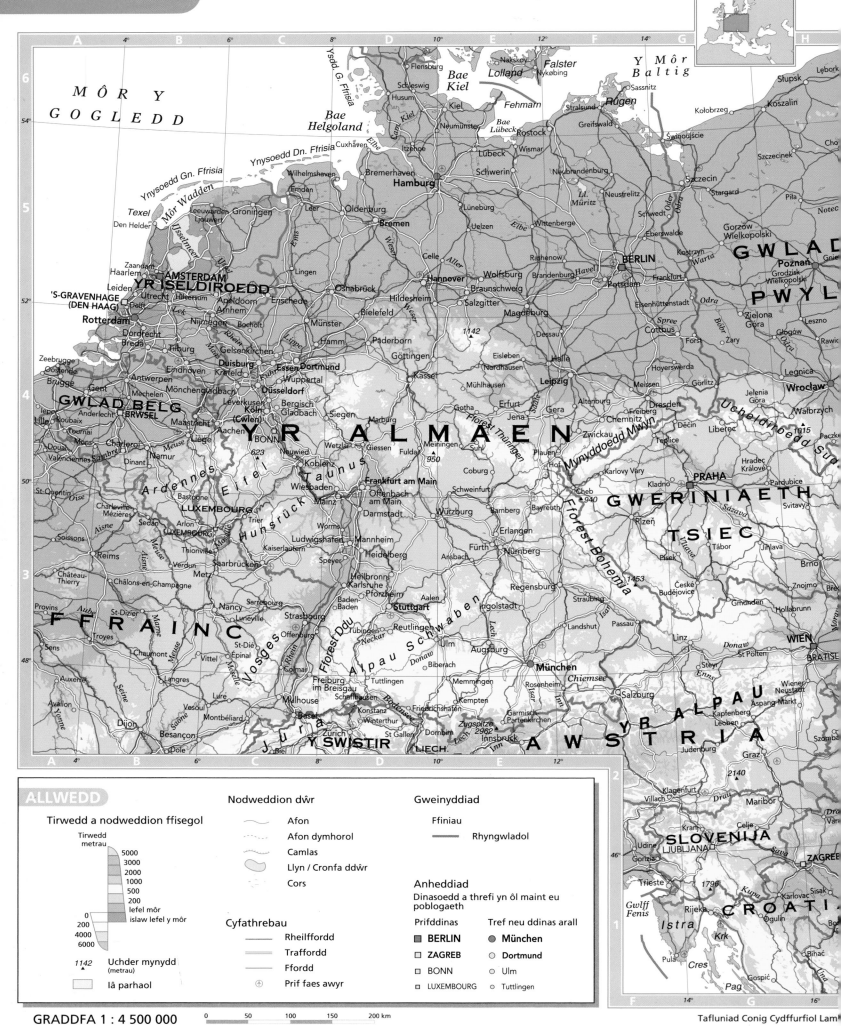

MÔR Y GOGLEDD

Y MÔR BALTIG

YR ISELDIROEDD

GWLAD BELG

FFRAINC

YR ALMAEN

GWLAD PWYL

GWERINIAETH TSIEC

Y SWISTIR

AWSTRIA

YR ALPAU

SLOVENIJA

CROATIA

ALLWEDD

Tirwedd a nodweddion ffisegol

Tirwedd
metrau
5000
3000
2000
1000
500
200
lefel môr
islaw lefel y môr
200
4000
6000

1142 ▲ Uchder mynydd
(metrau)

Iâ parhaol

Nodweddion dŵr

Afon
Afon dymhorol
Camlas
Llyn / Cronfa ddŵr
Cors

Cyfathrebau

Rheilffordd
Traffordd
Ffordd
Prif faes awyr

Gweinyddiad

Ffiniau
Rhyngwladol

Anheddiad

Dinasoedd a threfi yn ôl maint eu poblogaeth

Prifddinas
■ BERLIN
□ ZAGREB
□ BONN
□ LUXEMBOURG

Tref neu ddinas arall
● München
○ Dortmund
○ Ulm
○ Tuttlingen

GRADDFA 1 : 4 500 000

0   50   100   150   200 km

Tafluniad Conig Cydffurfiol Lam

1 RHANBARTHAU

1. BERLIN
2. BREMEN
3. HAMBURG
4. SAARLAND

Kiel
SCHLESWIG-HOLSTEIN
MECKLENBURG-VORPOMMERN
Schwerin
Hamburg
3.
2. Bremen
NIEDERSACHSEN
Hannover
Potsdam
1. Berlin
Magdeburg
BRANDENBURG
NORDRHEIN-WESTFALEN
SACHSEN-ANHALT
Düsseldorf
Erfurt
Dresden
THURINGEN
SACHSEN
HESSEN
Wiesbaden
RHEINLAND-PFALZ
Mainz
4.
Saarbrücken
Stuttgart
BAYERN
BADEN-WÜRTTEMBERG
München

2 NEWID POBLOGAETH

RHANBARTHAU A DINASOEDD
NEWID POBLOGAETH
1982 - 1992

%
10
7.5
5
2.5
0
-2.5
-5
-7.5
-10

DINASOEDD (miloedd)

2 000
1 000
500

3 GWEITHGAREDD ECONOMAIDD

DIWYDIANT GWASANAETH

$ Bancio a chyllid
★ Twristiaeth

DIWYDIANT GWEITHGYNHYRCHU

• Canolfan ddiwydiannol
✈ Cynhyrchu awyrennau
🚗 Cynhyrchu ceir
Cemegau
Peirianneg drydanol
Electroneg
Prosesu bwyd
Peirianneg fecanyddol
Gwaith metel
Mwyngloddio
Purfa olew
Papur a chyhoeddi
Cyffuriau a moddion
Adeiladu llongau
Tecstilau

STRWYTHUR CYFLOGAETH

Amaethyddiaeth
Gweithgynhyrchu
Gwasanaethau

LLAFURLU (miloedd)

2 000
1 000
500

Hamburg
Bremen
Hannover
Braunschweig
Berlin
Düsseldorf
Kassel
Köln
Koblenz
Dresden
Frankfurt
Nürnberg
Saarbrücken
Stuttgart
München

4 MASNACH

PARTNERIAID 1995

Mewnforion
Cyfanswm
$ U.D.A. 441 850 miliwn

Ffrainc 10.8%
Yr Iseldiroedd 8.4%
Yr Eidal 8.4%
U.D.A. 7.1%
Gw. Belg/Lux. 6.5%
D.U. 6.4%
Japan 5.6%
Y Swis./Liech. 4.4%
Awstria 3.7%
Sbaen 3.1%
Eraill 35.6%

Allforion
Cyfanswm
$ U.D.A. 507 603 miliwn

Ffrainc 11.6%
D.U. 8.0%
Yr Eidal 7.5%
U.D.A. 7.5%
Yr Iseldiroedd 7.4%
Gw. Belg/Lux. 6.5%
Y Swis./Liech. 5.5%
Awstria 5.4%
Sbaen 3.4%
Eraill 37.2%

CYNHYRCHION 1995

Mewnforion

Cyflenwadau diwydiannol 28.8%
Peirianwaith 20.4%
Offer cludiant 14.2%
Bwyd a Diod 9.0%
Tanwydd 6.3%
Eraill 21.3%

Allforion

Metelau 63.4%
Cemegau 16.8%
Tecstilau 4.8%
Bwyd a Diod 4.3%
Cynhyrchion pren 3.8%
Eraill 6.9%

0   100   200   300 km

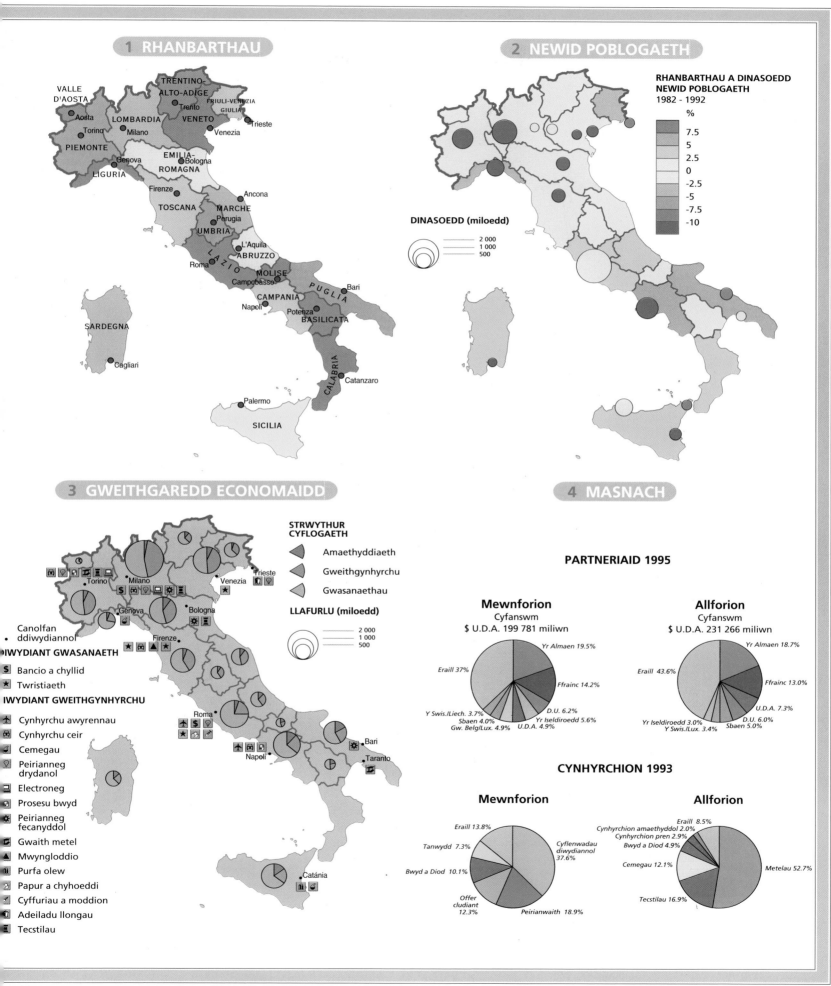

1 RHANBARTHAU

VALLE D'AOSTA
Aosta
TRENTINO-ALTO-ADIGE
Trento
FRIULI-VENEZIA GIULIA
Trieste
LOMBARDIA
Torino
Milano
VENETO
Venezia
PIEMONTE
LIGURIA
Genova
EMILIA-ROMAGNA
Bologna
Firenze
Ancona
TOSCANA
MARCHE
Perugia
UMBRIA
LAZIO
L'Aquila
ABRUZZO
Roma
MOLISE
Campobasso
PUGLIA
Bari
CAMPANIA
Napoli
Potenza
BASILICATA
SARDEGNA
Cagliari
CALABRIA
Catanzaro
Palermo
SICILIA

2 NEWID POBLOGAETH

RHANBARTHAU A DINASOEDD NEWID POBLOGAETH
1982 - 1992

%
7.5
5
2.5
0
-2.5
-5
-7.5
-10

DINASOEDD (miloedd)
2 000
1 000
500

3 GWEITHGAREDD ECONOMAIDD

STRWYTHUR CYFLOGAETH

Amaethyddiaeth
Gweithgynhyrchu
Gwasanaethau

LLAFURLU (miloedd)
2 000
1 000
500

Torino
Milano
Trieste
Venezia
Genova
Bologna
Firenze
Roma
Napoli
Bari
Taranto
Catánia

• Canolfan ddiwydiannol

DIWYDIANT GWASANAETH

$ Bancio a chyllid
★ Twristiaeth

DIWYDIANT GWEITHGYNHYRCHU

✈ Cynhyrchu awyrennau
🚗 Cynhyrchu ceir
Cemegau
Peirianneg drydanol
Electroneg
Prosesu bwyd
Peirianneg fecanyddol
Gwaith metel
▲ Mwyngloddio
Purfa olew
Papur a chyhoeddi
Cyffuriau a moddion
Adeiladu llongau
Tecstilau

4 MASNACH

PARTNERIAID 1995

Mewnforion
Cyfanswm
$ U.D.A. 199 781 miliwn

Yr Almaen 19.5%
Ffrainc 14.2%
D.U. 6.2%
Yr Iseldiroedd 5.6%
U.D.A. 4.9%
Gw. Belg./Lux. 4.9%
Sbaen 4.0%
Y Swis./Liech. 3.7%
Eraill 37%

Allforion
Cyfanswm
$ U.D.A. 231 266 miliwn

Yr Almaen 18.7%
Ffrainc 13.0%
U.D.A. 7.3%
D.U. 6.0%
Sbaen 5.0%
Y Swis./Lux. 3.4%
Yr Iseldiroedd 3.0%
Eraill 43.6%

CYNHYRCHION 1993

Mewnforion

Cyflenwadau diwydiannol 37.6%
Peirianwaith 18.9%
Offer cludiant 12.3%
Bwyd a Diod 10.1%
Tanwydd 7.3%
Eraill 13.8%

Allforion

Metelau 52.7%
Tecstilau 16.9%
Cemegau 12.1%
Bwyd a Diod 4.9%
Cynhyrchion pren 2.9%
Cynhyrchion amaethyddol 2.0%
Eraill 8.5%

GRADDFA 1 : 10 500 000

0   100   200   300 km

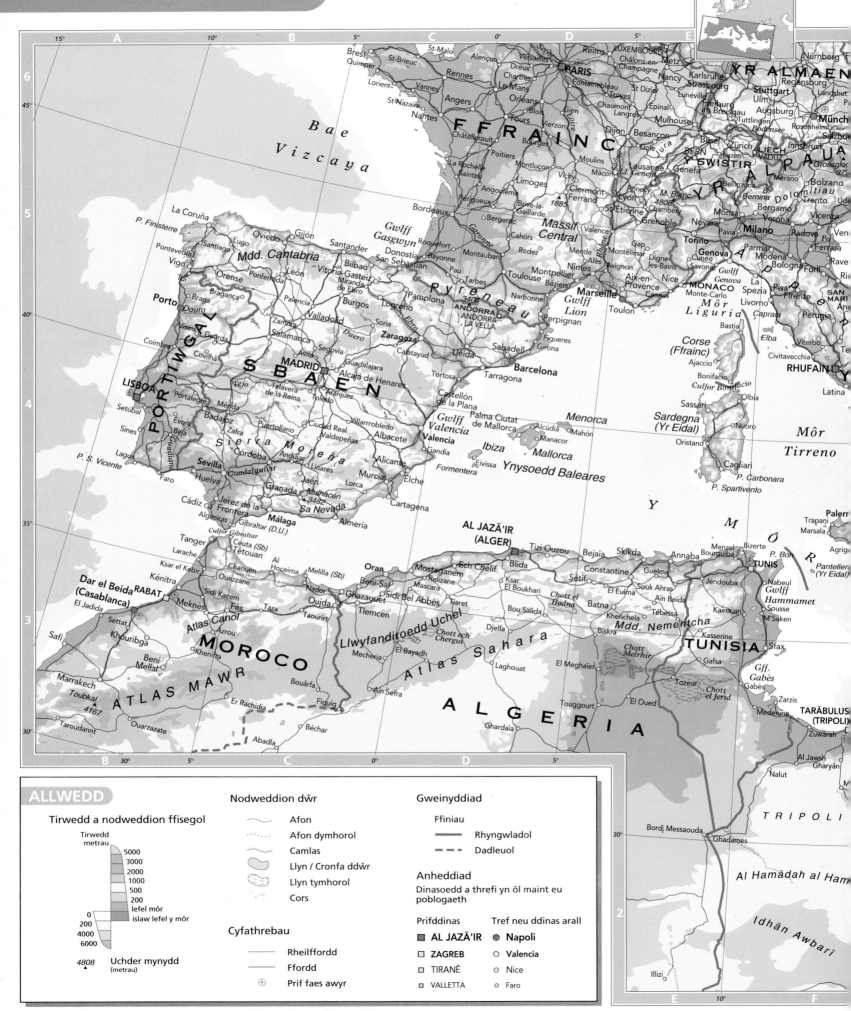

ALLWEDD

Tirwedd a nodweddion ffisegol

Tirwedd
metrau

5000
3000
2000
1000
500
200
0 lefel môr
islaw lefel y môr
200
4000
6000

3798 ▲ Uchder mynydd (metrau)

Iâ parhaol

Nodweddion dŵr

Afon
Camlas
Llyn / Cronfa ddŵr
Cors

Cyfathrebau

Rheilffordd
Traffordd
Ffordd
⊕ Prif faes awyr

Gweinyddiad

Ffiniau

Rhyngwladol

Anheddiad

Dinasoedd a threfi yn ôl maint eu poblogaeth

Prifddinas	Tref neu ddinas arall
■ WARSZAWA	● Kharkhiv
□ CHIŞINAU	○ Krakow
▫ BRATISLAVA	○ Brno
▫ VADUZ	○ Chelm

GRADDFA 1 : 5 000 000

0 50 100 150 200 km

Y MÔR BALTIG

DENMARC

SWEDEN

KØBENHAVN

Bornholm

FFEDERASIWN RWSIA

Gdańsk

GWLAD PWYL

WARSZAWA

YR ALMAEN

BERLIN

Łódź

Wrocław

Llwyfandir Silesia

Kraków

GWERINIAETH TSIEC

PRAHA

Mynyddoedd Mwyn

Fforest Bohemia

Ucheldiroedd Sudety

Carpatiau

SLOFACIA

BRATISLAVA

WIEN

AWSTRIA

BUDAPEST

HWNGARI

Y SWISTIR

YR ALPAU

VADUZ

LIECH.

München

YR EIDAL

Milano

SLOVENIJA

LJUBLJANA

ZAGREB

CROATIA

BOSNA HERCEGOVINA

IWGOSLAFIA

ALLWEDD

Tirwedd a nodweddion ffisegol

Tirwedd
metrau
5000
3000
2000
1000
500
200
lefel môr
0
islaw lefel y môr
200
4000
6000

3971 ▲ Uchder mynydd
(metrau)

Nodweddion dŵr

Afon

Afon dymhorol

Camlas

Llyn / Cronfa ddŵr

Llyn tymhorol

Cors

Cyfathrebau

Rheilffordd

Trafffordd

Ffordd

⊕ Prif faes awyr

Gweinyddiad

Ffiniau

Rhyngwladol

Mewnol

Anheddiad
Dinasoedd a threfi yn ôl maint eu
poblogaeth

Prifddinas   Tref neu ddinas arall

■ ATHÍNAI   ● İstanbul

□ SKOPJE   ○ Konya

□ LEVKOSIA   ○ Thessaloníki

○ Dubrovnik

GRADDFA 1 : 5 000 000

0   50   100   150   200 km

ARCTIG

Komsomolets
Ys. Oktyabrskoy
Revolyutsii
Ys. Bolshevik
P. Chelyuskin

chernaya
Zemlya

Gorynys Taimyr
Mdd. Byrranga
Ll. Taimyr
Nordvik
Khatanga
Anabar

oril'sk

Olenek

Kotug

Tunguska Isaf

LLWYFANDIR

Tura

CANOLBARTH

SIWN RWSIA
SIBERIA

Podkamennaya Tunguska

Yenisey
Angara

Ust-Ilimsk
Ust-Kut

Kansk
Nizhneudinsk
Bratsk

Krasnoyarsk

Abakan
Ll. Baikal

an Gôrllewinol Sayan Dwyreiniol
Usol'ye-
Sibirskoye
Yenisey
Kyzyl
Irkutsk
Ubsa Nur
Hövsgöl Nuur
ULAN BATOR
Altai
MONGOLIA
Bayanhongor

Ysdd. Novosibirskiye
Kotel'nyy
Novaya Sibir'
Bolshoi
Lyakhovskiy
Gwlff Tona
Kazachye
Indigirka

Mộr Laptev
Ust-Olenek
Olenek
Tiksi
Bulun

Cadwyn Verkhoyansk

Yana
Verkhoyansk

Lena

Vilyuysk
Nyurba
Yakutsk

Markha
Aldan

Olekminsk

Lena

Vitim

Tynda

Cadwyn Yablonovy

Chita
Karymskoye
Krasnokamensk

Ulan-Ude

Hulun Nur

Môr Dwyrain Siberia

Ambarchik
Srednekolymsk

Cadwyn Cherskogo
M. Pobeda
3147

Kolyma
Yagodnoye

Aldan

Ust-Maya
Maya

Nelkan
Ayan

Ysdd.
Shantar

Cadwyn Stanovoy

Skovorodino
Amur

Blagoveshchensk
Svobodnyy

Bei'an
Qiqihar
Harbin
Mudanjiang
Jilin
Changchun

Da Hinggan Ling

Shenyang
Fushun
Anshan

CHINA

Yichun

Mộr
Chukchi

Culfor Longa
Ys. Wrangel

Omolon

Dzhigudzhak

Magadan

Okhotsk

Pt
Hope

Gor Chukchi
Anadyr
Gwlff Anadyr

Cadwyn Kolyma

Kamenskoye
Penzhina
Gizhiga
Gwlff
Shelekhov Gff. Penzf.
Palana

MỘR OKHOTSK

Nikolayevsk-
na-Amure
Okha

Amgun

Komsomolsk-
na-Amure
Aleksandrovsk-
Sakhalinskiy
Sakhalin

Amur
Poronaysk
Uglegorsk

Khabarovsk
Cadwyn Sikhote-Alin

Bikin
Ussuriysk
Vladivostok
Nakhodka

Khanka
Ll.

Chongjin

GOGLEDO
KOREA

Culfor Bering
U.D.A.

Gorynys
Seward

Ys. St Lawrence

Numivak

Ys. St Matthew

MỘR
BERING

Cadwyn Koryak

Gorynys
Klyuchevskaya
Sopka
4750
Kamchatka
Petropavlovsk-
Kamchatskiy

Severo-Kuril'sk

Ynysoedd Kuril

Kholmsk
Yuzhno-Sakhalinsk
Gwlff Tatar

Wakkanai
Asahikawa
2290
Asahi-dake

Gweinyddiaeth
Fleet Rwsia
Hawlfraf gan Japan

Hokkaidō
Sapporo
Hakodate
Aomori
Hachinohe

Mộr
Japan

Honshū
Akita
Sendai

Niigata

JAPAN
Nagoya
Kōbe
Osaka

Tirwedd

Tirwedd
metrau
5000
3000
2000
1000
500
200
0 lefel môr
islaw lefel y môr
200
4000
6000

Cap iâ

GRADDFA 1 : 100 000 000

B.   BELIZE
C.R. COSTA RICA
E.S. EL
     SALVADOR
G.   GUATEMALA
G.D. GWERINIAETH
     DOMINICA
H.   HAITI
HO. HONDURAS
J.   JAMAICA
N.   NICARAGUA
P.   PANAMÁ

GRADDFA 1 : 40 000 000

Tafluniad Trimetrig Chamberlin

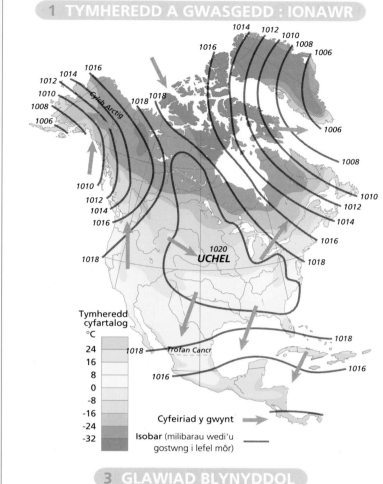

1 TYMHEREDD A GWASGEDD : IONAWR

Tymheredd cyfartalog
°C

| 24 |
| 16 |
| 8 |
| 0 |
| -8 |
| -16 |
| -24 |
| -32 |

Cyfeiriad y gwynt →
Isobar (milibarau wedi'u gostwng i lefel môr) ——

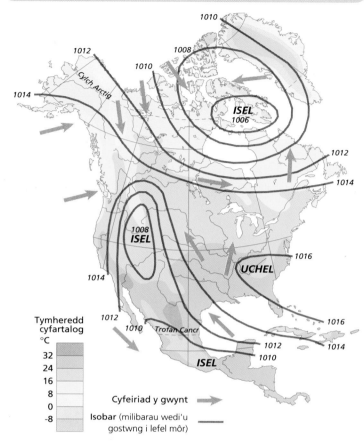

2 TYMHEREDD A GWASGEDD : GORFFENNAF

Tymheredd cyfartalog
°C

| 32 |
| 24 |
| 16 |
| 8 |
| 0 |
| -8 |

Cyfeiriad y gwynt →
Isobar (milibarau wedi'u gostwng i lefel môr) ——

3 GLAWIAD BLYNYDDOL

Glawiad
blynyddol cyfartalog
mm

| 3000 |
| 2000 |
| 1000 |
| 500 |
| 250 |
| 0 |

4 YSTADEGAU

Saskatoon (515 metr)	Ion	Chw	Maw	Ebr	Mai	Meh	Gor	Aw	Med	Hyd	Ta	Rha
Tymheredd - uchaf (°C)	-13	-11	-3	9	18	22	25	24	17	11	-1	-9
Tymheredd - isaf (°C)	-24	-22	-14	-3	3	9	11	9	3	-3	-11	-19
Glawiad - (mm)	23	13	18	18	36	66	61	48	38	23	13	15

Vancouver (14 metr)	Ion	Chw	Maw	Ebr	Mai	Meh	Gor	Aw	Med	Hyd	Ta	Rha
Tymheredd - uchaf (°C)	5	7	10	14	18	21	23	23	18	14	9	6
Tymheredd - isaf (°C)	0	1	3	4	8	11	12	12	9	7	4	2
Glawiad - (mm)	218	147	127	84	71	64	31	43	91	147	211	224

Charleston (3 metr)	Ion	Chw	Maw	Ebr	Mai	Meh	Gor	Aw	Med	Hyd	Ta	Rha
Tymheredd - uchaf (°C)	14	15	19	23	27	30	31	31	28	24	19	15
Tymheredd - isaf (°C)	6	7	10	14	19	23	24	24	22	16	11	7
Glawiad - (mm)	74	84	86	71	81	119	185	168	130	81	58	71

Acapulco (3 metr)	Ion	Chw	Maw	Ebr	Mai	Meh	Gor	Aw	Med	Hyd	Ta	Rha
Tymheredd - uchaf (°C)	31	31	31	32	32	33	32	33	32	32	32	31
Tymheredd - isaf (°C)	22	22	22	23	25	25	25	25	24	24	23	22
Glawiad - (mm)	6	1	0	1	36	281	256	252	349	159	28	8

Detroit (189 metr)	Ion	Chw	Maw	Ebr	Mai	Meh	Gor	Aw	Med	Hyd	Ta	Rha
Tymheredd - uchaf (°C)	-1	0	6	13	19	25	28	27	23	16	8	2
Tymheredd - isaf (°C)	-7	-8	-3	3	9	14	17	17	13	7	1	-4
Glawiad - (mm)	53	53	64	64	84	91	84	69	71	61	61	58

GRADDFA 1 : 75 000 000

Tafluniad Bonne

GRØNLAND
KALAALLIT NUNAAT
(Denmarc)

GWLAD YR IÂ

Cylch Arctig

Tir y Brenin Christian IX

Culfor Denmarc

Isafjördhur

Akureyri
Seydhisfjördhur
Siglufjördhur
Höfn

Faxaflói
Keflavik
REYKJAVIK

1763
Hofsjökull

Ys. Amund
Ringnes

Ynys Axel
Heiberg

Ynys Ellesmere

Culfor Nares

P. Parry
Thule
Qaanaaq

P. York

Bae
Melville

Upernavik

Tir y Brenin Frederik VI

Gunnbjørn Field
3700

lizabeth

Swnt Jones

P a r r y
Ynys Devon

Ys.
ornwallis

Swnt Lancaster

Ardlou P Y Brenin Frederik VI

Resolute
Bay

Ynys
Somerset

Arctic Bay

Ynys
Bylot

Pond Inlet
(Mittimatalik)

Gorynys
Brodeur

Gorynys
Borden

B a e

B a f f i n

Saqqaq

Christianshåb
Qasigiannguit

Ys.
Disko

Angmagssalik
Tasiilaq

Sisimiut

Gwlff
oothia

Gorynys
oothia

Clyde River

Taloyoak

Gorynys
Melville

Hall
Beach

Ys. Prince
Charles

Bae Home

Cap lâ
Penny

Pangnirtung

Culfor Davis

P. Dyer

Godthåb
Nuuk

Sukkertoppen
Manitsoq

P a r r y

Llyn
Nettilling

Swnt Cumberland

Frederikshåb
Paamiut

V   U   T

B a s n
F o x e

Llyn
Amadjuak

Godthåb
Nuuk

Ivittuut

Repulse
Bay

Ynys
Southampton

Stanel Foxe

Gorynys
Foxe

Iqaluit

Bae Frobisher

Nanortalik

Penrhyn Farvel

ker Lake
amanittuaq)

Coral
Harbour

Culfor Hudson

Ys.
Resolution

M ô r

lyn
ker Inlet

Culfor Fisher

Ys. Coats

Ys. Mansel

Ys.
Akpatok

P. Chidley

N Labrador

C   E   F   N   F   O   R

A

Salluit

Kangiqsujuaq

Bae
Ungava

Kangiqsualujjuaq

A   D   A

P. Churchill
Churchill

B a e

H u d s o n

Ysdd. Ottawa

Povungnituk

Inukjuak

Feuilles

Kuujjuaq

George

Baleine

Nain

Harrison

I   W   E   R   Y   D   D

Nelson

OBA

Fort Severn

Ynysoedd
Belcher

P. Henrietta
Maria

Llyn â
l'Eau Claire

Caniapiscau

Hopedale

Cronfa Ddwr
Smallwood

Port Hope
Simpson

St Anthony

N
Winisk

B a e

J a m e s

Cronfa Ddwr
La Grande 2

Cronfa Ddwr
Caniapiscau

Schefferville

Labrador

Happy Valley
Goose Bay

Culfor Ynys Belle

Severn

Big Trout Lake

Ekwan

Ynys
Akimiski

Fort
George
(Chisasibi)

Cronfa Ddwr
La Grande 4

Labrador City
Wabush

Churchill

Grand
Falls

Bonavista

Sandy Lake

Albany

Eastmain

Eastmain
Fort Rupert
(Waskaganish)

Cronfa Ddwr
La Grande 3

Q U É B E C

Gagnon

Corner
Brook

Newfoundland

St John's

Red Lake

ONTARIO

Moosonee

Ll. Evans

Ll. Mistassini

Havre-St-Pierre

Ynys Anticosti

Channel-Port
aux Basques

Gander

Llyn
St Joseph

Missinaibi

Mistissini
(Baie-du-Poste)

Sept-Îles

St Lawrence

Gwlff
St Lawrence

Culfor Cabot

St Pierre
a Miquelon (Ffr.)

nora

Sioux
Lookout

Chibougamau

Cronfa Ddwr
Gouin

Baie Comeau

Rimouski

St Laurent

Gor.
Gaspé

Gaspé

t Frances

Llyn y
Woods

Llyn
Nipigon

Longlac

Nipigon

Kapuskasing

Cronfa Ddwr

Roberval

Chicoutimi

Edmundston

Bathurst

Sydney Mines
Glace Bay

Ys. Cape
Breton

Thunder
Bay

Kirkland Lake

Amos

Jonquière

Rivière-du-Loup

NEW/NOUVEAU
BRUNSWICK
ILE-DU-PR.-ÉDOUARD

Charlottetown

ynnoedd Red
NNESOTA

Llyn Superior

Chapleau

Timmins

Val d'Or

Québec

Montmagny

St John

Moncton
Fredericton

PRINCE EDWARD
ILE-DU-PR.-ÉDOUARD

NOVA SCOTIA

Ys. Sable

idji
Duluth

Marquette

Sault Ste
Marie

Sudbury

North Bay

Trois-Rivières

Sherbrooke

MAINE

St John

Bae Fundy

Truro
Halifax

THIAU

Ashland

MICHIGAN

Escanaba

Owen
Sound

OTTAWA

Ottawa

Montréal

MER. 1917
M. Washington

Bangor

Augusta

P. Sable

Minneapolis-
St Paul

Green Bay

Cadillac

Bay
City

Oshawa

Peterborough

EFROG
NEWYDD

M.H.

Portland

Yarmouth

WISCONSIN

Flint

Toronto

Ll. Ontario

Rochester

Syracuse

Manchester

Lowell

Boston

Penrhyn Cod

Albert Lea

Grand
Rapids

Milwaukee

Rockford

Cedar
Rapids

Chicago

Detroit

Toledo

Cleveland

Llyn Erie

London

Erie

Buffalo

Binghamton

Scranton

PENNSYLVANIA

Williamsport

MASS.

Hartford

Worcester

CONN.

New Haven

R.I. Providence

New York (Efrog Newydd)

Long Island

N.J.

OWA

A 7 B 120° C 115° D 110° E 105° F G

Ynys Vancouver
Vancouver
P. Flattery
Nanaimo
Victoria
Port Angeles
Bellingham
BRITISH COLUMBIA
COLOMBIE BRITANNIQUE
Kelowna
Penticton
Nelson
Cranbrook
3619 Banff
M. Assiniboine
Drumheller
Calgary
SASKATCHEWAN
Saskatoon
Medicine Hat
Lethbridge
Yorkton
Melville
Regina
Broadview
CANA
Dauphin
Ll. Winnipeg

2285. M. Baker
Copa Glacier
3213
Seattle
Tacoma
4392 M. Rainier
WASHINGTON
Ellensburg
Yakima
Spokane
Kalispell
Sandpoint
Ll. Franklin
D. Roosevelt
Shelby
Havre
Glasgow
Milk
Cr. Fort Peck
Williston
Minot
Glendive
GOGLEDD DAKOTA
Dickinson
Bismarck
Valley City
Jamestown
Fargo
Manitoba
MANITOBA
Brandon
Portage la Prairie
Winnipeg
Weyburn
Estevan
Rugby
Devils Lake
Grand Forks

ALBERTA
MONTANA

Astoria
Portland
M. St Helens 2950
Salem
Eugene
CASCADE
Cadwyn Cascade
3427 M. Hood
Columbia
Kennewick
Missoula
Helena
Great Falls
Butte
Bozeman
Billings
Yellowstone
Miles City
Mobridge
Aberdeen
Pierre
Huron
Watertown
DE DAKOTA
Mitchell
Sioux Falls
Worthington

Crescent City
Eureka
P. Blanco
Roseburg
Grants Pass
Klamath Falls
Bend
Basn Harney
Boise
Idaho Falls
Pocatello
Sheridan
Copa Cloud 4016
Buffalo
Gillette
Rapid City
WYOMING
Casper
Scottsbluff
Alliance
NEBRASKA
North Platte
Grand Island
Council Bluffs
Lincoln
Omaha

M. Shasta 4317
Redding
Red Bluff
Ukiah
Pt. Arena
Santa Rosa
Chico
Yuba City
Reno
Carson City
Hawthorne
NEVADA
Elko
Llyn Great Salt
Ogden
Salt Lake City
Provo
Copa Kings 4123
Mdd. Uinta
Copa Gannett 4202
Green
Rock Springs
Rawlins
Laramie
Cheyenne
Fort Collins
Greeley
Boulder
Longmont
Sterling
Kearney
McCook

San Francisco
Sacramento
Oakland
San Jose
Stockton
Merced
Salinas
Fresno
Basn Mawr
3981 Copa Wheeler
UTAH
Copa Delano 3710
Grand Junction
Green
COLORADO
Denver
Aurora
UNOL DAL
KANSAS

M. Gwyn 4342
Sierra Nevada
M. Whitney 4418
Death Valley
Caliente
Cedar City
Llyn Powell
San Juan
Colorado
M. Peale 3877
Montrose
Canon City
Colorado Springs
Pueblo
La Junta
Lamar
Arkansas
Great Bend
Dodge City
Liberal
AMER

San Luis Obispo
Santa Maria
Santa Barbara
Pt. Conception
Oxnard
Bakersfield
Kern
Las Vegas
Llyn Mead
Grand Canyon
Llwyfandir Colorado
Grand Canyon
Copa Humphreys 3951
Flagstaff
Gallup
Santa Fé
Albuquerque
Clayton
Raton
Trinidad
Copa Wheeler 4011
Mdd. Sangre de Cristo
OKLAHOMA
Alva
Wichita

Los Angeles
Pasadena
Santa Ana
Long Beach
San Bernadino
Barstow
Needles
Prescott
Holbrook
ARIZONA
Verde
NEW MEXICO
Belen
Tucumcari
Canadian
Amarillo
Borger
Pampa
Oklahoma City

San Diego
Tijuana
Mör Salton
Brawley
Mexicali
Yuma
Glendale
Phoenix
Gila
Colorado
Silver City
Lordsburg
Rio Grande
Las Cruces
Pecos
Lubbock
Wichita Falls
Gainesville
Llyn Texoma
Dallas

Ensenada
P. San Quintín
M. La Encantada 3096
San Felipe
GOGLEDD BAJA CALIFORNIA
Nogales
Tucson
El Paso
Ciudad Juárez
Magdalena
Pecos
Rio Grande
Rio Bravo
Big Spring
Sweetwater
Abilene
Midland
Odessa
Colorado
Fort Worth
Waco
Temple

Guadalupe (México)
Cedros
Bae Sebastián Vizcaino
P. Eugenia
Angel de la Guarda
Tiburón
SONORA
Hermosillo
Sonora
Ojinaga
Conchos
Copa Emory 2389
Chihuahua
Mynyddoedd Burro
Alpine
Del Rio
Eagle Pass
Llwyfandir Edwards
Austin
San Antonio
Victoria
TEXAS

DE BAJA CALIFORNIA
Bae Magdalena
Guaymas
Sta Rosalía
Ciudad Obregón
Los Mochis
SINALOA
Culiacán
Yaqui
Sierra Madre Occidental
Ciudad Delicias
Ciudad Camargo
Hidalgo del Parral
Gómez Palacio
Torreón
DURANGO
Saltillo
MÉXICO
COAHUILA
Monclova
Sabinas
Piedras Negras
Nuevo Laredo
Laredo
NUEVO LEÓN
Monterrey
Montemorelos
Reynosa
Matamoros
TAMAULIPAS
ZACATECAS
Llyn Falcon
Corpus Christi
Kingsville
Ynys Padre

Trofan Cancr

IDAHO
OREGON
Ll. Pyramid
Ll. Goose
Mdd. Gleision
Snake
Mynyddoedd Salmon River
Big Hole
Bighorn
Cr. Pathfinder
Cr. Seminoe
Platte Ogl.
Mdd. San Juan
Mdd. Sacramento
Gulf California
California Isaf
CHIHUAHUA
Bae Magdalena
San José

CALIFORNIA
Sierra Nevada
Twin Falls
Burley
Worland
Copa Gannett
Platte Ddl.
Salina
Junction City

ALLWEDD

Tirwedd a nodweddion ffisegol

Tirwedd
metrau

5000
3000
2000
1000
500
200
lefel môr
0
200 islaw lefel y môr
4000
6000

4418 Uchder mynydd
(metrau)

Nodweddion dŵr

Afon
Afon dymhorol
Llyn / Cronfa ddŵr
Llyn tymhorol
Cors

Cyfathrebau

Rheilffordd
Ffordd
Prif faes awyr

Gweinyddiad

Ffiniau

Rhyngwladol
Mewnol

Anheddiad

Dinasoedd a threfi yn ôl maint eu poblogaeth

Prifddinas   Tref neu ddinas arall

■ WASHINGTON   ● Efrog
  D.C.   Newydd
□ OTTAWA   ○ Memphis
                  ○ Savannah
                  ○ Elko

Tafluniad Conig Cydffurfiol Lambert

1 DWYSEDD POBLOGAETH

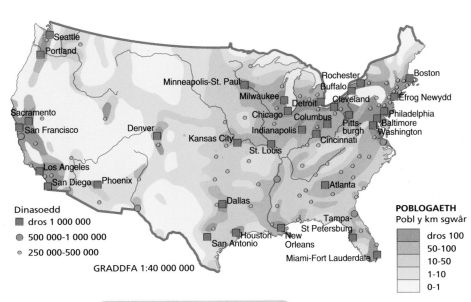

Dinasoedd
- ■ dros 1 000 000
- ● 500 000–1 000 000
- ○ 250 000–500 000

GRADDFA 1:40 000 000

POBLOGAETH
Pobl y km sgwâr
- dros 100
- 50–100
- 10–50
- 1–10
- 0–1

2 DINASOEDD MWYAF

Dinas	Cyfrifiad 1970	Cyfrifiad 1990	Newid (%)
Efrog Newydd	7 771 730	7 322 564	-6
Los Angeles	2 782 400	3 485 398	25
Chicago	3 325 263	2 783 726	-16
Houston	1 213 064	1 630 553	34
Philadelphia	1 926 529	1 585 570	-18
San Diego	675 688	1 110 549	64
Detroit	1 492 914	1 027 974	-31
Dallas	836 121	1 006 877	20
Phoenix	580 275	983 403	69
San Antonio	650 188	935 933	44

3 NEWID POBLOGAETH

GRADDFA 1:40 000 000

NEWID POBLOGAETH
1970 - 1990
%
- dros 50
- 31–50
- 16–30
- 0–15
- -1 - -5

CO.	CONNECTICUT	N.H.	NEW HAMPSHIRE
D.C.	DE CAROLINA	N.J.	NEW JERSEY
DEL.	DELAWARE	PENN.	PENNSYLVANIA
GN.V.	GORLLEWIN VIRGINIA	R.I.	RHODE ISLAND
MASS.	MASSACHUSETTS	V.	VERMONT

4 CYMHARU DWY DALAITH

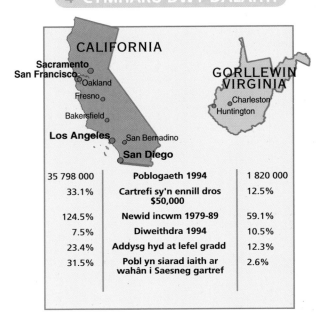

CALIFORNIA

GORLLEWIN VIRGINIA

35 798 000	Poblogaeth 1994	1 820 000
33.1%	Cartrefi sy'n ennill dros $50,000	12.5%
124.5%	Newid incwm 1979-89	59.1%
7.5%	Diweithdra 1994	10.5%
23.4%	Addysg hyd at lefel gradd	12.3%
31.5%	Pobl yn siarad iaith ar wahân i Saesneg gartref	2.6%

5 TWF POBLOGAETH

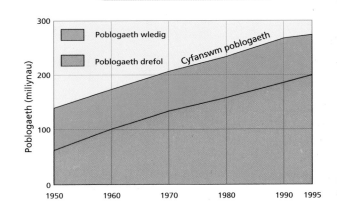

Poblogaeth wledig

Poblogaeth drefol

Cyfanswm poblogaeth

Poblogaeth (miliynau)

6 MEWNFUDO

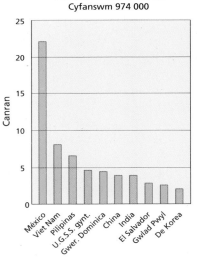

MEWNFUDO I'R U.D.A
YN ÔL GWLAD 1992
Cyfanswm 974 000

Canran

México, Viet Nam, Pilipinas, U.G.S.S. gynt., Gwer. Dominica, China, India, El Salvador, Gwlad Pwyl, De Korea

7 GWEITHGAREDD ECONOMAIDD

• Canolfan ddiwydiannol

DIWYDIANT GWASANAETH

$ Bancio a chyllid

★ Twristiaeth

DIWYDIANT GWEITHGYNHYRCHU

✈ Cynhyrchu awyrennau

🚗 Cynhyrchu ceir

🧪 Cemegau

💡 Peirianneg drydanol

🔧 Prosesu bwyd

❋ Peirianneg fecanyddol

🛠 Gwaith metel

🏭 Purfa olew

📰 Papur a chyhoeddi

⚓ Adeiladu llongau

🧵 Tecstilau

GRADDFA 1:40 000 000

Seattle
Minneapolis/St. Paul
Milwaukee
Chicago
Cleveland
Detroit
Buffalo
Boston
Efrog Newydd
Pittsburgh
Philadelphia
Washington
Baltimore
San Francisco/Oakland
Kansas City
Indianapolis
St. Louis
Los Angeles
Birmingham
Atlanta
Dallas
Houston
New Orleans
Miami

NEWID MEWN CYFLOGAETH
yn ôl sectorau penodol

Cyflogaeth (miloedd)

1960 1970 1980 1994

Tecstilau
Metelau sylfaenol
Cemegau
Rwber a phlastigau

8 MASNACH

Cylch Arctig

YR ISELDIROEDD
CANADA
JAPAN
D.U.
YR ALMAEN
GWLAD BELG
FFRAINC
U.D.A.
YR EIDAL
Trofan Cancr
TAIWAN
CHINA
DE KOREA
Cyhydedd
MÉXICO
SINGAPORE
GWEDDILL Y BYD
Trofan Capricorn
Cylch Antarctig

GRADDFA 1:140 000 000

Mewnforion i U.D.A. 1992   Allforion o U.D.A. 1992

40%
30%
20%
10%
0%

Mae uchder pob bar yn cynrychioli canran y mewnforion i U.D.A. o bob gwlad, neu allforion o U.D.A i bob gwlad.

Allforion 1960
Cyfanswm : $ U.D.A. 20 717 miliwn

Eraill 9.4%
Tecstilau 10.8%
Cemegau 11.7%
Bwyd 12.9%
Metelau a gweithgynhyrchu 13.1%
Peirianwaith a cherbydau 42.1%

Allforion 1992
Cyfanswm: $ U.D.A. 448 164 miliwn

Eraill 13.6%
Defnyddiau crai 5.7%
Bwyd 7.3%
Cemegau 9.8%
Gweithgynhyrchion 18.8%
Peirianwaith a cherbydau 44.8%

Mewnforion 1992
Cyfanswm: $ U.D.A. 532 665 miliwn

Eraill 7.6%
Bwyd 4.3%
Cemegau 5.2%
Tanwydd 10.3%
Gweithgynhyrchion 29.2%
Peirianwaith a cherbydau 43.4%

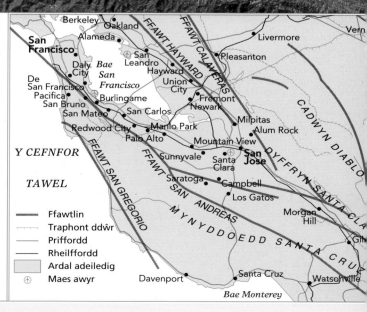

Ardal adeiledig

Mae'r ardal adeiledig sydd yn las/gwyrdd ar y llun lloeren yn amgylchynu Bae San Francisco ac yn ymestyn tua'r de i San Jose. Mae tair pont yn cysylltu'r prif ardaloedd adeiledig ar draws Bae San Francisco.

Coetir

Mae coetir dwys yn gorchuddio rhannau helaeth o Fynyddoedd Santa Cruz i'r gorllewin o Gylchfa Ffawt San Andreas. Mae ardaloedd eraill o goetir i'w gweld ar y cefnenau i'r dwyrain o Fae San Francisco.

Cors/Morfa heli

Mae'r ardaloedd o wyrdd tywyll ar y llun lloeren yn cynrychioli corstir yn ardal Nant Coyote a morfeydd heli rhwng Pont San Mateo a Phont Dumbarton.

Cronfa ddŵr/Llyn

Mae llynnoedd a chronfeydd dŵr yn sefyll allan yn glir o'r tir o'u hamgylch. Enghreifftiau da yw Cronfa Uchaf San Leandro i'r dwyrain o Piedmont a Llyn San Andreas sy'n gorwedd ar hyd y ffawtlin.

Maes awyr

Mae Maes Awyr Rhyngwladol San Francisco i'w weld fel llain o dir petryal llwydlas yn ymwthio allan i'r bae.

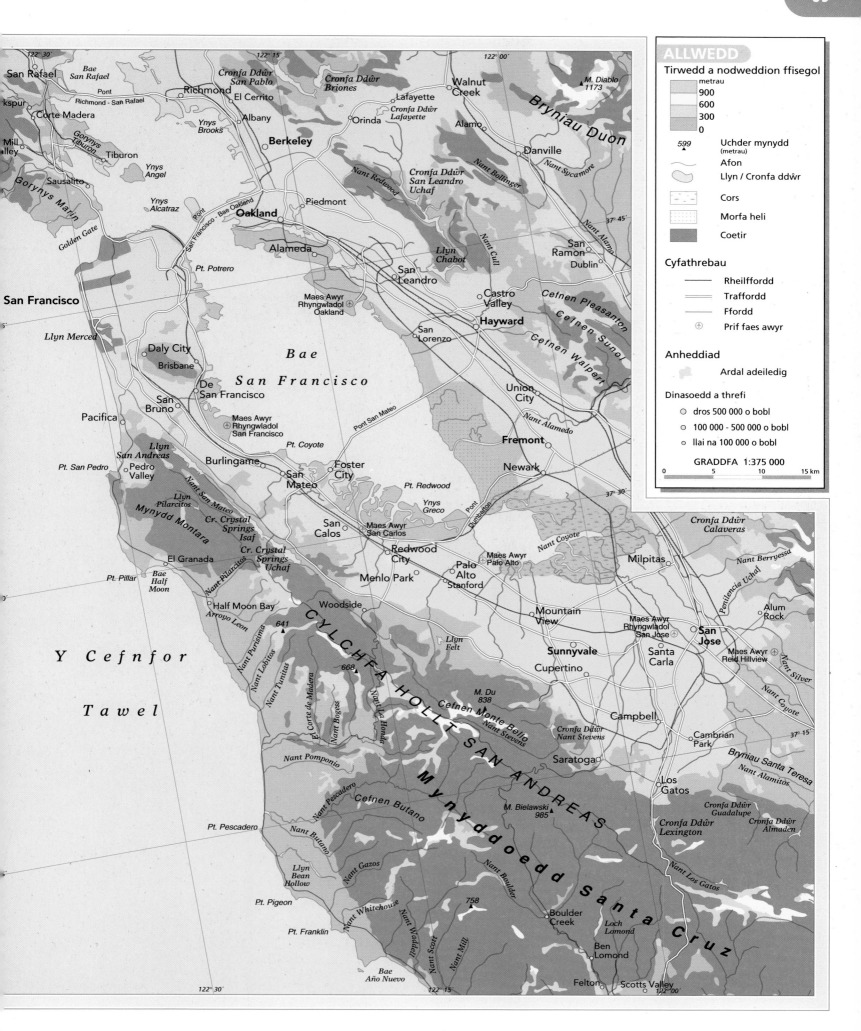

ALLWEDD

Tirwedd a nodweddion ffisegol

metrau
900
600
300
0

599 ▲ Uchder mynydd (metrau)

Afon

Llyn / Cronfa ddŵr

Cors

Morfa heli

Coetir

Cyfathrebau

Rheilffordd

Traffordd

Ffordd

⊕ Prif faes awyr

Anheddiad

Ardal adeiledig

Dinasoedd a threfi

○ dros 500 000 o bobl

○ 100 000 - 500 000 o bobl

○ llai na 100 000 o bobl

GRADDFA 1:375 000

0   5   10   15 km

San Rafael
Bae San Rafael
kspur
Richmond - San Rafael
Pont
Corte Madera
Mill alley
Gorynys Tiburon
Ynys Brooks
Tiburon
Sausalito
Gorynys Marin
Ynys Angel
Ynys Alcatraz
Golden Gate
San Francisco
Llyn Merced
Daly City
Brisbane
De San Francisco
San Bruno
Pacifica
Pt. San Pedro
Pedro Valley
Pt. San Pedro
Llyn San Andreas
El Granada
Cr. Crystal Springs Isaf
Cr. Crystal Springs Uchaf
Mynydd Montara
Llyn Pilarcitos
Nant San Mateo
Nant Pilarcitos
Pt. Pillar
Bae Half Moon
Half Moon Bay
Arroyo Leon
Woodside
641 ▲
Nant Purisima
Nant Lobitos
Nant Tunitas
El Corte de Madera
668 ▲
Nant Bogess
Nant La Honda
Nant Pescadero
Nant Pomponio
Cefnen Butano
Pt. Pescadero
Nant Butano
Llyn Bean Hollow
Nant Gazos
Pt. Pigeon
Nant Whitehouse
Pt. Franklin
Nant Waddell
Nant Scott
Nant Mill
Bae Año Nuevo

Y Cefnfor Tawel

Richmond
El Cerrito
Albany
Berkeley
Oakland
Piedmont
Alameda
Pt. Potrero
San Francisco - Bae Oakland
Pont
Maes Awyr Rhyngwladol Oakland ⊕
Maes Awyr Rhyngwladol San Francisco ⊕
Burlingame
San Mateo
Pt. Coyote
Foster City
San Calos
Maes Awyr San Carlos
Pt. Redwood
Ynys Greco
Redwood City
Menlo Park
Llyn Felt
M. Du 838
Cefnen Monte Bello
Nant Stevens
Nant La Honda

Cronfa Ddŵr San Pablo
Cronfa Ddŵr Briones
Lafayette
Orinda
Cronfa Ddŵr Lafayette
Walnut Creek
Alamo
Danville
Nant Sycamore
Nant Bollinger
Cronfa Ddŵr San Leandro Uchaf
Nant Redwood
Llyn Chabot
Nant Cull
San Leandro
San Lorenzo
Castro Valley
Hayward
Pont San Mateo
Union City
Nant Alamedo
Fremont
Newark
Pont Dumbaton
Maes Awyr Palo Alto
Palo Alto
Stanford
Mountain View
Sunnyvale
Cupertino
Llyn Felt

M. Diablo 1173 ▲
Bryniau Duon
San Ramon
Dublin
Cefnen Pleasanton
Cefnen Sunol
Cefnen Walperr
Nant Alamo
Nant Coyote
Milpitas
Nant Berryessa
Penitencia Uchaf
Alum Rock
Maes Awyr Rhyngwladol San Jose ⊕
San Jose
Santa Carla
Maes Awyr Reid Hillview ⊕
Nant Silver
Nant Coyote
Campbell
Cambrian Park
Cronfa Ddŵr Calaveras
Cronfa Ddŵr Nant Stevens
M. Bielawski 985 ▲
Saratoga
Los Gatos
Bryniau Santa Teresa
Nant Alamitos
Cronfa Ddŵr Guadalupe
Cronfa Ddŵr Lexington
Cronfa Ddŵr Almaden
Nant Los Gatos
758 ▲
Boulder Creek
Loch Lomond
Ben Lomond
Felton
Scotts Valley

CYLCHFA HOLLT SAN ANDREAS

Mynyddoedd Santa Cruz

Tirwedd a nodweddion ffisegol

TENNES

San Diego · Glendale · Phoenix · Clovis · Oklahoma City · Fort Smith · Memphis · Hunts

Tijuana · Mexicali · Gila · Silver City · Lubbock · Wichita Falls · Little Rock · Pine Bluff · Tupelo · Birmingham

Ensenada · Tucson · Lordsburg · Las Cruces · Big Spring · Fort Worth · Texarkana · ARKANSAS · Greenville · Tuscaloo

M. La Encantada · 3096 · San Felipe · Nogales · El Paso · Ciudad Juárez · Sweetwater · Dallas · Tyler · Shreveport · Monroe · Meridian · MISSISSIPPI · ALABA · Montg

GOGLEDD BAJA CALIFORNIA · Magdalena · SONORA · Midland · Odessa · Abilene · Waco · TEXAS · LOUISIANA · Jackson · Hattiesburg · Mobile

Angel de la Guarda · Hermosillo · Rio Grande · Alpine · Pecos · Temple · Huntsville · Alexandria · Lafayette · Baton Rouge · Biloxi

Bae Sebastián Vizcaíno · Sonora · Sta Maria · Copa Emory 2880 · Edwards · Austin · Beaumont · New Orleans · Ynysoedd Chandeleur

P. Eugenia · Sta Rosalía · Guaymas · Ciudad Delicias · Chihuahua · Mynyddoedd · San Antonio · Houston · Port Arthur · Morgan City · Delta Mississippi

Bae Magdalena · Tiburón · Ciudad Obregón · CHIHUAHUA · Ciudad Camargo · Burro · Piedras Negras · Eagle Pass · Victoria · Bae Galveston · Bae Mobile

DE BAJA CALIFORNIA · Los Mochis · Hidalgo del Parral · Conchos · COAHUILA · Sabinas · Laredo · Corpus Christi · GWLFF

Trofan Cancr · San José · Gómez Palacio · Nazas · Monclova · Nuevo Laredo · Kingsville · Ynys Padre · MÉXICO

Espíritu Santo · Culiacán · Torreón · Saltillo · NUEVO LEÓN · Reynosa · Llyn Falcon · Matamoros

P. San Lucas · La Paz · Cerralvo · Durango · DURANGO · ZACATECAS · Monterrey · Montemorelos · Conchos · Morlyn Madre

Mazatlán · Mezquital · SINALOA · Zacatecas · SAN LUIS POTOSÍ · Peña Nevada 3664 · Ciudad Victoria

Islas Marías · NAYARIT · Aguascalientes · León · GUANAJUATO · Ciudad Madero · Tampico

Bae Banderas · P. Corrientes · Tepic · JALISCO · Guanajuato · Irapuato · QUERÉTARO · Pachuca · Poza Rica · Morlyn Tamiahua

Ys. San Benedicto · Ys. Socorro · Guadalajara · Ll. Chapala · Celaya · Querétaro · HIDALGO · Jalapa · Bae Campeche · Mérida · P. Catoche · Cancún

Ysdd. Revillagigedo (México) · Cr. Colima 4339 · COLIMA · MICHOACÁN · Morelia · Toluca · CD. DE MÉXICO · Veracruz · Campeche · YUCATÁN

Y CEFNFOR TAWEL · Balsas · Uruapán · MÉXICO · Cuernavaca · Puebla · Córdoba · Orizaba · Morlyn Términos · Yucatán · QUINTANA ROO

Ll. Infiernillo · MORELOS · Popocatepetl 5452 · PUEBLA · Coatzacoalcos · TABASCO · CAMPECHE · Hondo · Ambergris Cay

GUERRERO · Chilpancingo · OAXACA · Minatitlán · Villahermosa · BELMOPAN · Belize Cay · Ysdd. Turneffe

Acapulco · Sierra Madre Deheuol · Oaxaca · Cd Ixtepec · CHIAPAS · Tuxtla Gutiérrez · BELIZE · Ysdd. y B

Juchitán · Ll. Izabal · Mdd. Maya · San Ped

Gwlff Tehuantepec · Tapachula · GUATEMALA 4210 · HON

Quezaltenango · TEGUCIGA

CIUDAD DE GUATEMALA · Sipacate · Santa Ana · San Migu

SAN SALVADOR · EL SALVADOR · Gwlff Fonseco

Ll. Managua · MANA

P. Santa

Taleithiau México sydd wedi eu rhifo ar y map.
1. AGUASCALIENTES
2. DISTRITO FEDERAL
3. TLAXCALA

ALLWEDD

Tirwedd a nodweddion ffisegol

Tirwedd metrau
5000 · 3000 · 2000 · 1000 · 500 · 200 · lefel môr · islaw lefel y môr · 0 · 200 · 4000 · 6000

5775 ▲ Uchder mynydd (metrau)

Nodweddion dŵr

Afon
Afon dymhorol
Llyn / Cronfa ddŵr
Llyn tymhorol
Cors

Cyfathrebau

Rheilffordd
Ffordd
⊕ Prif faes awyr

Gweinyddiad

Ffiniau
Rhyngwladol
Mewnol

Anheddiad

Dinasoedd a threfi yn ôl maint eu poblogaeth

Prifddinas · Tref neu ddinas arall
■ CD. DE MÉXICO · ● Puebla
□ MANAGUA · ◉ León
□ SAN JOSÉ · ○ Acapulco
□ CASTRIES · ○ Guanajuato

GRADDFA 1 : 80 000 000

GRADDFA 1 : 37 000 000

Tafluniad Asimwthol Arwynebedd-hafal Lambert

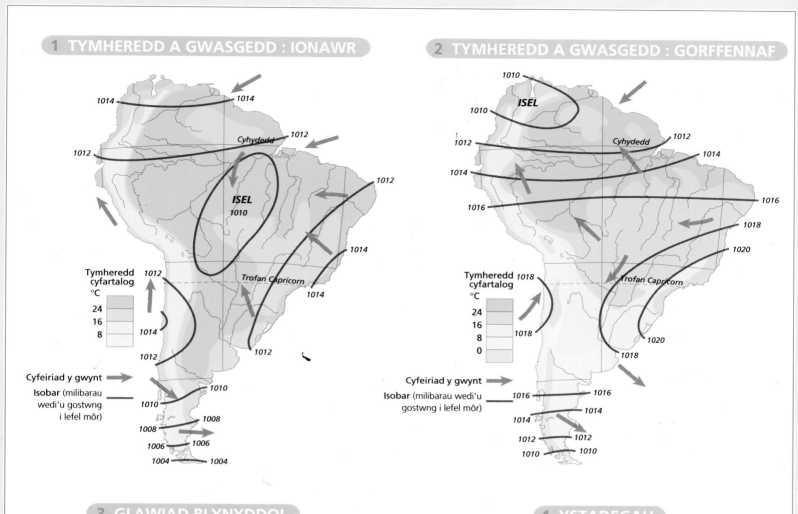

1 TYMHEREDD A GWASGEDD : IONAWR

Cyhydedd
ISEL
1010
Trofan Capricorn

Tymheredd cyfartalog °C
24
16
8

Cyfeiriad y gwynt
Isobar (milibarau wedi'u gostwng i lefel môr)

2 TYMHEREDD A GWASGEDD : GORFFENNAF

ISEL
Cyhydedd
Trofan Capricorn

Tymheredd cyfartalog °C
24
16
8
0

Cyfeiriad y gwynt
Isobar (milibarau wedi'u gostwng i lefel môr)

3 GLAWIAD BLYNYDDOL

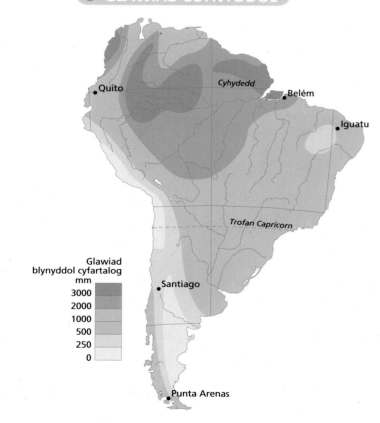

Cyhydedd
Quito
Belém
Iguatu
Trofan Capricorn

Glawiad blynyddol cyfartalog mm
3000
2000
1000
500
250
0

Santiago
Punta Arenas

4 YSTADEGAU

Quito (2879 metr)	Ion	Chw	Maw	Ebr	Mai	Meh	Gor	Aw	Med	Hyd	Ta	Rha
Tymheredd - uchaf (°C)	22	22	22	21	21	22	22	23	23	22	22	22
Tymheredd - isaf (°C)	8	8	8	8	8	7	7	7	7	8	7	8
Glawiad - (mm)	99	112	142	175	137	43	20	31	69	112	97	79

Belém (13 metr)	Ion	Chw	Maw	Ebr	Mai	Meh	Gor	Aw	Med	Hyd	Ta	Rha
Tymheredd - uchaf (°C)	31	30	31	31	31	31	31	31	32	32	32	32
Tymheredd - isaf (°C)	22	22	23	23	23	22	22	22	22	22	22	22
Glawiad - (mm)	318	358	358	320	259	170	150	112	89	84	66	155

Iguatu (209 metr)	Ion	Chw	Maw	Ebr	Mai	Meh	Gor	Aw	Med	Hyd	Ta	Rha
Tymheredd - uchaf (°C)	34	33	32	31	31	31	32	32	35	36	36	36
Tymheredd - isaf (°C)	23	23	23	23	22	22	21	21	22	23	23	23
Glawiad - (mm)	89	173	185	160	61	61	36	5	18	18	10	33

Santiago (520 metr)	Ion	Chw	Maw	Ebr	Mai	Meh	Gor	Aw	Med	Hyd	Ta	Rha
Tymheredd - uchaf (°C)	29	29	27	23	18	14	15	17	19	22	26	28
Tymheredd - isaf (°C)	12	11	9	7	5	3	3	4	6	7	9	11
Glawiad - (mm)	3	3	5	13	64	84	76	56	31	15	8	5

Punta Arenas (8 metr)	Ion	Chw	Maw	Ebr	Mai	Meh	Gor	Aw	Med	Hyd	Ta	Rha
Tymheredd - uchaf (°C)	14	14	12	10	7	5	4	6	8	11	12	14
Tymheredd - isaf (°C)	7	7	5	4	2	1	-1	1	2	3	4	6
Glawiad - (mm)	38	23	33	36	33	41	28	31	23	28	18	36

GRADDFA 1 : 72 000 000

Tafluniad Asimwthol Arwynebedd-hafal Lambert

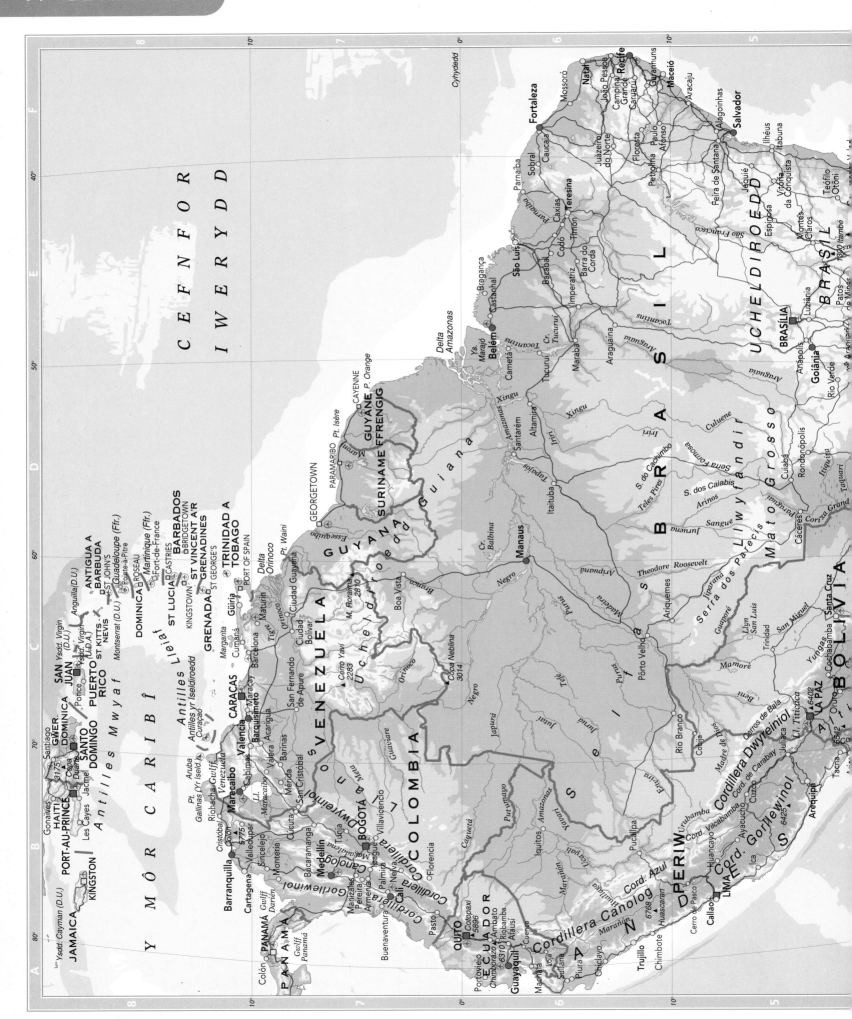

C E F N F O R
I W E R Y D D

Y   M Ô R   C A R I B Î

Antilles Lleiaf
Antilles yr Iseldiroedd

JAMAICA

HAITI
GWER.
DOMINICA

PORT-AU-PRINCE
KINGSTON

SAN
JUAN
PUERTO
RICO

SANTO
DOMINGO

ANTIGUA A
BARBUDA
ST KITTS-
NEVIS

DOMINICA
MARTINIQUE (Ffr.)
ST LUCIA
BARBADOS
ST VINCENT A'R
GRENADINES
GRENADA

TRINIDAD A
TOBAGO

VENEZUELA

CARACAS

COLOMBIA

BOGOTÁ

ECUADOR

QUITO

GUYANA

SURINAME

GUYANE
FFRENGIG

CAYENNE

PARAMARIBO

GEORGETOWN

B R A S I L

BRASÍLIA

PERIW

LIMA

BOLIVIA

LA PAZ

PANAMÁ

UCHELDIROEDD

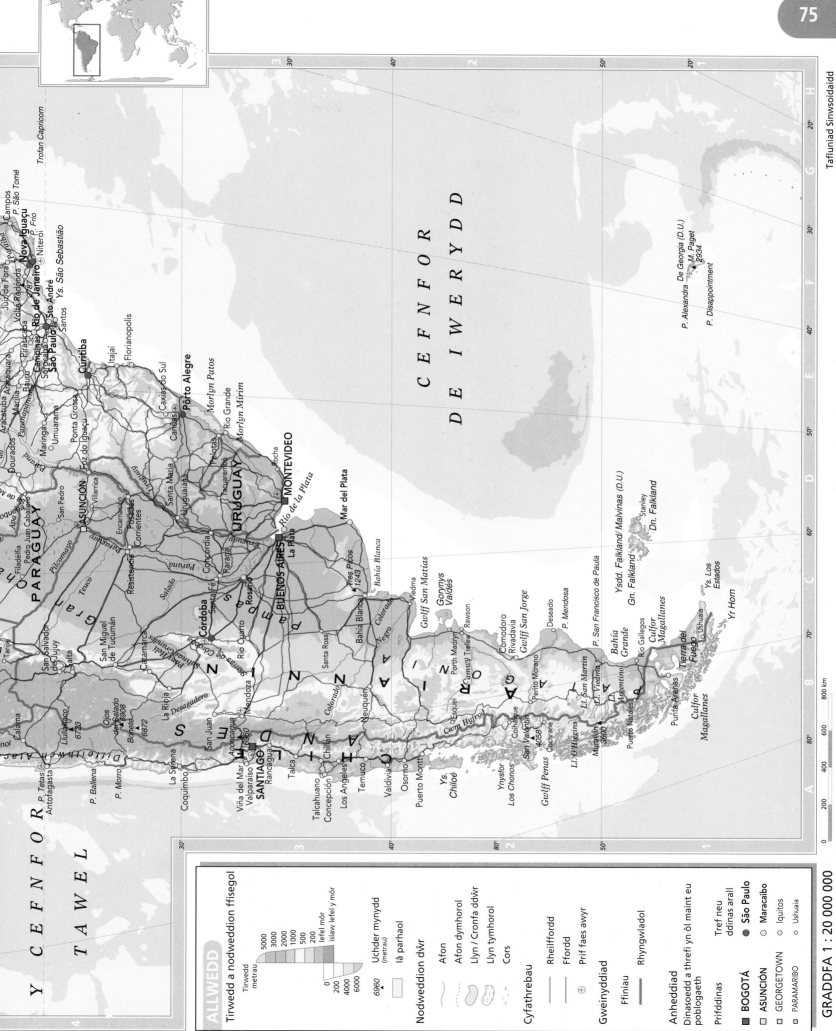

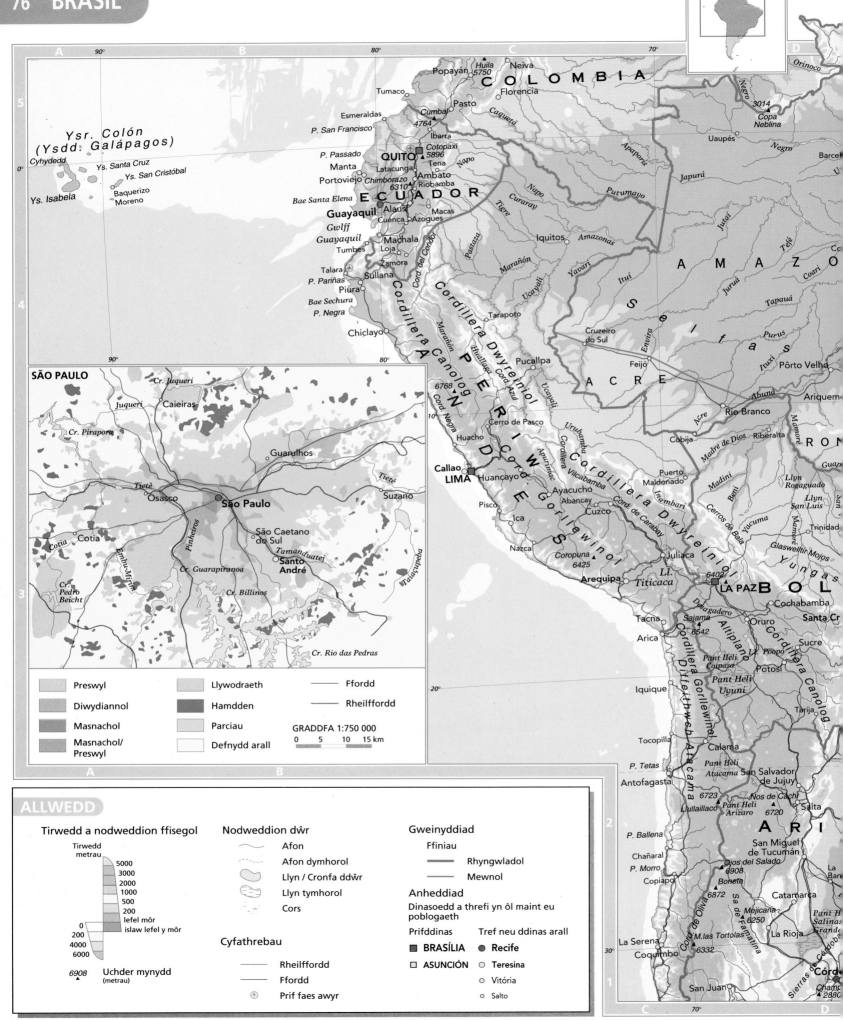

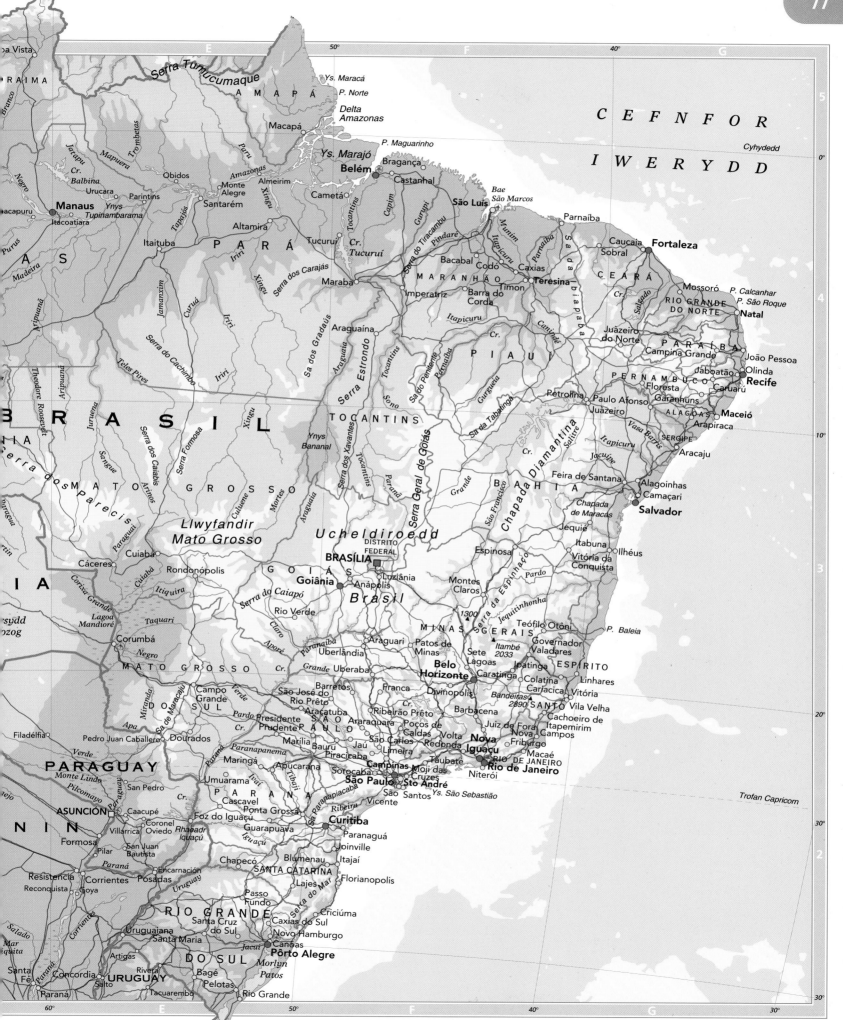

C E F N F O R

I W E R Y D D

Cyhydedd

Serra Tumucumaque

A M A P Á

Ys. Maracá

P. Norte

Delta
Amazonas

Macapá

P. Maguarinho

Ys. Marajó

Belém

Bragança

Castanhal

Bae
São Marcos

Parnaíba

Caucaia

Fortaleza

R A I M A

Branco

Boa Vista

Jatapu

Trombetas

Cr.
Balbina

Obidos

Monte
Alegre

Almeirim

Santarém

Altamira

Itaituba

Xingu

Tucuruí

São Luís

Sobral

C E A R Á

Acapuru

Manaus

Itacoatiara

Parintins

Ynys
Tupinambarama

P A R Á

Cametá

Marabá

Cr.
Tucuruí

Serra do Tiracambu

Pindaré

Bacabal

Codó

Caxias

Itapicuru

Parnaíba

Teresina

Timon

Mossoró

P. Calcanhar
P. São Roque

Purus

Madeira

Urucará

Serra dos Carajás

Serra dos Gradaús

Imperatriz

Barra do
Corda

M A R A N H Ã O

Parnaíba

Sa da biapaba

RIO GRANDE
DO NORTE

Natal

Aripuanã

Curuá

Araguaína

Itapicuru

P I A U Í

Gurgueia

Cr.
Salgado

Juàzeiro
do Norte

P A R A Í B A

Campina Grande

João Pessoa

B R A S I L

Juruena

Serra Formosa

Xingu

Araguaia

Serra Estrondo

T O C A N T I N S

Tocantins

Sono

Sa do Penitente

Parnaíba

Gurgueia

Grande

P E R N A M B U C O

Floresta

Jaboatão

Olinda

Recife

Caruaru

Theodore Roosevelt

Serra dos Caiabis

Ynys
Bananal

Tocantins

Paraná

São Francisco

Petrolina

Paulo Afonso

Juàzeiro

Garanhuns

A L A G O A S

Maceió

Arapiraca

M A T O

Serra dos Apparecis

Aripuanã

Arinos

G R O S S O

Mortes

Serra Geral de Goiás

Grande

B A H I A

Chapada Diamantina

Salitre

Itapicuru

Vasa Barris

SERGIPE

Aracaju

Llwyfandir
Mato Grosso

Cuiabá

Cáceres

Rondonópolis

Itiquira

Ucheldiroedd

Serra da Espinhaço

Jacuípe

Feira de Santana

Chapada
de Maracás

Alagoinhas

Camaçari

Salvador

Corixa Grande

Lagoa
Mandioré

Taquari

Cuiabá

Serra do Caiapó

Rio Verde

DISTRITO
FEDERAL

BRASÍLIA

Luziânia

Espinosa

Jequié

Itabuna

Ilhéus

sydd
ozog

Corumbá

Negro

G O I Á S

Goiânia

Anápolis

Brasil

Montes
Claros

Pardo

Vitória da
Conquista

P. Baleia

Corixa Grande

Cr.

Claro

Aporé

1300

Teófilo Otôni

Jequitinhonha

tin

M A T O

G R O S S O

Paranaíba

Araguari

Patos de
Minas

Uberlândia

Sete
Lagoas

M I N A S

S G E R A I S

Itambé
2033

Governador
Valadares

E S P I R I T O

Linhares

D O

Campo
Grande

Grande

Uberaba

Barretos

Franca

**Belo
Horizonte**

Caratinga

Ipatinga

Colatina

Cariacica

S A N T O

Vitória

Vila Velha

Miranda

Sa de Maracaju

S U L

Araçatuba

Ribeirão Prêto

Divinópolis

Barbacena

Bandeiras
2890

Cachoeiro de
Itapemirim

Apa

Pardo

Presidente
Prudente

São José do
Rio Prêto

Cr.

Poços de
Caldas

S Ã O

Araraquara

Juiz de Fora

Campos

Filadélfia

Pedro Juan Caballero

Dourados

Marília

Bauru

Jaú

Volta
Redonda

Nova
Friburgo

Macaé

P A R A G U A Y

Monte Lindo

Pilcomayo

Verde

Paraná

Umuarama

Maringá

Paranapanema

Apucarana

P A U L O

Piracicaba

Limeira

Campinas

Moji das
Cruzes

São
Vicente

RIO DE JANEIRO

**Nova
Iguaçu**

Rio de Janeiro

Niterói

San Pedro

P A R A N Á

Ivaí

Sorocaba

São Paulo

Sto André

Santos

Ys. São Sebastião

Trofan Capricorn

ASUNCIÓN

Caacupé

Cr.

Cascavel

Ponta Grossa

Sa Paranapiacaba

Villarrica

Oviedo

Rhaeadr
Iguaçu

Guarapuava

Curitiba

Paranaguá

Coronel

Iguaçu

Formosa

San Juan
Bautista

Foz do Iguaçu

Chapecó

Joinville

Itajaí

N I N

Pilar

Paraná

Blumenau

SANTA CATARINA

Florianopolis

Resistencia

Corrientes

Encarnación

Posadas

Lajes

Serra do Mar

Reconquista

Goya

Uruguay

Passo
Fundo

Santa
Fé

Concordia

Rivera

RIO GRANDE

Santa Cruz
do Sul

Caxias do Sul

Criciúma

Uruguaiana

Santa Maria

Novo Hamburgo

Mar
quita

Artigas

D O S U L

Jacuí

Canoas

Pôrto Alegre

Paraná

Bagé

Morlyn

Patos

URUGUAY

Pelotas

Rio Grande

Tacuarembó

60°

50°

40°

30°

Tafluniad Asimwthol Arwynebedd-hafal Lambert

1 DWYSEDD POBLOGAETH

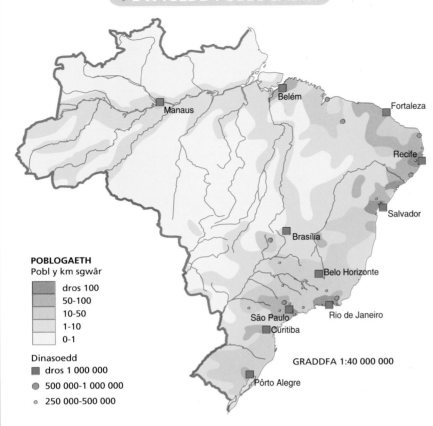

POBLOGAETH
Pobl y km sgwâr

- dros 100
- 50-100
- 10-50
- 1-10
- 0-1

Dinasoedd
- ■ dros 1 000 000
- ● 500 000-1 000 000
- • 250 000-500 000

GRADDFA 1:40 000 000

3 DINASOEDD MWYAF

Dinas	Cyfrifiad 1970	Cyfrifiad 1991	Newid (%)
São Paulo	5 924 615	15 199 423	157
Rio de Janeiro	4 251 918	9 600 528	126
Belo Horizonte	1 235 030	3 461 905	180
Pôrto Alegre	885 545	3 015 960	240
Recife	1 060 701	2 859 469	169
Salvador	1 007 195	2 472 131	145
Fortaleza	857 980	2 294 524	167
Curitiba	609 026	1 975 624	224
Brasília	537 492	1 596 274	197
Belém	633 374	1 334 460	110

4 TWF POBLOGAETH

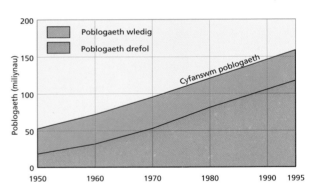

Poblogaeth (miliynau)

- Poblogaeth wledig
- Poblogaeth drefol

Cyfanswm poblogaeth

2 NEWID POBLOGAETH

NEWID POBLOGAETH
1970 - 1991

%
- dros 1000
- 500-1000
- 250-500
- 200-250
- 150-200
- 100-150

GRADDFA 1:40 000 000

5 MUDO

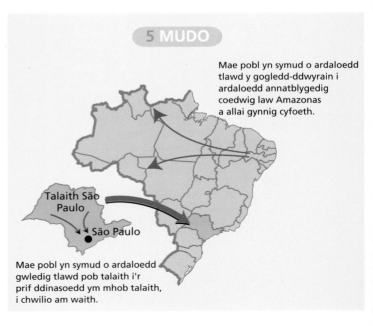

Mae pobl yn symud o ardaloedd tlawd y gogledd-ddwyrain i ardaloedd annatblygedig coedwig law Amazonas a allai gynnig cyfoeth.

Mae pobl yn symud o ardaloedd gwledig tlawd pob talaith i'r prif ddinasoedd ym mhob talaith, i chwilio am waith.

6 GWRTHGYFERBYNIADAU GWLAD A THREF

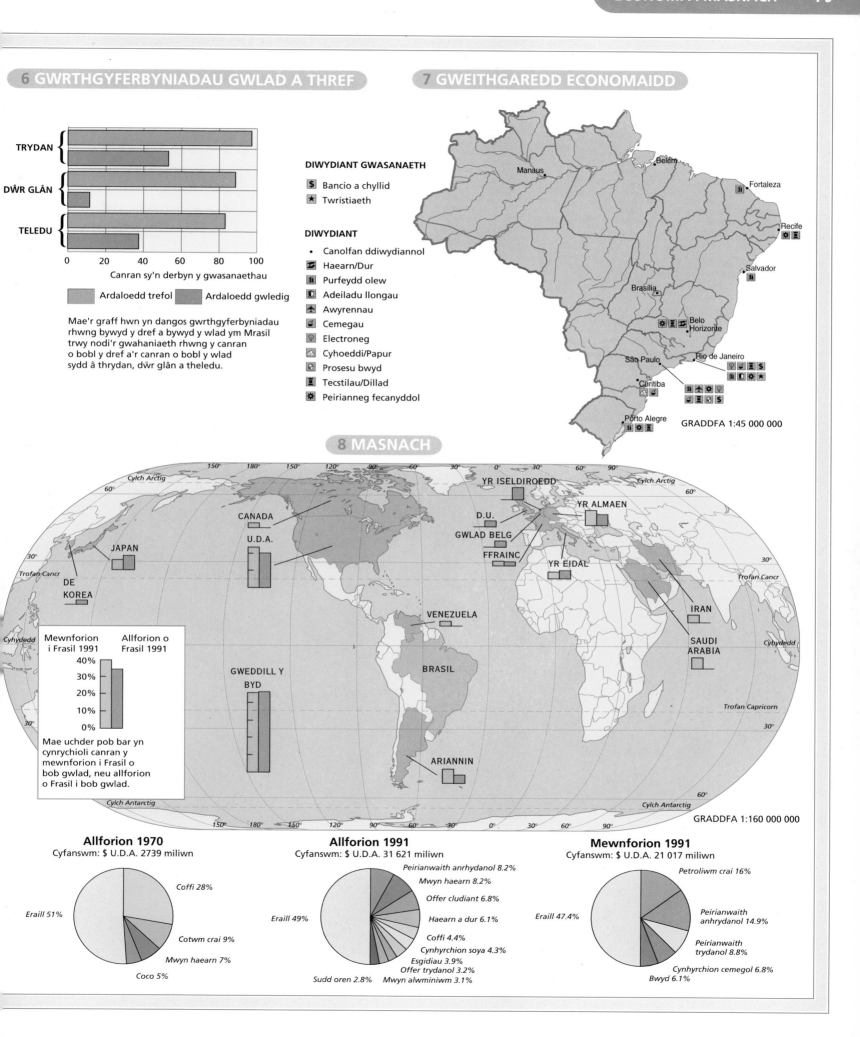

TRYDAN
DŴR GLÂN
TELEDU

0 20 40 60 80 100

Canran sy'n derbyn y gwasanaethau

Ardaloedd trefol   Ardaloedd gwledig

Mae'r graff hwn yn dangos gwrthgyferbyniadau rhwng bywyd y dref a bywyd y wlad ym Mrasil trwy nodi'r gwahaniaeth rhwng y canran o bobl y dref a'r canran o bobl y wlad sydd â thrydan, dŵr glân a theledu.

7 GWEITHGAREDD ECONOMAIDD

DIWYDIANT GWASANAETH

$ Bancio a chyllid
★ Twristiaeth

DIWYDIANT

• Canolfan ddiwydiannol
🚆 Haearn/Dur
🏭 Purfeydd olew
⚓ Adeiladu llongau
✈ Awyrennau
⚙ Cemegau
💡 Electroneg
📰 Cyhoeddi/Papur
🍴 Prosesu bwyd
🎴 Tecstilau/Dillad
✳ Peirianneg fecanyddol

GRADDFA 1:45 000 000

Manaus, Belém, Fortaleza, Recife, Salvador, Brasília, Belo Horizonte, São Paulo, Rio de Janeiro, Curitiba, Pôrto Alegre

8 MASNACH

YR ISELDIROEDD
CANADA
D.U.
YR ALMAEN
GWLAD BELG
U.D.A.
JAPAN
FFRAINC
YR EIDAL
DE KOREA
IRAN
VENEZUELA
SAUDI ARABIA
GWEDDILL Y BYD
BRASIL
ARIANNIN

Trofan Cancr   Cylch Arctig   Cyhydedd   Trofan Capricorn   Cylch Antarctig

Mewnforion i Frasil 1991   Allforion o Frasil 1991

40%
30%
20%
10%
0%

Mae uchder pob bar yn cynrychioli canran y mewnforion i Frasil o bob gwlad, neu allforion o Frasil i bob gwlad.

GRADDFA 1:160 000 000

Allforion 1970
Cyfanswm: $ U.D.A. 2739 miliwn

Coffi 28%
Eraill 51%
Cotwm crai 9%
Mwyn haearn 7%
Coco 5%

Allforion 1991
Cyfanswm: $ U.D.A. 31 621 miliwn

Peirianwaith anrhydanol 8.2%
Mwyn haearn 8.2%
Offer cludiant 6.8%
Haearn a dur 6.1%
Coffi 4.4%
Cynhyrchion soya 4.3%
Esgidiau 3.9%
Offer trydanol 3.2%
Eraill 49%
Sudd oren 2.8%   Mwyn alwminiwm 3.1%

Mewnforion 1991
Cyfanswm: $ U.D.A. 21 017 miliwn

Petroliwm crai 16%
Peirianwaith anrhydanol 14.9%
Peirianwaith trydanol 8.8%
Cynhyrchion cemegol 6.8%
Bwyd 6.1%
Eraill 47.4%

Coedwig
Mae coedwig ddwys yn gorchuddio llawer o'r ardal hon a gellir dilyn llwybrau nifer o lednentydd Afon Guaporé trwy'r ardaloedd coediog.

Safana corsiog
Mae ardal o safana corsiog rhwng y goedwig ac Afon Guaporé. Gellir gweld ardaloedd tebyg i'r de o'r afon hefyd, o amgylch Laguna Bella Vista.

Ardaloedd wedi'u datgoedwigo
Dyma'r ardaloedd eang, glas golau, petryal ar y llun lloeren lle cafodd coed eu torri i'w gwerthu, yn ôl pob tebyg. Datgoedwigo systematig o ganlyniad i ffarmio torri a llosgi yw'r patrymau llinell glas golau sydd yn rhan isaf y llun lloeren, ar y dde.

Ucheldir
Gellir gweld ucheldir y Serra dos Parecis yn rhan uchaf y llun lloeren, ar y dde.

Llynnoedd
Gellir gweld amlinell las tywyll/du nifer o lynnoedd ar hyd llwybr Afon Guaporé. Mae Laguna Bella Vista yn sefyll allan yn glir gan ei bod yn llawer mwy.

Tirwedd mewn metrau

500
200
0

Afon
Llyn / Cronfa ddŵr
Ardal lle ceir llifogydd

Cyfathrebau
Ffordd

Aneddiadau
○ Llai na 100 000 o bobl

☐ Ardal a ddangosir ar y llun lloeren

GRADDFA 1:1 500 000
0   1.5   3   4.5   6 km

RONDÔNIA

Serra dos Parecis

Maloca Salamaim
Porto do Massacas
Cliza
Consuelo
Vilhena
Porto Triunfo
Morro do Ferro
Barranco Alto
Corumbiara Antigo
Corumbiara Antigo
Escondiolo
Porto Olga
Hermenegildo
Pimenteiras
Arizona
Uacurizal
Remanso
Guaporé
Tacuaral
Frutuoso
Piso Firme
Laguna Bella Vista
Roquila
Cartagena
Leytón
BOLIVIA

Colorado
São Pedro
Mequéns
São João
Tanaru
Apedia

BASN AMAZONAS

Llystyfiant
Fforest law
Llystyfiant arall
Datgoedwigo difrifol

☐ Ardal a ddangosir ar y llun lloeren

Cyfathrebau
Priffordd
══ I'w hadeiladu / yn cael ei hadeiladu
+++ Rheilffordd
+++ I'w hadeiladu / yn cael ei hadeiladu
×ᵛ×ᵛ× Lein drydan

Datblygiadau
▲ Argaeau
△ I'w adeiladu / yn cael ei adeiladu

── Terfyn Amazonia ym Mrasil

Branco
Cyhydedd
Macapá
Amazonas
Belém
Manaus
Santarém
São Lois
Amazonas
Juruá
Xingu
Maraba
Fortaleza
BRASIL
Purus
Madeira
Porto Velho
Rio Branco
Tapajós
Rondônia
Mato Grosso
Araguaia
Tocantins
Salvador
Cuiabá
Brasília
Goiania
Belo Horizonte
São Paulo
Rio de Janeiro
Trofan Capricorn

GRADDFA 1:25 000 000

B a e
V i z c a y a

Yr Alpau

Y   M ô r   D u

Cawcasws

Môr Caspia

P. Finisterre

Douro
Pyreneau
Ebro
Tejo

Açores

Corse
Appennini
Môr Adria

Donaw

Llyn Van
Llyn Urmia
Mdd. Elburz

Madeira

Sierra Nevada
Ynysoedd
Baleares
Mallorca

Sardegna

Y   M ô r   C a n o l d i r

Sicilia
Creta
Cyprus

Mynyddoedd Toros

Tigris
Ewffrates

Dasht-e Kavir

P. S. Vicente

Mdd. Atlas

Gff. Gabès

Mynyddoedd Zagros

Yr Ynysoedd
Dedwydd
Tenerife

▲ Toubkal
4167

Gwlff
Sirte

Pant
Quâttara

Camlas
Suez
Sinai

Y Gwlff

Trofan Cancr

S A H A R A

Diffeithwch Libya

Nîl

Hijaz Asir

Y   M ô r   C o c h

An Nafud

Rub' al Khali

El Djouf

M. Tahat 2918 ▲

Ahaggar

M. Gréboun 1800 ▲

Llwyfandir
Djado

Air

Tibesti ▲

Emi Koussi 3415 ▲

Llyn Nasser

Diffeithwch
Nubia

Sénégal

Niger

Llyn Tchad

Darfur

J. Gimbala
3070 ▲

Atbara

Ras Dashen
4620 ▲

Gwlff Aden

Gambia

Bani

Volta Wen
Volta Ddu

Niger

Chari
Logone

Nîl Las
Gezira

Ll. Tana

Danakil

Fouta
Djallon

Llwyfandir
Jos

Benue

Ucheldiroedd
Ethiopia

Shebele

P. Palmas

Geneufor
Benin

Ucheldiroedd
Adamawa

Sanaga

▲ M. Cameroun 4100

Uele

Gwern
Sudd

Nîl Wen
Akobo

Llyn Turkana

Jubba

Gwlff Gini

Bioco

Ubangi

Congo

Aruwimi

Ll. Albert

M. Stanley 5119 ▲

M. Kenya 5199 ▲

Cyhydedd

Príncipe
São Tomé

Basn
Congo

Kasai
Kwilu

Uele

Llyn Edward

Lualaba

Llyn
Victoria

Kilimanjaro
5895 ▲

Step
Masai

Pemba
Zanzibar

CEFNFOR
INDIA

C E F N F O R   I W E R Y D D

Congo

Cuanza

Mynyddoedd Mitumba

Dyffryn Hollt Mawr

Ll.
Tanganyika

Rufiji

Mafia

Ys. Ascension

Cubango

Ll. Mweru

Ysdd. Aldabra

Llwyfandir
Bié

Cunene

Zambezi

Mdd. Muchinga
Luangwa

Llyn Nyasa

Comoros

Madagascar

Cuando

Zambezi

Llyn
Kariba

Sianel Moçambique

Diffeithwch Namib

Pant
Etosha

Rhaeadr
Victoria

Uwchdir
Matabele

Delta
Okavango

Save

Limpopo

D i f f e i t h w c h
K a l a h a r i

Orange

Vaal

Thabana
Ntlenyana
3482 ▲

Drakensberg

Trofan Capricorn

Karoo Mawr

Penrhyn Gobaith Da

Penrhyn Agulhas

Inset map (gwledydd)

MOROCCO
TUNISIA
GORLLEWIN
SAHARA
ALGERIA
LIBYA
YR AIFFT
MAURITANIA
MALI
NIGER
TCHAD
SÉNÉGAL
G.
G.-B.
GUINÉE
SIERRA
LEONE
LIBERIA
CÔTE
D'IVOIRE
BURKINA
GHANA
NIGERIA
CAMEROUN
SUDAN
ERITREA
D.
ETHIOPIA
SOMALIA
GUINEA
GYHYD.
GABON
CONGO
GWER. CAN.
AFFRICA
GWER.
DDEM.
CONGO
UGANDA
KENYA
TANZANIA
R.
BU.
ANGOLA
ZAMBIA
MALAŴI
MOÇAMBIQUE
NAMIBIA
ZIMBABWE
BOTSWANA
MADAGASCAR
GWLAD SWAZI
DE
AFFRICA
LESOTHO

B.   BENIN
BU.   BURUNDI
D.   DJIBOUTI
G.   GAMBIA
G.-B. GUINÉ-BISSAU
M.   MALAŴI
R.   RWANDA
T.   TOGO

GRADDFA 1 : 115 000 000

Tirwedd legend

Tirwedd
metrau

5000
3000
2000
1000
500
200
lefel môr
0
islaw lefel y môr
200
3000
5000

GRADDFA 1 : 37 000 000

Tafluniad Asimwthol Arwynebedd-hafal Lambert

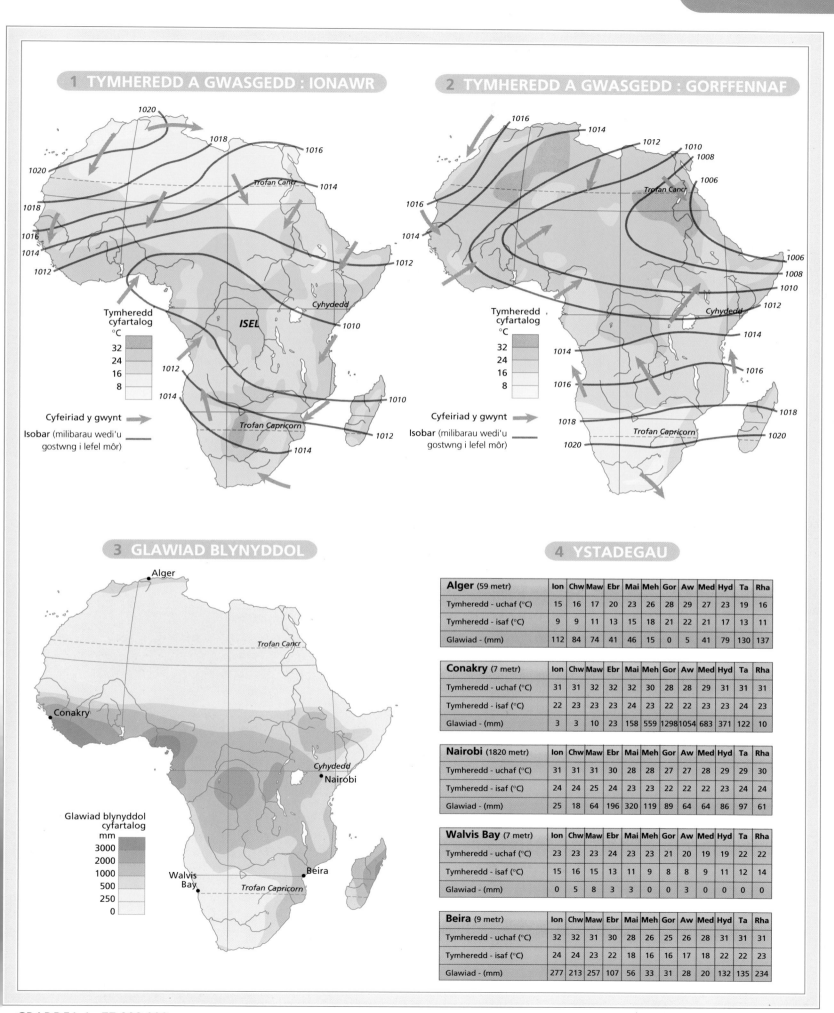

1 TYMHEREDD A GWASGEDD : IONAWR

Tymheredd cyfartalog °C

32
24
16
8

Cyfeiriad y gwynt →

Isobar (milibarau wedi'u gostwng i lefel môr)

2 TYMHEREDD A GWASGEDD : GORFFENNAF

Tymheredd cyfartalog °C

32
24
16
8

Cyfeiriad y gwynt →

Isobar (milibarau wedi'u gostwng i lefel môr)

3 GLAWIAD BLYNYDDOL

Glawiad blynyddol cyfartalog mm

3000
2000
1000
500
250
0

4 YSTADEGAU

Alger (59 metr)	Ion	Chw	Maw	Ebr	Mai	Meh	Gor	Aw	Med	Hyd	Ta	Rha
Tymheredd - uchaf (°C)	15	16	17	20	23	26	28	29	27	23	19	16
Tymheredd - isaf (°C)	9	9	11	13	15	18	21	22	21	17	13	11
Glawiad - (mm)	112	84	74	41	46	15	0	5	41	79	130	137

Conakry (7 metr)	Ion	Chw	Maw	Ebr	Mai	Meh	Gor	Aw	Med	Hyd	Ta	Rha
Tymheredd - uchaf (°C)	31	31	32	32	32	30	28	28	29	31	31	31
Tymheredd - isaf (°C)	22	23	23	23	24	23	22	22	23	23	24	23
Glawiad - (mm)	3	3	10	23	158	559	1298	1054	683	371	122	10

Nairobi (1820 metr)	Ion	Chw	Maw	Ebr	Mai	Meh	Gor	Aw	Med	Hyd	Ta	Rha
Tymheredd - uchaf (°C)	31	31	31	30	28	28	27	27	28	29	29	30
Tymheredd - isaf (°C)	24	24	25	24	23	23	22	22	22	23	24	24
Glawiad - (mm)	25	18	64	196	320	119	89	64	64	86	97	61

Walvis Bay (7 metr)	Ion	Chw	Maw	Ebr	Mai	Meh	Gor	Aw	Med	Hyd	Ta	Rha
Tymheredd - uchaf (°C)	23	23	23	24	23	23	21	20	19	19	22	22
Tymheredd - isaf (°C)	15	16	15	13	11	9	8	8	9	11	12	14
Glawiad - (mm)	0	5	8	3	3	0	0	3	0	0	0	0

Beira (9 metr)	Ion	Chw	Maw	Ebr	Mai	Meh	Gor	Aw	Med	Hyd	Ta	Rha
Tymheredd - uchaf (°C)	32	32	31	30	28	26	25	26	28	31	31	31
Tymheredd - isaf (°C)	24	24	23	22	18	16	16	17	18	22	22	23
Glawiad - (mm)	277	213	257	107	56	33	31	28	20	132	135	234

Tafluniad Asimwthol Arwynebedd-hafal Lambert

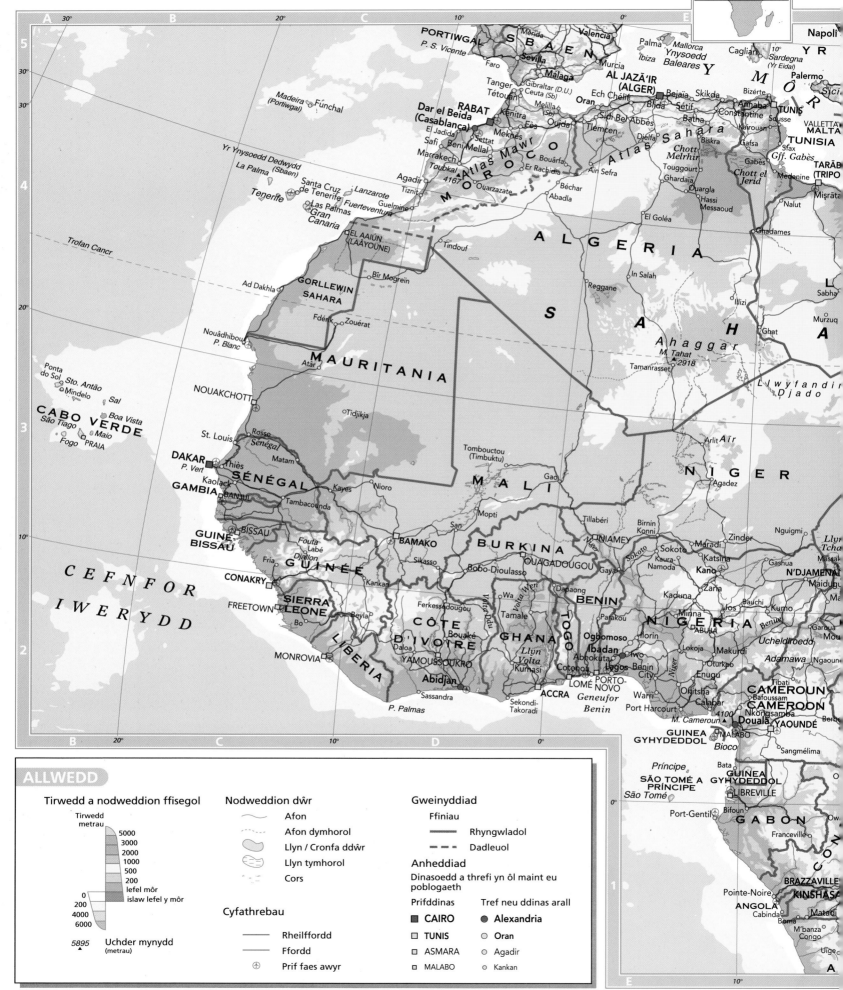

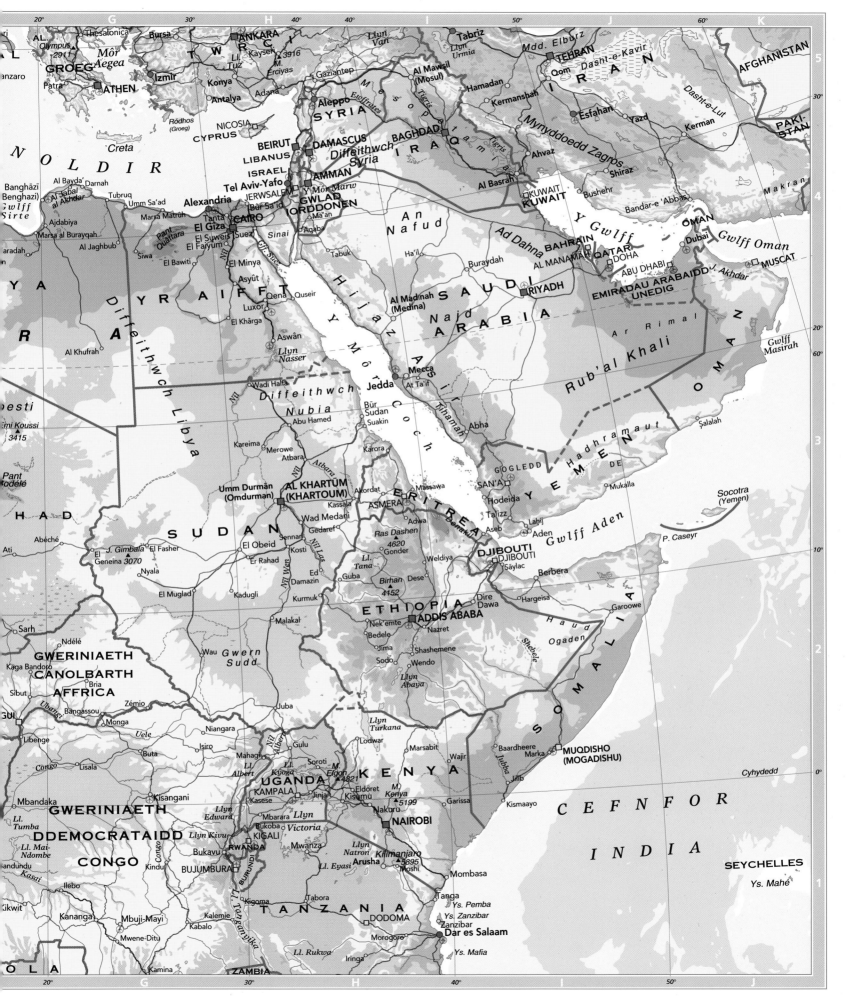

Tafluniad Stereograffig Miller

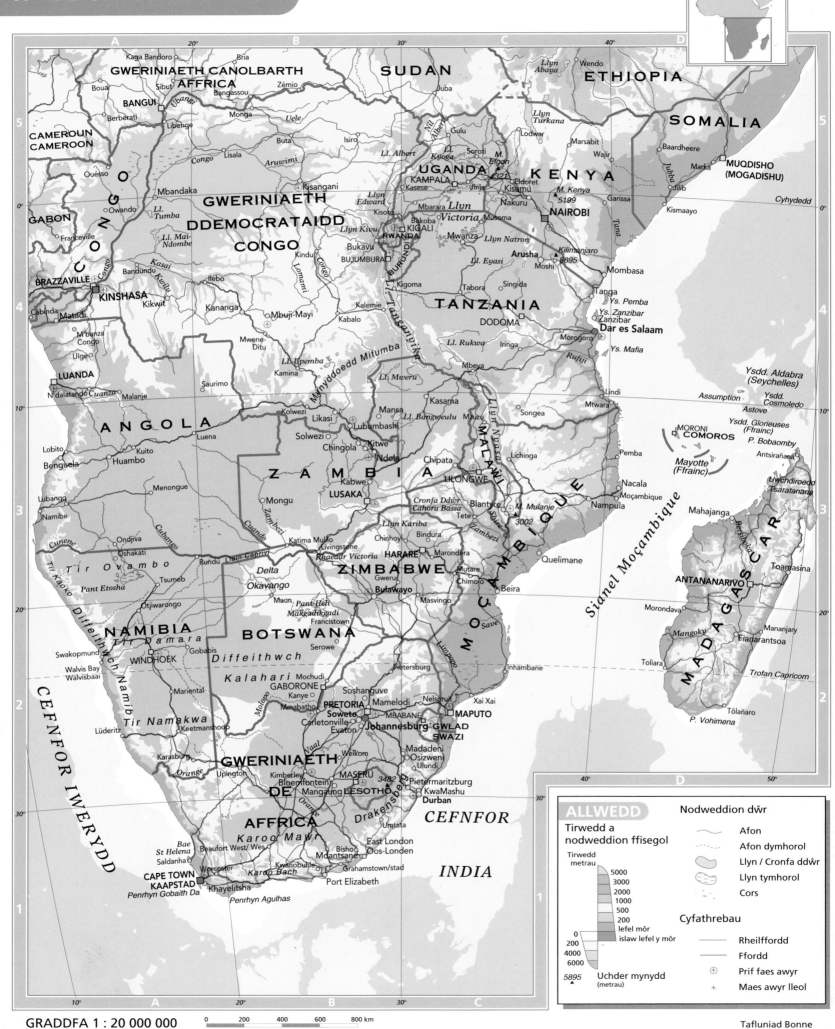

GRADDFA 1 : 20 000 000

0   200   400   600   800 km

Tafluniad Bonne

ALLWEDD

Tirwedd a nodweddion ffisegol

Tirwedd metrau

5000
3000
2000
1000
500
200
lefel môr
islaw lefel y môr
200
4000
6000

5895 Uchder mynydd (metrau)

Nodweddion dŵr

Afon
Afon dymhorol
Llyn / Cronfa ddŵr
Llyn tymhorol
Cors

Cyfathrebau

Rheilffordd
Ffordd
Prif faes awyr
Maes awyr lleol

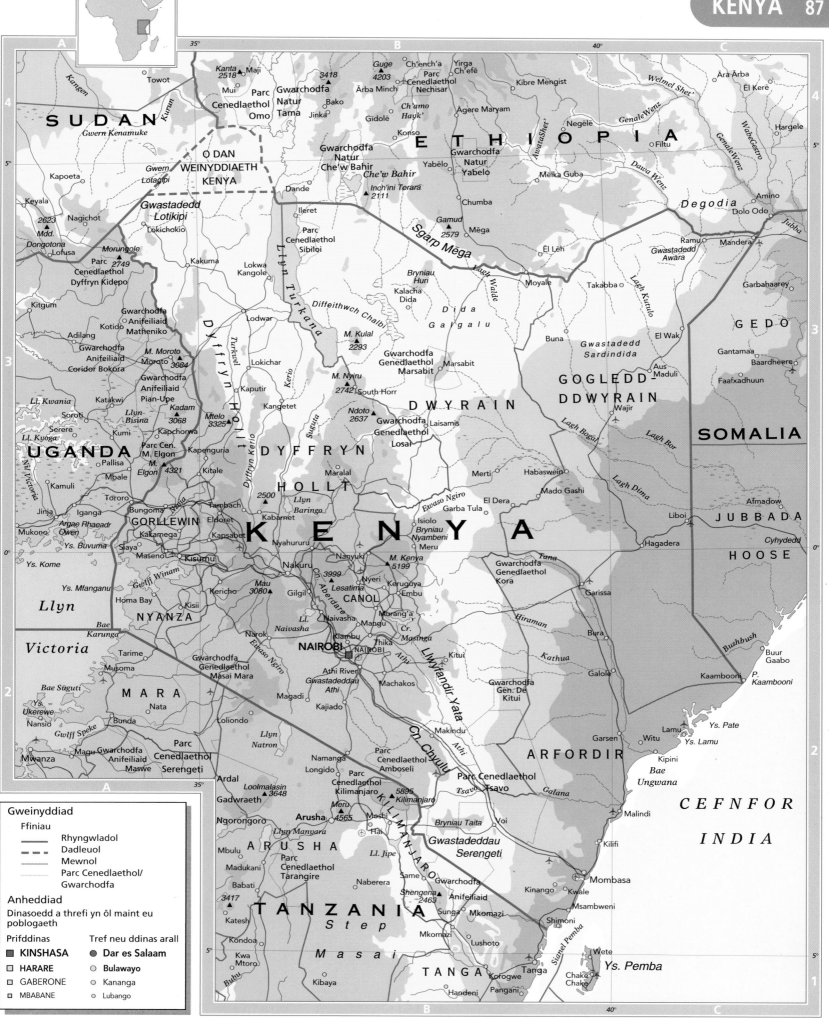

Gweinyddiad

Ffiniau

Rhyngwladol
Dadleuol
Mewnol
Parc Cenedlaethol/ Gwarchodfa

Anheddiad

Dinasoedd a threfi yn ôl maint eu poblogaeth

Prifddinas   Tref neu ddinas arall

■ KINSHASA   ● Dar es Salaam
□ HARARE   ○ Bulawayo
□ GABERONE   ○ Kananga
□ MBABANE   ○ Lubango

GRADDFA 1 : 5 000 000

0   50   100   150   200 km

Tafluniad Stereograffig Penfflat

1 DWYSEDD POBLOGAETH

POBLOGAETH
Pobl y km sgwâr

- dros 100
- 50-100
- 10-50
- 1-10
- 0-1

Dinasoedd
- dros 1 000 000
- 100 000-1 000 000
- 25 000-100 000

GRADDFA 1:15 000 000

Nakuru
Kisumu
Nairobi
Mombasa

2 NEWID POBLOGAETH

NEWID POBLOGAETH
1969 - 1991
Canran
- dros 150
- 126-150
- 101-125
- 0-100

GRADDFA 1:15 000 000

GORLLEWIN
NYANZA
DYFFRYN HOLLT
CANOL
DWYRAIN
GOGLEDD-DDWYRAIN
NAIROBI
ARFORDIR

3 GWEITHGAREDD ECONOMAIDD

DIWYDIANT
- Canolfan ddiwydiannol
- Haearn/Dur
- Purfeydd olew
- Cerbydau modur
- Peirianneg fecanyddol
- Cyhoeddi/Papur
- Cemegau
- Tecstilau/Dillad
- Prosesu bwyd

CNYDAU
- Ardal cynhyrchu cnydau gwerthu

GRADDFA 1:15 000 000

SIWGR CANSEN
Kisumu
COFFI
Nairobi
CNAU COCO
Lamu
Malindi
FFRWYTHAU
Mombasa

4 TWF POBLOGAETH

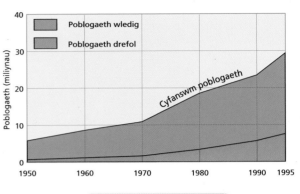

Poblogaeth wledig
Poblogaeth drefol
Cyfanswm poblogaeth
Poblogaeth (miliynau)

5 DINASOEDD MWYAF

Dinas	Cyfrifiad 1969	Cyfrifiad 1991	Cynnydd (%)
Nairobi	478 000	1 504 900	215
Mombasa	246 000	425 600	73
Kisumu	30 000	167 100	456
Nakuru	47 000	101 700	115
Machakos	4000	92 300	2300

6 TWRISTIAETH

- Gwesty
- Lodge
- Parc anifeiliaid cenedlaethol
- Gwarchodfa anifeiliaid genedlaethol

GRADDFA 1:12 500 000

Kisumu
Nairobi
Malindi
Mombasa

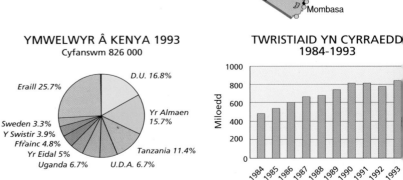

YMWELWYR Â KENYA 1993
Cyfanswm 826 000

- D.U. 16.8%
- Yr Almaen 15.7%
- Tanzania 11.4%
- U.D.A. 6.7%
- Uganda 6.7%
- Yr Eidal 5%
- Ffrainc 4.8%
- Y Swistir 3.9%
- Sweden 3.3%
- Eraill 25.7%

TWRISTIAID YN CYRRAEDD 1984-1993
Miloedd

1984 1985 1986 1987 1988 1989 1990 1991 1992 1993

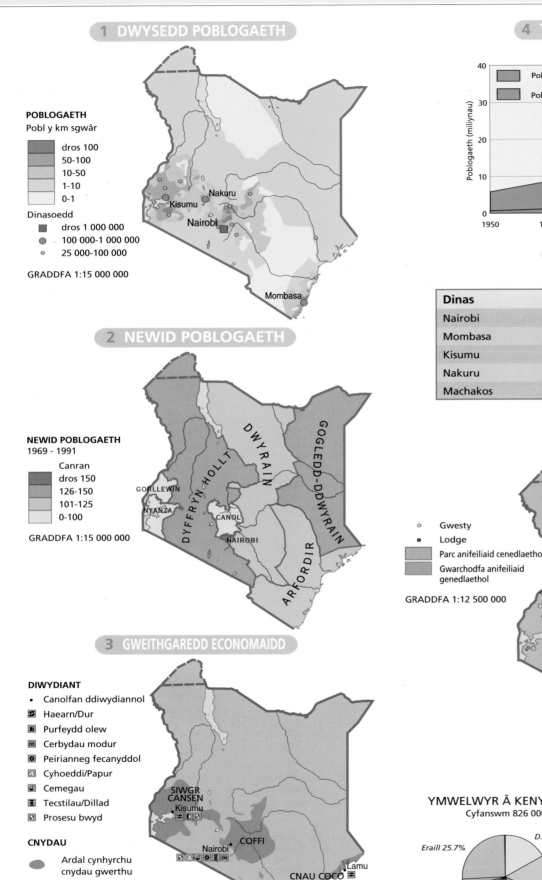

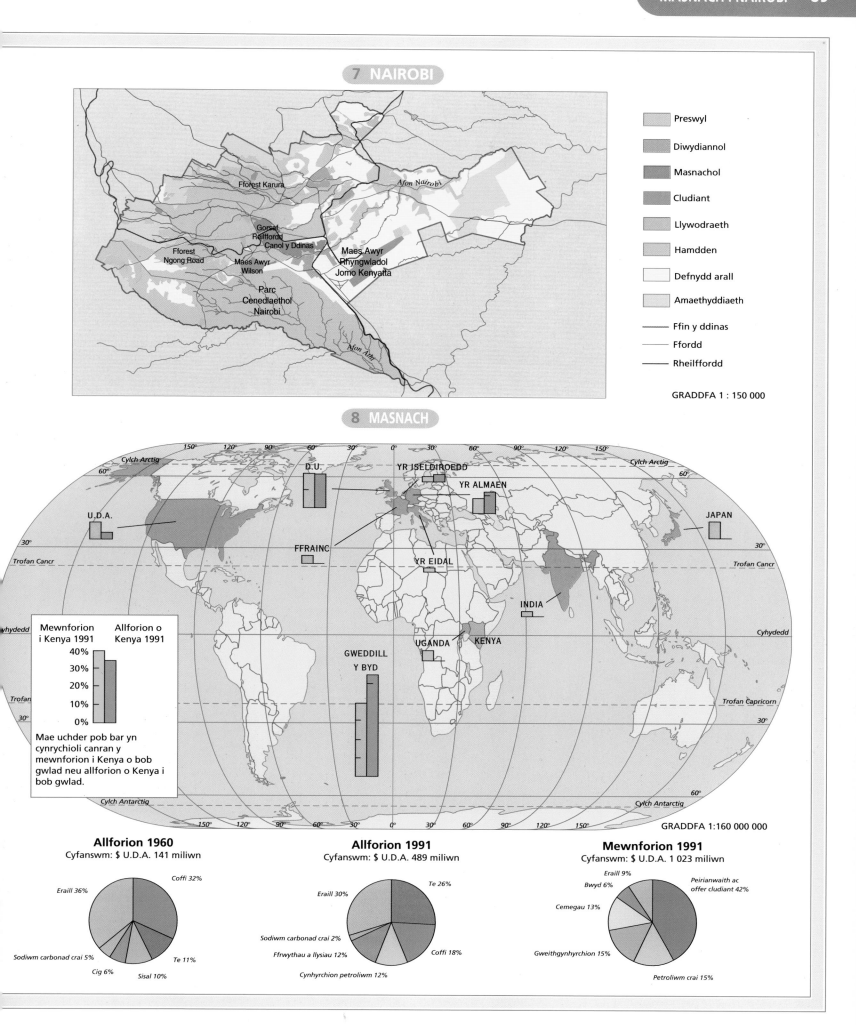

7 NAIROBI

Fforest Karura

Afon Nairobi

Gorsaf
Reilffordd
Canol y Ddinas

Fforest
Ngong Road

Maes Awyr
Wilson

Maes Awyr
Rhyngwladol
Jomo Kenyatta

Parc
Cenedlaethol
Nairobi

Afon Athi

Preswyl

Diwydiannol

Masnachol

Cludiant

Llywodraeth

Hamdden

Defnydd arall

Amaethyddiaeth

Ffin y ddinas

Ffordd

Rheilffordd

GRADDFA 1 : 150 000

8 MASNACH

Cylch Arctig
150° 120° 90° 60° 30° 0° 30° 60° 90° 120° 150° Cylch Arctig
60° 60°

D.U.

YR ISELDIROEDD

YR ALMAEN

U.D.A.

JAPAN

30° 30°

Trofan Cancr

FFRAINC

YR EIDAL

Trofan Cancr

INDIA

Cyhydedd

Cyhydedd

UGANDA KENYA

GWEDDILL
Y BYD

Trofan Capricorn

30° 30°

Mewnforion
i Kenya 1991

Allforion o
Kenya 1991

40%

30%

20%

10%

0%

Mae uchder pob bar yn
cynrychioli canran y
mewnforion i Kenya o bob
gwlad neu allforion o Kenya i
bob gwlad.

Cylch Antarctig
60° 60°
Cylch Antarctig
150° 120° 90° 60° 30° 0° 30° 60° 90° 120° 150°

GRADDFA 1:160 000 000

Allforion 1960
Cyfanswm: $ U.D.A. 141 miliwn

Coffi 32%

Eraill 36%

Sodiwm carbonad crai 5%

Te 11%

Cig 6%   Sisal 10%

Allforion 1991
Cyfanswm: $ U.D.A. 489 miliwn

Te 26%

Eraill 30%

Sodiwm carbonad crai 2%

Ffrwythau a llysiau 12%

Coffi 18%

Cynhyrchion petroliwm 12%

Mewnforion 1991
Cyfanswm: $ U.D.A. 1 023 miliwn

Eraill 9%

Bwyd 6%

Peirianwaith ac
offer cludiant 42%

Cemegau 13%

Gweithgynhyrchion 15%

Petroliwm crai 15%

Tirwedd

Tirwedd
metrau
5000
3000
2000
1000
500
200
lefel môr
0
200
islaw lefel y môr
3000
5000

Cap iâ

GRADDFA 1 : 40 000 000

0   400   800   1200   1600 km

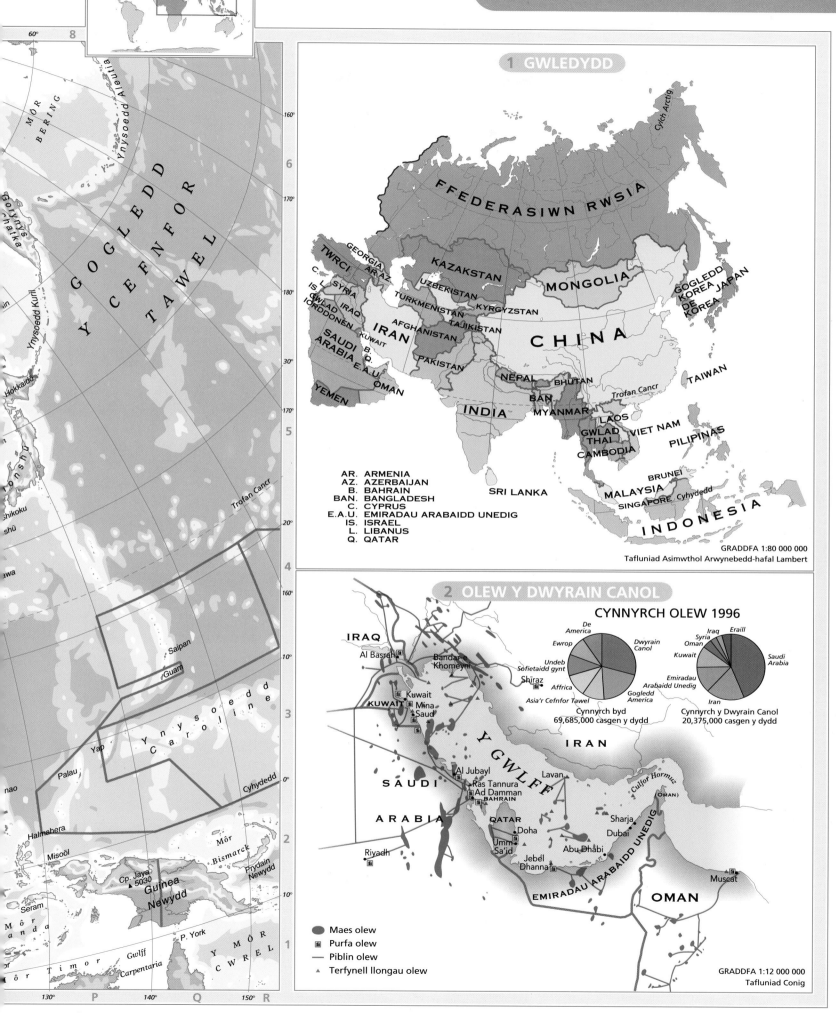

1 GWLEDYDD

MÔR BERING

GOGLEDD Y CEFNFOR TAWEL

Golynys Kamchatka
Ynysoedd Aleutia

FFEDERASIWN RWSIA

Cych Arctig

TWRCI
GEORGIA
AR. AZ.
C. L. SYRIA
IS. IORDDONEN
GWLAD IRAQ
KUWAIT B. Q.
SAUDI E.A.U.
ARABIA OMAN
YEMEN

KAZAKSTAN
UZBEKISTAN
TURKMENISTAN
KYRGYZSTAN
IRAN
AFGHANISTAN
TAJIKISTAN
PAKISTAN

MONGOLIA

CHINA

GOGLEDD KOREA
DE KOREA
JAPAN

NEPAL
BHUTAN
BAN.
INDIA
MYANMAR

Trofan Cancr
TAIWAN

GWLAD THAI
VIET NAM
LAOS
CAMBODIA
PILIPINAS

SRI LANKA

BRUNEI
MALAYSIA
SINGAPORE
Cyhydedd
INDONESIA

AR. ARMENIA
AZ. AZERBAIJAN
B. BAHRAIN
BAN. BANGLADESH
C. CYPRUS
E.A.U. EMIRADAU ARABAIDD UNEDIG
IS. ISRAEL
L. LIBANUS
Q. QATAR

GRADDFA 1:80 000 000
Tafluniad Asimwthol Arwynebedd-hafal Lambert

2 OLEW Y DWYRAIN CANOL

CYNNYRCH OLEW 1996

IRAQ
Al Basrah
Bandar-e Khomeyni
Shīraz
Kuwait
KUWAIT
Mina Saud

Dwyrain Canol
De America
Ewrop
Undeb Sofietaidd gynt
Affrica
Asia'r Cefnfor Tawel
Gogledd America

Cynnyrch byd
69,685,000 casgen y dydd

Iraq
Syria
Oman
Kuwait
Emiradau Arabaidd Unedig
Iran
Eraill
Saudi Arabia

Cynnyrch y Dwyrain Canol
20,375,000 casgen y dydd

SAUDI ARABIA
Al Jubayl
Ras Tannura
Ad Damman
BAHRAIN
Riyadh
QATAR
Doha
Umm Sa'id
Jebel Dhanna

Y GWLFF
Lavan
Culfor Hormuz
(OMAN)
Sharja
Dubai
Abu Dhābi
EMIRADAU ARABAIDD UNEDIG
Muscat

IRAN

OMAN

● Maes olew
▣ Purfa olew
— Piblin olew
▲ Terfynell llongau olew

GRADDFA 1:12 000 000
Tafluniad Conig

60°
8
160°
170°
6
180°
170°
30°
5
170°
20°
4
160°
10°
3
150°
0°
2
140°
10°

MÔR Timor
Gwlff Carpentaria
Y MÔR CWREL

Trofan Cancr

Hokkaido
Honshu
Shikoku
Kyūshū

Ynysoedd Kuril

Môr Banda
Seram
Misoöl
Halmahera
Yap
Palau
Ynysoedd Caroline
Saipan
Guam
Cp. Jaya 5030
Guinea Newydd
P. York
Môr Bismarck
Prydain Newydd

130° P 140° Q 150° R

Tafluniad Asimwthol Arwynebedd-hafal Lambert

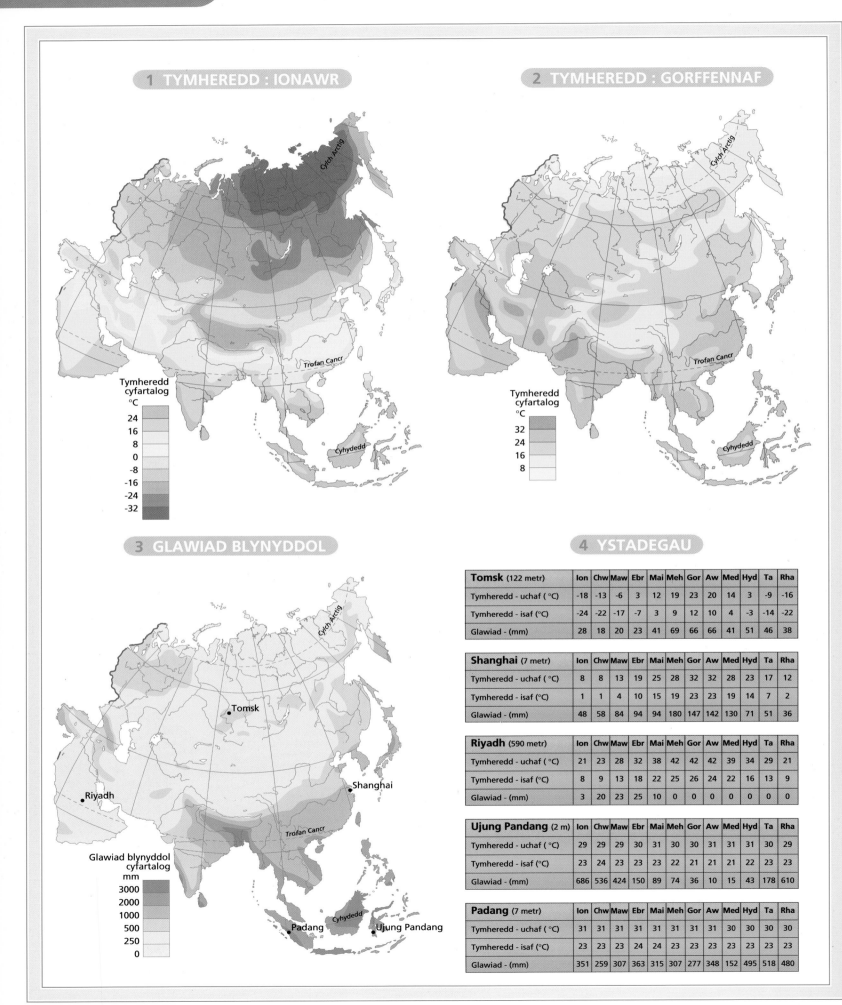

1 TYMHEREDD : IONAWR

Tymheredd cyfartalog
°C

24
16
8
0
-8
-16
-24
-32

2 TYMHEREDD : GORFFENNAF

Tymheredd cyfartalog
°C

32
24
16
8

3 GLAWIAD BLYNYDDOL

Glawiad blynyddol cyfartalog
mm

3000
2000
1000
500
250
0

4 YSTADEGAU

Tomsk (122 metr)	Ion	Chw	Maw	Ebr	Mai	Meh	Gor	Aw	Med	Hyd	Ta	Rha
Tymheredd - uchaf (°C)	-18	-13	-6	3	12	19	23	20	14	3	-9	-16
Tymheredd - isaf (°C)	-24	-22	-17	-7	3	9	12	10	4	-3	-14	-22
Glawiad - (mm)	28	18	20	23	41	69	66	66	41	51	46	38

Shanghai (7 metr)	Ion	Chw	Maw	Ebr	Mai	Meh	Gor	Aw	Med	Hyd	Ta	Rha
Tymheredd - uchaf (°C)	8	8	13	19	25	28	32	32	28	23	17	12
Tymheredd - isaf (°C)	1	1	4	10	15	19	23	23	19	14	7	2
Glawiad - (mm)	48	58	84	94	94	180	147	142	130	71	51	36

Riyadh (590 metr)	Ion	Chw	Maw	Ebr	Mai	Meh	Gor	Aw	Med	Hyd	Ta	Rha
Tymheredd - uchaf (°C)	21	23	28	32	38	42	42	42	39	34	29	21
Tymheredd - isaf (°C)	8	9	13	18	22	25	26	24	22	16	13	9
Glawiad - (mm)	3	20	23	25	10	0	0	0	0	0	0	0

Ujung Pandang (2 m)	Ion	Chw	Maw	Ebr	Mai	Meh	Gor	Aw	Med	Hyd	Ta	Rha
Tymheredd - uchaf (°C)	29	29	29	30	31	30	30	31	31	31	30	29
Tymheredd - isaf (°C)	23	24	23	23	23	22	21	21	21	22	23	23
Glawiad - (mm)	686	536	424	150	89	74	36	10	15	43	178	610

Padang (7 metr)	Ion	Chw	Maw	Ebr	Mai	Meh	Gor	Aw	Med	Hyd	Ta	Rha
Tymheredd - uchaf (°C)	31	31	31	31	31	31	31	31	30	30	30	30
Tymheredd - isaf (°C)	23	23	23	24	24	23	23	23	23	23	23	23
Glawiad - (mm)	351	259	307	363	315	307	277	348	152	495	518	480

GRADDFA 1 : 100 000 000

Tafluniad Asimwthol Arwynebedd-hafal Lambert

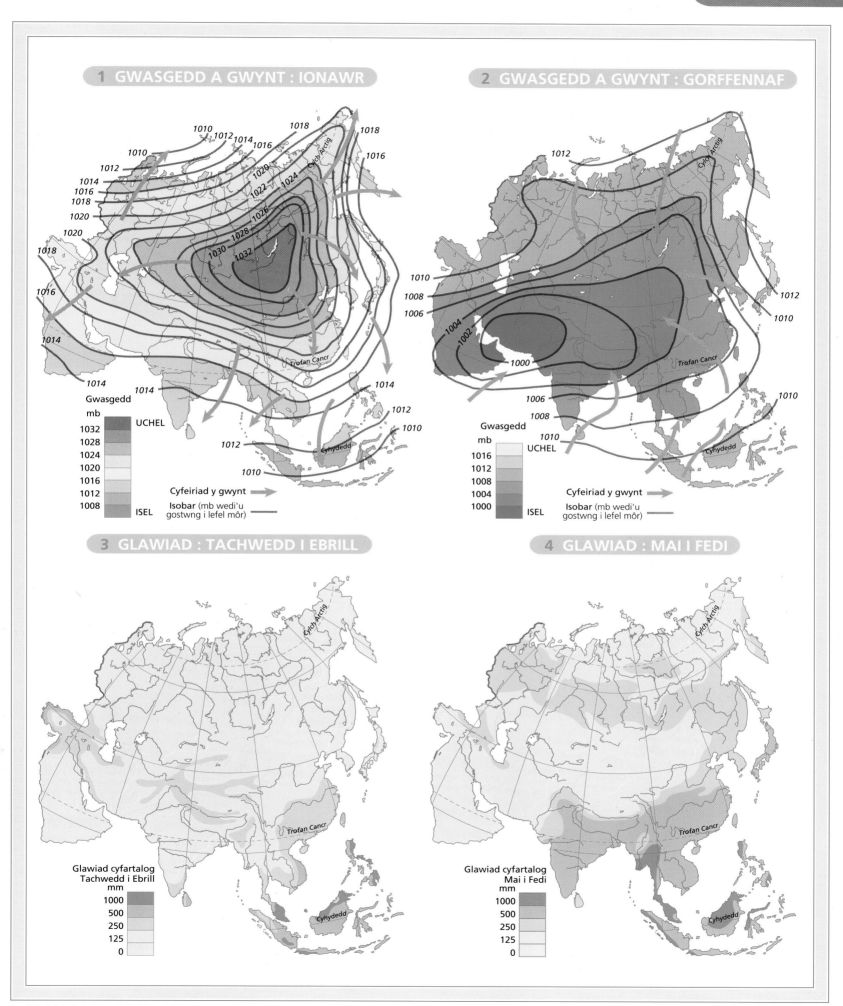

1 GWASGEDD A GWYNT : IONAWR

Gwasgedd
mb
1032 UCHEL
1028
1024
1020
1016
1012
1008 ISEL

Cyfeiriad y gwynt
Isobar (mb wedi'u gostwng i lefel môr)

2 GWASGEDD A GWYNT : GORFFENNAF

Gwasgedd
mb
1016 UCHEL
1012
1008
1004
1000 ISEL

Cyfeiriad y gwynt
Isobar (mb wedi'u gostwng i lefel môr)

3 GLAWIAD : TACHWEDD I EBRILL

Glawiad cyfartalog
Tachwedd i Ebrill
mm
1000
500
250
125
0

4 GLAWIAD : MAI I FEDI

Glawiad cyfartalog
Mai i Fedi
mm
1000
500
250
125
0

GRADDFA 1 : 100 000 000

Tafluniad Asimwthol Arwynebedd-hafal Lambert

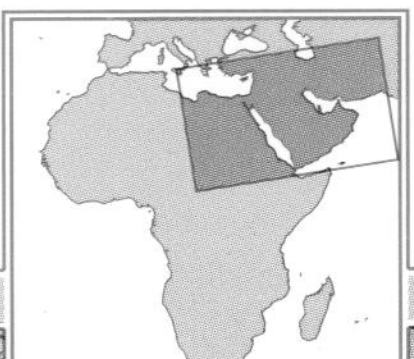

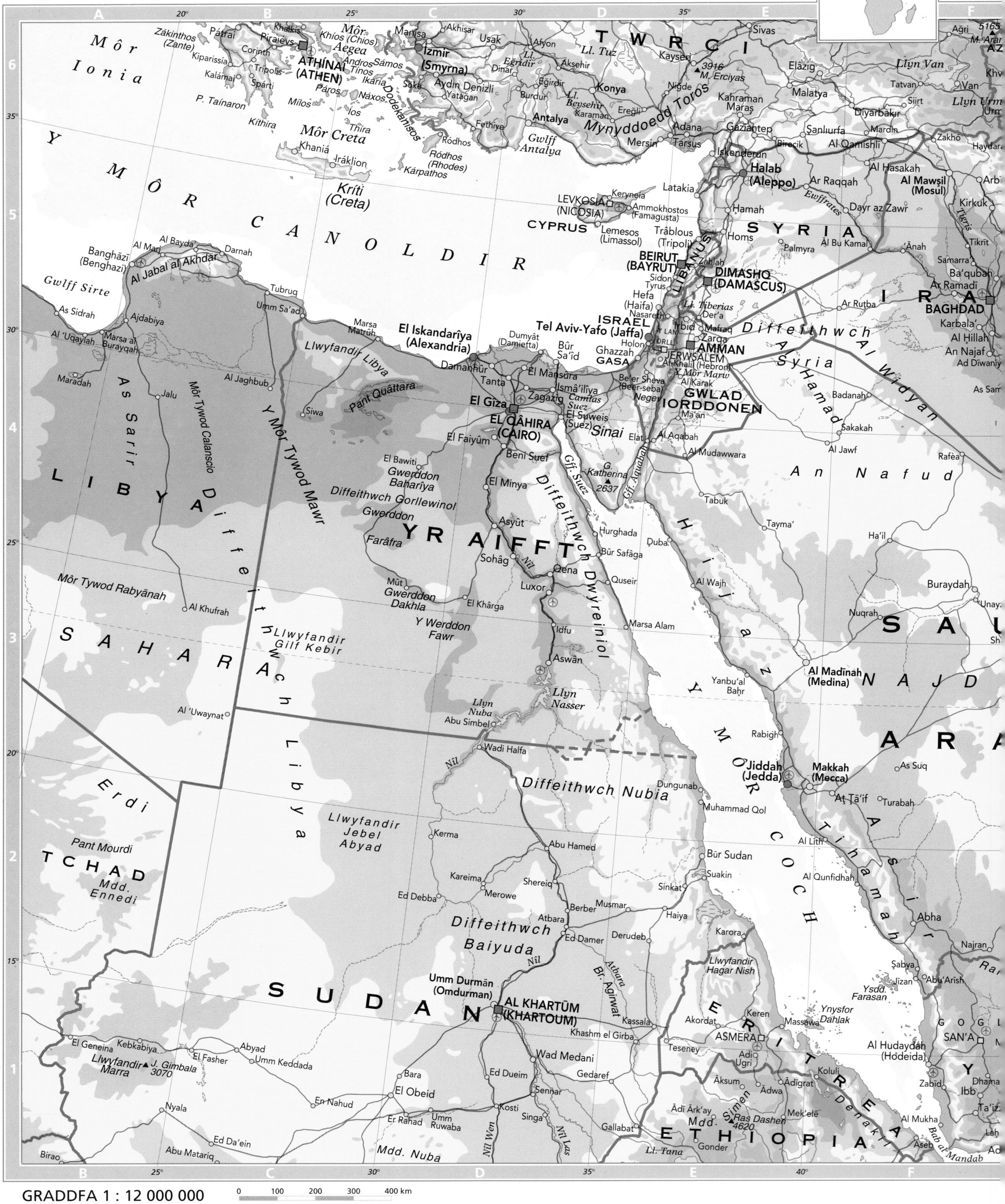

Môr Ionia
Y MÔR CANOLDIR
Môr Aegea
Môr Creta
Kríti (Creta)

TWRCI
Mynyddoedd Toros
Gwlff Antalya

CYPRUS
LEVKOSIA (NICOSIA)

SYRIA
Halab (Aleppo)
Al Mawşil (Mosul)
Ewffrates

BEIRUT (BAYRUT)
DIMASHQ (DAMASCUS)
LIBANUS
ISRAEL
Tel Aviv-Yafo (Jaffa)
JERWSALEM
AMMAN
GWLAD IORDDONEN
GASA

BAGHDAD
IRAC
Diffeithwch Syria
Diffeithwch Al Widyan

El Iskandarîya (Alexandria)
El Gîza
EL CÂHIRA (CAIRO)
Camlas Suez
Sinai
An Nafud

LIBYA
Gwlff Sirte
Al Jabal al Akhdar
Banghāzī (Benghazi)

As Sarir
Diffeithwch Libya
Y Môr Tywod Mawr
Môr Tywod Calanscio
Môr Tywod Rabyānah

YR AIFFT
Pant Quâttara
Gwerddon Baharîya
Diffeithwch Gorllewinol
Gwerddon Dakhla
Y Werddon Fawr
Diffeithwch Dwyreiniol

Llyn Nuba
Llyn Nasser
Abu Simbel
Wadi Halfa

SAHARA
Llwyfandir Gilf Kebir

TCHAD
Erdi
Pant Mourdi
Mdd. Ennedi

SUDAN
Diffeithwch Nubia
Llwyfandir Jebel Abyad
Diffeithwch Baiyuda
Umm Durmān (Omdurman)
AL KHARTŪM (KHARTOUM)
Nîl

SAUDI ARABIA
NAJD
Al Madīnah (Medina)
Jiddah (Jedda)
Makkah (Mecca)
Y MÔR COCH
Tihamah

ERITREA
ASMERA

ETHIOPIA
Mdd. Simen
Ras Dashen 4620

GRADDFA 1 : 12 000 000
0 100 200 300 400 km

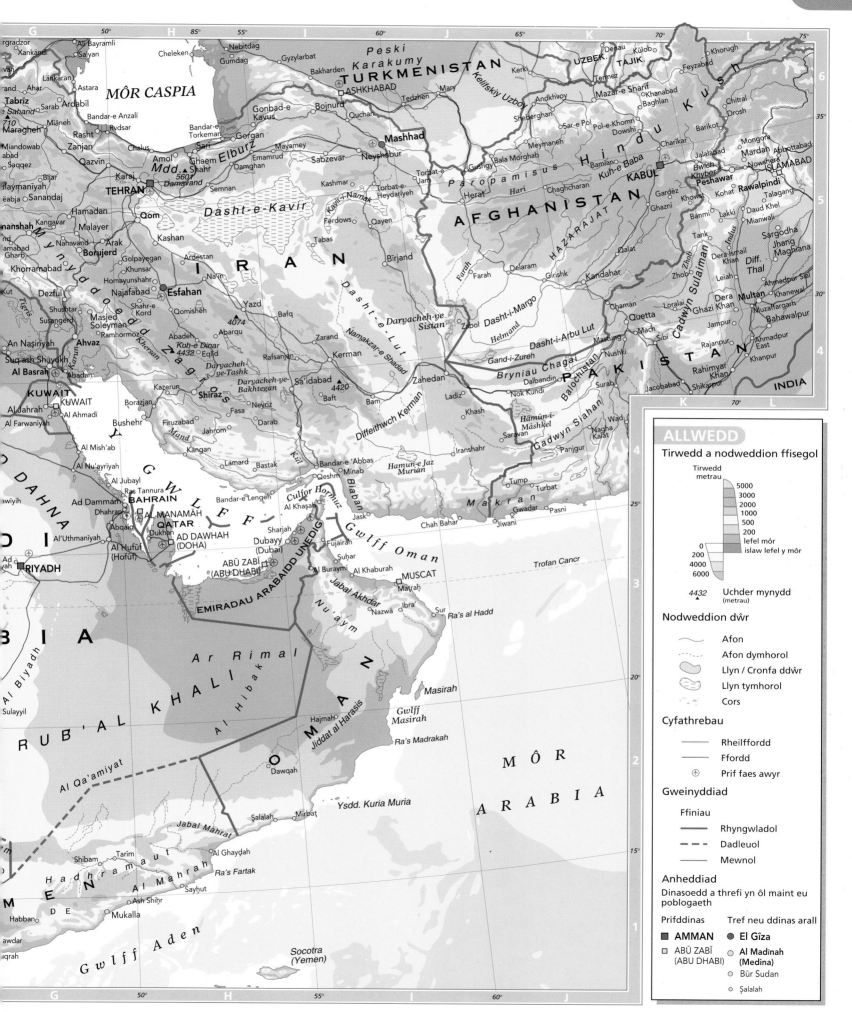

MÔR CASPIA

TURKMENISTAN
ASHKHABAD

UZBEK. TAJIK.

Hindu Kush

Mashhad

Paropamisus

AFGHANISTAN

HAZARAJAT

KABUL

Peshawar
ISLAMABAD
Rawalpindi

IRAN

Dasht-e-Kavir

Dasht-e-Lut

Esfahan

Z A G R O S

PAKISTAN

INDIA

KUWAIT
KUWAIT

Shiraz

BAHRAIN
AL MANAMÂH
QATAR
AD DAWHAH
(DOHA)

Culfor Hormuz

Gwlff Oman

Makran

Ad Dammâm

Dubayy
(Dubai)
ABÛ ZABÎ
(ABU DHABI)
EMIRADAU ARABAIDD UNEDIG

MUSCAT

RIYADH

Jabal Akhdar

N u ' a y m

O M A N

Ar Rimal

Al Hibak

RUB' AL KHALI

Masirah

Gwlff
Masirah

MÔR

ARABIA

Ysdd. Kuria Muria

Jabal Mahrat

Hadhramaut

Al Mahrah

YEMEN

Socotra
(Yemen)

Gwlff Aden

Tafluniad Conig Arwynebedd-hafal Albers

ALLWEDD

Tirwedd a nodweddion ffisegol

Tirwedd metrau

5000
3000
2000
1000
500
200
0 lefel môr
islaw lefel y môr
200
4000
6000

▲ 4432   Uchder mynydd (metrau)

Nodweddion dŵr

~~~ Afon

⋯⋯ Afon dymhorol

Llyn / Cronfa ddŵr

Llyn tymhorol

Cors

Cyfathrebau

——— Rheilffordd

——— Ffordd

⊕ Prif faes awyr

Gweiniyddiad

Ffiniau

——— Rhyngwladol

– – – Dadleuol

——— Mewnol

Anheddiad

Dinasoedd a threfi yn ôl maint eu poblogaeth

Prifddinas   Tref neu ddinas arall

■ AMMAN   ● El Gîza

□ ABÛ ZABÎ   ○ Al Madînah
(ABU DHABI)   (Medina)

                  ○ Bûr Sudan

                  ○ Şalalah

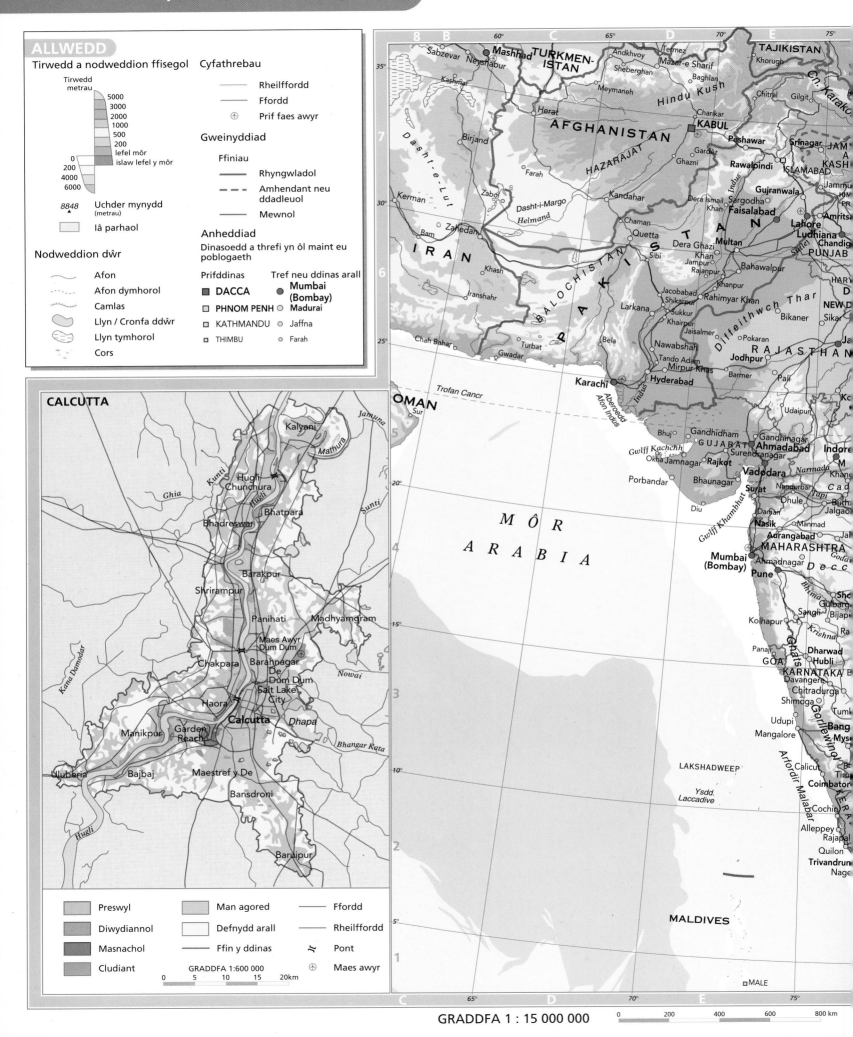

ALLWEDD

Tirwedd a nodweddion ffisegol

Tirwedd metrau

5000
3000
2000
1000
500
200 lefel môr
0 islaw lefel y môr
200
4000
6000

8848 ▲ Uchder mynydd (metrau)

Iâ parhaol

Nodweddion dŵr

Afon
Afon dymhorol
Camlas
Llyn / Cronfa ddŵr
Llyn tymhorol
Cors

Cyfathrebau

Rheilffordd
Ffordd
⊕ Prif faes awyr

Gweinyddiad

Ffiniau
Rhyngwladol
Amhendant neu ddadleuol
Mewnol

Anheddiad

Dinasoedd a threfi yn ôl maint eu poblogaeth

Prifddinas
■ DACCA
□ PHNOM PENH
□ KATHMANDU
□ THIMBU

Tref neu ddinas arall
● Mumbai (Bombay)
○ Madurai
○ Jaffna
○ Farah

CALCUTTA

Kalyani
Jamuna
Mathura
Kunti
Ghia
Hugli
Chunchura
Sunti
Bhatpara
Bhadreswar
Barakpur
Shrirampur
Panihati
Madhyamgram
Maes Awyr Dum Dum
Chakpara
Barahnagar De Dum Dum
Salt Lake City
Kana Damodar
Haora
Calcutta
Dhapa
Manikpur
Garden Reach
Uluberia
Bajbaj
Maestref y De
Bhangar Kata
Bansdroni
Nowai
Baruipur
Hugli

Preswyl
Diwydiannol
Masnachol
Cludiant

Man agored
Defnydd arall
Ffin y ddinas

Ffordd
Rheilffordd
↗ Pont
⊕ Maes awyr

GRADDFA 1:600 000
0 5 10 15 20km

TURKMEN-ISTAN
Sabzevar Neyshabur ● Mashhad
Andkhvoy Tetmez
Sheberghan Mazar-e Sharif
Kashmar Baghlan
Meymaneh Hindu Kush
Cn. Karako
TAJIKISTAN
Khorugh
Chitral Gilgit
Birjand
Herat HAZARAJAT
Charikar ■ KABUL
Peshawar
Srinagar JAM
KASH
Gardēz Rawalpindi ISLAMABAD
Farah
Ghazni
Jammu
HIM
Chandig
Zabol Kandahar
Dera Ismail Sargodha
Khan Faisalabad
Gujranwala
Zahedan Chaman Quetta
Multan
Lahore
Amritsar
Ludhiana
Dasht-i-Margo
Helmand
Sibi Dera Ghazi Khan
Bahawalpur
PUNJAB
Kerman
Khash
Jampur
Rajanpur
HARY
Khanpur
Bam
Jacobabad
Rahimyar Khan
Shikarpur
Bikaner
NEW D
Iranshahr
Larkana
Sukkur
Khairpur Jaisalmer
Sikar
Pokaran
RAJASTHAN
Chah Bahar
Bela
Nawabshah
Jodhpur
Gwadar Turbat
Tando Adam
Mirpur Khas
Barmer
Pali
Karachi Hyderabad
Udaipur
Aberoedd Afon Indus
Trofan Cancr
OMAN
Sur
Bhuj Gandhidham
Gandhinagar
Gwlff Kachchh GUJARAT Ahmadabad
Indore
Okha Jamnagar Surendranagar
Rajkot
Porbandar Narmada Khang
Bhaunagar Vadodara
Diu Surat
Nandurbar Ca
Damar
Dhule Tapi
Jalgaon
MÔR
Nasik Manmad
ARABIA
Aurangabad Jal
MAHARASHTRA
Mumbai (Bombay) Ahmadnagar Decc
Pune
Bhima Sho
Kolhapur Gulbarg
Sangli Bijap
Panaji Krishna
Ghats Dharwad
GOA Hubli
KARNATAKA B
Davangere
Chitradurga
Shimoga
Tumk
Udupi Bang
Mangalore Mys
LAKSHADWEEP
Calicut
Arfordir Malabar
Coimbator
Ysdd. Laccadive
Cochin KERA
Alleppey
Rajapal
Quilon
Trivandrum
Nage
MALDIVES
□ MALE

GRADDFA 1 : 15 000 000
0 200 400 600 800 km

XINJIANG UYGUR ZIZHIQU
Hotan
KUNLUN SHAN
Rutog
Gar
HIMALAYA
ehra Dun
abad Bareilly
walior
Fatehgarh
UTTAR
Lucknow
Kanpur
PRADESH
Yamuna
Jhansi
Allahabad
Varanasi
Rewa
Sagar
Murwara
Jabalpur
A PRADESH
Bilaspur
Gondia
Raipur
Nagpur
ORISSA
Chanda
Kanker
DIA
Jagdalpur
Koraput
Nizamabad
Warangal
Secunderabad
Hyderabad
DHRA
Eluru
Guntur
Vijayawada
Machilipatnam
rnool
DESH
Ongole
Nellore
Cuddapah
Chittoor
Chennai
(Madras)
Vellore
Kanchipuram
Pondicherry
Cuddalore
Kumbakonam
lem
MIL
Tiruchchirappalli
digul
DU
Jaffna
SRI LANKA
Trincomalee
ticorin
Puttalam
Batticaloa
Kurunegala
Kandy
Badulla
OLOMBO
2524
Galle
Matara

TIBET
Llwyfandir Tibet
(XIZANG ZIZHIQU)
Siling Co
Nam Co
Lhazê
Xigazê
NEPAL
Dhaulagiri
8167
Annapurna
8091
M. Everest
8848
Kangchenjunga
8586
KATHMANDU
Gorakhpur
Darbhanga
Muzaffarpur
Munger
Patna
Gaya
BIHAR
Mirzapur
Bhagalpur
Ranchi
Dhanbad
Asansol
Jamshedpur
GN.
BENGAL
Baleshwar
Sambalpur
Cuttack
Bhubaneshwar
Puri
Brahmapur
Vizianagaram
Vishakhapatnam
Rajahmundry
Kakinada

QINGHAI
Golmud
Yushu
CHINA
Nu
Qamdo
Chang
Mekong
Batang
Lhasa
Yarlung Zangbo
Kangmar
ARUNACHAL
PRADESH
Dibrugarh
BHUTAN
THIMBU
SIKKIM
Darjiling
ASSAM
Tezpur
Rangpur
Saidpur
Guwahati
MEGHALAYA
Shillong
Dimapur
Imphal
MANIPUR
TIR NAGA
Chindwin
BANGLADESH
Agartala
DACCA
TRIPURA
Khulna
MIZORAM
Calcutta
Kharagpur
Chittagong
Cox's
Bazar
M.Victoria
3053
Arakan Yoma
Sittwe
Sandoway
Henzada
Bassein
Pyapon
Aberoedd Afon Ganga
Pakokku
Shwebo
Monywa
Mandalay
Myingyan
MYANMAR
Meiktila
Magwe
Pyè
Shwegyin
Pegu
Thaton
YANGON
Gwlff
Martaban
Moulmein
Martaban

GANSU
Linxia
Tianshui
Baoji
Xi'an
SHAANXI
Hanzhong
Guangyuan
Daxian
Nanchong
Chang
Chengdu
SICHUAN
Neijiang
Chongqing
Leshan
Yibin
Zigong
Xichang
Zunyi
Zhaotong
Dukou
GUIZHOU
Liupanshui
Anshun
Dali
Kunming
YUNNAN
Baoshan
Chuxiong
Yuxi
Geju
Degên
Shuangjiang
Kengtung
Louang
Namtha
Luangphrabang
Chiang
Rai
Phayao
Nan
Chiang-Mai
Lampang
Phrae
Uttaradit
Pyinmana
Toungoo
Tak
Phitsanulok
Nakhon Sawan
Taung-gyi
VIANGCHANG
(VIENTIANE)
Savannakhét
Khon Kaen
Ubon
Ratchathani
Pakxé
Surin
GWLAD THAI
Sara Buri
Nakhon
Ratchasima
Sisophon
Ayutthaya
Nonthaburi
KRUNG THEP
(BANGKOK)
Chon Buri
CAMBODIA
Batdâmbâng
Tônlé Sab
Kâmpóng
Cham
PHNOM
PENH
Pouthisat

HENAN
Xiangfan
HUBEI
Jingmen
Yichang
Enshi
Shashi
Changde
HUNAN
Shaoyang
Guiyang
Duyun
Guilin
GUANGXI
Hechi
Liuzhou
Bose
Nanning
Pingxiang
Lao Cai
Qinzhou
Beihai
Phongsali
Son La
Thai Nguyên
VIET NAM
HA NÔI
(HANOI)
Nam Dinh
Hai Phong
Thai Binh
Gwlff
Tongking
Thanh Hoa
Vinh
Ha Tinh
Dong Hoi
Quang
Tri
Huê

Bae
Bengal
Ys. Preparis
Aberoedd Afon
Irrawaddy
Ynysoedd
Andaman
(India)
Port Blair
Andaman Fach
Sianel Ten Degree
Ynysoedd
Nicobar
(India)
Môr
Andaman
Ynysfor
Tenasserim
Mergui
Tavoy
Nakhon Pathom
Rat
Buri
Phet Buri
Prachuap
Khiri Khan
Chumphon
Ranong
Ranong
Nakhon
Si Thammarat
Krabi
Phuket
Phatthalung
Songkhla
Ban Hat Yai
Yala
Alur Setar
George Town
Butterworth
Pinang
Taiping
Ipoh
Kota Bharu
Kuala
Terengganu
Dungun
Kuantan
MALAYSIA
KUALA LUMPUR
Seremban
Pwynt Ca Mau
Long Xuyên
Rach Gia
Cân
Tho
Châu Dóc
Kâmpôt
Krâcheh
Tà
Nin
Sihanoukville
Gwlff
Gwlad
Thai
INDONESIA
Banda Aceh
Medan
Langsa
Sumatera
Tebingtinggi
Prapat
Simeuluê
Ll. Toba
Lhokseumawe
Muar
Melaka
Culfor Melaka

Tafluniad Conig

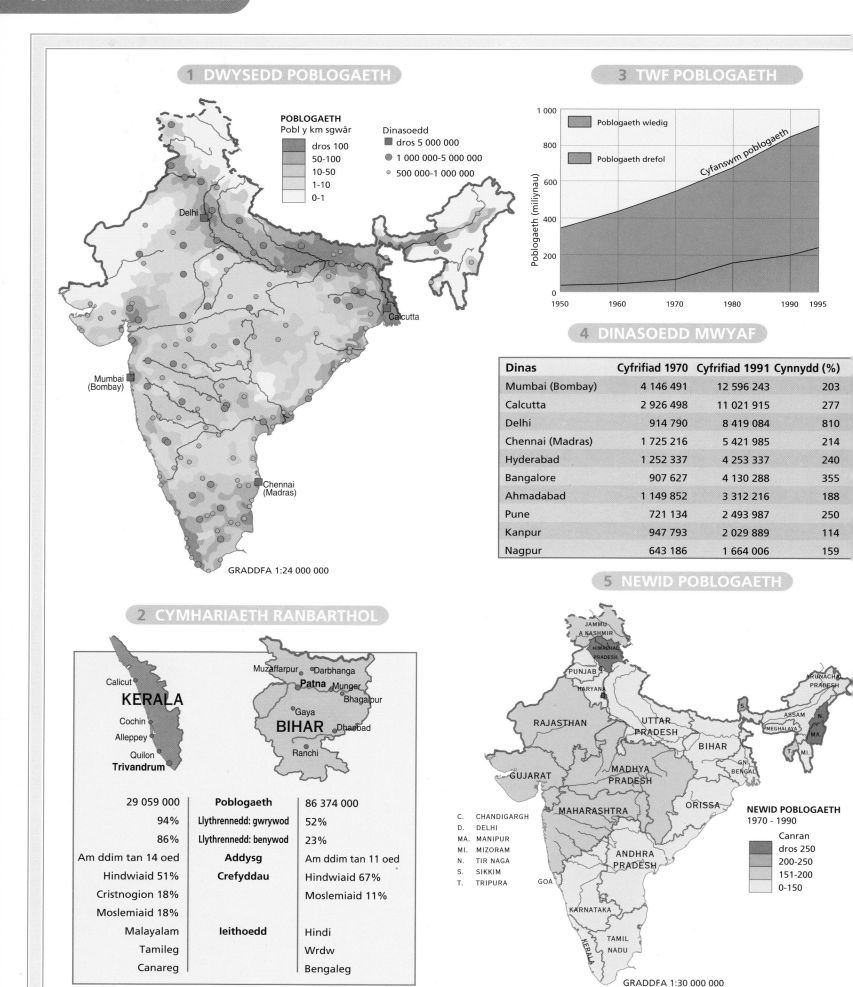

1 DWYSEDD POBLOGAETH

POBLOGAETH
Pobl y km sgwâr

- dros 100
- 50-100
- 10-50
- 1-10
- 0-1

Dinasoedd
- dros 5 000 000
- 1 000 000-5 000 000
- 500 000-1 000 000

Delhi

Calcutta

Mumbai (Bombay)

Chennai (Madras)

GRADDFA 1:24 000 000

2 CYMHARIAETH RANBARTHOL

Calicut
KERALA
Cochin
Alleppey
Quilon
Trivandrum

Muzaffarpur · Darbhanga
Patna · Munger
Bhagalpur
· Gaya
BIHAR Dhanbad
· Ranchi

29 059 000	**Poblogaeth**	86 374 000
94%	Llythrennedd: gwrywod	52%
86%	Llythrennedd: benywod	23%
Am ddim tan 14 oed	**Addysg**	Am ddim tan 11 oed
Hindwiaid 51%	**Crefyddau**	Hindwiaid 67%
Cristnogion 18%		Moslemiaid 11%
Moslemiaid 18%		
Malayalam	**Ieithoedd**	Hindi
Tamileg		Wrdw
Canareg		Bengaleg

3 TWF POBLOGAETH

Poblogaeth (miliynau)

Poblogaeth wledig

Poblogaeth drefol

Cyfanswm poblogaeth

1950 1960 1970 1980 1990 1995

4 DINASOEDD MWYAF

Dinas	Cyfrifiad 1970	Cyfrifiad 1991	Cynnydd (%)
Mumbai (Bombay)	4 146 491	12 596 243	203
Calcutta	2 926 498	11 021 915	277
Delhi	914 790	8 419 084	810
Chennai (Madras)	1 725 216	5 421 985	214
Hyderabad	1 252 337	4 253 337	240
Bangalore	907 627	4 130 288	355
Ahmadabad	1 149 852	3 312 216	188
Pune	721 134	2 493 987	250
Kanpur	947 793	2 029 889	114
Nagpur	643 186	1 664 006	159

5 NEWID POBLOGAETH

JAMMU A KASHMIR
HIMACHAL PRADESH
PUNJAB
HARYANA
RAJASTHAN
UTTAR PRADESH
GUJARAT
MADHYA PRADESH
BIHAR
ARUNACHAL PRADESH
ASSAM
MEGHALAYA
BENGAL
MAHARASHTRA
ORISSA
ANDHRA PRADESH
GOA
KARNATAKA
TAMIL NADU
KERALA

C. CHANDIGARGH
D. DELHI
MA. MANIPUR
MI. MIZORAM
N. TIR NAGA
S. SIKKIM
T. TRIPURA

NEWID POBLOGAETH
1970 - 1990

Canran
- dros 250
- 200-250
- 151-200
- 0-150

GRADDFA 1:30 000 000

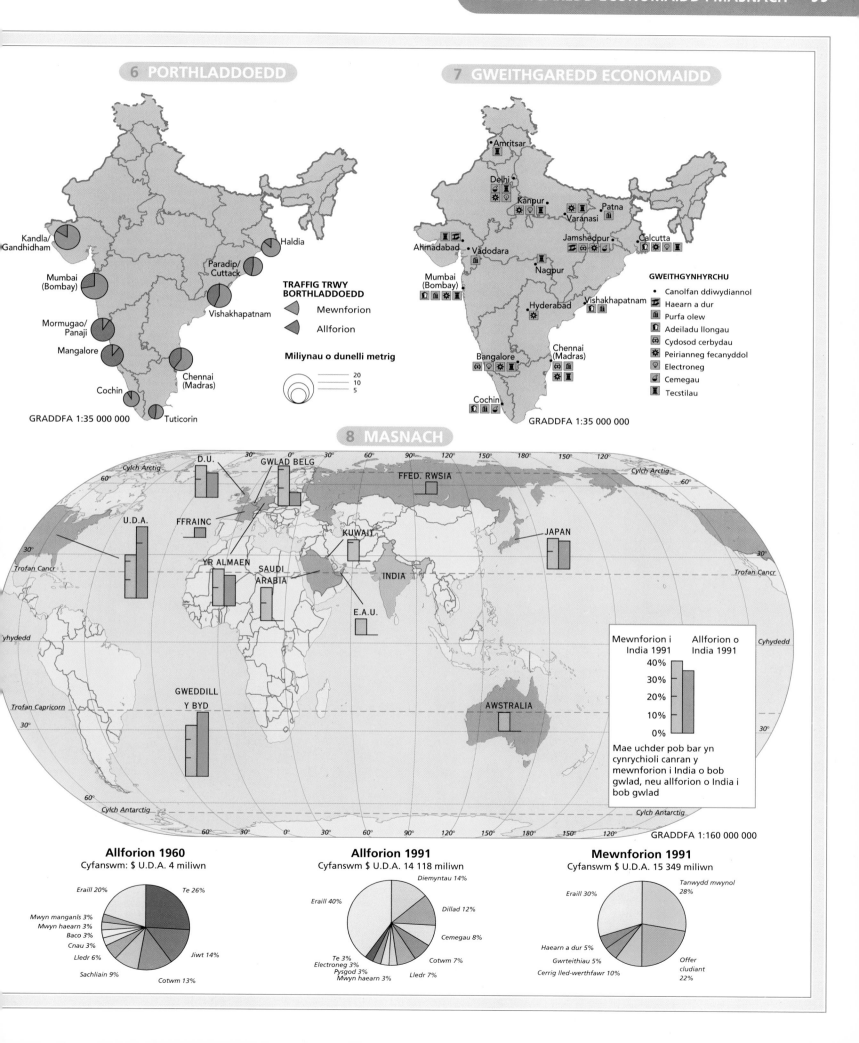

6 PORTHLADDOEDD

Kandla/Gandhidham
Haldia
Mumbai (Bombay)
Paradip/Cuttack
Mormugao/Panaji
Vishakhapatnam
Mangalore
Chennai (Madras)
Cochin
Tuticorin

GRADDFA 1:35 000 000

TRAFFIG TRWY BORTHLADDOEDD

Mewnforion

Allforion

Miliynau o dunelli metrig

20
10
5

7 GWEITHGAREDD ECONOMAIDD

Amritsar
Delhi
Kanpur
Patna
Varanasi
Jamshedpur
Calcutta
Ahmadabad
Vadodara
Nagpur
Mumbai (Bombay)
Hyderabad
Vishakhapatnam
Bangalore
Chennai (Madras)
Cochin

GRADDFA 1:35 000 000

GWEITHGYNHYRCHU

- Canolfan ddiwydiannol
- Haearn a dur
- Purfa olew
- Adeiladu llongau
- Cydosod cerbydau
- Peirianneg fecanyddol
- Electroneg
- Cemegau
- Tecstilau

8 MASNACH

D.U.
GWLAD BELG
FFED. RWSIA
FFRAINC
U.D.A.
KUWAIT
JAPAN
YR ALMAEN
SAUDI ARABIA
INDIA
E.A.U.
GWEDDILL Y BYD
AWSTRALIA

Cylch Arctig
Trofan Cancr
Cyhydedd
Trofan Capricorn
Cylch Antarctig

GRADDFA 1:160 000 000

Mewnforion i India 1991	Allforion o India 1991
40%	
30%	
20%	
10%	
0%	

Mae uchder pob bar yn cynrychioli canran y mewnforion i India o bob gwlad, neu allforion o India i bob gwlad

Allforion 1960
Cyfanswm: $ U.D.A. 4 miliwn

Eraill 20%
Te 26%
Mwyn manganis 3%
Mwyn haearn 3%
Baco 3%
Cnau 3%
Lledr 6%
Jiwt 14%
Sachliain 9%
Cotwm 13%

Allforion 1991
Cyfanswm $ U.D.A. 14 118 miliwn

Diemyntau 14%
Eraill 40%
Dillad 12%
Cemegau 8%
Te 3%
Electroneg 3%
Pysgod 3%
Mwyn haearn 3%
Cotwm 7%
Lledr 7%

Mewnforion 1991
Cyfanswm $ U.D.A. 15 349 miliwn

Eraill 30%
Tanwydd mwynol 28%
Haearn a dur 5%
Gwrteithiau 5%
Cerrig lled-werthfawr 10%
Offer cludiant 22%

1 DWYSEDD POBLOGAETH

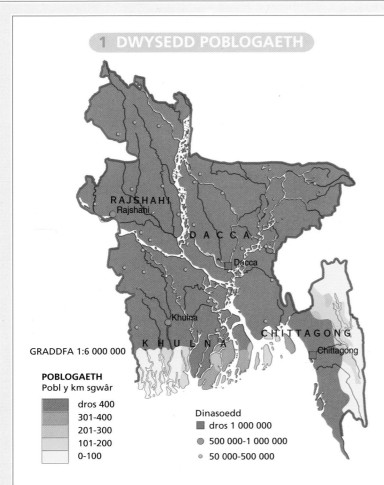

GRADDFA 1:6 000 000

POBLOGAETH
Pobl y km sgwâr

- dros 400
- 301-400
- 201-300
- 101-200
- 0-100

Dinasoedd
- ■ dros 1 000 000
- ● 500 000-1 000 000
- ○ 50 000-500 000

Coedwig
Mae coedwigoedd dwys o'r enw Sundarbans ar hyd arfordir de-orllewin Bangladesh. Fforest goediog ar yr ucheldiroedd ar hyd y ffin â Myanmar yw'r ardal yr un lliw gwyrdd ar ochr dde'r llun lloeren.

Dŵr llawn silt
Yr ardal goch/brown ar y llun lloeren yw'r dŵr llawn silt yn aber Afon Ga (Ganges). Caiff silt ei gludo gan Afonydd Ganga a Brahmaputra a'i ddydd dros y delta sydd yn raddol ehangu allan i Fae Bengal.

Tir âr
Mae'r silt a gafodd ei ddyddodi ar wastadeddau'r delta yn creu tir hynod ffrwythlon. Mae'r tir hwn yn addas iawn ar gyfer tyfu reis, yn arbennig y mathau arnofiol sy'n gallu ymdopi â llifogydd tymhorol.

Afonydd
Mae gan Bangladesh ddwy brif afon, Ganga (Ganges) a Brahmaputra neu Jamuna. Mae eu llednentydd yn troelli ar draws y wlad.

Cronfa ddŵr
Mae gan Bangladesh nifer o lynnoedd naturiol bychain. Yn ychwanegol at y rhain mae cronfa ddŵr fawr yn y bryniau ger Chittagong, sef Cronfa Ddŵr Karnafuli.

2 DINASOEDD MWYAF

Dinas	Cyfrifiad 1974	Cyfrifiad 1991	Cynnydd(%)
Dacca	1 310 972	6 105 160	366
Chittagong	416 733	2 040 663	390
Khulna	436 000	877 388	101
Rajshahi	132 909	517 136	289

3 GWEITHGAREDD ECONOMAIDD

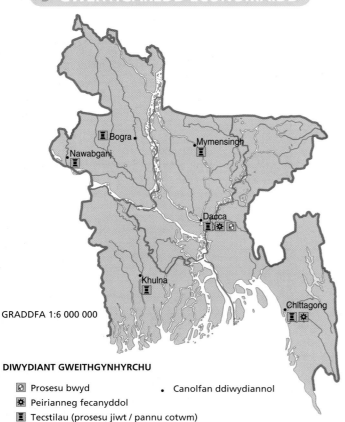

GRADDFA 1:6 000 000

DIWYDIANT GWEITHGYNHYRCHU

- ▣ Prosesu bwyd
- ❋ Peirianneg fecanyddol
- ▤ Tecstilau (prosesu jiwt / pannu cotwm)
- • Canolfan ddiwydiannol

4 MASNACH

PARTNERIAID 1993

Mewnforion
Cyfanswm: $ U.D.A. 3950 miliwn

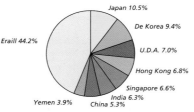

- Japan 10.5%
- De Korea 9.4%
- U.D.A. 7.0%
- Hong Kong 6.8%
- Singapore 6.6%
- India 6.3%
- China 5.3%
- Yemen 3.9%
- Eraill 44.2%

Allforion
Cyfanswm: $ U.D.A. 2119 miliwn

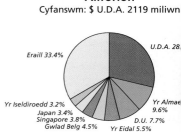

- U.D.A. 28
- Yr Almae 9.6%
- D.U. 7.7%
- Yr Eidal 5.5%
- Gwlad Belg 4.5%
- Singapore 3.8%
- Japan 3.4%
- Yr Iseldiroedd 3.2%
- Eraill 33.4%

CYNHYRCHION 1993

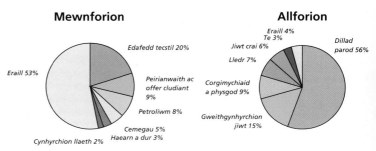

Mewnforion
- Edafedd tecstil 20%
- Peirianwaith ac offer cludiant 9%
- Petroliwm 8%
- Cemegau 5%
- Haearn a dur 3%
- Cynhyrchion llaeth 2%
- Eraill 53%

Allforion
- Dillad parod 56%
- Gweithgynhyrchion jiwt 15%
- Corgimychiaid a physgod 9%
- Lledr 7%
- Jiwt crai 6%
- Te 3%
- Eraill 4%

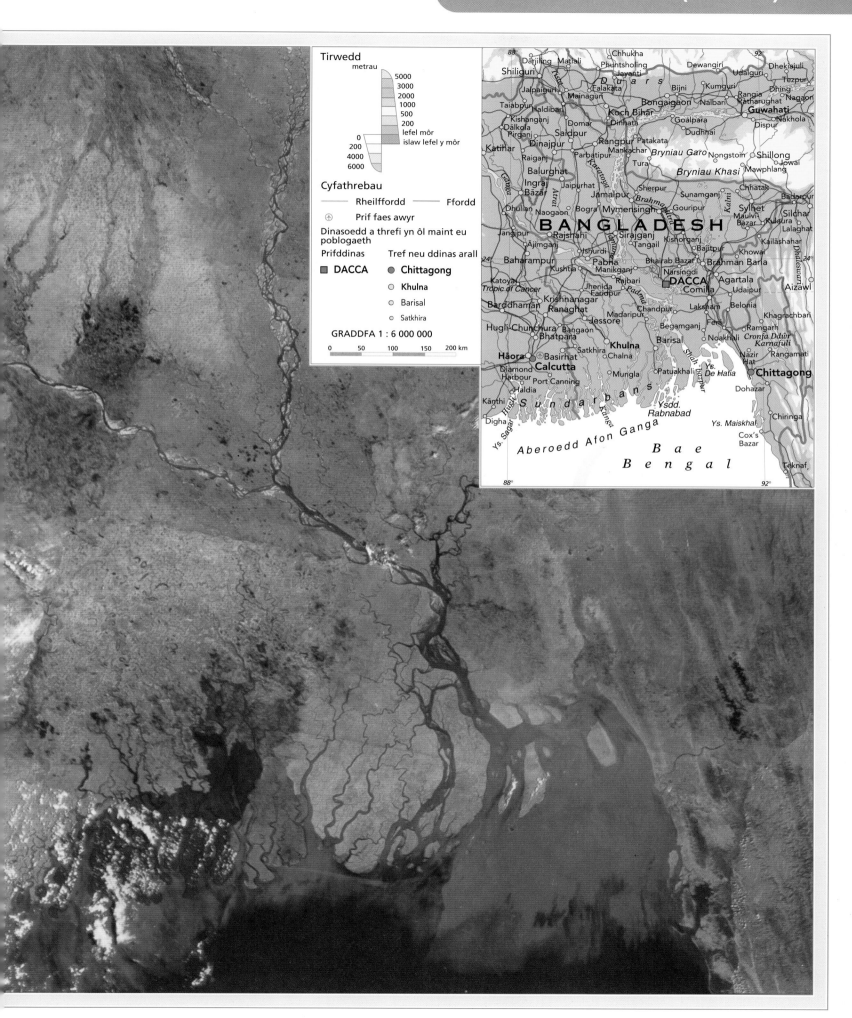

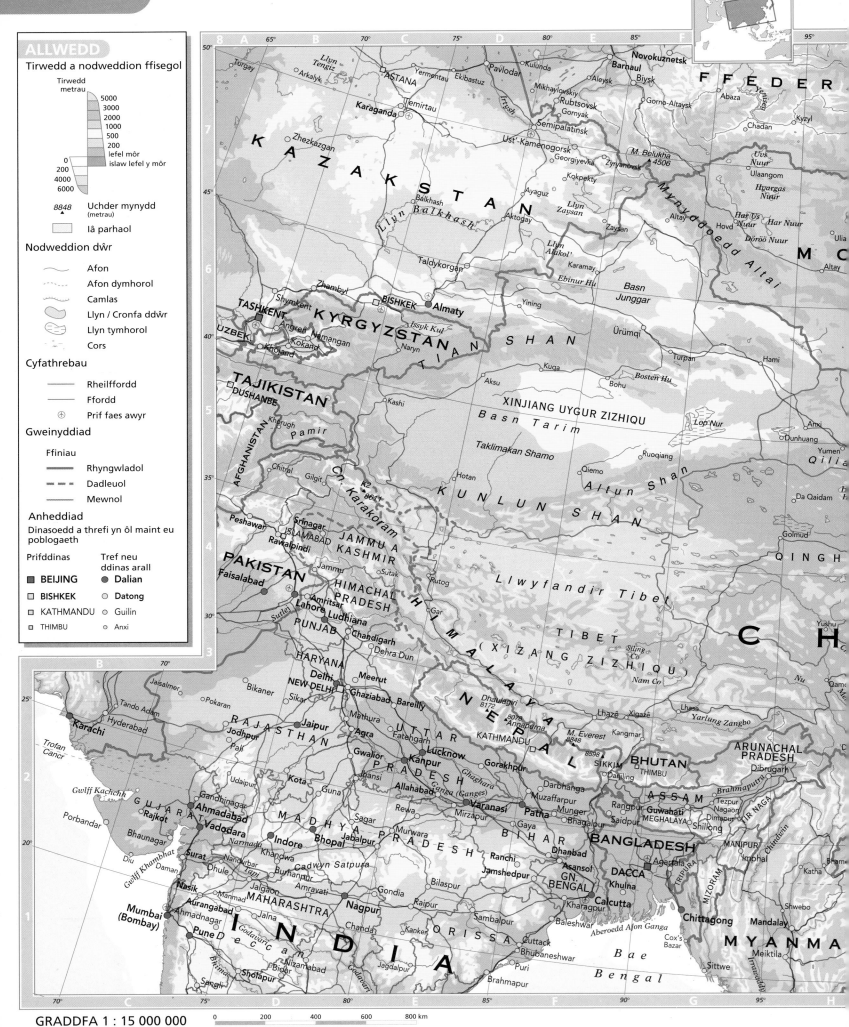

ALLWEDD

Tirwedd a nodweddion ffisegol

Tirwedd metrau
5000
3000
2000
1000
500
200
0 lefel môr
islaw lefel y môr
200
4000
6000

8848 ▲ Uchder mynydd (metrau)

Iâ parhaol

Nodweddion dŵr
Afon
Afon dymhorol
Camlas
Llyn / Cronfa ddŵr
Llyn tymhorol
Cors

Cyfathrebau
Rheilffordd
Ffordd
⊕ Prif faes awyr

Gweinyddiad
Ffiniau
Rhyngwladol
Dadleuol
Mewnol

Anheddiad
Dinasoedd a threfi yn ôl maint eu poblogaeth

Prifddinas   Tref neu ddinas arall
■ BEIJING   ● Dalian
□ BISHKEK   ○ Datong
□ KATHMANDU   ○ Guilin
□ THIMBU   ○ Anxi

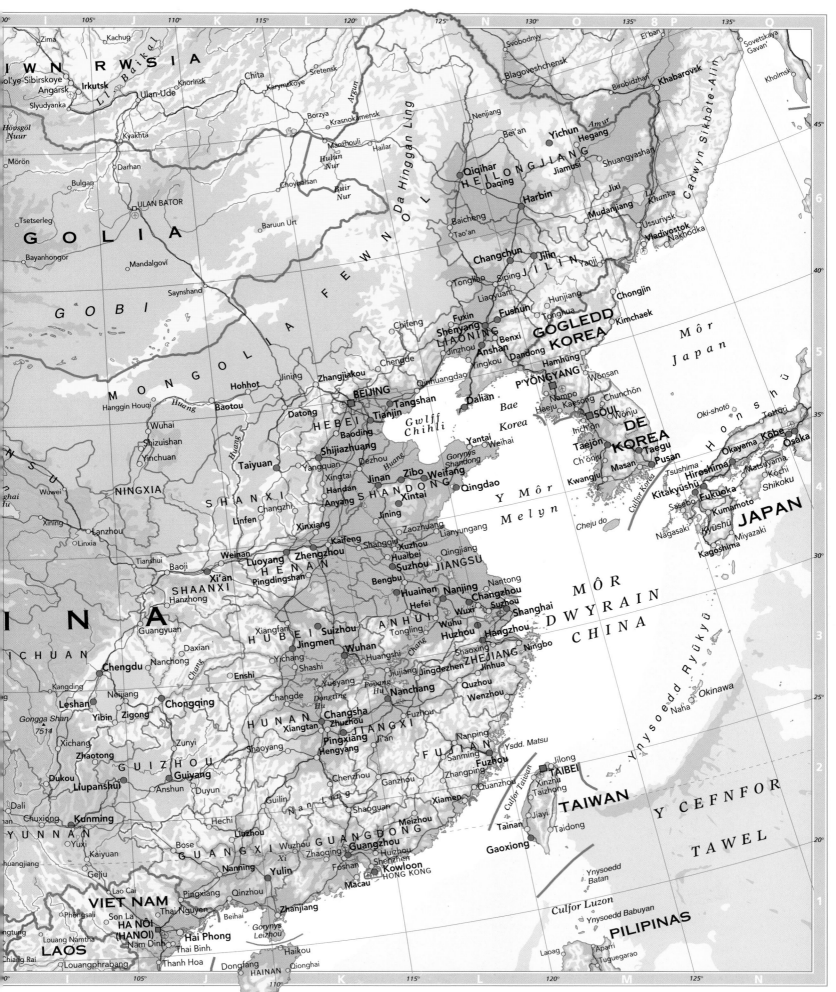

IWN RWSIA
ol'ye-Sibirskoye
Angarsk
Slyudyanka
Irkutsk
Ulan-Ude
Kyakhta
Khorinsk
Chita
Karymskoye
Sretensk
Borzya
Krasnokamensk
Manzhouli
Hailar
Choybalsan
Baruun Urt
Svobodnyy
Blagoveshchensk
Birobidzhan
Khabarovsk
Sovetskaya Gavan'
Kholmsk

Hövsgöl
Nuur
Mörön
Bulgan
Darhan
 ULAN BATOR
Tsetserleg
Bayanhongor
Mandalgovi
Saynshand
Bei'an
Yichun
Hegang
Nenjiang
Qiqihar
Daqing
HEILONGJIANG
Jiamusi
Shuangyashan
Jixi
Harbin
Mudanjiang
Ussuriysk
Vladivostok
Nakhodka

GOLIA
GOBI
Baruun Urt
Buir
Nur
Hulun
Nur
Baicheng
Tao'an
Changchun
Tongliao
Siping
Liaoyuan
Jilin
Yanji
JILIN
Hunjiang
Chongjin
Tonghua
Kimchaek

MONGOLIA FEWN
Hanggin Houqi
Wuhai
Shizuishan
Yinchuan
NINGXIA
Hohhot
Baotou
Jining
Zhangjiakou
Datong
Chifeng
Chengde
Fuxin
Shenyang
LIAONING
Jinzhou
Anshan
Benxi
Fushun
Dandong
Yingkou
Qinhuangdao
Dalian
GOGLEDD
KOREA
Hamhung
P'YONGYANG
Wonsan
Nampo
Haeju
Kaesong

Mör
Japan

SHANXI
Taiyuan
Yangquan
Xingtai
Handan
Dezhou
Jinan
Zibo
Weifang
Gorynys
Shandong
SHANDONG
Xintai
Qingdao
Yantai
Weihai
SOUL
Inch'on
Chunch'on
DE
KOREA
Ch'onju
Taejon
Wonju
Taegu
Masan
Pusan
Kwangju
Culfor Korea
Tsushima
Oki-shoto
Honshū
Tottori
Kōbe
Osaka
Okayama
Matsuyama
Kochi
Shikoku
Hiroshima
Kitakyūshū
Fukuoka
Sasebo
Kumamoto
JAPAN
Nagasaki
Kyūshū
Miyazaki
Kagoshima

Beijing
Tianjin
Tangshan
HEBEI
Baoding
Shijiazhuang
Huang
Bae
Korea
Gwlff
Chihli
Y Mór
Melyn

Xining
Lanzhou
Linxia
Tianshui
Baoji
Weinan
Xi'an
SHAANXI
Hanzhong
Guangyuan
Daxian
ICHUAN
Chengdu
Nanchong
Neijiang
Leshan
Yibin
Zigong
Chongqing
Kangding
Gongga Shan
7514
Xichang
Zunyi
GUIZHOU
Anshun
Duyun
Guiyang
Dukou
Liupanshui
Chuxiong
Kunming
YUNNAN
Yuxi
Gejiu
Kaiyuan
Dali

Linfen
Changzhi
Xinxiang
Anyang
Zhengzhou
Kaifeng
HENAN
Luoyang
Pingdingshan
Shangqiu
Xuzhou
Huaibei
Suzhou
JIANGSU
Bengbu
Huainan
Hefei
ANHUI
Tongling
Wuhu
Nanjing
Changzhou
Wuxi
Suzhou
Shanghai
Hangzhou
Ningbo
ZHEJIANG
Shaoxing
Jinhua
Quzhou
Wenzhou
MÔR
DWYRAIN
CHINA

Zaozhuang
Jining
Lianyungang
Qingjiang
Nantong

HUBEI
Xiangfan
Suizhou
Jingmen
Yichang
Shashi
Wuhan
Huangshi
Jiujiang
Jingdezhen
Chang
Xianning
Huangang

Enshi
Yueyang
Changde
Dongting
Hu
HUNAN
Changsha
Xiangtan
Zhuzhou
Pingxiang
Hengyang
JIANGXI
Ji'an
Nanchang
Poyang
Hu
FUJIAN
Nanping
Sanming
Fuzhou
Zhangping
Quanzhou
Xiamen
Jilong
TAIBEI
Xinzhu
Taizhong
TAIWAN
Jiayi
Taidong
Tainan
Gaoxiong

Ysgs
Shaoyang
Zunyi
Guilin
Hechi
Liuzhou
GUANGXI
Wuzhou
Bose
Nanning
Yulin
Qinzhou
Pingxiang
Lao Cai
Son La
Chenzhou
Ganzhou
Shaoguan
Meizhou
GUANGDONG
Zhaoqing
Guangzhou
Huizhou
Shenzhen
Foshan
Kowloon
HONG KONG
Macau
Zhanjiang
Beihai
Gorynys
Leizhou

Ysdd. Matsu
Ysgs
Culfor Taiwan
Culfor Luzon
Ynysoedd Babuyan
PILIPINAS
Laoag
Aparri
Tuguegarao

Nan Ling
Xi

Nang
Chang

VIET NAM
HÀ NỘI
(HANOI)
Nam Dinh
Hai Phong
Thai Binh
LAOS
Chiang Rai
Louangphrabang
Louang Namtha
Phongsali
ngtung
nghai
ghai
Hu
Wuwei
IN A
Zhaotong
Xichang
Kangding
Thanh Hoa
Dongfang
HAINAN
Qionghai
Haikou
Qinzhou

Ydd. Matsu

MÔR
Japan

Cadwyn Sikhote-Alin

El'ban

Da Hinggan Ling

Amur

Khanka

Honshū

Ynysoedd Ryūkyū

Naha
Okinawa

Y CEFNFOR
TAWEL

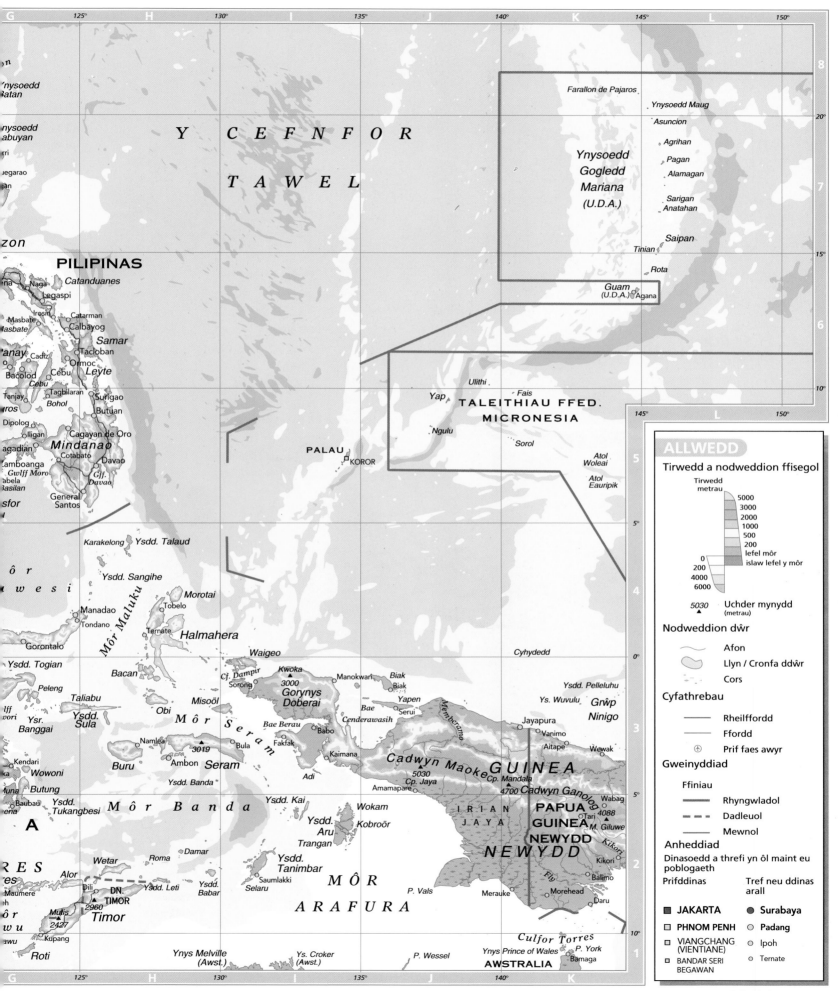

Y C E F N F O R

T A W E L

PILIPINAS

Ynysoedd
Gogledd
Mariana
(U.D.A.)

Farallon de Pajaros
Ynysoedd Maug
Asuncion
Agrihan
Pagan
Alamagan
Sarigan
Anatahan
Saipan
Tinian
Rota
Guam
(U.D.A.) Agana

Catanduanes
Naga
Legaspi
Irosin
Catarman
Masbate
Masbate
Calbayog
Samar
Cadiz
Ormoc
Tacloban
Bacolod
Cebu
Leyte
Cebu
Tagbilaran
Surigao
Tanjay
Bohol
Butuan
Dipolog
Iligan
Cagayan de Oro
Mindanao
Cotabato
Davao
Gwlff Moro
Gff.
Davao
Zamboanga
Basilan
General
Santos

Ulithi
Fais
Yap
TALEITHIAU FFED.
MICRONESIA

Ngulu

Sorol

Atol
Woleai
Atol
Eauripik

PALAU
KOROR

Karakelong Ysdd. Talaud

Ysdd. Sangihe

Ôr
wesi

Ysdd. Togian

Manadao
Tondano
Morotai
Tobelo
Ternate
Halmahera
Gorontalo

Waigeo
Cyhydedd

Ysdd. Pelleluhu
Ys. Wuvulu
Grŵp
Ninigo

Môr Maluku

Bacan
Peleng
Taliabu
Cf. Dampir
Sorong
Kwoka
3000
Gorynys
Doberai
Manokwari
Biak
Biak
Yapen
Yap
Serui
Bae
Cenderawasih
Jayapura
Vanimo
Aitape
Wewak

Misoöl
Obi
Môr
Seram
Bae Berau
Babo

Ysr.
Banggai
Ysdd.
Sula
Namlea
3019
Bula
Fakfak
Kaimana
Membcrama
Wabag
4088
M. Giluwe
Wowoni
Buru
Ambon
Seram
Adi
Cadwyn Maoke
Cp. Mandala
GUINEA
Kendari
Ysdd. Banda
Amamapare
5030
Cp. Jaya
4700 Cadwyn Ganolog
PAPUA
GUINEA
NEWYDD
Muna
Butung
Baubau
Ysdd.
Tukangbesi
Môr Banda
Ysdd. Kai
Wokam
IRIAN
JAYA
Tari
Kikori
A
Ysdd.
Aru
Kobroör
Trangan
NEWYDD
Kikori
Damar
Ysdd.
Tanimbar
Balimo
Roma
Saumlakki
Selaru
Môr
Fly
Morehead
Daru
Wetar
Alor
Ysdd. Leti
Ysdd.
Babar
P. Vals
Merauke
Dili
DN.
TIMOR
2960
Timor
Mulis
2427
Kupang
ARAFURA

Maumere
Roti
Culfor Torres
Ynys Melville
(Awst.)
Ys. Croker
(Awst.)
P. Wessel
Ynys Prince of Wales
P. York
Bamaga
AWSTRALIA

Môr
Celebes

A

RES

n

Ynysoedd
Batan
Ynysoedd
abuyan
rri
egarao
jan
zon

anay
aros

sfor

agadian
abela
Basilan

Ôr

lff
wori

ka

ena

wu
awu
eh

145°
150°

L

ALLWEDD

Tirwedd a nodweddion ffisegol

Tirwedd
metrau

5000
3000
2000
1000
500
200
lefel môr
0
200
4000
6000
islaw lefel y môr

5030 Uchder mynydd
(metrau)

Nodweddion dŵr

Afon

Llyn / Cronfa ddŵr

Cors

Cyfathrebau

Rheilffordd

Ffordd

Prif faes awyr

Gweinyddiad

Ffiniau

Rhyngwladol

Dadleuol

Mewnol

Anheddiad

Dinasoedd a threfi yn ôl maint eu
poblogaeth

Prifddinas   Tref neu ddinas
arall

JAKARTA   ● Surabaya

PHNOM PENH   ○ Padang

VIANGCHANG   ○ Ipoh
(VIENTIANE)

BANDAR SERI   ○ Ternate
BEGAWAN

Tafluniad Mercator

GRADDFA 1 : 7 500 000

Tafluniad Conig Arwynebedd-hafal Albers

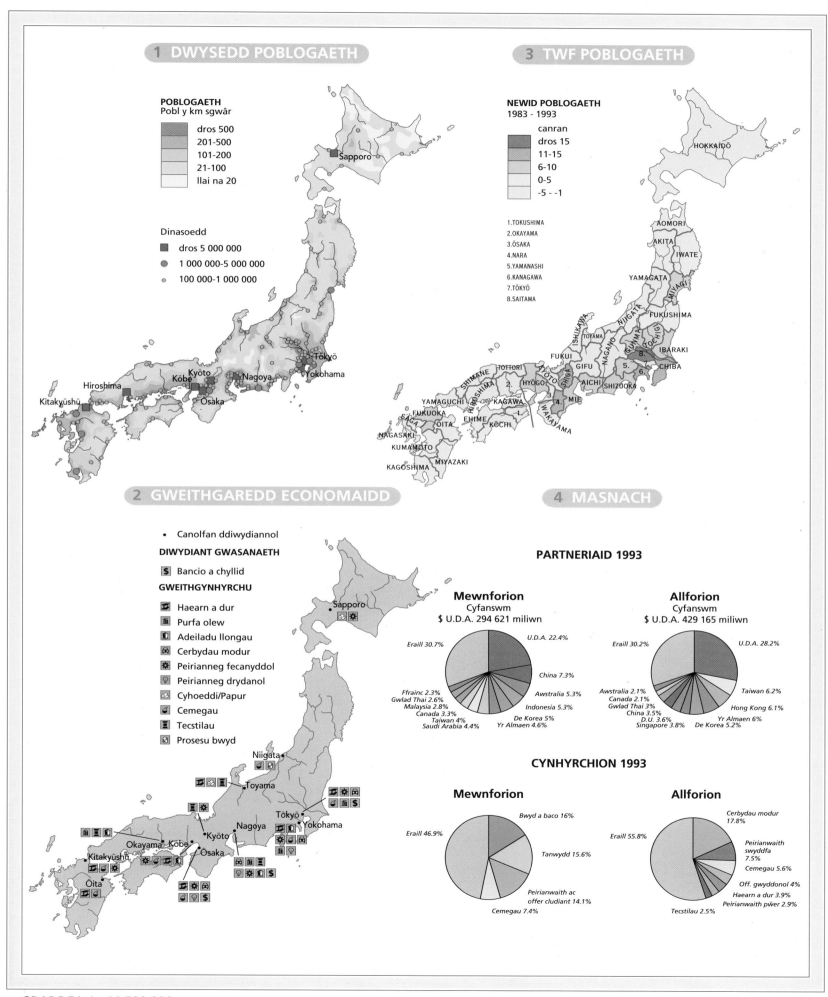

1 DWYSEDD POBLOGAETH

POBLOGAETH
Pobl y km sgwâr

dros 500
201-500
101-200
21-100
llai na 20

Dinasoedd

■ dros 5 000 000
● 1 000 000-5 000 000
• 100 000-1 000 000

Sapporo

Tōkyō
Kōbe
Kyōto
Nagoya
Yokohama
Hiroshima
Ōsaka
Kitakyūshū

3 TWF POBLOGAETH

NEWID POBLOGAETH
1983 - 1993

canran

dros 15
11-15
6-10
0-5
-5 - -1

1.TOKUSHIMA
2.OKAYAMA
3.ŌSAKA
4.NARA
5.YAMANASHI
6.KANAGAWA
7.TŌKYŌ
8.SAITAMA

HOKKAIDŌ

AOMORI
AKITA
IWATE
YAMAGATA
MIYAGI
NIIGATA
FUKUSHIMA
ISHIKAWA
TOYAMA
NAGANO
GUNMA
TOCHIGI
IBARAKI
FUKUI
GIFU
CHIBA
SHIMANE
TOTTORI
KYŌTO
SHIGA
AICHI
HYŌGO
SHIZUOKA
MIE
HIROSHIMA
OKAYAMA
KAGAWA
WAKAYAMA
YAMAGUCHI
FUKUOKA
EHIME
KŌCHI
SAGA
ŌITA
NAGASAKI
KUMAMOTO
MIYAZAKI
KAGOSHIMA

2 GWEITHGAREDD ECONOMAIDD

• Canolfan ddiwydiannol

DIWYDIANT GWASANAETH

$ Bancio a chyllid

GWEITHGYNHYRCHU

Haearn a dur
Purfa olew
Adeiladu llongau
Cerbydau modur
Peirianneg fecanyddol
Peirianneg drydanol
Cyhoeddi/Papur
Cemegau
Tecstilau
Prosesu bwyd

Sapporo

Niigata
Toyama
Tōkyō
Yokohama
Nagoya
Kyōto
Okayama
Kōbe
Kitakyūshū
Ōsaka
Ōita

4 MASNACH

PARTNERIAID 1993

Mewnforion
Cyfanswm
$ U.D.A. 294 621 miliwn

U.D.A. 22.4%
China 7.3%
Awstralia 5.3%
Indonesia 5.3%
De Korea 5%
Yr Almaen 4.6%
Saudi Arabia 4.4%
Taiwan 4%
Canada 3.3%
Malaysia 2.8%
Gwlad Thai 2.6%
Ffrainc 2.3%
Eraill 30.7%

Allforion
Cyfanswm
$ U.D.A. 429 165 miliwn

U.D.A. 28.2%
Taiwan 6.2%
Hong Kong 6.1%
Yr Almaen 6%
De Korea 5.2%
Singapore 3.8%
D.U. 3.6%
China 3.5%
Gwlad Thai 3%
Canada 2.1%
Awstralia 2.1%
Eraill 30.2%

CYNHYRCHION 1993

Mewnforion

Bwyd a baco 16%
Tanwydd 15.6%
Peirianwaith ac offer cludiant 14.1%
Cemegau 7.4%
Eraill 46.9%

Allforion

Cerbydau modur 17.8%
Peirianwaith swyddfa 7.5%
Cemegau 5.6%
Off. gwyddonol 4%
Haearn a dur 3.9%
Peirianwaith pŵer 2.9%
Tecstilau 2.5%
Eraill 55.8%

GRADDFA 1 : 50 000 000

0   500   1000   1500   2000 km

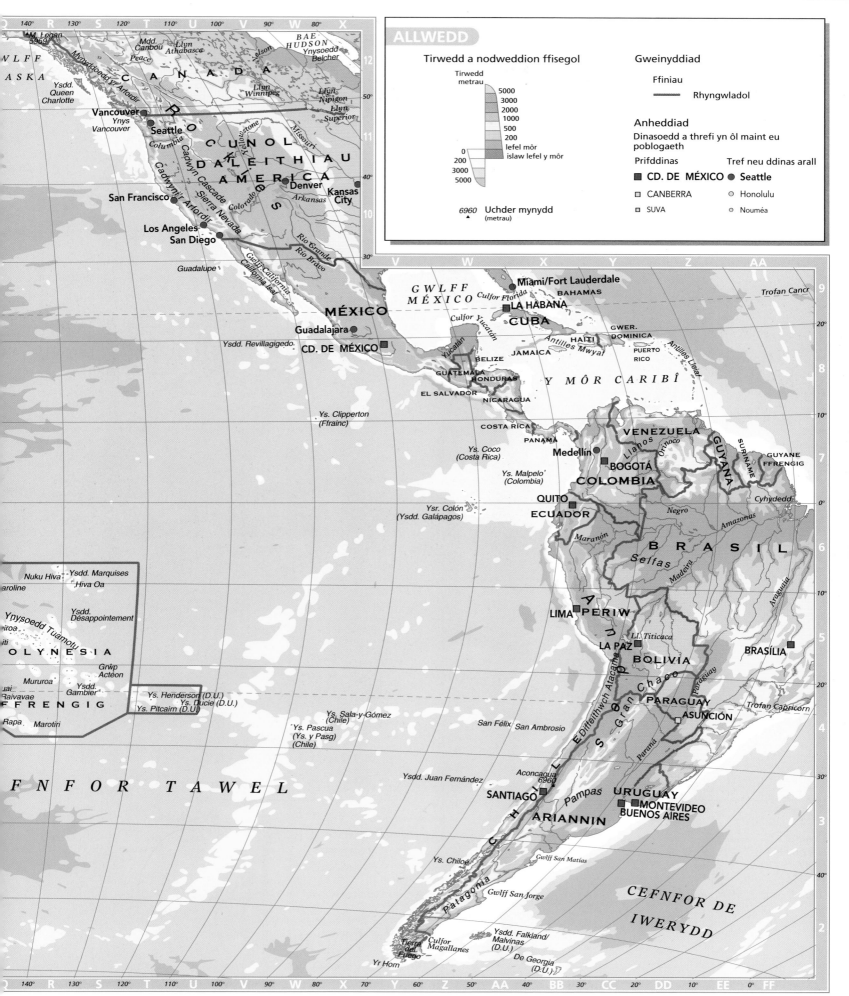

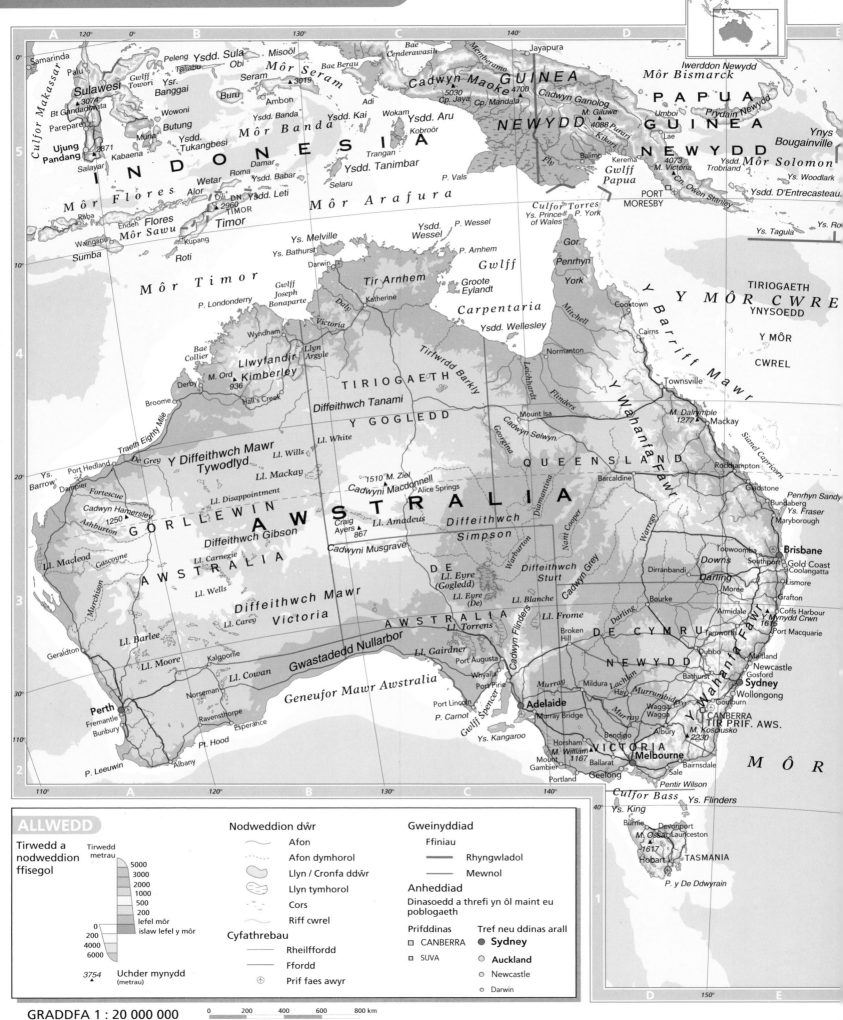

ALLWEDD

Tirwedd a nodweddion ffisegol

Tirwedd metrau
5000
3000
2000
1000
500
200
lefel môr
0 islaw lefel y môr
200
4000
6000

▲ 3754 Uchder mynydd (metrau)

Nodweddion dŵr

Afon
Afon dymhorol
Llyn / Cronfa ddŵr
Llyn tymhorol
Cors
Riff cwrel

Cyfathrebau

Rheilffordd
Ffordd
⊕ Prif faes awyr

Gweinyddiad

Ffiniau
Rhyngwladol
Mewnol

Anheddiad

Dinasoedd a threfi yn ôl maint eu poblogaeth

Prifddinas
□ CANBERRA
□ SUVA

Tref neu ddinas arall
● Sydney
◉ Auckland
○ Newcastle
○ Darwin

GRADDFA 1 : 20 000 000

0   200   400   600   800 km

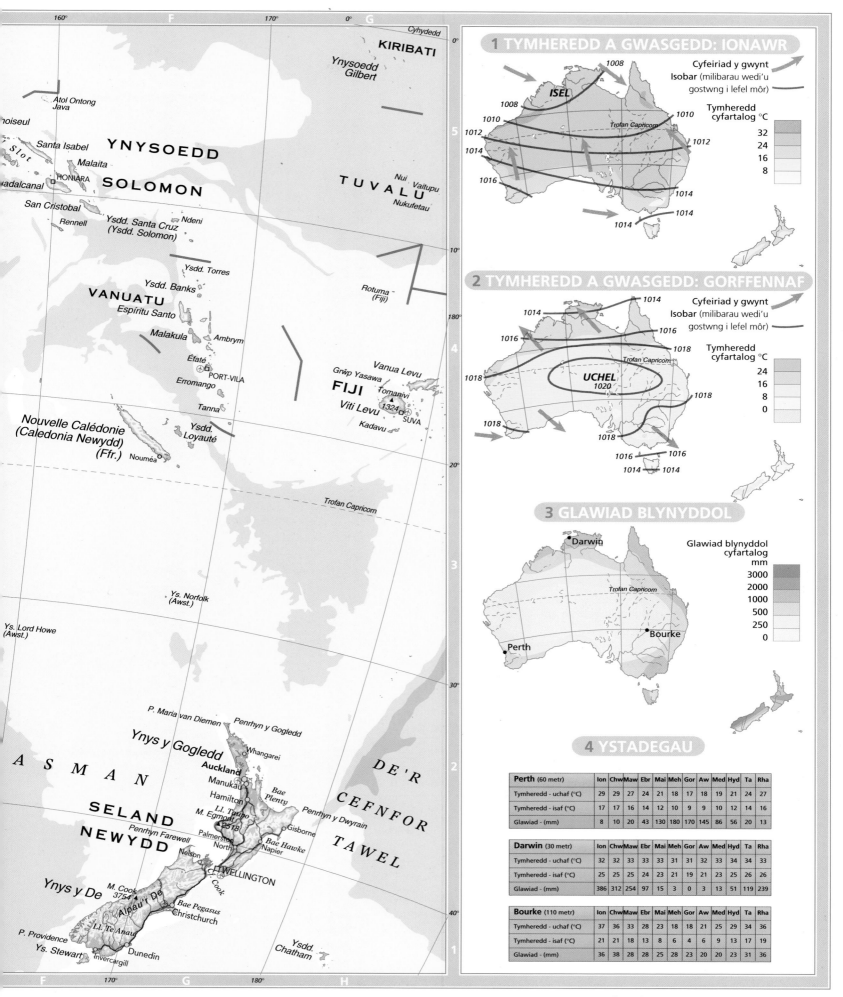

1 TYMHEREDD A GWASGEDD: IONAWR

Cyfeiriad y gwynt
Isobar (milibarau wedi'u gostwng i lefel môr)

Tymheredd cyfartalog °C
32
24
16
8

ISEL

1008
1008
1010
1012
1014
1016
1010
1012
1014
1014
1014

Trofan Capricorn

2 TYMHEREDD A GWASGEDD: GORFFENNAF

Cyfeiriad y gwynt
Isobar (milibarau wedi'u gostwng i lefel môr)

Tymheredd cyfartalog °C
24
16
8
0

UCHEL
1020

1014
1016
1018
1018
1018
1018
1016
1016
1014
1014

Trofan Capricorn

3 GLAWIAD BLYNYDDOL

Darwin
Bourke
Perth

Glawiad blynyddol cyfartalog mm
3000
2000
1000
500
250
0

Trofan Capricorn

4 YSTADEGAU

Perth (60 metr)	Ion	Chw	Maw	Ebr	Mai	Meh	Gor	Aw	Med	Hyd	Ta	Rha
Tymheredd – uchaf (°C)	29	29	27	24	21	18	17	18	19	21	24	27
Tymheredd – isaf (°C)	17	17	16	14	12	10	9	9	10	12	14	16
Glawiad – (mm)	8	10	20	43	130	180	170	145	86	56	20	13

Darwin (30 metr)	Ion	Chw	Maw	Ebr	Mai	Meh	Gor	Aw	Med	Hyd	Ta	Rha
Tymheredd – uchaf (°C)	32	32	33	33	33	31	31	32	33	34	34	33
Tymheredd – isaf (°C)	25	25	25	24	23	21	19	21	23	25	26	26
Glawiad – (mm)	386	312	254	97	15	3	0	3	13	51	119	239

Bourke (110 metr)	Ion	Chw	Maw	Ebr	Mai	Meh	Gor	Aw	Med	Hyd	Ta	Rha
Tymheredd – uchaf (°C)	37	36	33	28	23	18	18	21	25	29	34	36
Tymheredd – isaf (°C)	21	21	18	13	8	6	4	6	9	13	17	19
Glawiad – (mm)	36	38	28	28	25	28	23	20	20	23	31	36

Map labels: KIRIBATI, Ynysoedd Gilbert, Atol Ontong Java, Santa Isabel, Malaita, HONIARA, YNYSOEDD SOLOMON, San Cristobal, Rennell, Ysdd. Santa Cruz (Ysdd. Solomon), Ndeni, TUVALU, Nui, Vaitupu, Nukufetau, Ysdd. Torres, Ysdd. Banks, VANUATU, Espíritu Santo, Malakula, Ambrym, Éfaté, PORT-VILA, Erromango, Tanna, Rotuma (Fiji), Vanua Levu, Grŵp Yasawa, FIJI, Tomanivi 1324, Viti Levu, SUVA, Kadavu, Nouvelle Calédonie (Caledonia Newydd) (Ffr.), Nouméa, Ysdd. Loyauté, Ys. Norfolk (Awst.), Ys. Lord Howe (Awst.), Trofan Capricorn, P. Maria van Diemen, Penrhyn y Gogledd, Whangarei, Ynys y Gogledd, Auckland, Manukau, Hamilton, Bae Plenty, Ll. Taupo, M. Egmont 2518, Penrhyn y Dwyrain, Gisborne, Palmerston North, Bae Hawke, Napier, SELAND NEWYDD, Penrhyn Farewell, Nelson, WELLINGTON, M. Cook, Ynys y De, M. Cook 3754, Alpau'r De, Bae Pegasus, Christchurch, P. Providence, Ll. Te Anau, Dunedin, Ys. Stewart, Invercargill, Ysdd. Chatham, DE'R CEFNFOR TAWEL, TASMAN, Cyhydedd

Tafluniad Asimwthol Arwynebedd-hafal Lambert

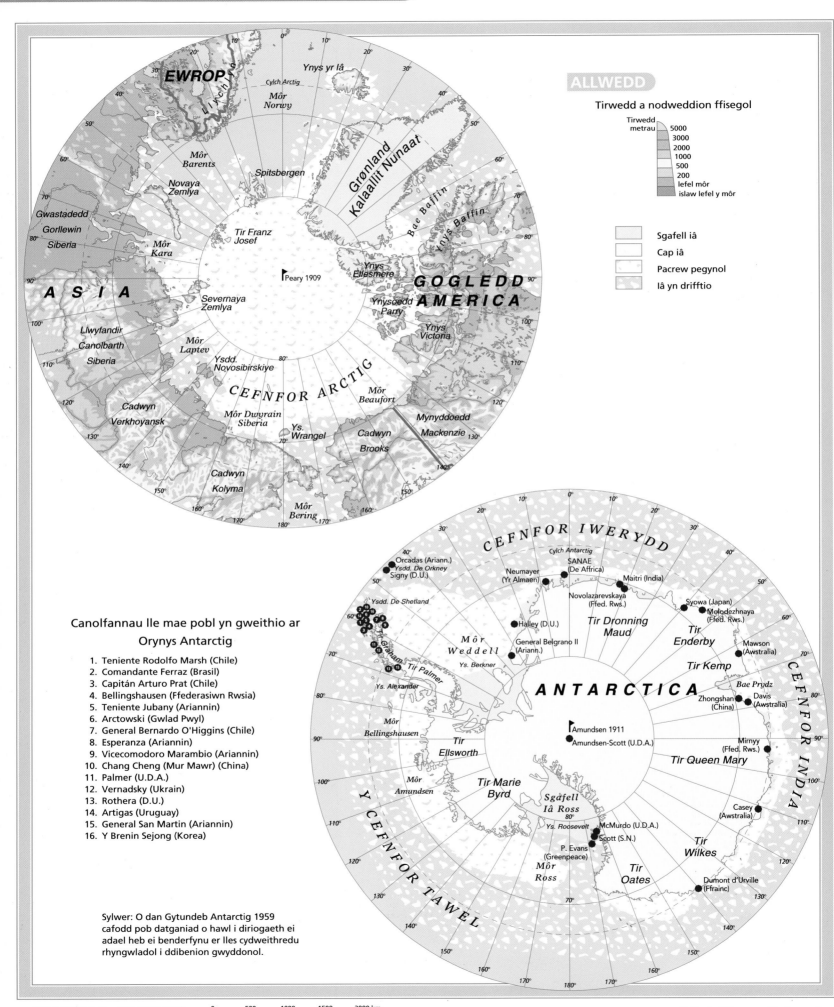

ALLWEDD

Tirwedd a nodweddion ffisegol

Tirwedd
metrau
5000
3000
2000
1000
500
200
lefel môr
islaw lefel y môr

Sgafell iâ

Cap iâ

Pacrew pegynol

Iâ yn drifftio

Canolfannau lle mae pobl yn gweithio ar Orynys Antarctig

1. Teniente Rodolfo Marsh (Chile)
2. Comandante Ferraz (Brasil)
3. Capitán Arturo Prat (Chile)
4. Bellingshausen (Ffederasiwn Rwsia)
5. Teniente Jubany (Ariannin)
6. Arctowski (Gwlad Pwyl)
7. General Bernardo O'Higgins (Chile)
8. Esperanza (Ariannin)
9. Vicecomodoro Marambio (Ariannin)
10. Chang Cheng (Mur Mawr) (China)
11. Palmer (U.D.A.)
12. Vernadsky (Ukrain)
13. Rothera (D.U.)
14. Artigas (Uruguay)
15. General San Martin (Ariannin)
16. Y Brenin Sejong (Korea)

Sylwer: O dan Gytundeb Antarctig 1959 cafodd pob datganiad o hawl i diriogaeth ei adael heb ei benderfynu er lles cydweithredu rhyngwladol i ddibenion gwyddonol.

GRADDFA 1 : 50 000 000   0   500   1000   1500   2000 km

Tafluniad Stereograffig Pegynol

1 CYLCHFAOEDD AMSER

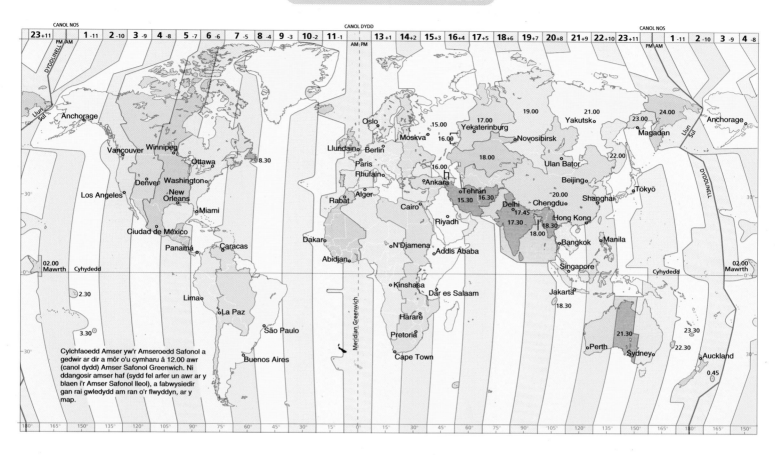

Cylchfaoedd Amser yw'r Amseroedd Safonol a gedwir ar dir a môr o'u cymharu â 12.00 awr (canol dydd) Amser Safonol Greenwich. Ni ddangosir amser haf (sydd fel arfer un awr ar y blaen i'r Amser Safonol lleol), a fabwysiedir gan rai gwledydd am ran o'r flwyddyn, ar y map.

2 CYFUNDREFNAU RHYNGWLADOL

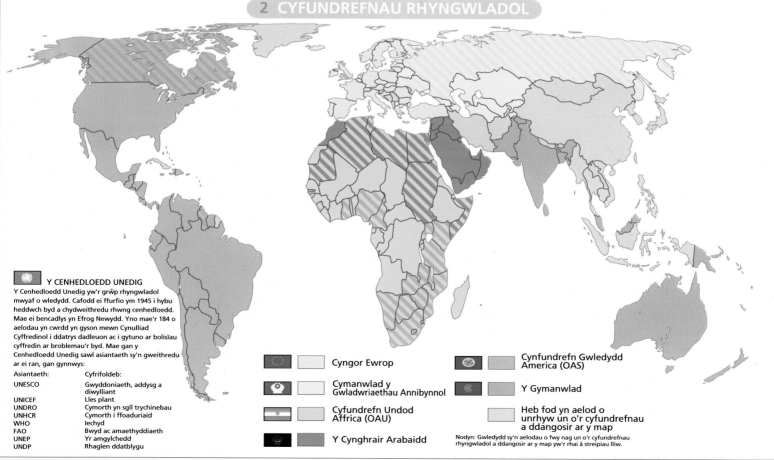

Y CENHEDLOEDD UNEDIG

Y Cenhedloedd Unedig yw'r grŵp rhyngwladol mwyaf o wledydd. Cafodd ei ffurfio ym 1945 i hybu heddwch byd a chydweithredu rhwng cenhedloedd. Mae ei bencadlys yn Efrog Newydd. Yno mae'r 184 o aelodau yn cwrdd yn gyson mewn Cynulliad Cyffredinol i ddatrys dadleuon ac i gytuno ar bolisïau cyffredin ar broblemau'r byd. Mae gan y Cenhedloedd Unedig sawl asiantaeth sy'n gweithredu ar ei ran, gan gynnwys:

Asiantaeth:	Cyfrifoldeb:
UNESCO	Gwyddoniaeth, addysg a diwylliant
UNICEF	Lles plant
UNDRO	Cymorth yn sgîl trychinebau
UNHCR	Cymorth i ffoaduriaid
WHO	Iechyd
FAO	Bwyd ac amaethyddiaeth
UNEP	Yr amgylchedd
UNDP	Rhaglen ddatblygu

Cyngor Ewrop

Cymanwlad y Gwladwriaethau Annibynnol

Cyfundrefn Undod Affrica (OAU)

Y Cynghrair Arabaidd

Cynfundrefn Gwledydd America (OAS)

Y Gymanwlad

Heb fod yn aelod o unrhyw un o'r cyfundrefnau a ddangosir ar y map

Nodyn: Gwledydd sy'n aelodau o fwy nag un o'r cyfundrefnau rhyngwladol a ddangosir ar y map yw'r rhai â streipiau lliw.

GRØNLAND
KALAALLIT
NUNAAT

Godthåb
Nuuk
Reykjavik GWLAD YR

**FFED.
RWSIA**

U.D.A.

Cylch Arctig

C A N A D A

Y DEYRNA
UNED
GWER.
IWERDDON Llun

Edmonton

Vancouver

Winnipeg

FFRAIN

Seattle

Ottawa Montreal

Toronto

Chicago Detroit Boston

Efrog Newydd

PORTIWGAL Si

Pittsburgh

**UNOL
DALEITHIAU
AMERICA**

San Francisco

Philadelphia
Washington

Lisboa

Rabat

Los Angeles

MOROC

Dallas

Houston

El Aaiun

Monterrey

Miami **BAHAMAS**

**GORLLEWIN
SAHARA**

Trofan Cancr

20°

Nassau

La Habana

MÉXICO

Guadalajara

CUBA

GWER.
DOMINICA

MAURITANIA

Ynysoedd
Hawaii
(U.D.A.)

Ciudad de México

Kingston **HAITI**

San Juan

Nouakchott

GUATEMALA **BELIZE**

JAMAICA **PUERTO
RICO
(U.D.A.)**

SÉNÉGAL

Belmopan

Dakar M

Ciudad de Guatemala
EL SALVADOR

HONDURAS
Tegucigalpa
NICARAGUA

GAMBIA Bissau

Bamako

Managua

TRINIDAD A TOBAGO

GUINÉ-BISSAU **GUINÉE**

Ouagadou

COSTA RICA Panamá

Caracas

Port of Spain

Conakry

C.I.

San José

VENEZUELA

Georgetown

SIERRA LEONE Yamouss

PANAMÁ

Paramaribo

Monrovia

Y CEFNFOR

GUY. Cayenne

SUR.

G.FF.

LIBERIA

Bogotá

COLOMBIA

Cyhydedd

0°

Quito

ECUADOR

TAWEL

Ysr. Colón
(Ysdd. Galápagos)
(Ec.)

CEFNFO

KIRIBATI

BRASIL

Recife

Ysdd.
Marquises
(Ffr.)

IWERYDA

SAMOA

Polynesia
Ffrengig

Ynysoedd Tuamotu

Lima

Brasilia

Ynysoedd
Cook
(S.N.)

Ysdd.
Société
(Ffr.)

Tahiti

La Paz

Belo Horizonte

BOLIVIA

TONGA

Sucre

Rio de Janeiro

20°

PARAGUAY

São Paulo

Trofan Capricorn

Ys. Pitcairn
(D.U.)

Asunción

Ys. Pascua
(Ys. y Pasg)
(Chile)

URUGUAY

Santiago

Buenos
Aires

Montevideo

40°

Ynysoedd Falkland
(D.U.)

De Georgia
(D.U.)

60°

Cylch Antarctig

Ewrop

A.	Andorra
ALB.	Albania
ALM.	Yr Almaen
AW.	Awstria
BELA.	Belarus
BELG.	Gwlad Belg
B.H.	Bosna-Hercegovina
CR.	Croatia
CYP.	Cyprus
DEN.	Denmarc
EST.	Estonia
FF.R.	Ffederasiwn Rwsia
G.T.	Gweriniaeth Tsiec
H.	Hwngari
ISELD.	Yr Iseldiroedd
IW.	Iwgoslafia
L.	Latvia
LITH.	Lithuania
LUX.	Luxembourg
M.	Macedonia
MO.	Moldova
S.	Slovenija
SL.	Slofacia
SW.	Y Swistir

De America

GUY.	Guyana
G.FF.	Guyane Ffrengig
SUR.	Suriname

GRADDFA 1: 80 000 000

0   800   1600   2400   3200 km

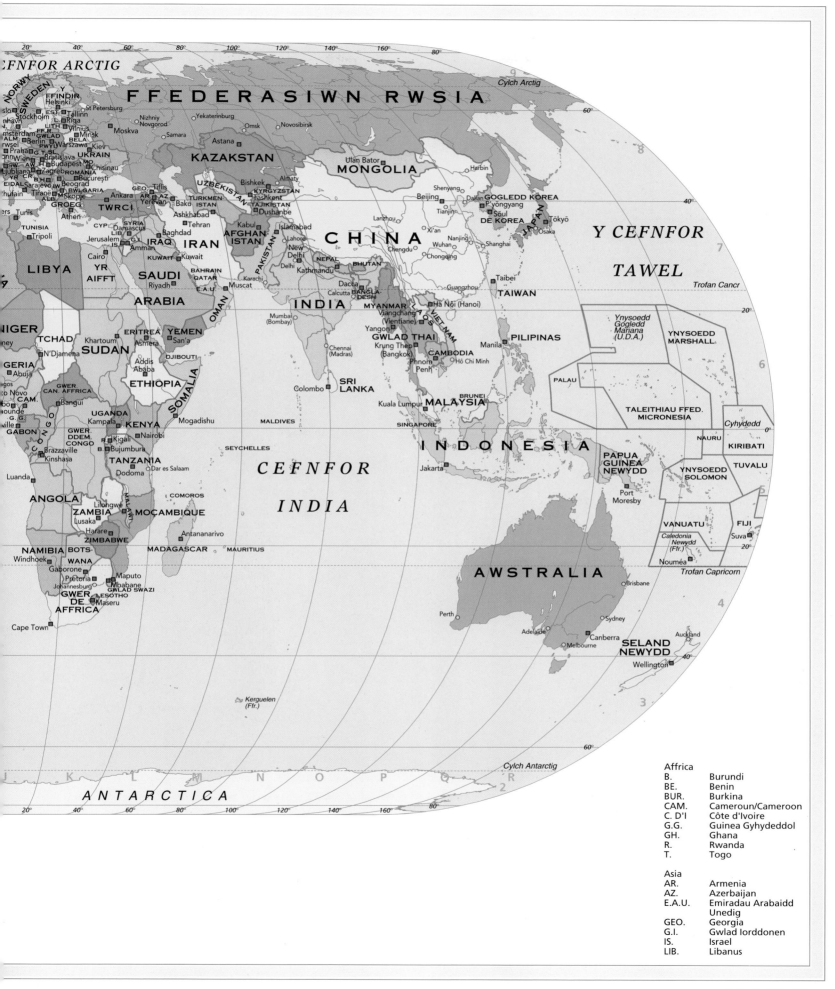

CEFNFOR ARCTIG

NORWY
SWEDEN
Y FFINDIR
Helsinki
EST. Tallinn
LITH. Riga
Vilnius
Minsk
BELA.
UKRAIN
Kiev
Warszawa
GWLAD
Berlin PWYL
Praha Bratislava
Wien Budapest
Ljubljana Zagreb ROMANIA
EIDAL Sarajevo Beograd Bucureşti
Tirane BWLGARIA
ALB Skopje
GROEG Ankara
Athen TWRCI

FFEDERASIWN RWSIA

St Petersburg
Nizhniy Novgorod
Yekaterinburg
Moskva
Omsk
Novosibirsk
Samara
Astana
KAZAKSTAN

Cylch Arctig

MONGOLIA
Ulan Bator
Harbin
Shenyang
Beijing Dalian GOGLEDD KOREA
Tianjin Pyöngyang
Söul
DE KOREA
Tökyö
Osaka
JAPAN

UZBEKISTAN
Bishkek KYRGYZSTAN
Almaty
Tashkent
TURKMEN TAJIKISTAN
ISTAN Dushanbe
Ashkhabad
GEO. Tiflis
AR. Yerevan AZ.
Baku

Y CEFNFOR

TAWEL

TUNISIA
Tripoli

CYP
SYRIA Damascus
LIB.
Jerusalem G.I.
Amman
IRAQ
KUWAIT Kuwait
Baghdad
Tehran
IRAN
Kabul
AFGHAN-
ISTAN
Islamabad
Lahore
New Delhi
Delhi
PAKISTAN
Karachi

CHINA
Lanzhou
Xi'an
Chengdu
Chongqing
Wuhan
Nanjing
Shanghai
Guangzhou
Taibei
TAIWAN

Trofan Cancr

LIBYA
YR
AIFFT

SAUDI
Riyadh
ARABIA

BAHRAIN
QATAR
E.A.U.
Muscat

OMAN

Kathmandu
NEPAL
BHUTAN
Dacca BANGLA-
Calcutta DESH
INDIA
MYANMAR
Viangchang
(Vientiane)
LAOS
Hà Nôi (Hanoi)

Ynysoedd
Gogledd
Mariana
(U.D.A.)
YNYSOEDD
MARSHALL

NIGER
ERITREA YEMEN
Khartoum Asmera San'a
TCHAD
N'Djamena SUDAN
DJIBOUTI
Addis
Ababa
ETHIOPIA
SOMALIA

Mumbai
(Bombay)
Yangon
GWLAD THAI
Krung Thep
(Bangkok)
VIET-NAM
CAMBODIA
Phnom
Penh
Hô Chi Minh
Manila
PILIPINAS

PALAU

TALEITHIAU FFED.
MICRONESIA

Cyhydedd

NGERIA Abuja
Lagos
GWER.
CAN. AFFRICA
Bangui
CAM.
Yaounde
G.G.
Libreville
GABON
CONGO
Brazzaville
Kinshasa
UGANDA
Kampala KENYA
GWER.
DDEM. Nairobi
CONGO R. Kigali
B. Bujumbura
Luanda

Chennai
(Madras)
SRI
LANKA
Colombo
MALDIVES
SEYCHELLES

SINGAPORE
Kuala Lumpur MALAYSIA
BRUNEI

NAURU

KIRIBATI

PAPUA
GUINEA
NEWYDD
YNYSOEDD
SOLOMON

TUVALU

ANGOLA
ZAMBIA
Lusaka
TANZANIA
Dodoma
Dar es Salaam
COMOROS
Lilongwe

CEFNFOR

INDIA

INDONESIA
Jakarta

Port
Moresby

NAMIBIA BOTS-
Windhoek WANA
Gaborone
Pretoria
Johannesburg
GWER. LESOTHO
DE Maseru
AFFRICA
Cape Town

ZIMBABWE
MOCAMBIQUE
Harare
GWLAD SWAZI
Mbabane
Maputo
MADAGASCAR
Antananarivo
MAURITIUS

VANUATU
Caledonia
Newydd
(Ffr.)
Nouméa

FIJI
Suva

AWSTRALIA
Perth
Adelaide
Melbourne
Brisbane
Sydney
Canberra
SELAND
NEWYDD
Wellington
Auckland

Trofan Capricorn

Kerguelen
(Ffr.)

Cylch Antarctig

ANTARCTICA

Affrica

B.	Burundi
BE.	Benin
BUR.	Burkina
CAM.	Cameroun/Cameroon
C. D'I	Côte d'Ivoire
G.G.	Guinea Gyhydeddol
GH.	Ghana
R.	Rwanda
T.	Togo

Asia

AR.	Armenia
AZ.	Azerbaijan
E.A.U.	Emiradau Arabaidd Unedig
GEO.	Georgia
G.I.	Gwlad Iorddonen
IS.	Israel
LIB.	Libanus

Tafluniad Eckert IV

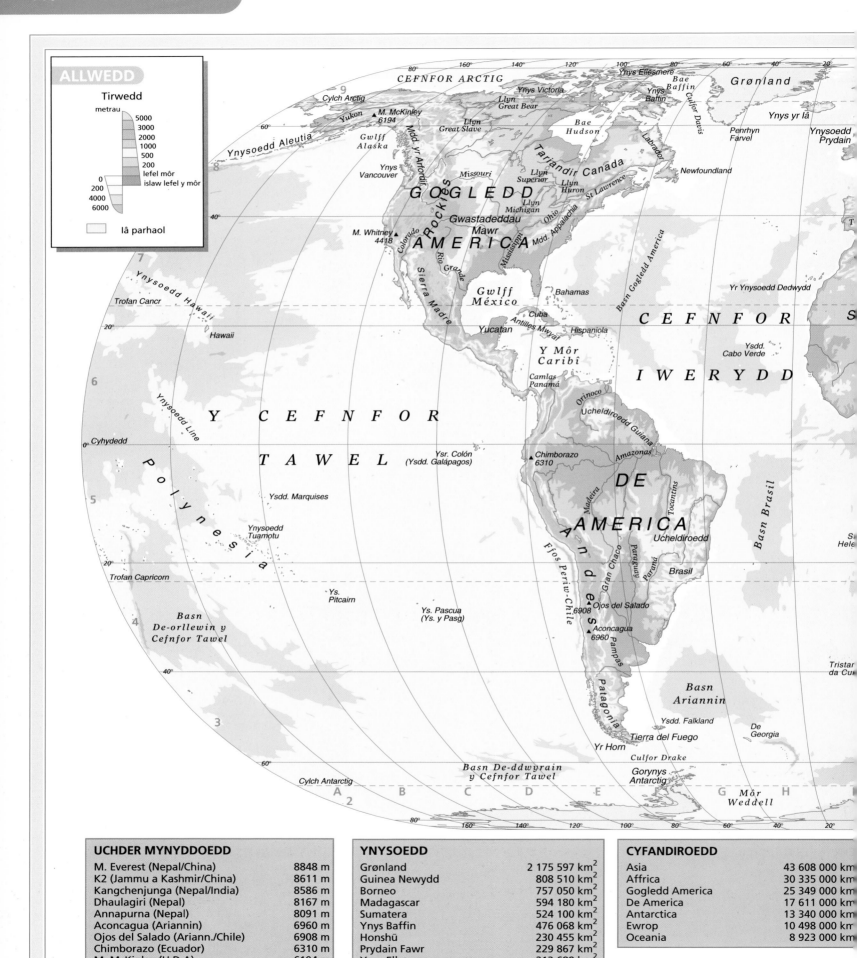

ALLWEDD

Tirwedd

metrau
5000
3000
2000
1000
500
200
0 lefel môr
200 islaw lefel y môr
4000
6000

Iâ parhaol

UCHDER MYNYDDOEDD		YNYSOEDD		CYFANDIROEDD	
M. Everest (Nepal/China)	8848 m	Grønland	2 175 597 km²	Asia	43 608 000 km
K2 (Jammu a Kashmir/China)	8611 m	Guinea Newydd	808 510 km²	Affrica	30 335 000 km
Kangchenjunga (Nepal/India)	8586 m	Borneo	757 050 km²	Gogledd America	25 349 000 km
Dhaulagiri (Nepal)	8167 m	Madagascar	594 180 km²	De America	17 611 000 km
Annapurna (Nepal)	8091 m	Sumatera	524 100 km²	Antarctica	13 340 000 km
Aconcagua (Ariannin)	6960 m	Ynys Baffin	476 068 km²	Ewrop	10 498 000 km
Ojos del Salado (Ariann./Chile)	6908 m	Honshū	230 455 km²	Oceania	8 923 000 km
Chimborazo (Ecuador)	6310 m	Prydain Fawr	229 867 km²		
M. McKinley (U.D.A)	6194 m	Ynys Ellesmere	212 688 km²		
M. Logan (Canada)	6050 m	Ynys Victoria	212 199 km²		

GRADDFA 1 : 80 000 000   0   800   1600   2400   3200 km

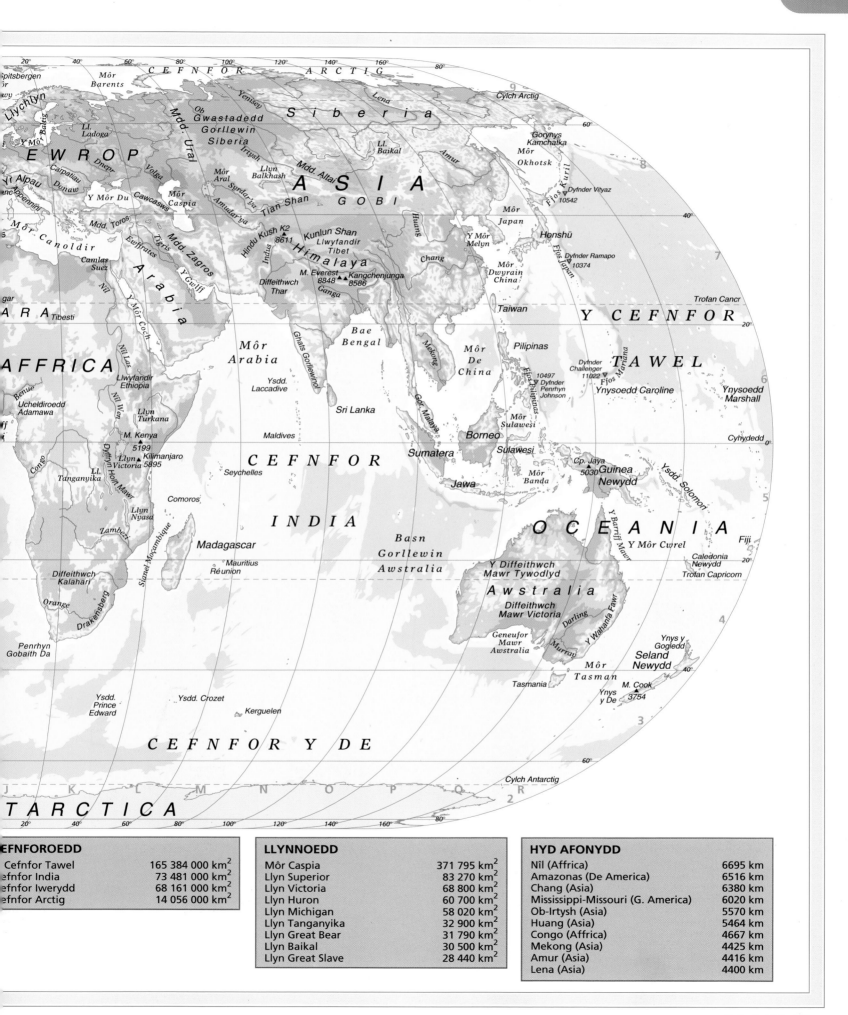

CEFNFOROEDD	
Cefnfor Tawel	165 384 000 km²
Cefnfor India	73 481 000 km²
Cefnfor Iwerydd	68 161 000 km²
Cefnfor Arctig	14 056 000 km²

LLYNNOEDD	
Môr Caspia	371 795 km²
Llyn Superior	83 270 km²
Llyn Victoria	68 800 km²
Llyn Huron	60 700 km²
Llyn Michigan	58 020 km²
Llyn Tanganyika	32 900 km²
Llyn Great Bear	31 790 km²
Llyn Baikal	30 500 km²
Llyn Great Slave	28 440 km²

HYD AFONYDD	
Nîl (Affrica)	6695 km
Amazonas (De America)	6516 km
Chang (Asia)	6380 km
Mississippi-Missouri (G. America)	6020 km
Ob-Irtysh (Asia)	5570 km
Huang (Asia)	5464 km
Congo (Affrica)	4667 km
Mekong (Asia)	4425 km
Amur (Asia)	4416 km
Lena (Asia)	4400 km

Tafluniad Eckert IV

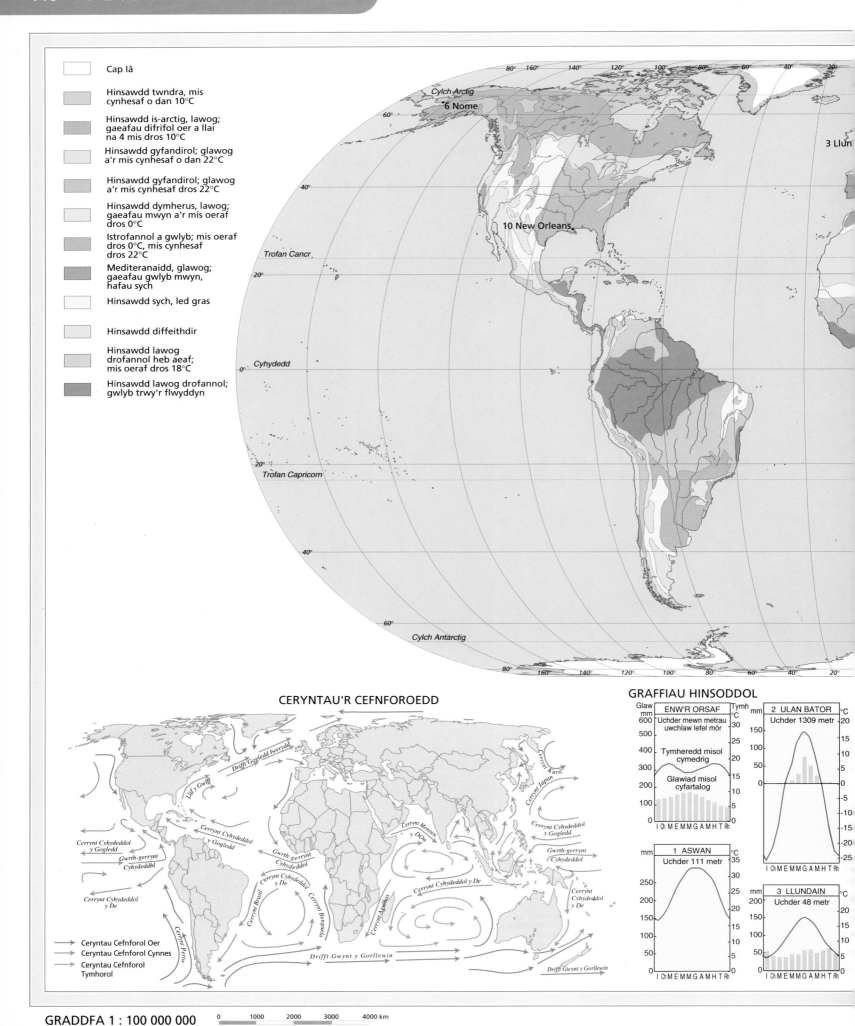

Legend (Allwedd)

- Cap Iâ
- Hinsawdd twndra, mis cynhesaf o dan 10°C
- Hinsawdd is-arctig, lawog; gaeafau difrifol oer a llai na 4 mis dros 10°C
- Hinsawdd gyfandirol; glawog a'r mis cynhesaf o dan 22°C
- Hinsawdd gyfandirol; glawog a'r mis cynhesaf dros 22°C
- Hinsawdd dymherus, lawog; gaeafau mwyn a'r mis oeraf dros 0°C
- Istrofannol a gwlyb; mis oeraf dros 0°C, mis cynhesaf dros 22°C
- Mediteranaidd, glawog; gaeafau gwlyb mwyn, hafau sych
- Hinsawdd sych, led gras
- Hinsawdd diffeithdir
- Hinsawdd lawog drofannol heb aeaf; mis oeraf dros 18°C
- Hinsawdd lawog drofannol; gwlyb trwy'r flwyddyn

Cylch Arctig
6 Nome
3 Llun
40°
10 New Orleans
Trofan Cancr
20°
0° Cyhydedd
20° Trofan Capricorn
40°
60°
Cylch Antarctig

CERYNTAU'R CEFNFOROEDD

Drifft Gogledd Iwerydd
Llif y Gwlff
Cerynt Kuril
Cerynt Japan
Cerynt Cyhydeddol y Gogledd
Cerynt Cyhydeddol y Gogledd
Gwrth-gerrynt Cyhydeddol
Cerynt Monsŵn y DOn
Gwrth-gerrynt Cyhydeddol
Cerynt Cyhydeddol y De
Cerynt Brasil
Cerynt Cyhydeddol y De
Cerynt Benguela
Cerynt Agwlhas
Cerynt Cyhydeddol y De
Cerynt Cyhydeddol y De
Cerynt Periw
Drifft Gwynt y Gorllewin
Drifft Gwynt y Gorllewin

- Ceryntau Cefnforol Oer
- Ceryntau Cefnforol Cynnes
- Ceryntau Cefnforol Tymhorol

GRAFFIAU HINSODDOL

ENW'R ORSAF
Glaw mm / Tymh °C
600 / 30
500 / 25
400 / 20
300 / 15
200 / 10
100 / 5
0

Uchder mewn metrau uwchlaw lefel môr
Tymheredd misol cymedrig
Glawiad misol cyfartalog
I Ch M E M M G A M H T Rh

2 ULAN BATOR
Uchder 1309 metr
mm / °C
150 / 20
100 / 15
... 10
... 5
0 / 0
-5
-10
-15
-20
-25
I Ch M E M M G A M H T Rh

1 ASWAN
Uchder 111 metr
mm / °C
250 / 35
... 30
200 / 25
150 / 20
... 15
100 / 10
50 / 5
0
I Ch M E M M G A M H T Rh

3 LLUNDAIN
Uchder 48 metr
mm / °C
200 / 20
150 / 15
100 / 10
50 / 5
0
I Ch M E M M G A M H T Rh

GRADDFA 1 : 100 000 000

0   1000   2000   3000   4000 km

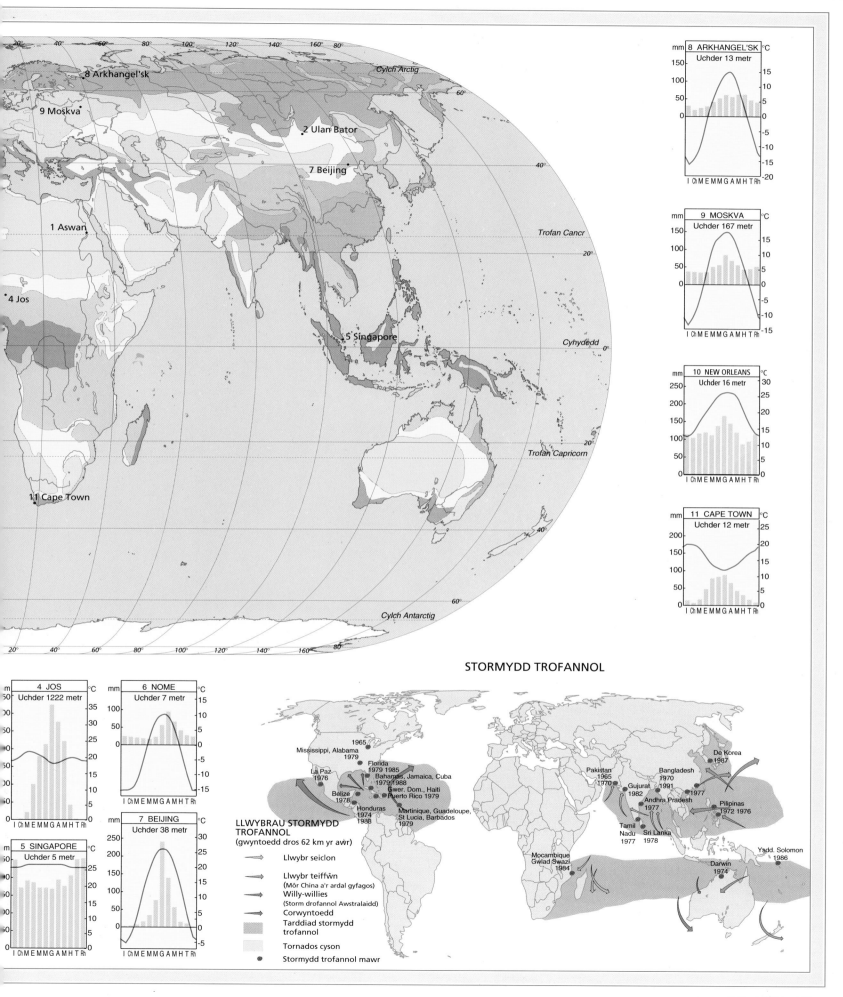

STORMYDD TROFANNOL

8 ARKHANGEL'SK
Uchder 13 metr
mm / °C

9 MOSKVA
Uchder 167 metr
mm / °C

10 NEW ORLEANS
Uchder 16 metr
mm / °C

11 CAPE TOWN
Uchder 12 metr
mm / °C

4 JOS
Uchder 1222 metr
mm / °C

6 NOME
Uchder 7 metr
mm / °C

5 SINGAPORE
Uchder 5 metr
mm / °C

7 BEIJING
Uchder 38 metr
mm / °C

1965
Mississippi, Alabama
1979
Florida
1979 1985
Bahamas, Jamaica, Cuba
1979 1988
Gwer. Dom., Haiti
Puerto Rico 1979
La Paz
1976
Belize
1978
Honduras
1974
1988
Martinique, Guadeloupe,
St Lucia, Barbados
1979

De Korea
1987
Pakistan
1970
Bangladesh
1970
1991
1977
Gujurat
1982
Andhra Pradesh
1977
Pilipinas
1972 1976
Tamil
Nadu
1977
Sri Lanka
1978
Ysdd. Solomon
1986
Darwin
1974
Mocambique
Gwlad Swazi
1984

**LLWYBRAU STORMYDD
TROFANNOL**
(gwyntoedd dros 62 km yr awr)

→ Llwybr seiclon

→ Llwybr teiffŵn
(Môr China a'r ardal gyfagos)

→ Willy-willies
(Storm drofannol Awstralaidd)

→ Corwyntoedd

Tarddiad stormydd
trofannol

Tornados cyson

● Stormydd trofannol mawr

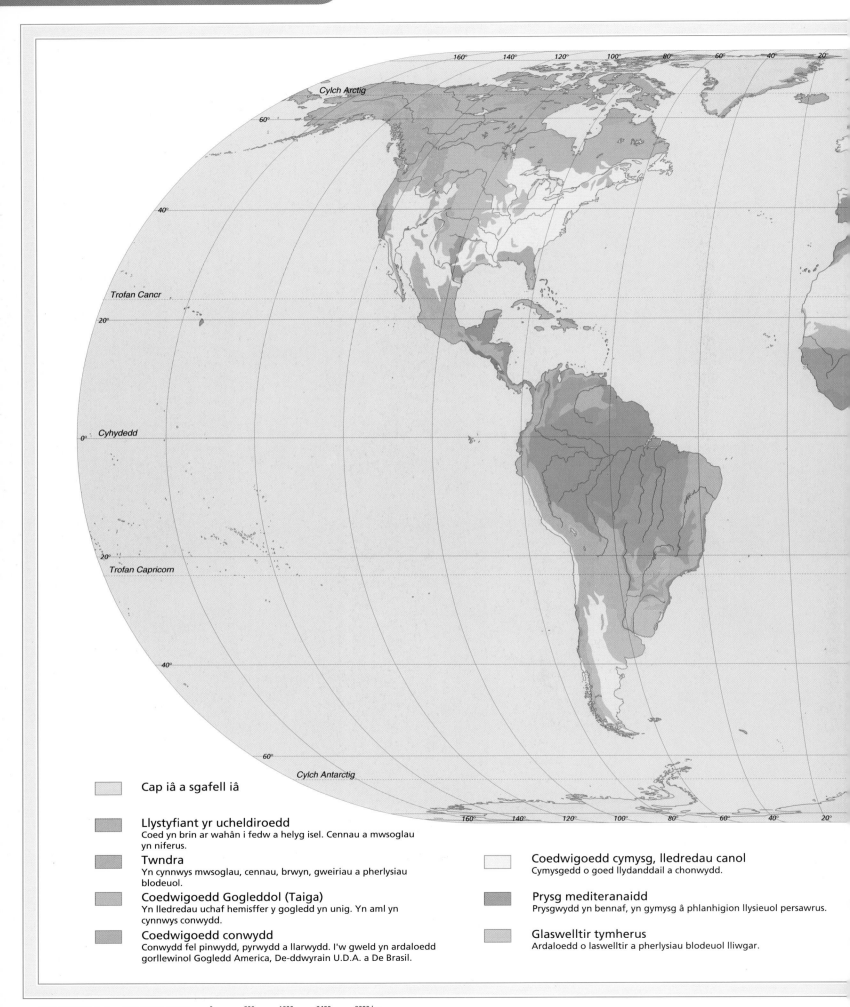

Cylch Arctig

Trofan Cancr

Cyhydedd

Trofan Capricorn

Cylch Antarctig

Cap iâ a sgafell iâ

Llystyfiant yr ucheldiroedd
Coed yn brin ar wahân i fedw a helyg isel. Cennau a mwsoglau
yn niferus.

Twndra
Yn cynnwys mwsoglau, cennau, brwyn, gweiriau a pherlysiau
blodeuol.

Coedwigoedd Gogleddol (Taiga)
Yn lledredau uchaf hemisffer y gogledd yn unig. Yn aml yn
cynnwys conwydd.

Coedwigoedd conwydd
Conwydd fel pinwydd, pyrwydd a llarwydd. I'w gweld yn ardaloedd
gorllewinol Gogledd America, De-ddwyrain U.D.A. a De Brasil.

Coedwigoedd cymysg, lledredau canol
Cymysgedd o goed llydanddail a chonwydd.

Prysg mediteranaidd
Prysgwydd yn bennaf, yn gymysg â phlanhigion llysieuol persawrus.

Glaswelltir tymherus
Ardaloedd o laswelltir a pherlysiau blodeuol lliwgar.

0   800   1600   2400   3200 km

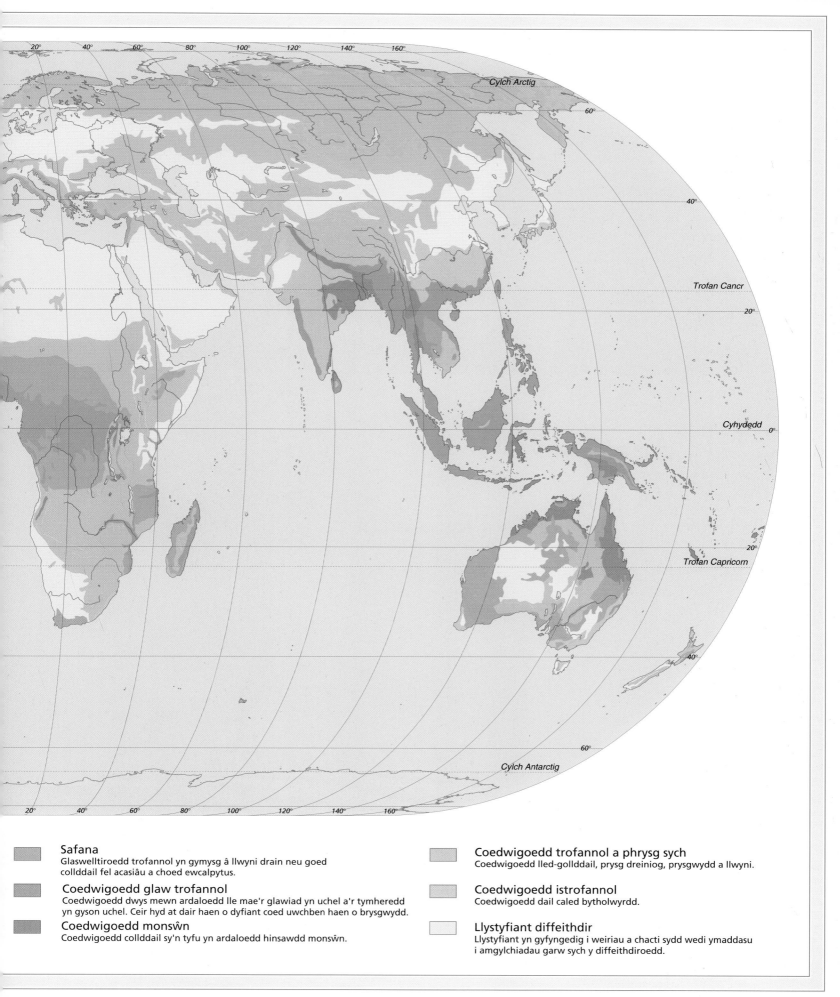

Safana
Glaswelltiroedd trofannol yn gymysg â llwyni drain neu goed collddail fel acasiâu a choed ewcalpytus.

Coedwigoedd glaw trofannol
Coedwigoedd dwys mewn ardaloedd lle mae'r glawiad yn uchel a'r tymheredd yn gyson uchel. Ceir hyd at dair haen o dyfiant coed uwchben haen o brysgwydd.

Coedwigoedd monsŵn
Coedwigoedd collddail sy'n tyfu yn ardaloedd hinsawdd monsŵn.

Coedwigoedd trofannol a phrysg sych
Coedwigoedd lled-gollddail, prysg dreiniog, prysgwydd a llwyni.

Coedwigoedd istrofannol
Coedwigoedd dail caled bytholwyrdd.

Llystyfiant diffeithdir
Llystyfiant yn gyfyngedig i weiriau a chacti sydd wedi ymaddasu i amgylchiadau garw sych y diffeithdiroedd.

Tafluniad Eckert IV

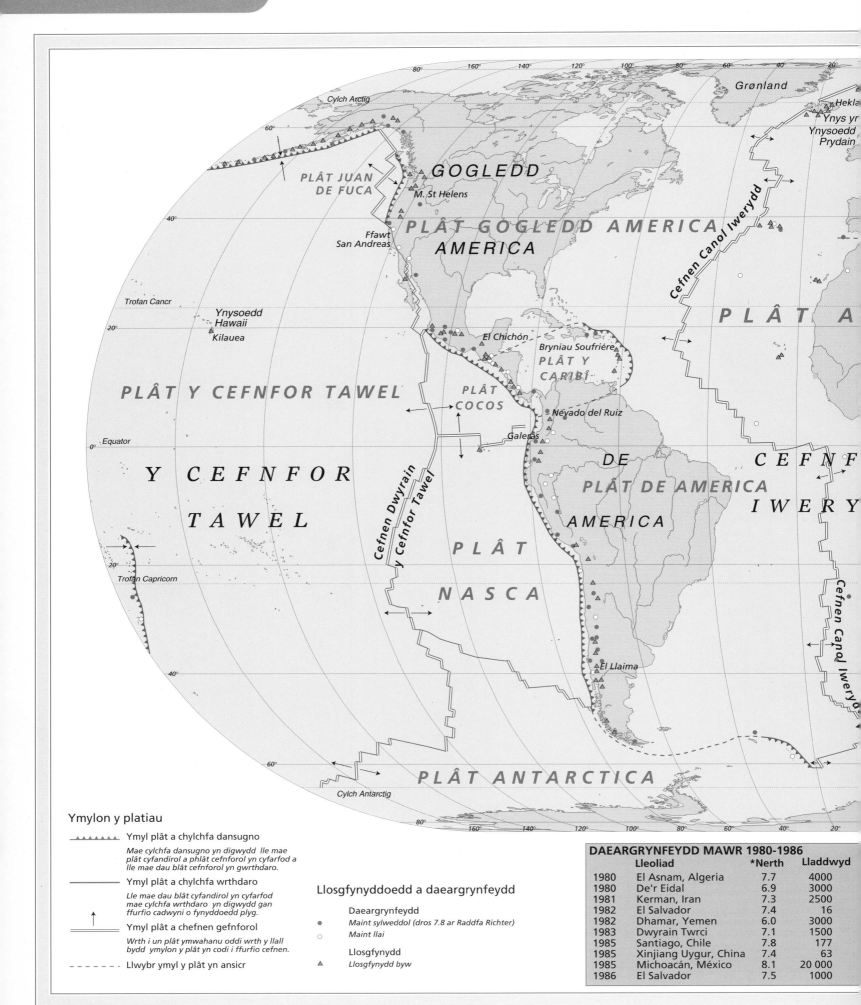

Ymylon y platiau

⌃⌃⌃⌃⌃⌃ Ymyl plât a chylchfa dansugno

Mae cylchfa dansugno yn digwydd lle mae plât cyfandirol a phlât cefnforol yn cyfarfod a lle mae dau blât cefnforol yn gwrthdaro.

——— Ymyl plât a chylchfa wrthdaro

Lle mae dau blât cyfandirol yn cyfarfod mae cylchfa wrthdaro yn digwydd gan ffurfio cadwyni o fynyddoedd plyg.

═══ Ymyl plât a chefnen gefnforol

Wrth i un plât ymwahanu oddi wrth y llall bydd ymylon y plât yn codi i ffurfio cefnen.

– – – – Llwybr ymyl y plât yn ansicr

Llosgfynyddoedd a daeargrynfeydd

Daeargrynfeydd

● *Maint sylweddol (dros 7.8 ar Raddfa Richter)*
○ *Maint llai*

Llosgfynydd

▲ *Llosgfynydd byw*

DAEARGRYNFEYDD MAWR 1980-1986			
	Lleoliad	*Nerth	Lladdwyd
1980	El Asnam, Algeria	7.7	4000
1980	De'r Eidal	6.9	3000
1981	Kerman, Iran	7.3	2500
1982	El Salvador	7.4	16
1982	Dhamar, Yemen	6.0	3000
1983	Dwyrain Twrci	7.1	1500
1985	Santiago, Chile	7.8	177
1985	Xinjiang Uygur, China	7.4	63
1985	Michoacán, México	8.1	20 000
1986	El Salvador	7.5	1000

GRADDFA 1 : 80 000 000

0   800   1600   2400   3200 km

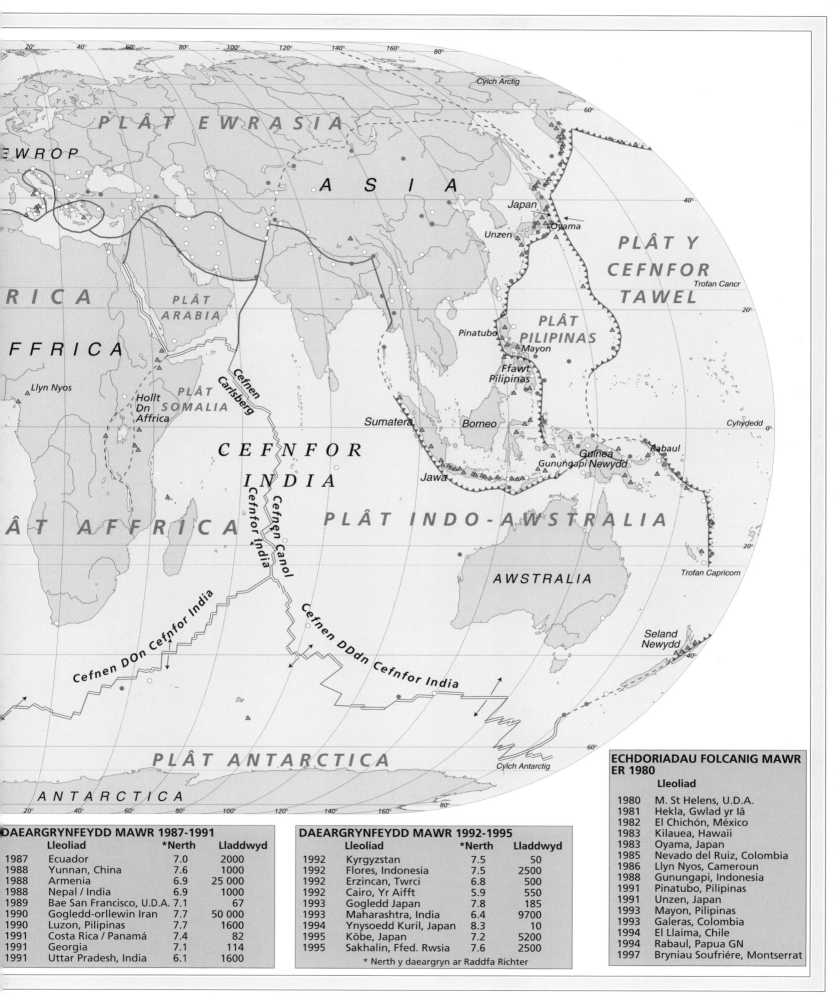

DAEARGRYNFEYDD MAWR 1987-1991

	Lleoliad	*Nerth	Lladdwyd
1987	Ecuador	7.0	2000
1988	Yunnan, China	7.6	1000
1988	Armenia	6.9	25 000
1988	Nepal / India	6.9	1000
1989	Bae San Francisco, U.D.A.	7.1	67
1990	Gogledd-orllewin Iran	7.7	50 000
1990	Luzon, Pilipinas	7.7	1600
1991	Costa Rica / Panamá	7.4	82
1991	Georgia	7.1	114
1991	Uttar Pradesh, India	6.1	1600

DAEARGRYNFEYDD MAWR 1992-1995

	Lleoliad	*Nerth	Lladdwyd
1992	Kyrgyzstan	7.5	50
1992	Flores, Indonesia	7.5	2500
1992	Erzincan, Twrci	6.8	500
1992	Cairo, Yr Aifft	5.9	550
1993	Gogledd Japan	7.8	185
1993	Maharashtra, India	6.4	9700
1994	Ynysoedd Kuril, Japan	8.3	10
1995	Kōbe, Japan	7.2	5200
1995	Sakhalin, Ffed. Rwsia	7.6	2500

*Nerth y daeargryn ar Raddfa Richter

ECHDORIADAU FOLCANIG MAWR ER 1980

	Lleoliad
1980	M. St Helens, U.D.A.
1981	Hekla, Gwlad yr Iâ
1982	El Chichón, México
1983	Kilauea, Hawaii
1983	Oyama, Japan
1985	Nevado del Ruiz, Colombia
1986	Llyn Nyos, Cameroun
1988	Gunungapi, Indonesia
1991	Pinatubo, Pilipinas
1991	Unzen, Japan
1993	Mayon, Pilipinas
1993	Galeras, Colombia
1994	El Llaima, Chile
1994	Rabaul, Papua GN
1997	Bryniau Soufriére, Montserrat

Tafluniad Eckert IV

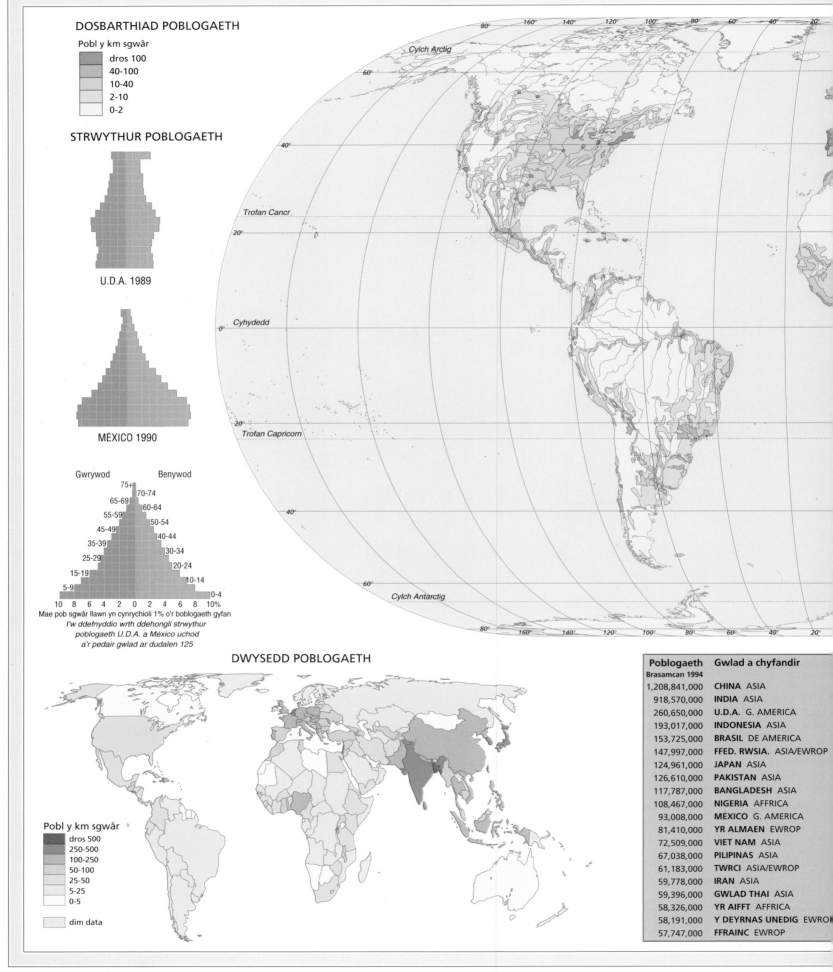

DOSBARTHIAD POBLOGAETH

Pobl y km sgwâr
- dros 100
- 40-100
- 10-40
- 2-10
- 0-2

STRWYTHUR POBLOGAETH

U.D.A. 1989

MÉXICO 1990

Gwrywod   Benywod

75+
65-69 70-74
55-59 60-64
45-49 50-54
35-39 40-44
25-29 30-34
15-19 20-24
5-9   10-14
       0-4

10 8 6 4 2 0 2 4 6 8 10%

Mae pob sgwâr llawn yn cynrychioli 1% o'r boblogaeth gyfan
*I'w ddefnyddio wrth ddehongli strwythur
poblogaeth U.D.A. a México uchod
a'r pedair gwlad ar dudalen 125*

DWYSEDD POBLOGAETH

Pobl y km sgwâr
- dros 500
- 250-500
- 100-250
- 50-100
- 25-50
- 5-25
- 0-5

- dim data

Poblogaeth Brasamcan 1994	Gwlad a chyfandir	
1,208,841,000	CHINA	ASIA
918,570,000	INDIA	ASIA
260,650,000	U.D.A.	G. AMERICA
193,017,000	INDONESIA	ASIA
153,725,000	BRASIL	DE AMERICA
147,997,000	FFED. RWSIA.	ASIA/EWROP
124,961,000	JAPAN	ASIA
126,610,000	PAKISTAN	ASIA
117,787,000	BANGLADESH	ASIA
108,467,000	NIGERIA	AFFRICA
93,008,000	MÉXICO	G. AMERICA
81,410,000	YR ALMAEN	EWROP
72,509,000	VIET NAM	ASIA
67,038,000	PILIPINAS	ASIA
61,183,000	TWRCI	ASIA/EWROP
59,778,000	IRAN	ASIA
59,396,000	GWLAD THAI	ASIA
58,326,000	YR AIFFT	AFFRICA
58,191,000	Y DEYRNAS UNEDIG	EWROP
57,747,000	FFRAINC	EWROP

Cylch Arctig
Trofan Cancr
Cyhydedd
Trofan Capricorn
Cylch Antarctig

GRADDFA 1 : 100 000 000

0   1000   2000   3000   4000 km

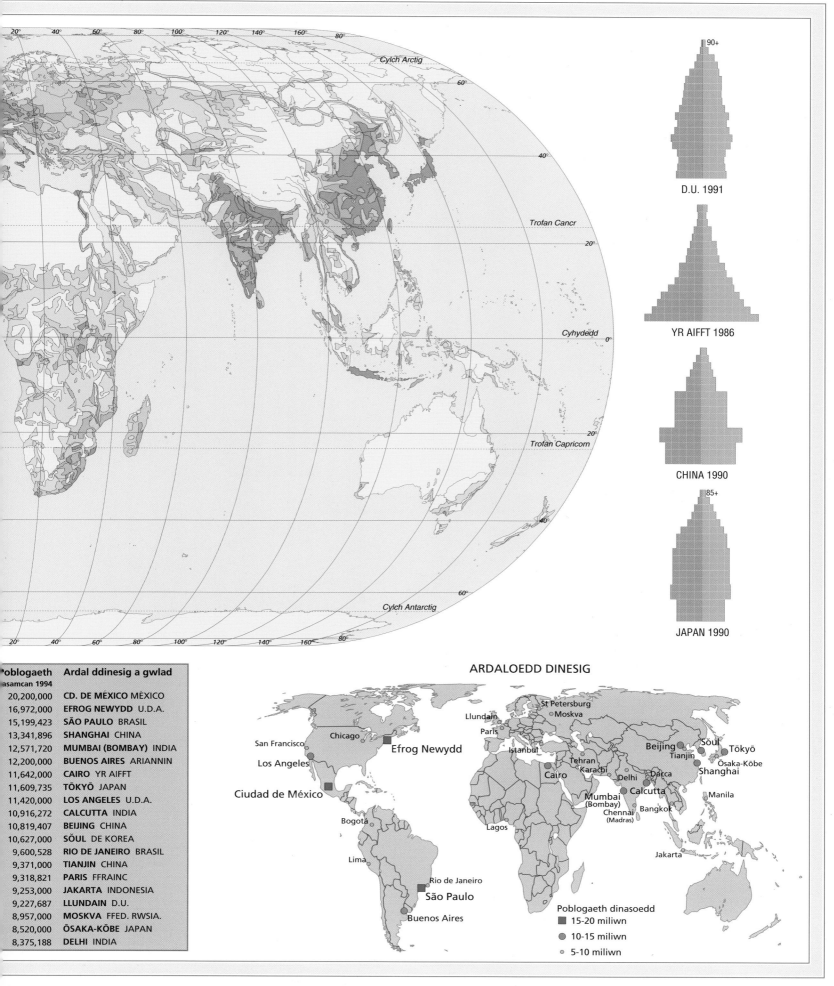

20° 40° 60° 80° 100° 120° 140° 160° 80°

Cylch Arctig

60°

40°

Trofan Cancr

20°

Cyhydedd 0°

Trofan Capricorn 20°

40°

60°

Cylch Antarctig

20° 40° 60° 80° 100° 120° 140° 160° 80°

90+

D.U. 1991

YR AIFFT 1986

CHINA 1990

85+

JAPAN 1990

Poblogaeth	Ardal ddinesig a gwlad
asamcan 1994	
20,200,000	**CD. DE MEXICO** MÉXICO
16,972,000	**EFROG NEWYDD** U.D.A.
15,199,423	**SÃO PAULO** BRASIL
13,341,896	**SHANGHAI** CHINA
12,571,720	**MUMBAI (BOMBAY)** INDIA
12,200,000	**BUENOS AIRES** ARIANNIN
11,642,000	**CAIRO** YR AIFFT
11,609,735	**TŌKYŌ** JAPAN
11,420,000	**LOS ANGELES** U.D.A.
10,916,272	**CALCUTTA** INDIA
10,819,407	**BEIJING** CHINA
10,627,000	**SŎUL** DE KOREA
9,600,528	**RIO DE JANEIRO** BRASIL
9,371,000	**TIANJIN** CHINA
9,318,821	**PARIS** FFRAINC
9,253,000	**JAKARTA** INDONESIA
9,227,687	**LLUNDAIN** D.U.
8,957,000	**MOSKVA** FFED. RWSIA.
8,520,000	**ŌSAKA-KŌBE** JAPAN
8,375,188	**DELHI** INDIA

ARDALOEDD DINESIG

St Petersburg
Moskva
Llundain
Paris
Chicago
San Francisco
Efrog Newydd
Istanbul
Beijing
Sŏul
Tōkyō
Tianjin
Ōsaka-Kōbe
Tehran
Karachi
Shanghai
Los Angeles
Cairo
Delhi
Dfcca
Ciudad de México
Mumbai
(Bombay)
Calcutta
Manila
Chennai
(Madras)
Bangkok
Bogotá
Lagos
Lima
Jakarta
Rio de Janeiro
São Paulo
Buenos Aires

Poblogaeth dinasoedd
■ 15-20 miliwn
● 10-15 miliwn
● 5-10 miliwn

Tafluniad Eckert IV

1 CYFRADDAU GENI

CYFRADD GENI

Cyfradd geni yw nifer y genedigaethau y fil o'r boblogaeth mewn un flwyddyn. Cyfradd gyfartalog y byd yw 25. Mae'r ystadegau ar gyfer 1994.

Genedigaethau y fil o'r boblogaeth

- 45 - 53
- 40 - 44.9
- 35 - 39.9
- 25 - 34.9
- 20 - 24.9
- 15 - 19.9
- 10 - 14.9

dim data

CYFRADD FFRWYTHLONDEB

| 0 | 1 | 2 | 3 | 4 | 5 | 6 |

Ewrop
Gogledd America
Oceania
Asia
America Ladin
Affrica

CYFRADDAU GENI UCHAF AC ISAF

Cyfradd

Niger, Uganda, Mali, Yr Almaen, Yr Eidal, Bwlgaria

2 CYFRADDAU MARW

CYFRADD MARW

Cyfradd marw yw nifer y marwolaethau y fil o'r boblogaeth mewn un flwyddyn. Cyfradd gyfartalog y byd yw 9. Mae'r ystadegau ar gyfer 1994.

Marwolaethau y fil o'r boblogaeth

- 21 - 25
- 17 - 20.9
- 13 - 16.9
- 9 - 12.9
- 6 - 8.9
- 3 - 5.9
- 0 - 2.9

dim data

CYFRADD MARW (yn ôl cyfandir)

| 0 | 2 | 4 | 6 | 8 | 10 | 12 | 14 |

Ewrop
Gogledd America
Oceania
Asia
America Ladin
Affrica

CYFRADDAU MARW UCHAF AC ISAF

Cyfradd

Sierra Leone, Afghanistan, Guiné-Bissau, Qatar, Brunei, Kuwait

GRADDFA 1 : 140 000 000

Tafluniad Eckert IV

1 POBLOGAETH DREFOL

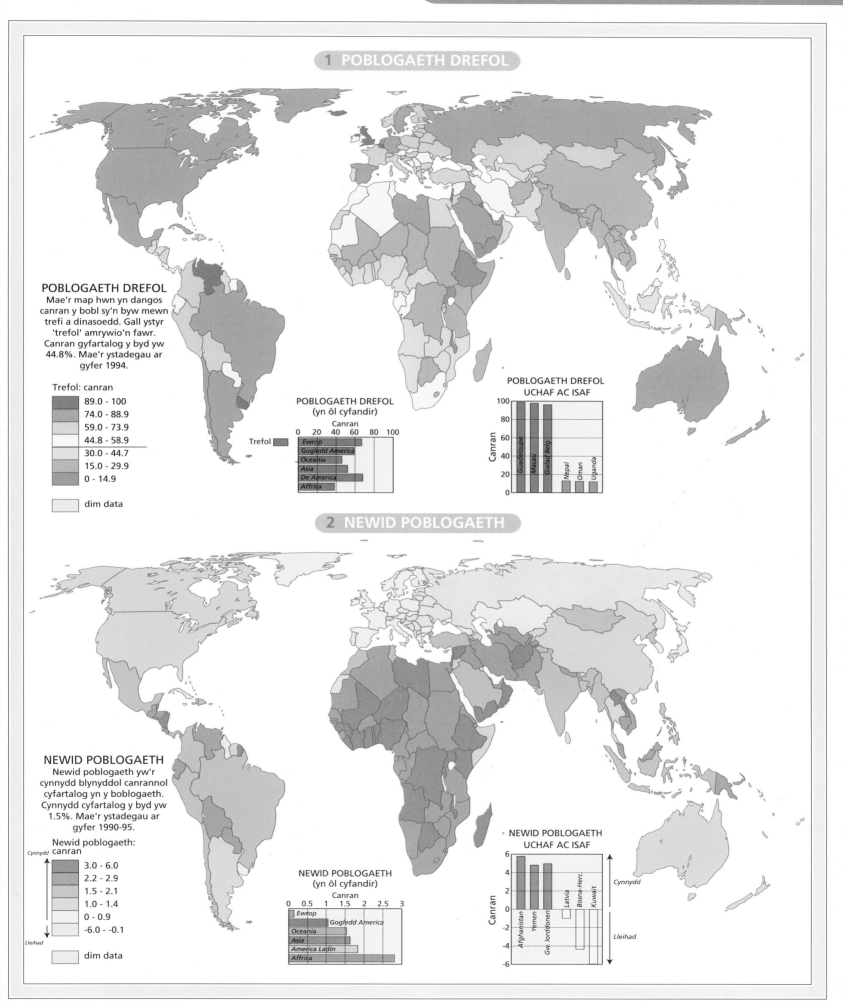

POBLOGAETH DREFOL
Mae'r map hwn yn dangos canran y bobl sy'n byw mewn trefi a dinasoedd. Gall ystyr 'trefol' amrywio'n fawr. Canran gyfartalog y byd yw 44.8%. Mae'r ystadegau ar gyfer 1994.

Trefol: canran

	89.0 - 100
	74.0 - 88.9
	59.0 - 73.9
	44.8 - 58.9
	30.0 - 44.7
	15.0 - 29.9
	0 - 14.9
	dim data

POBLOGAETH DREFOL
(yn ôl cyfandir)

Canran
0 20 40 60 80 100

Trefol

Ewrop
Gogledd America
Oceania
Asia
De America
Affrica

POBLOGAETH DREFOL UCHAF AC ISAF

Canran — 100, 80, 60, 40, 20, 0

Guadeloupe, Macau, Gwlad Belg, Nepal, Oman, Uganda

2 NEWID POBLOGAETH

NEWID POBLOGAETH
Newid poblogaeth yw'r cynnydd blynyddol canrannol cyfartalog yn y boblogaeth. Cynnydd cyfartalog y byd yw 1.5%. Mae'r ystadegau ar gyfer 1990-95.

Newid poblogaeth: canran

Cynnydd ↑

	3.0 - 6.0
	2.2 - 2.9
	1.5 - 2.1
	1.0 - 1.4
	0 - 0.9
	-6.0 - -0.1

Lleihad ↓

	dim data

NEWID POBLOGAETH
(yn ôl cyfandir)

Canran
0   0.5   1   1.5   2   2.5   3

Ewrop
Gogledd America
Oceania
Asia
America Ladin
Affrica

NEWID POBLOGAETH UCHAF AC ISAF

Canran — 6, 4, 2, -2, -4, -6

Cynnydd →
Lleihad →

Afghanistan, Yemen, Gw. Iorddonen, Latvia, Bosna-Herc., Kuwait

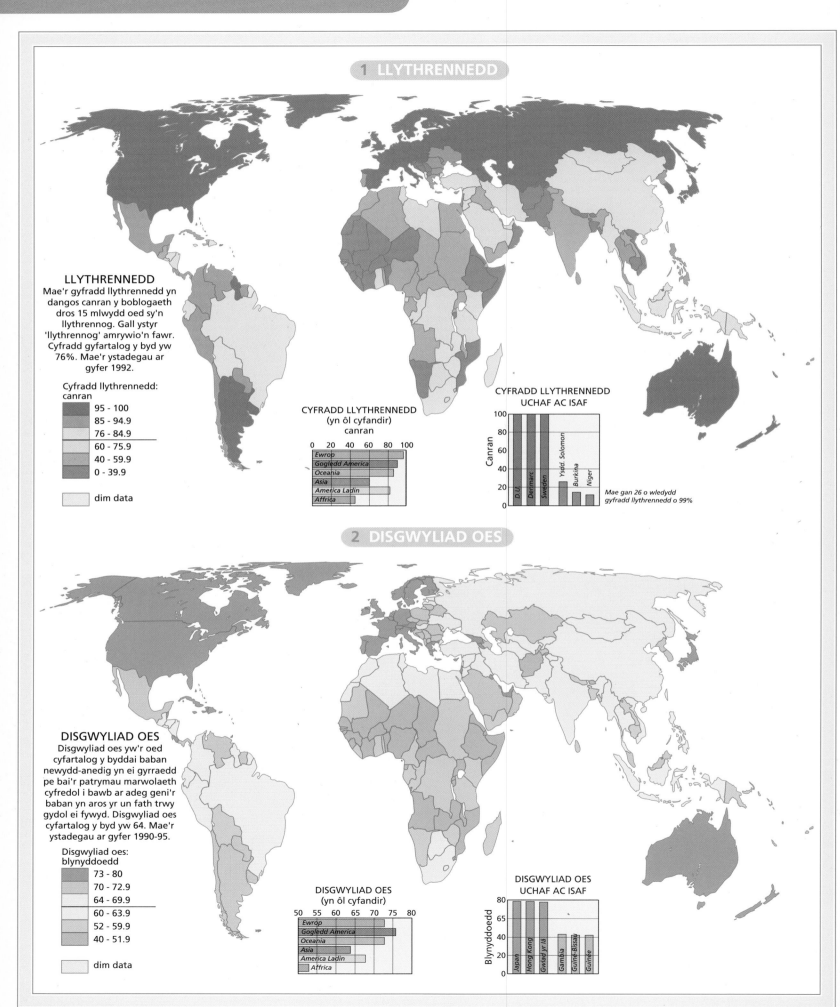

1 LLYTHRENNEDD

LLYTHRENNEDD

Mae'r gyfradd llythrennedd yn dangos canran y boblogaeth dros 15 mlwydd oed sy'n llythrennog. Gall ystyr 'llythrennog' amrywio'n fawr. Cyfradd gyfartalog y byd yw 76%. Mae'r ystadegau ar gyfer 1992.

Cyfradd llythrennedd:
canran

	95 - 100
	85 - 94.9
	76 - 84.9
	60 - 75.9
	40 - 59.9
	0 - 39.9

dim data

CYFRADD LLYTHRENNEDD
(yn ôl cyfandir)
canran

0 20 40 60 80 100

- Ewrop
- Gogledd America
- Oceania
- Asia
- America Ladin
- Affrica

CYFRADD LLYTHRENNEDD
UCHAF AC ISAF

Canran

D.U. | Denmarc | Sweden | Ysdd. Solomon | Burkina | Niger

Mae gan 26 o wledydd gyfradd llythrennedd o 99%

2 DISGWYLIAD OES

DISGWYLIAD OES

Disgwyliad oes yw'r oed cyfartalog y byddai baban newydd-anedig yn ei gyrraedd pe bai'r patrymau marwolaeth cyfredol i bawb ar adeg geni'r baban yn aros yr un fath trwy gydol ei fywyd. Disgwyliad oes cyfartalog y byd yw 64. Mae'r ystadegau ar gyfer 1990-95.

Disgwyliad oes:
blynyddoedd

	73 - 80
	70 - 72.9
	64 - 69.9
	60 - 63.9
	52 - 59.9
	40 - 51.9

dim data

DISGWYLIAD OES
(yn ôl cyfandir)

50 55 60 65 70 75 80

- Ewrop
- Gogledd America
- Oceania
- Asia
- America Ladin
- Affrica

DISGWYLIAD OES
UCHAF AC ISAF

Blynyddoedd

Japan | Hong Kong | Gwlad yr Iâ | Gambia | Guiné-Bissau | Guinée

GRADDFA 1 : 140 000 000

Tafluniad Eckert IV

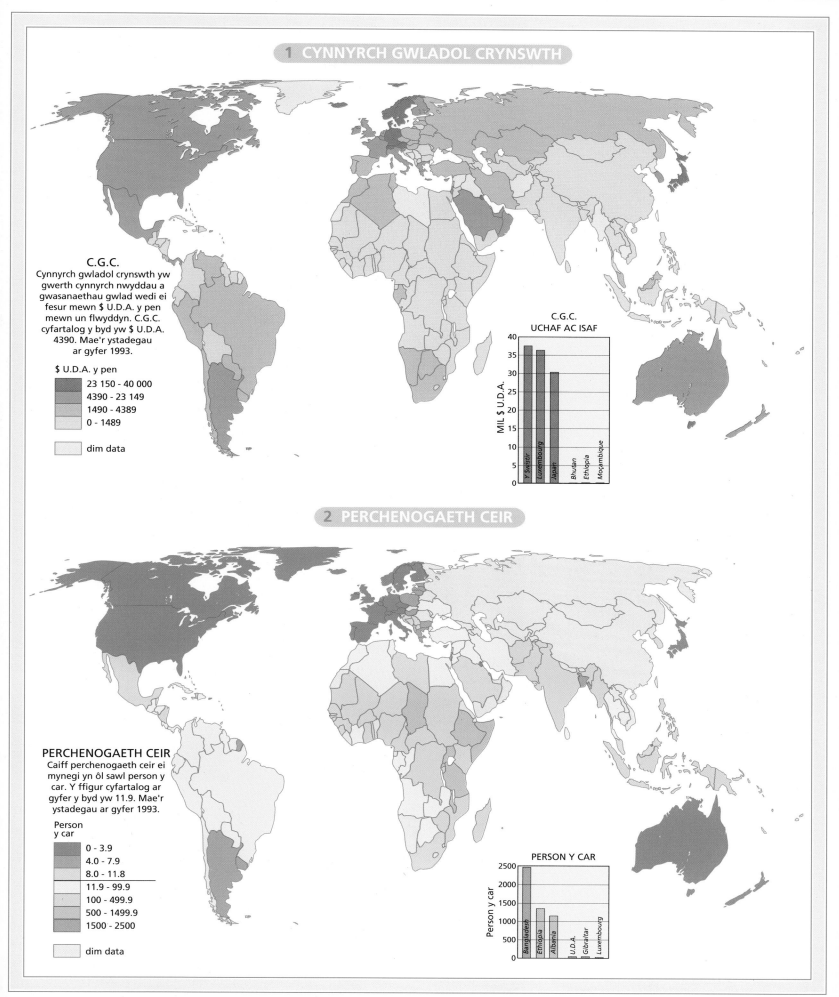

1 CYNNYRCH GWLADOL CRYNSWTH

C.G.C.
Cynnyrch gwladol crynswth yw gwerth cynnyrch nwyddau a gwasanaethau gwlad wedi ei fesur mewn $ U.D.A. y pen mewn un flwyddyn. C.G.C. cyfartalog y byd yw $ U.D.A. 4390. Mae'r ystadegau ar gyfer 1993.

$ U.D.A. y pen
- 23 150 - 40 000
- 4390 - 23 149
- 1490 - 4389
- 0 - 1489

dim data

C.G.C. UCHAF AC ISAF
MIL $ U.D.A.
Y Swistir, Luxembourg, Japan, Bhutan, Ethiopia, Moçambique

2 PERCHENOGAETH CEIR

PERCHENOGAETH CEIR
Caiff perchenogaeth ceir ei mynegi yn ôl sawl person y car. Y ffigur cyfartalog ar gyfer y byd yw 11.9. Mae'r ystadegau ar gyfer 1993.

Person y car
- 0 - 3.9
- 4.0 - 7.9
- 8.0 - 11.8
- 11.9 - 99.9
- 100 - 499.9
- 500 - 1499.9
- 1500 - 2500

dim data

PERSON Y CAR
Person y car
Bangladesh, Ethiopia, Albania, U.D.A., Gibraltar, Luxembourg

GRADDFA 1 : 140 000 000

Tafluniad Eckert IV

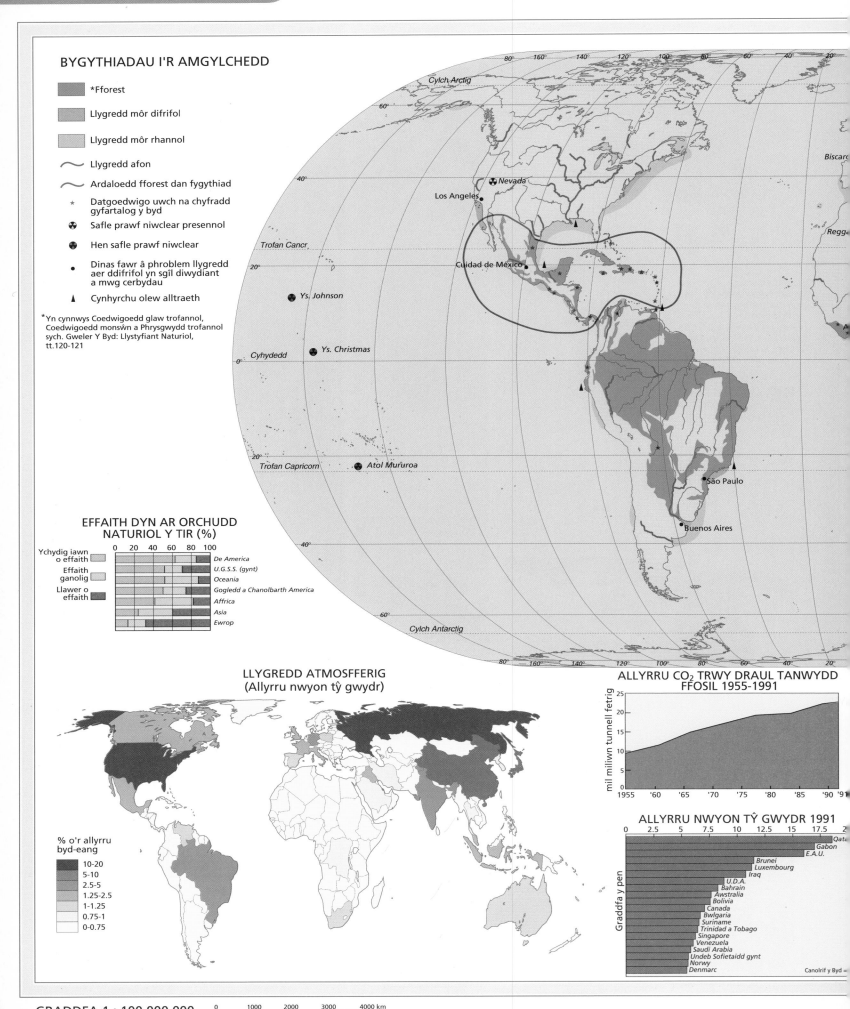

BYGYTHIADAU I'R AMGYLCHEDD

▨	*Fforest
▨	Llygredd môr difrifol
▨	Llygredd môr rhannol
∿	Llygredd afon
∿	Ardaloedd fforest dan fygythiad
★	Datgoedwigo uwch na chyfradd gyfartalog y byd
☢	Safle prawf niwclear presennol
☣	Hen safle prawf niwclear
•	Dinas fawr â phroblem llygredd aer ddifrifol yn sgîl diwydiant a mwg cerbydau
▲	Cynhyrchu olew alltraeth

*Yn cynnwys Coedwigoedd glaw trofannol, Coedwigoedd monsŵn a Phrysgwydd trofannol sych. Gweler Y Byd: Llystyfiant Naturiol, tt.120–121

EFFAITH DYN AR ORCHUDD NATURIOL Y TIR (%)

Ychydig iawn o effaith
Effaith ganolig
Llawer o effaith

0 20 40 60 80 100

De America
U.G.S.S. (gynt)
Oceania
Gogledd a Chanolbarth America
Affrica
Asia
Ewrop

LLYGREDD ATMOSFFERIG
(Allyrru nwyon tŷ gwydr)

% o'r allyrru byd-eang

	10–20
	5–10
	2.5–5
	1.25–2.5
	1–1.25
	0.75–1
	0–0.75

ALLYRRU CO_2 TRWY DRAUL TANWYDD FFOSIL 1955–1991

mil miliwn tunnell fetrig

25
20
15
10
5

1955 '60 '65 '70 '75 '80 '85 '90 '91

ALLYRRU NWYON TŶ GWYDR 1991

Graddfa y pen

0 2.5 5 7.5 10 12.5 15 17.5 2

Qata
Gabon
E.A.U.
Brunei
Luxembourg
Iraq
U.D.A.
Bahrain
Awstralia
Bolivia
Canada
Bwlgaria
Suriname
Trinidad a Tobago
Singapore
Venezuela
Saudi Arabia
Undeb Sofietaidd gynt
Norwy
Denmarc

Canolrif y Byd =

Map labels: Cylch Arctig, Biscar, Nevada, Los Angeles, Regge, Trofan Cancr, Cuidad de México, Ys. Johnson, Cyhydedd, Ys. Christmas, Trofan Capricorn, Atol Murùroa, São Paulo, Buenos Aires, Cylch Antarctig

GRADDFA 1 : 100 000 000

0 1000 2000 3000 4000 km

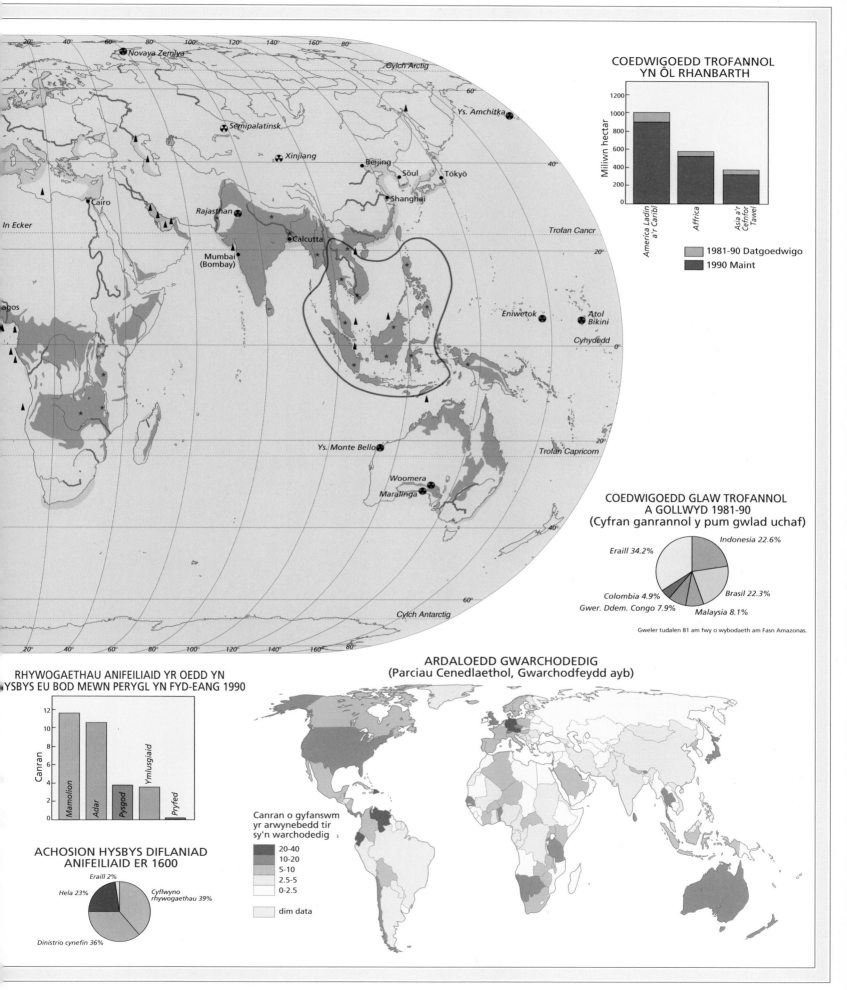

COEDWIGOEDD TROFANNOL YN ÔL RHANBARTH

Miliwn hectar

- America Ladin a'r Caribî
- Affrica
- Asia a'r Cefnfor Tawel

1981-90 Datgoedwigo
1990 Maint

COEDWIGOEDD GLAW TROFANNOL A GOLLWYD 1981-90
(Cyfran ganrannol y pum gwlad uchaf)

- Indonesia 22.6%
- Eraill 34.2%
- Brasil 22.3%
- Malaysia 8.1%
- Gwer. Ddem. Congo 7.9%
- Colombia 4.9%

Gweler tudalen 81 am fwy o wybodaeth am Fasn Amazonas.

RHYWOGAETHAU ANIFEILIAID YR OEDD YN YSBYS EU BOD MEWN PERYGL YN FYD-EANG 1990

Canran

- Mamolion
- Adar
- Pysgod
- Ymlusgiaid
- Pryfed

ACHOSION HYSBYS DIFLANIAD ANIFEILIAID ER 1600

- Eraill 2%
- Hela 23%
- Cyflwyno rhywogaethau 39%
- Dinistrio cynefin 36%

ARDALOEDD GWARCHODEDIG
(Parciau Cenedlaethol, Gwarchodfeydd ayb)

Canran o gyfanswm yr arwynebedd tir sy'n warchodedig

- 20-40
- 10-20
- 5-10
- 2.5-5
- 0-2.5
- dim data

Novaya Zemlya
Cylch Arctig
Ys. Amchitka
Semipalatinsk
Xinjiang
Beijing
Sŏul
Tōkyō
Cairo
Rajasthan
Shanghai
In Ecker
Calcutta
Mumbai (Bombay)
agos
Trofan Cancr
Eniwetok
Atol Bikini
Cyhydedd
Ys. Monte Bello
Trofan Capricorn
Woomera
Maralinga
Cylch Antarctig

Tafluniad Eckert IV

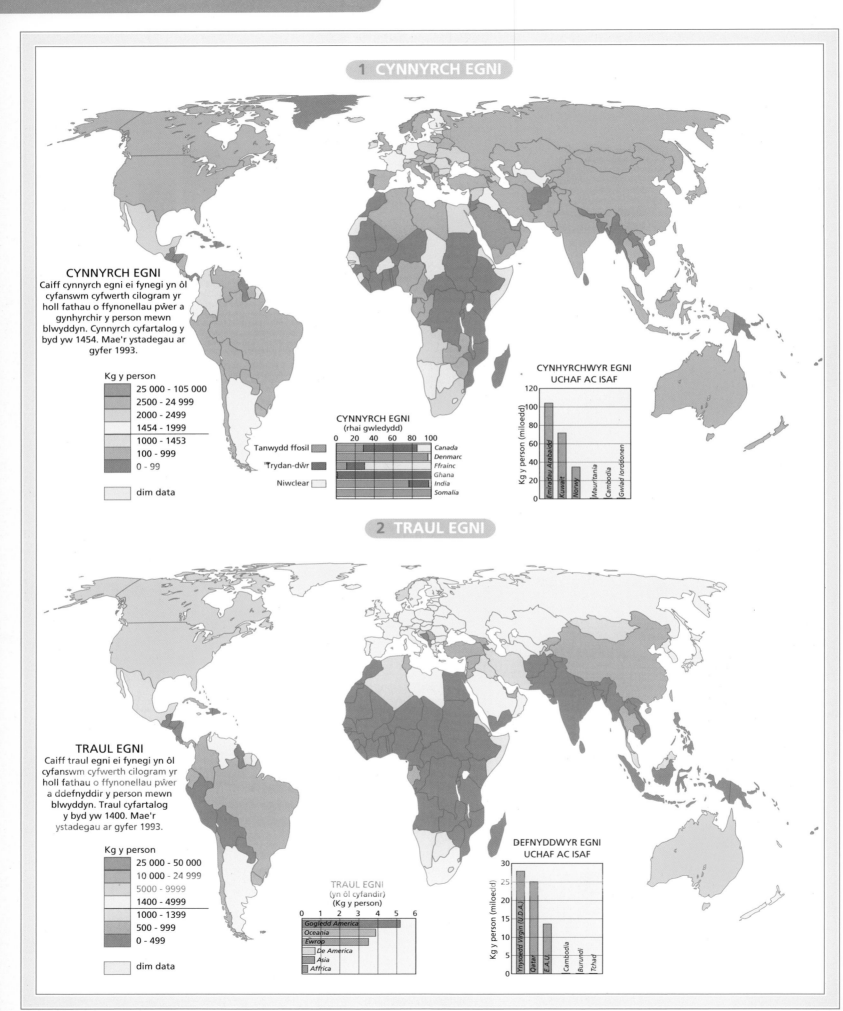

1 CYNNYRCH EGNI

CYNNYRCH EGNI

Caiff cynnyrch egni ei fynegi yn ôl cyfanswm cyfwerth cilogram yr holl fathau o ffynonellau pŵer a gynhyrchir y person mewn blwyddyn. Cynnyrch cyfartalog y byd yw 1454. Mae'r ystadegau ar gyfer 1993.

Kg y person

	25 000 - 105 000
	2500 - 24 999
	2000 - 2499
	1454 - 1999
	1000 - 1453
	100 - 999
	0 - 99
	dim data

CYNNYRCH EGNI
(rhai gwledydd)

Tanwydd ffosil
Trydan-dŵr
Niwclear

0 20 40 60 80 100

Canada
Denmarc
Ffrainc
Ghana
India
Somalia

CYNHYRCHWYR EGNI
UCHAF AC ISAF

Kg y person (miloedd)

Emiradau Arabaidd
Kuwait
Norwy
Mauritania
Cambodia
Gwlad Iorddonen

2 TRAUL EGNI

TRAUL EGNI

Caiff traul egni ei fynegi yn ôl cyfanswm cyfwerth cilogram yr holl fathau o ffynonellau pŵer a ddefnyddir y person mewn blwyddyn. Traul cyfartalog y byd yw 1400. Mae'r ystadegau ar gyfer 1993.

Kg y person

	25 000 - 50 000
	10 000 - 24 999
	5000 - 9999
	1400 - 4999
	1000 - 1399
	500 - 999
	0 - 499
	dim data

TRAUL EGNI
(yn ôl cyfandir)
(Kg y person)

0 1 2 3 4 5 6

Gogledd America
Oceania
Ewrop
De America
Asia
Affrica

DEFNYDDWYR EGNI
UCHAF AC ISAF

Kg y person (miloedd)

Ynysoedd Virgin (U.D.A.)
Qatar
E.A.U.
Cambodia
Burundi
Tchad

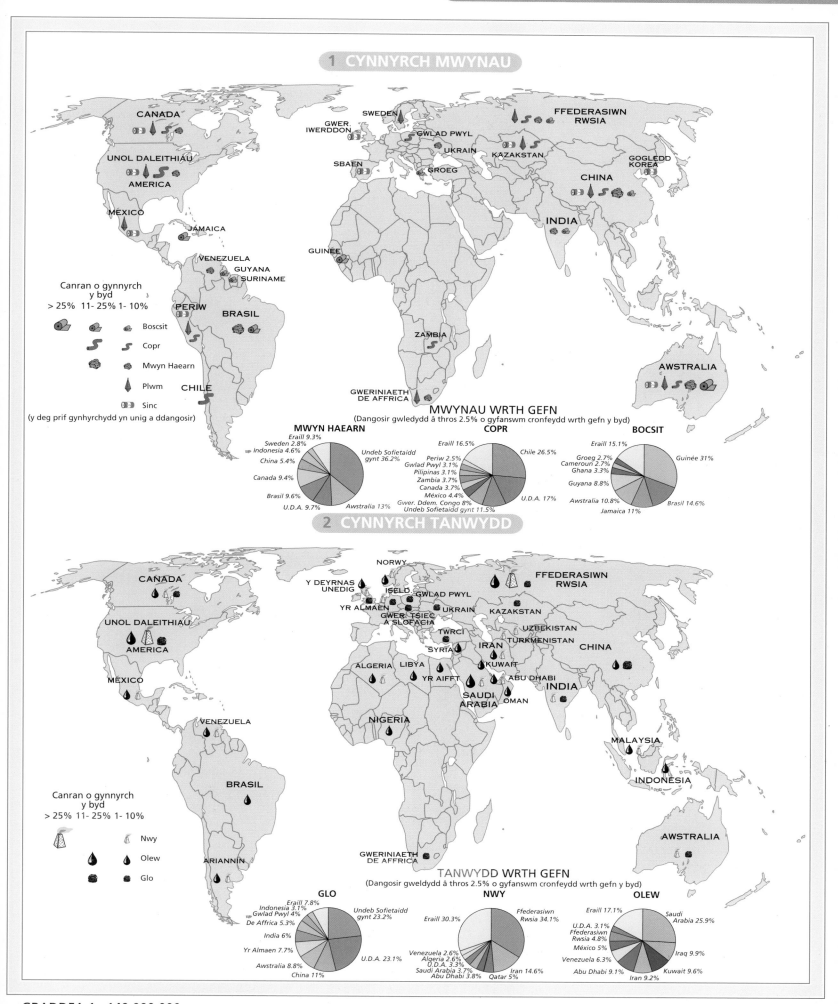

1 CYNNYRCH MWYNAU

CANADA
UNOL DALEITHIAU
AMERICA
MEXICO
JAMAICA
VENEZUELA
GUYANA
SURINAME
PERIW
BRASIL
CHILE
SWEDEN
GWER. IWERDDON
GWLAD PWYL
UKRAIN
SBAEN
GROEG
FFEDERASIWN RWSIA
KAZAKSTAN
GOGLEDD KOREA
CHINA
INDIA
GUINÉE
ZAMBIA
GWERINIAETH DE AFFRICA
AWSTRALIA

Canran o gynnyrch
y byd
> 25%   11- 25% 1- 10%

Boscsit
Copr
Mwyn Haearn
Plwm
Sinc

(y deg prif gynhyrchydd yn unig a ddangosir)

MWYNAU WRTH GEFN
(Dangosir gwledydd â thros 2.5% o gyfanswm cronfeydd wrth gefn y byd)

MWYN HAEARN
Eraill 9.3%
Sweden 2.8%
Indonesia 4.6%
China 5.4%
Canada 9.4%
Brasil 9.6%
U.D.A. 9.7%
Awstralia 13%
Undeb Sofietaidd gynt 36.2%

COPR
Eraill 16.5%
Periw 2.5%
Gwlad Pwyl 3.1%
Pilipinas 3.1%
Zambia 3.7%
Canada 3.7%
México 4.4%
Gwer. Ddem. Congo 8%
Undeb Sofietaidd gynt 11.5%
Chile 26.5%
U.D.A. 17%

BOCSIT
Eraill 15.1%
Groeg 2.7%
Cameroun 2.7%
Ghana 3.3%
Guyana 8.8%
Awstralia 10.8%
Jamaica 11%
Guinée 31%
Brasil 14.6%

2 CYNNYRCH TANWYDD

CANADA
UNOL DALEITHIAU
AMERICA
MEXICO
VENEZUELA
BRASIL
ARIANNIN
NORWY
Y DEYRNAS UNEDIG
ISELD.
GWLAD PWYL
YR ALMAEN
GWER. TSIEC A SLOFACIA
UKRAIN
TWRCI
SYRIA
ALGERIA
LIBYA
YR AIFFT
NIGERIA
SAUDI ARABIA
KUWAIT
ABU DHABI
OMAN
IRAN
FFEDERASIWN RWSIA
KAZAKSTAN
UZBEKISTAN
TURKMENISTAN
CHINA
INDIA
MALAYSIA
INDONESIA
AWSTRALIA
GWERINIAETH DE AFFRICA

Canran o gynnyrch
y byd
> 25%   11- 25% 1- 10%

Nwy
Olew
Glo

TANWYDD WRTH GEFN
(Dangosir gweldydd â thros 2.5% o gyfanswm cronfeydd wrth gefn y byd)

GLO
Eraill 7.8%
Indonesia 3.1%
Gwlad Pwyl 4%
De Affrica 5.3%
India 6%
Yr Almaen 7.7%
Awstralia 8.8%
China 11%
U.D.A. 23.1%
Undeb Sofietaidd gynt 23.2%

NWY
Eraill 30.3%
Venezuela 2.6%
Algeria 2.6%
U.D.A. 3.3%
Saudi Arabia 3.7%
Abu Dhabi 3.8%
Qatar 5%
Iran 14.6%
Ffederasiwn Rwsia 34.1%

OLEW
Eraill 17.1%
U.D.A. 3.1%
Ffederasiwn Rwsia 4.8%
México 5%
Venezuela 6.3%
Abu Dhabi 9.1%
Iran 9.2%
Kuwait 9.6%
Iraq 9.9%
Saudi Arabia 25.9%

Tafluniad Eckert IV

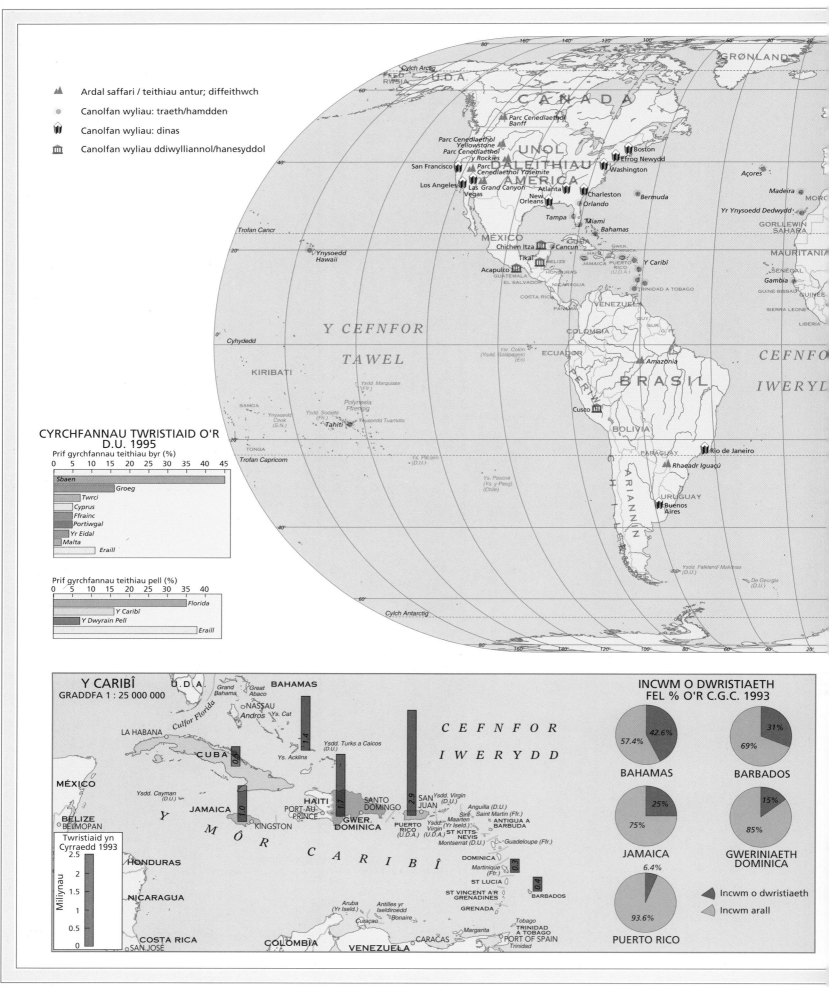

Ardal saffari / teithiau antur; diffeithwch

Canolfan wyliau: traeth/hamdden

Canolfan wyliau: dinas

Canolfan wyliau ddiwylliannol/hanesyddol

CYRCHFANNAU TWRISTIAID O'R D.U. 1995

Prif gyrchfannau teithiau byr (%)

0 5 10 15 20 25 30 35 40 45

- Sbaen
- Groeg
- Twrci
- Cyprus
- Ffrainc
- Portiwgal
- Yr Eidal
- Malta
- Eraill

Prif gyrchfannau teithiau pell (%)

0 5 10 15 20 25 30 35 40

- Florida
- Y Caribî
- Y Dwyrain Pell
- Eraill

Y CARIBÎ

GRADDFA 1 : 25 000 000

U.D.A.

Grand Bahama · Great Abaco

BAHAMAS

NASSAU · Ys. Cat

Andros

LA HABANA · Culfor Florida

Ys. Acklins

CUBA

Ysdd. Turks a Caicos (D.U.)

MÉXICO

Ysdd. Cayman (D.U.)

HAITI

PORT-AU-PRINCE

SANTO DOMINGO

GWER. DOMINICA

SAN JUAN

Ysdd. Virgin (D.U.)

PUERTO RICO (U.D.A.)

Ysdd. Virgin (U.D.A.)

Ysdd. Yr Iseld.

Anguilla (D.U.)

Saint Martin (Ffr.)

Sint Maarten (Yr Iseld.)

ANTIGUA A BARBUDA

ST KITTS NEVIS

Montserrat (D.U.)

Guadeloupe (Ffr.)

BELIZE

BELMOPAN

JAMAICA

KINGSTON

Y

M Ô R

C A R I B Î

DOMINICA

Martinique (Ffr.)

ST LUCIA

BARBADOS

ST VINCENT A'R GRENADINES

GRENADA

CEFNFOR IWERYDD

HONDURAS

NICARAGUA

COSTA RICA

SAN JOSÉ

COLOMBIA

VENEZUELA

Aruba (Yr Iseld.)

Antilles yr Iseldiroedd

Curaçao

Bonaire

Margarita

Tobago

TRINIDAD A TOBAGO

PORT OF SPAIN

Trinidad

CARACAS

Twristiaid yn Cyrraedd 1993

Miliynau

2.5
2
1.5
1
0.5
0

INCWM O DWRISTIAETH FEL % O'R C.G.C. 1993

BAHAMAS 42.6% 57.4%

BARBADOS 31% 69%

JAMAICA 25% 75%

GWERINIAETH DOMINICA 15% 85%

PUERTO RICO 6.4% 93.6%

◢ Incwm o dwristiaeth

◢ Incwm arall

GRADDFA 1 : 100 000 000

0 1000 2000 3000 4000 km

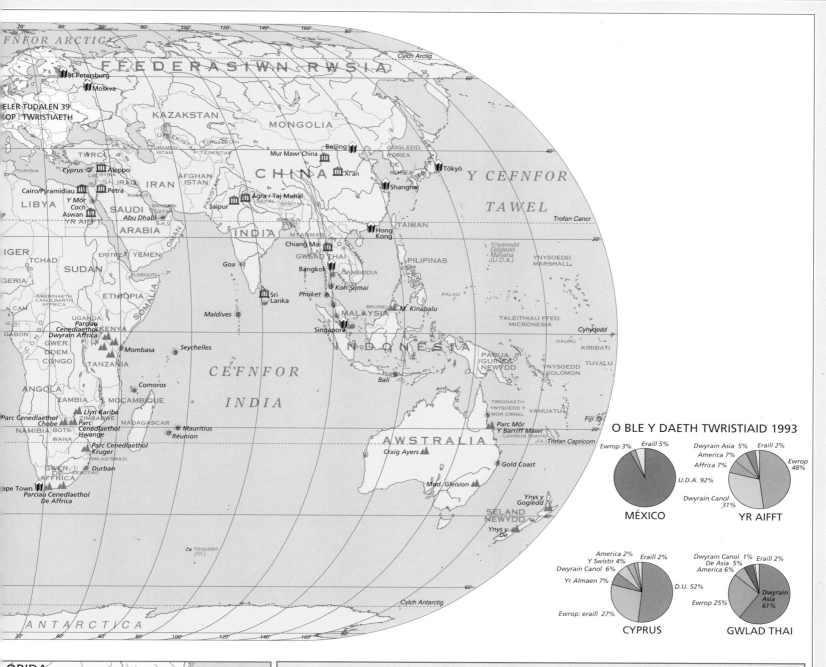

FNFOR ARCTIG

FFEDERASIWN RWSIA

Cylch Arctig

St Petersburg
Moskva

ELER TUDALEN 39
OP : TWRISTIAETH

KAZAKSTAN

MONGOLIA

TWRC

UZBEKISTAN
KYRGYZSTAN
TURKMEN
ISTAN
TAJIKISTAN

CHINA

GOGLEDD
KOREA
DE
KOREA

Y CEFNFOR

Beijing
Mur Mawr China

Tōkyō

Cyprus
LIB. SYRIA
IRAC
IRAN
AFGHAN
ISTAN
PAKISTAN

Aleppo

Xi'an

TAWEL

Cairo/Pyramidiau
LIBYA
Y Môr
Coch
Aswan
YR AIFFT

Petra
KUWIT
BAHRAIN
QATAR
Abu Dhabi
ARABIA
OMAN

SAUDI

Jaipur
NEPAL
BHUTAN

Agra / Taj Mahal

Shanghai

Trofan Cancr

INDIA

TAIWAN

IGER
TCHAD
SUDAN

YEMEN

Hong
Kong

20°

ERITREA
DJIBOUTI

MYANMAR

Ynysoedd
Gogledd
Mariana
(U.D.A.)

YNYSOEDD
MARSHALL

GERIA
CAM
G.G.
GABON

ETHIOPIA

Goa

SOMALIA

Chiang Mai
GWLAD THAI

Bangkok
CAMBODIA

PILIPINAS

PALAU

UGANDA
Parciau
Cenedlaethol
Dwyrain Affrica
KENYA

Sri
Lanka

Phuket

Koh Sumai

TALEITHIAU FFED.
MICRONESIA

BRUNEI

CONGO
GWER.
DOEM.

Maldives

M. Kinabalu

MALAYSIA

NAURU

KIRIBATI

Mombasa

Seychelles

Singapore

INDONESIA

Cyhydedd

TANZANIA

CEFNFOR

TUVALU

ANGOLA
ZAMBIA

Comoros

Bali

PAPUA
GUINEA
NEWYDD

YNYSOEDD
SOLOMON

MOCAMBIQUE

INDIA

Parc Cenedlaethol
Chobe
Parc
Cenedlaethol
Hwange

Llyn Kariba
ZIMBABWE

Mauritius
Réunion

MADAGASCAR

AWSTRALIA

TIRIOGAETH
YNYSOEDD Y
MÔR CWREL

VANUATU

Fiji

Parc Môr
Y Barriff Mawr
Caledonia Newydd
(Ffr.)

Trofan Capricorn

NAMIBIA
BOTS
WANA

Parc Cenedlaethol
Kruger
GWLAD SWAZI

Craig Ayers

Gold Coast

GWER.
DE.
AFFRICA
Cape Town

LESOTHO
Durban

Parciau Cenedlaethol
De Affrica

Mdd. Gleision

Ynys y
Gogledd

Karguelen
(Ffr.)

SELAND
NEWYDD

Ynys y
De

40°

Cylch Antarctig

ANTARCTICA

Tafluniad Eckert IV

O BLE Y DAETH TWRISTIAID 1993

MÉXICO
Ewrop 3% Eraill 5%
U.D.A. 92%

YR AIFFT
Dwyrain Asia 5% Eraill 2%
America 7%
Affrica 7%
Ewrop 48%
Dwyrain Canol 31%

CYPRUS
America 2%
Y Swistir 4% Eraill 2%
Dwyrain Canol 6%
Yr Almaen 7%
D.U. 52%
Ewrop: eraill 27%

GWLAD THAI
Dwyrain Canol 1% Eraill 2%
De Asia 5%
America 6%
Ewrop 25%
Dwyrain Asia 61%

FLORIDA
RADDFA 1 : 12 000 000

FLORIDA

Pensacola
Tallahassee
Jacksonville
St. Augustine
Gainesville
Daytona Beach

Trac Rasio Rhyngwladol
Daytona

Canolfan Ofod
John F. Kennedy

Disney World
Canolfan Epcot
Gerddi Busch
St. Petersburg

Orlando
Lakeland
Tampa

Sea World
P. Canaveral

Gwlff

México

Llyn
Okeechobee

Fort Myers

West Palm
Beach
Delray Beach
Fort
Lauderdale
Miami

ALLIGATOR
ALLEY

Parc
Cenedlaethol y
Bytholwerni

Homestead

Parc
Cenedlaethol
Key West

Ysdd. Florida Keys
Key West

Parc Cenedlaethol

Priffordd gyflym

★ Atyniad twristiaid

Gwlad	1984	1985	1986	1987	1988	1989	1990	1991	1992	1993	Pwysigrwydd Twristiaeth 1993 Incwm fel % o'r C.G.C.
Aifft, Yr	–	1407	1236	1671	1833	2351	2411	2112	2944	2291	3.6
Bermuda	417	407	460	478	427	418	435	386	375	413	28.7
Cuba	207	240	276	282	298	315	327	418	455	544	36.0
Cyprus	666	770	828	949	1112	1378	1561	1385	1991	1841	21.2
Ffrainc	35 379	36 748	36 080	36 974	38 288	49 549	52 497	55 041	59 710	60 100	1.8
Groeg	5523	6574	7025	7564	7923	8082	8873	8036	9331	9413	4.3
Gwer.Dom.	562	660	747	902	1116	1400	1533	1321	1524	1691	15.0
Gwlad Thai	2347	2438	2818	3483	4231	4810	5299	5087	5136	5761	4.2
Martinique	184	193	183	234	280	312	282	315	321	366	8.3
México	4654	4207	4625	5407	5692	14 962	17 174	16 066	17 273	16 534	2.0
Sbaen	27 176	27 477	29 910	32 900	35 000	38 867	37 441	38 539	39 638	40 085	3.5
Trinidad a Tobago	191	187	191	202	188	190	195	220	235	249	1.6

TWF TWRISTIAETH - Twristiaid yn Cyrraedd (miloedd)

GWYBODAETH ALLWEDDOL

POBLOGAETH

BANER	GWLAD	PRIFDDINAS	CYFANSWM (miloedd 1996)	DWYSEDD (pobl y km sgwâr 1996)	CYFRADD GENI (y fil o'r boblogaeth 1994)	CYFRADD MARW (y fil o'r boblogaeth 1994)	DISGWYL-IAD OES (blynydd-oedd 1996)	NEWID POBLOG-AETH (% cyfartalog blynyddol 1990 - 1995)	POBLOG-AETH DREFOL (% 1996)
	AFGHANISTAN	Kabul	20 883	32	50	22	45	5.83	20
	AIFFT, YR	Cairo	60 603	60.6	29	8	65	2.22	45
	ALBANIA	Tiranë	3401	118.3	24	6	71	0.9	38
	ALGERIA	Alger	29 168	12.2	29	6	68	2.27	57
	ALMAEN, YR	Berlin	81 912	228.9	10	12	76	0.55	87
	ANGOLA	Luanda	11 185	9	51	19	47	3.72	32
	ARIANNIN	Buenos Aires	35 220	12.7	20	8	73	1.22	88
	ARMENIA	Yerevan	3764	126.3	21	6	71	1.42	69
	AWSTRALIA	Canberra	18 289	2.4	15	7	78	1.37	85
	AWSTRIA	Wien	8106	96.7	12	11	77	0.67	64
	AZERBAIJAN	Baku	7554	87.2	23	6	71	1.2	56
	BAHRAIN	Al Manamāh	599	866.9	28	4	73	2.8	91
	BANGLADESH	Dacca	120 073	833.9	35	12	57	2.16	19
	BARBADOS	Bridgetown	261	607	16	9	76	0.35	48
	BELARUS	Minsk	10 247	49.4	12	12	70	-0.14	72
	BELIZE	Belmopan	222	9.7	35	5	74	2.64	47
	BENIN	Porto-Novo	5514	49	49	18	54	3.1	39
	BHUTAN	Thimbu	1812	38.9	40	15	52	1.18	6
	BOLIVIA	La Paz	7588	6.9	36	10	61	2.41	62
	BOSNA-HERCEGOVINA	Sarajevo	3628	71	13	7	73	-4.39	43
	BOTSWANA	Gaborone	1490	2.6	37	7	52	3.06	63
	BRASIL	Brasília	157 872	18.5	25	7	67	1.72	79
	BRUNEI	Bandar Seri Begawan	300	52	24	3	75	2.06	70
	BURKINA	Ouagadougou	10 780	39.3	47	18	46	2.76	16
	BURUNDI	Bujumbura	6088	218.7	46	16	46	3	8
	BWLGARIA	Sofiya	8468	76.3	10	13	71	-0.5	69
	CABO VERDE	Praia	396	98.2	36	9	66	2.77	56
	CAMBODIA	Phnom Penh	10 273	56.8	44	14	53	2.96	21
	CAMEROUN/CAMEROON	Yaoundé	13 560	28.5	41	12	56	2.76	46
	CANADA	Ottawa	29 964	3	15	8	79	1.17	77
	CHILE	Santiago	14 419	19	22	6	75	1.62	84
	CHINA	Beijing	1 232 083	128.9	19	7	69	1.11	31
	COLOMBIA	Bogotá	35 626	31.2	24	6	71	1.66	73
	COMOROS	Moroni	632	339.4	48	12	57	3.68	31
	CONGO	Brazzaville	2668	7.8	45	15	51	2.98	59
	COSTA RICA	San José	3398	66.5	26	4	77	2.41	50
	CÔTE D'IVOIRE	Yamoussoukro	14 781	45.8	50	15	51	3.48	44
	CROATIA	Zagreb	4501	79.6	11	12	72	-0.1	56
	CUBA	La Habana	11 018	99.4	17	7	76	0.82	76
	CYMRU	Caerdydd	2921	141	12	12	76	0.2	
	CYPRUS	Nicosia	756	81.7	19	8	77	1.11	54
	DE KOREA	Sŏul	45 545	458.8	16	6	72	0.97	82
	DENMARC	København	5262	122.2	12	12	75	0.16	85
	DEYRNAS UNEDIG, Y	Llundain	58 144	238.2	13	11	77	0.29	89

| TIR | | | ADDYSG AC IECHYD | | | | DATBLYGIAD | | | | |
ARWYNEB-EDD (miloedd o km sgwâr)	TIR SY'N CAEL EI DRIN (miloedd o km sgwâr 1993)	COEDWIG (miloedd o km sgwâr 1993)	LLYTHR-ENNEDD OEDOL-ION (% 1992)	ADDYSG YSGOL (Uwchradd, % crynswth 1993)	POBL I BOB MEDDYG (1991)	CYMER-IANT BWYD (caloriau y pen y dydd 1992)	TRAUL EGNI (kg o gyfwerth olew y pen 1993)	MANTOL FASNACH (miliynau o $ U.D.A. 1994)	C.G.C. Y PEN ($ U.D.A. 1993 neu'n gynt)	GWLAD	CYLCHFA-OEDD AMSER (+ NEU - ASG Amser Safonol Greenwich)
652	81	19	28.9	6	5452	1523	30	-428	280	AFGHANISTAN	+4½
1000	28		49.1	79.5	725	3335	486	-6808	790	AIFFT, YR	+2
29	7	10	85	79	583	2605	305		670	ALBANIA	+1
2382	79	40	57.4	59	1262	2897	1058	2489	1600	ALGERIA	+1
358	121	107	99	97	365	3344	4054	42 127	27 510	ALMAEN, YR	+1
1247	35	519	42.5		15 298	1839	61	1849	410	ANGOLA	+1
2767	272	509	95.9	74	337	2880	1428	-5868	8030	ARIANNIN	-3
30	6	4	98.8		241		334	-56	730	ARMENIA	+4
7682	465	1450	99	83	467	3179	5310	-5853	18 720	AWSTRALIA	+8 i +10½
84	15	32	99	105.5	347	3497	2934	-10 313	26 890	AWSTRIA	+1
87	20	10	96.3		259		1768	-102	480	AZERBAIJAN	+4
0.691			83.5	99	758		12 325	-283	7840	BAHRAIN	+3
144	97	19	36.4	18.5	6615	2019	65	-2051	240	BANGLADESH	+6
0.43			97	87		3207	1315	-427	6560	BARBADOS	-4
208	62	70	97.9		254		2928	-32	2070	BELARUS	+2
23	1	21	96			2662	436	-114	2630	BELIZE	-6
113	19	34	32.9	12	19 899	2532	32	-110	370	BENIN	+1
47	1	31	39.2		10 643		35		420	BHUTAN	+6
1099	24	580	80.7	34	2331	2094	290	-177	800	BOLIVIA	-4
51	9	20					190			BOSNA-HERCEGOVINA	+1
581	4	265	67.2	54	8276	2266			3020	BOTSWANA	+2
8512	490	4880	81.9	33.5	729	2824	580	7561	3640	BRASIL	-2 i -5
6		5	86.4	71.5	1556	2745	10 533	601	14 240	BRUNEI	+8
274	36	138	17.4	8.5	32 146	2387	20	-431	230	BURKINA	ASG
28	14	1	32.9	6.5		1941	14	-118	160	BURUNDI	+2
111	43	39	93	70	324	2831	2598	-733	1330	BWLGARIA	+2
4			66.4	19.5		2805	97	-150	960	CABO VERDE	-1
181	24	116	37.8		27 215	2021	17		270	CAMBODIA	+7
475	70	359	59.6	27.5	14 206	1981	68	640	650	CAMEROUN/CAMEROON	+1
9971	455	4940	99	107	463	3094	7624	10 427	19 380	CANADA	-3½ i -8
757	43	165	94.5	70	946	2582	931	-286	4160	CHILE	-4 i -6
9562	960	1305	79.3	53.5	642	2727	603	5343	620	CHINA	+8
1142	55	500	90.3	61.5	1124	2677	583	-3484	1910	COLOMBIA	-5
2	1		55.6	18.5		1897	36	-47	470	COMOROS	+3
342	2	211	70.7		4542	2296	236	602	680	CONGO	+1
51	5	16	94.3	47	1179	2883	457	-810	2610	COSTA RICA	-6
322	37	71	36.6	24	23 900	2491	196	974	660	CÔTE D'IVOIRE	ASG
57	13	21					1394	-970	3250	CROATIA	+1
111	33	26	94.9	84	305	2833	809	-135	1170	CUBA	-5
21		2	99	86.5	623	3317	3910			CYMRU	ASG
9	2	1	94	94.5	604	3779	2059	-2053	10 380	CYPRUS	+2
99	21	65	97.4	92.5	1076	3285	2438	-6305	9700	DE KOREA	+9
43	25	4	99	110	376	3664	3522	5979	29 890	DENMARC	+1
244	61	24	99	86.5	623	3317	3910	-22 183	18 700	DEYRNAS UNEDIG, Y	ASG

GWYBODAETH ALLWEDDOL

POBLOGAETH

BANER	GWLAD	PRIFDDINAS	CYFANSWM (miloedd 1996)	DWYSEDD (pobl y km sgwâr 1996)	CYFRADD GENI (y fil o'r boblogaeth 1994)	CYFRADD MARW (y fil o'r boblogaeth 1994)	DISGWYL-IAD OES (blynydd-oedd 1996)	NEWID POBLOG-AETH (% cyfartalog blynyddol 1990 - 1995)	POBLOG-AETH DREFOL (% 1996)
	DJIBOUTI	Djibouti	617	26.6	38	16	50	2.2	82
	ECUADOR	Quito	11 698	43	28	6	70	2.2	60
	EIDAL, YR	Rhufain	57 399	190.5	10	10	78	0.06	67
	EL SALVADOR	San Salvador	5796	275.5	33	7	69	2.18	45
	EMIRADAU ARABAIDD UNEDIG	Abu Dhabi	2260	29.1	23	3	75	2.62	84
	ERITREA	Asmera	3280	27.9	43	15	50	2.72	18
	ESTONIA	Tallinn	1470	32.5	11	13	69	-0.58	73
	ETHIOPIA	Addis Ababa	58 506	51.6	48	18	49	2.98	16
	FIJI	Suva	797	43.5	24	5	72	1.52	41
	FFEDERASIWN RWSIA	Moskva	147 739	8.7	11	12	65	-0.12	76
	FFINDIR, Y	Helsinki	5124	15.2	13	10	76	0.48	63
	FFRAINC	Paris	58 375	107.3	13	10	79	0.44	75
	GABON	Libreville	1106	4.1	37	15	55	2.83	51
	GAMBIA	Banjul	1141	101	44	19	46	3.83	30
	GEORGIA	Tiflis	5411	77.6	16	9	73	0.14	59
	GHANA	Accra	17 832	74.8	42	12	57	3	36
	GOGLEDD KOREA	P'yóngyang	22 466	186.4	24	5	72	1.88	62
	GROEG	Athen	10 475	79.4	10	10	78	0.41	59
	GUATEMALA	Ciudad de Guatemala	10 928	100.4	39	8	66	2.88	39
	GUINEA GYHYDEDDOL	Malabo	410	14.6	43	18	49	2.55	44
	GUINÉ-BISSAU	Bissau	1091	30.2	43	21	44	2.14	22
	GUINÉE	Conakry	7518	30.6	51	20	46	3.04	30
	GUYANA	Georgetown	838	3.9	25	7	64	0.94	36
	GWER. CAN. AFFRICA	Bangui	3344	5.4	42	17	49	2.49	40
	GWERINIAETH DE AFFRICA	Pretoria / Cape Town	42 393	34.8	31	9	65	2.24	50
	GWERINIAETH DOMINICA	Santo Domingo	8052	166.2	27	6	71	1.91	63
	GWER. DDEM. CONGO	Kinshasa	46 812	20	48	14	53	3.19	29
	GWERINIAETH IWERDDON	Dulyn	3521	50.1	15	9	76	0.28	58
	GWERINIAETH TSIEC	Praha	10 315	130.8	13	13	73	-0.02	66
	GWLAD BELG	Brwsel	10 159	332.9	12	11	77	0.32	97
	GWLAD IORDDONEN	Amman	5581	62.6	39	5	69	4.89	72
	GWLAD PWYL	Warszawa	38 618	123.5	13	10	71	0.14	64
	GWLAD SWAZI	Mbabane	938	54	38	11	59	2.78	32
	GWLAD THAI	Bangkok	60 003	116.9	19	6	69	1.12	20
	GWLAD YR IÂ	Reykjavik	271	2.6	18	7	79	1.06	92
	HAITI	Port-au-Prince	7336	264.4	35	12	54	2.03	32
	HONDURAS	Tegucigalpa	6140	54.8	37	6	69	2.95	44
	HWNGARI	Budapest	10 193	109.6	12	15	69	-0.49	65
	INDIA	New Delhi	944 580	287.3	29	10	62	1.91	27
	INDONESIA	Jakarta	196 813	102.5	25	8	64	1.55	36
	IRAN	Tehran	61 128	37.1	35	7	69	2.65	60
	IRAQ	Baghdad	20 607	47	38	7	61	2.46	75
	ISELDIROEDD, YR	Amsterdam	15 517	373.7	13	9	78	0.72	89
	ISRAEL	Jerwsalem	5696	274.2	21	7	77	3.78	90

TIR			ADDYSG AC IECHYD				DATBLYGIAD			GWLAD	
ARWYNEB-EDD (miloedd o km sgwâr)	TIR SY'N CAEL EI DRIN (miloedd o km sgwâr 1993)	COEDWIG (miloedd o km sgwâr 1993)	LLYTHR-ENNEDD OEDOL-ION (% 1992)	ADDYSG YSGOL (Uwchradd, % crynswth 1993)	POBL I BOB MEDDYG (1991)	CYMER-IANT BWYD (caloriau y pen y dydd 1992)	TRAUL EGNI (kg o gyfwerth olew y pen 1993)	MANTOL FASNACH (miliynau o $ U.D.A. 1994)	C.G.C. Y PEN ($ U.D.A. 1993 neu'n gynt)		CYLCHFA-OEDD AMSER (+ NEU - ASG Amser Safonol Greenwich)
23	2		43.2	13.5		2338	767	-203	780	DJIBOUTI	+3
272	30	156	88.4	56	977	2583	534	75	1390	ECUADOR	-5 i -6
301	119	68	97.4	77	235	3561	2820	21 971	19 020	EIDAL, YR	+1
21	7	1	69.8	26.5	1641	2663	313	-1185	1610	EL SALVADOR	-6
78			77.7	72.5	673	3384	13 667	9415	17 400	E.A.U.	+4
117	13	20				1610			100	ERITREA	+3
45	11	20	99	91	208		3288	-364	2860	ESTONIA	+2
1134	127	250	32.7	10.5	38 255	1610	21	-683	100	ETHIOPIA	+3
18	3	12	90.1	60.5		3089	334	-279	2440	FIJI	+12
17 075	1339	7785	98.7		215	3332	4856	24 593	2240	FFED. RWSIA.	+2 i +12
338	26	232	99	124	519	3018	4786	6436	20 580	FFINDIR, Y	+2
544	194	149	99	102	393	3633	3800	5743	24 990	FFRAINC	+1
268	5	199	58.9		2074	2500	622	1443	3490	GABON	+1
11	2	3	35.6	20.5	13 045	2360	67	-166	320	GAMBIA	ASG
70	10	27	99		178		696	-121	440	GEORGIA	+4
239	43	79	60.7	38.5	25 047	2199	98	-257	390	GHANA	ASG
121	20	74	95		377	2833	3031		970	GOGLEDD KOREA	+9
132	35	26	93.8	98	304	3815	2276	-13 235	8210	GROEG	+2
109	19	58	54.2	18.5	2570	2255	171	-1308	1340	GUATEMALA	-6
28	2	13	75.3		69 600		111	2	380	GUINEA GYHYDEDDOL	+1
36	3	11	51.7	6.5	7910	2556	73	-30	250	GUINÉ-BISSAU	ASG
246	7	145	33	11.5	9065	2389	58		550	GUINÉE	ASG
215	5	165	97.5	57.5	7171	2384	426	-89	590	GUYANA	-4
622	20	467	53.9	12	18 530	1690	26	-41	340	GWER. CAN. AFFRICA.	+1
1219	132	82	80.6	71	1597	2695	1888		3160	GWER. DE AFFRICA	+2
48	15	6	80.7	50.5	978	2286	469	-2124	1460	GWER. DOMINICA	-4
2345	79	1738	74.1	22.5	26 982	2060	42	-39	120	GWER. DDEM. CONGO	+1 i +2
70	9	3	99	103	676	3847	2904	8939	14 710	GWER. IWERDDON	ASG
79	33	26	99			3156	3849	-471	3870	GWER. TSIEC	+1
31	8	7	99	102.5	307	3681	4698	7275	24 710	GWLAD BELG	+1
89	4	1	83.9	53	891	3022	709	-1958	1510	GWLAD IORDDONEN	+2
313	147	88	99	84	482	3301	2529	-4143	2790	GWLAD PWYL	+1
17	2	1	74	49.5		2706			1170	GWLAD SWAZI	+2
513	208	135	93.5	33	5080	2432	675	-8885	2740	GWLAD THAI	+7
103		1	99	92	378	3058	4935	151	24 950	GWLAD YR IÂ	ASG
28	9	1	42.6	21.5	6871	1706	31	-232	250	HAITI	-5
112	20	60	70.7	30.5	1879	2305	192	-213	600	HONDURAS	-6
93	50	18	99	82	323	3503	2316	-3916	4120	HWNGARI	+1
3287	1697	685	49.9	48.5	2494	2395	247	-1751	340	INDIA	+5½
1919	310	1118	82.5	43	7767	2752	331	8069	980	INDONESIA	+7 i +9
1648	182	114	64.9	62	3228	2860	1215	-2481	1033	IRAN	+3½
438	55	2	54.6	42.5	4273	2121	1145		1036	IRAQ	+3
42	9	4	99	116.5	417	3222	5167	15 313	24 000	ISELDIROEDD, YR	+1
21	4	1	95	86	392	3050	2297	-6892	15 920	ISRAEL	+2

GWYBODAETH ALLWEDDOL			POBLOGAETH						
BANER	GWLAD	PRIFDDINAS	CYFANSWM (miloedd 1996)	DWYSEDD (pobl y km sgwâr 1996)	CYFRADD GENI (y fil o'r boblogaeth 1994)	CYFRADD MARW (y fil o'r boblogaeth 1994)	DISGWYL-IAD OES (blynydd-oedd 1996)	NEWID POBLOG-AETH (% cyfartalog blynyddol 1990 - 1995)	POBLOG-AETH DREFOL (% 1996)
	IWGOSLAFIA	Beograd	10 574	103.5	14	10	72	1.32	57
	JAMAICA	Kingston	2491	226.6	22	6	74	0.68	54
	JAPAN	Tōkyō	125 761	332.9	10	8	80	0.25	78
	KAZAKSTAN	Akmola	16 526	6.1	20	8	68	0.52	60
	KENYA	Nairobi	31 806	54.6	45	12	54	3.59	30
	KUWAIT	Kuwait	1687	94.7	24	2	76	-6.52	100
	KYRGYZSTAN	Bishkek	4575	23	29	7	68	1.68	39
	LAOS	Vientiane	5035	21.3	45	15	53	3	21
	LATVIA	Riga	2491	39.1	11	13	68	-0.87	73
	LESOTHO	Maseru	2078	68.5	37	10	58	2.69	25
	LIBANUS	Beirut	3084	295.1	27	7	69	3.27	87
	LIBERIA	Monrovia	2820	25.3	47	14	48	3.32	48
	LIBYA	Tripoli	5593	3.2	42	8	65	3.47	86
	LITHUANIA	Vilnius	3710	56.9	13	11	70	-0.06	72
	LUXEMBOURG	Luxembourg	412	159.3	13	11	76	1.26	90
	MACEDONIA	Skopje	2163	84.1	15	7	72	1.11	60
	MADAGASCAR	Antananarivo	15 353	26.2	44	12	58	3.21	27
	MALAŴI	Lilongwe	10 114	85.4	51	20	41	3.45	14
	MALAYSIA	Kuala Lumpur	20 581	61.8	29	5	72	2.37	54
	MALDIVES	Male	263	882.6	42	9	64	3.31	27
	MALI	Bamako	11 134	9	51	19	47	3.17	28
	MALTA	Valletta	373	1180.4	15	8	77	0.67	89
	MAURITANIA	Nouakchott	2351	2.3	40	14	53	2.54	53
	MAURITIUS	Port Louis	1134	555.9	21	7	71	1.1	41
	MÉXICO	Ciudad de México	96 578	49	28	5	72	2.06	74
	MICRONESIA	Palikir	126	179.7				2.77	29
	MOÇAMBIQUE	Maputo	17 796	22.3	45	18	47	2.41	35
	MOLDOVA	Chişinau	4237	125.7	16	10	68	0.32	52
	MONGOLIA	Ulan Bator	2354	1.5	28	7	65	2.03	61
	MOROCO	Rabat	27 623	61.9	29	8	66	2.1	53
	MYANMAR	Yangon	45 922	67.9	33	11	59	2.14	26
	NAMIBIA	Windhoek	1575	1.9	37	11	56	2.65	37
	NEPAL	Kathmandu	21 127	143.5	39	13	56	2.59	11
	NICARAGUA	Managua	4238	32.6	40	7	68	3.74	63
	NIGER	Niamey	9465	7.5	53	19	48	3.37	19
	NIGERIA	Abuja	115 020	124.5	45	15	52	3	41
	NORWY	Oslo	4381	13.5	14	11	77	0.45	73
	OMAN	Muscat	2302	7.4	44	5	70	4.23	78
	PAKISTAN	Islamabad	134 146	166.9	41	9	63	2.83	35
	PANAMÁ	Panamá	2674	34.7	25	5	74	1.86	56
	PAPUA GUINEA NEWYDD	Port Moresby	4400	9.5	33	11	57	2.27	16
	PARAGUAY	Asunción	4955	12.2	33	5	69	2.78	53
	PERIW	Lima	23 947	18.6	27	7	68	1.93	71
	PILIPINAS	Manila	71 899	239.7	30	6	68	2.12	55

ARWYNEB-EDD (miloedd o km sgwâr)	TIR SY'N CAEL EI DRIN (miloedd o km sgwâr 1993)	COEDWIG (miloedd o km sgwâr 1993)	LLYTHR-ENNEDD OEDOL-ION (% 1992)	ADDYSG YSGOL (Uwchradd, % crynswth 1993)	POBL I BOB MEDDYG (1991)	CYMER-IANT BWYD (calorïau y pen y dydd 1992)	TRAUL EGNI (kg o gyfwerth olew y pen 1993)	MANTOL FASNACH (miliynau o $ U.D.A. 1994)	C.G.C. Y PEN ($ U.D.A. 1993 neu'n gynt)	GWLAD	CYLCHFA-OEDD AMSER (+ NEU - ASG Amser Safonol Greenwich)
102	40	27				3551	856			IWGOSLAFIA	+1
11	2	2	83.7	62.5	2157	2607	1035	-1061	1510	JAMAICA	-5
378	45	251	99	97	613	2903	3357	121 825	39 640	JAPAN	+9
2717	348	96	97.5		254		4763	581	1330	KAZAKSTAN	+4 i +6
583	45	168	74.5	27	7358	2075	81	-598	280	KENYA	+3
18			76.9	55	739	2523	6337	5285	17 390	KUWAIT	+3
199	14	7	97		295		782	0	700	KYRGYZSTAN	+5
237	8	125	53.5	22	7418	2259	25	-81	350	LAOS	+7
64	17	28	99	85	200		1712	-251	2270	LATVIA	+2
30	3		68.6	26.5		2201			770	LESOTHO	+2
10	3	1	91.4	69	770	3317	1028		2660	LIBANUS	+2
111	4	17	35.4	21.5	29 292	1640	41	124	450	LIBERIA	ASG
1760	22	8	72.4		862	3308	2163	5857	5310	LIBYA	+1
65	30	20	98.4	78.5	218		2368	185	1900	LITHUANIA	+2
3			99	71	537	3681	9694		41 210	LUXEMBOURG	+1
26	7	10					1567	-144	860	MACEDONIA	+1
587	31	232	81.4	15.5	9081	2135	26	-173	230	MADAGASCAR	+3
118	17	37	53.9	4	31 637	1825	26	-226	170	MALAŴI	+2
333	49	223	81.5	60	2847	2888	1236	-826	3890	MALAYSIA	+8
0.298				92.6		2580	151	-176	990	MALDIVES	+5
1240	25	69	27.2	7.5	23 370	2278	17	-93	250	MALI	ASG
0.316			87	85		3486	1562	-930	7970	MALTA	+1
1031	2	44	36.2	15	11 912	2685	432	215	460	MAURITANIA	ASG
2	1		81.1	54		2690	456	-571	3380	MAURITIUS	+4
1973	247	487	88.6	56	663	3146	1311	-18 542	3320	MÉXICO	-6 i -8
0.701									1890	MICRONESIA	+10 i +11
799	32	140	36.9	7	45 778	1680	23	-823	80	MOÇAMBIQUE	+2
34	22	4	96		255		1267	-7	920	MOLDOVA	+2
1565	14	138	81.1	91	413	1899	1079		310	MONGOLIA	+8
447	99	90	40.6	34.5	5067	2984	274	-3198	1110	MOROCO	ASG
677	101	324	82	23	3947	2598	38	-114	220	MYANMAR	+6½
824	7	180	40	52.5	6338	2134			2000	NAMIBIA	+1
147	24	58	25.6	35.5	21 520	1957	22	-489	200	NEPAL	5¾
130	13	32	64.7	42.5	1856	2293	304	-479	380	NICARAGUA	-6
1267	36	25	12.4	6.5	48 325	2257	41	-43	220	NIGER	+1
924	324	113	52.5	23.5	5997	2124	160	2402	260	NIGERIA	+1
324	9	83	99	110.5	328	3244	5020	7380	31 250	NORWY	+1
310	1		35	64.5	1079		1947	1630	4820	OMAN	+4
804	213	35	35.7	21	1874	2315	204	-1535	460	PAKISTAN	+5
77	7	33	89.6	61.5	857	2242	576	-1871	2750	PANAMÁ	-5
463	4	420	69.7	12.5	13 071	2613	190	1109	1160	PAPUA G. N.	+10
407	23	129	91.2	33.5	1687	2670	260	-1004	1690	PARAGUAY	-4
1285	34	848	87.3	63	989	1882	328	-2239	2310	PERIW	-5
300	92	136	94	73	1195	2257	290	-4341	1050	PILIPINAS	+8

GWYBODAETH ALLWEDDOL

POBLOGAETH

BANER	GWLAD	PRIFDDINAS	CYFANSWM (miloedd 1996)	DWYSEDD (pobl y km sgwâr 1996)	CYFRADD GENI (y fil o'r boblogaeth 1994)	CYFRADD MARW (y fil o'r boblogaeth 1994)	DISGWYL-IAD OES (blynydd-oedd 1996)	NEWID POBLOG-AETH (% cyfartalog blynyddol 1990 - 1995)	POBLOG-AETH DREFOL (% 1996)
	PORTIWGAL	Lisboa	9808	110.3	12	11	75	-0.09	36
	QATAR	Doha	558	48.8	21	3	71	2.53	92
	ROMÂNIA	București	22 608	95.2	11	11	70	-0.32	56
	RWANDA	Kigali	5397	204.9	44	17	36	2.59	6
	SAMOA	Apia	166	58.6	37	6	69	1.07	22
	SÃO TOMÉ A PRÍNCIPE	São Tomé	135	140			69	2.2	44
	SAUDI ARABIA	Riyadh	18 836	8.6	35	5	71	2.16	84
	SBAEN	Madrid	39 270	77.8	10	9	78	0.18	77
	SELAND NEWYDD	Wellington	3570	13.2	17	8	77	1.24	86
	SÉNÉGAL	Dakar	8572	43.6	43	16	51	2.52	44
	SIERRA LEONE	Freetown	4297	59.9	49	25	37	2.4	34
	SINGAPORE	Singapore	3044	4763.7	16	6	77	1.03	100
	SLOFACIA	Bratislava	5374	109.6	14	11	71	0.36	59
	SLOVENIJA	Ljubljana	1991	98.3	11	11	73	0.29	52
	SOMALIA	Mogadishu	9822	15.4	50	18	48	1.28	26
	SRI LANKA	Colombo	18 300	278.9	21	6	73	1.27	22
	ST LUCIA	Castries	144	233.8			71	1.35	38
	ST VINCENT A'R GRENADINES	Kingstown	113	290.5			72	0.88	50
	SUDAN	Khartoum	27 291	10.9	40	13	54	2.67	32
	SURINAME	Paramaribo	432	2.6	25	6	71	1.1	50
	SWEDEN	Stockholm	8843	19.7	14	11	78	0.51	83
	SWISTIR, Y	Bern	7074	171.3	13	9	78	1.05	61
	SYRIA	Damascus	14 574	78.7	41	6	68	3.43	53
	TAIWAN	Taibei	21 211	586.3	15	6	76		75
	TAJIKISTAN	Dushanbe	5919	41.4	37	6	67	2.86	32
	TANZANIA	Dodoma	30 799	32.6	43	14	51	2.96	25
	TCHAD	N'Djamena	6515	5.1	44	18	47	2.71	23
	TOGO	Lomé	4201	74	45	13	50	3.18	31
	TRINIDAD A TOBAGO	Port of Spain	1297	252.8	21	6	73	1.1	72
	TUNISIA	Tunis	9156	55.8	26	6	69	1.92	63
	TURKMENISTAN	Ashgabat	4569	9.4	32	8	65	2.28	45
	TWRCI	Ankara	62 697	80.4	27	7	68	1.98	71
	UGANDA	Kampala	20 256	84	52	19	41	3.42	13
	UKRAIN	Kiev	51 094	84.6	11	13	69	-0.1	71
	UNOL DALEITHIAU AMERICA	Washington	266 557	27.2	16	9	76	1.04	76
	URUGUAY	Montevideo	3203	18.2	17	10	73	0.58	90
	UZBEKISTAN	Tashkent	22 912	51.2	31	6	68	2.24	41
	VANUATU	Port-Vila	174	14.3	35	7	67	2.49	19
	VENEZUELA	Caracas	22 710	24.9	27	5	72	2.27	86
	VIET NAM	Ha Nôi	75 181	228.1	31	8	67	2.23	19
	YEMEN	San'a	15 919	30.2	49	15	57	4.97	34
	YNYSOEDD SOLOMON	Honiara	391	13.8	37	4	71	3.32	18
	ZAMBIA	Lusaka	8275	11	45	15	43	2.97	43
	ZIMBABWE	Harare	11 908	30.5	39	12	49	2.57	33

TIR			ADDYSG AC IECHYD				DATBLYGIAD				
ARWYNEB-EDD (miloedd o km sgwâr)	TIR SY'N CAEL EI DRIN (miloedd o km sgwâr 1993)	COEDWIG (miloedd o km sgwâr 1993)	LLYTHR-ENNEDD OEDOL-ION (% 1992)	ADDYSG YSGOL (Uwchradd, % crynswth 1993)	POBL I BOB MEDDYG (1991)	CYMER-IANT BWYD (caloriau y pen y dydd 1992)	TRAUL EGNI (kg o gyfwerth olew y pen 1993)	MANTOL FASNACH (miliynau o $ U.D.A. 1994)	C.G.C. Y PEN ($ U.D.A. 1993 neu'n gynt)	GWLAD	CYLCHFA-OEDD AMSER (+ NEU - ASG Amser Safonol Greenwich)
89	32	33	86.2	81	381	3634	1463	-9084	9740	PORTIWGAL	ASG
11			78.1	88.5	646		25 210	1290	11 600	QATAR	+3
238	99	67	96.9	82	553	3051	1828	-294	1480	ROMÂNIA	+2
26	12	6	56.8	10		1821	24	-220	180	RWANDA	+2
3	1	1	98			2828	269	-76	1120	SAMOA	-11
0.964			60			2129	197		350	SÃO TOMÉ A PRÍNCIPE	ASG
2200	37	18	60.6	51	969	2735	4092	1979	7040	SAUDI ARABIA	+3
505	197	161	98	108.5	280	3708	2031	-19 205	13 580	SBAEN	+1
271	38	74	99	91.5	373	3669	3871	283	14 340	SELAND NEWYDD	+12 i +12¾
197	24	105	30.5	17	18 002	2262	116	-489	600	SÉNÉGAL	ASG
72	5	20	28.7	16.5	13 837	1694	31	-34	180	SIERRA LEONE	ASG
0.639			89.9	70.5	950		6371	-5841	26 730	SINGAPORE	+8
49	16	20	99			3156	3019	29	2950	SLOFACIA	+1
20	3	10					2396	-428	8200	SLOVENIJA	+1
638	10	160	27	7	16 660	1499		-28	120	SOMALIA	+3
66	19	21	89.3	74.5	7337	2273	104	-1290	700	SRI LANKA	+5½
0.616			93			2588	403	-190	3370	ST LUCIA	-4
0.389			98			2347	264	-92	2280	ST VINCENT	+4
2506	130	442	42.7	21	11 620	2202	43	-551	480	SUDAN	+2
164	1	150	92.2	54	1927	2547	1374	0	880	SURINAME	-3
450	28	280	99	95.5	322	2972	4561	9669	23 750	SWEDEN	+1
41	5	13	99	91.5	334	3379	3321	2158	40 630	SWISTIR, Y	+1
185	58	7	67.7	48.5	1439	3175	986	-1822	1120	SYRIA	+2
36			91		974					TAIWAN	+8
143	8	5	96.7		366		1067	28	340	TAJIKISTAN	+5
945	35	335	64.4	5.5	24 070	2018	26	-778	120	TANZANIA	+3
1284	33	324	44.9	7.5	60 415	1989	5	-77	180	TCHAD	+1
57	24	9	47.9	23.5	15 352	2242	53	-60	310	TOGO	ASG
5	1	2	97.4	79	1197	2585	4993	164	3770	TRINIDAD A TOBAGO	-4
164	50	7	62.8	49	1897	3330	608	-1900	1820	TUNISIA	+1
488	15	40	97.7		296		3380	548	920	TURKMENISTAN	+5
779	275	202	80.5	50	1201	3429	793	-5155	2780	TWRCI	+2
241	68	55	58.6	12	26 850	2159	19	-459	240	UGANDA	+3
604	344	103	95		234		3733	-281	1630	UKRAIN	+2 i +3
9809	1878	2862	99	94	408	3732	7570	-176 694	26 980	UNOL DALEITHIAU	-5 i -10
176	13	9	96.9	61.5	348	2750	585	-860	5170	URUGUAY	-3
447	45	13	97.2		292	2079		-121	970	UZBEKISTAN	+5
12	1	9	65			2739	124	-65	1200	VANUATU	+11
912	39	300	90.4	34.5	605	2618	2379	7488	3020	VENEZUELA	-4
330	67	97	91.9	42.5	3108	2250	106	70	240	VIET NAM	+7
528	15	20	41.4		5982	2203	222	-1277	260	YEMEN	+3
28	1	25	24	15.5		2173	147	-5	910	YNYSOEDD SOLOMON	+11
753	53	287	75.2	19.5	9787	1931	137	187	400	ZAMBIA	+2
391	29	88	83.4	47	7537	1985	462	-775	540	ZIMBABWE	+2

Sut i ddefnyddio'r Mynegai

Mae pob enw sydd ar y mapiau yn yr atlas hwn
(ar wahân i ambell le sy'n ymddangos ar fapiau
thematig arbennig) wedi'i gynnwys yn
y mynegai.

Mae'r enwau yn nhrefn yr wyddor Gymraeg
(ond gan dderbyn llythrennau sydd heb fod yn
yr wyddor honno) ac fe'u rhestrir yn ôl yr
egwyddor o lythyren-wrth-lythyren.

Lle mae mwy nag un lle o'r un enw, defnyddir
enw'r wlad i bennu'r drefn:

Bangor Cymru
Bangor G. Iwerddon
Bangor U.D.A.

Os yw'r ddau le/nodwedd yn yr un wlad yna
defnyddir enw'r sir neu'r dalaith hefyd:

Avon *a.* Bryste Lloegr
Avon *a.* Caerloyw Lloegr
Avon *a.* Dorset Lloegr

Mae pob cofnod yn y mynegai yn dechrau ag
enw'r lle neu'r nodwedd, gydag enw'r wlad
neu'r rhanbarth lle y mae wedi ei leoli yn dilyn.
Dilynir hyn gan rif y dudalen fwyaf addas lle
mae'r enw i'w weld ar fap, fel arfer y map
graddfa fwyaf. Daw'r cyfeirnod alffaniwmerig,
y lledred a'r hydred ar ôl rhif y dudalen.

Dilynir enwau nodweddion ffisegol fel afonydd,
penrhynau, mynyddoedd a.y.b. gan ddisgrifiad.
Cafodd y disgrifiadau eu talfyrru fel arfer i un
neu ddwy lythyren: mae'r talfyriadau hyn i'w
gweld yn y rhestr isod. Cynhwysir disgrifiad
gydag enw tref lle mae perygl drysu rhwng
enw tref a nodwedd ffisegol:

Red Lake *tref*

Defnyddir amrywiol fathau o deip er mwyn
gwahaniaethu rhwng gwahanol rannau pob
cofnod:

enw'r lle	enw'r wlad neu ranbarth	cyfeirnod grid alffaniwmerig
disgrifiad (os o gwbl)	rhif y dudalen	lledred/ hydred

Dyfrdwy *a.* Cymru **12** **D5** 53.13G 3.05Gn

I ddefnyddio'r **cyfeirnod grid alffaniwmerig** i
ddod o hyd i nodwedd ar fap trowch i'r dudalen
gywir ac edrychwch ar y llythrennau gwyn sydd
yn y ffrâm las ar hyd top a gwaelod y map a'r
rhifau gwyn yn y ffrâm las ar hyd ochrau'r map.
Wedi i chi ddod o hyd i'r llythyren a'r rhif cywir
dilynwch y blychau grid i fyny ac ar draws nes i
chi ddarganfod y blwch grid cywir sy'n cynnwys
y nodwedd. Chwiliwch am enw'r nodwedd yn
y blwch grid.

Mae'r **cyfeirnod lledred a hydred** yn rhoi
disgrifiad mwy manwl gywir o leoliad
y nodwedd.

Mae tudalen 6 yr atlas yn disgrifio llinellau
lledred a llinellau hydred ac yn egluro sut y
cânt eu rhifo a'u rhannu yn raddau a munudau.
Mae gan bob enw yn y mynegai gyfeirnod
lledred a hydred arbennig er mwyn i chi allu
lleoli nodwedd yn fanwl gywir. Mae'r llinellau
lledred a'r llinellau hydred ar bob map wedi eu
rhifo mewn graddau. Mae'r rhifau hyn i'w
gweld wedi eu hargraffu'n ddu ar hyd top,
gwaelod ac ochrau'r map.

Rhan o'r map ar dudalen 20 yw'r map bach
uchod. Mae'r llinellau lledred a hydred i'w
gweld arno.

Cofnod Wexford yn y mynegai yw:

Wexford Gwer. Iwer. **20** **E2** 52.20G 6.28Gn

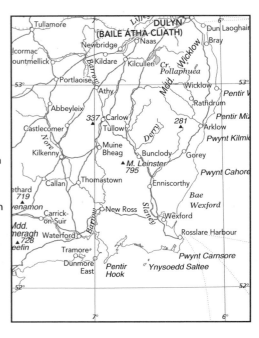

I leoli Wexford dewch o hyd i ledred 52G ac
amcangyfrifwch 20 munud i'r gogledd o 52° i
ddod o hyd i 52.20G. Yna lleolwch hydred 6Gn
ac amcangyfrifwch 28 munud i'r gorllewin o 6° i
ddod o hyd i 6.28Gn. Mae'r symbol ar gyfer tref
Wexford yn y man lle mae lledred 52.20G a
hydred 6.28Gn yn cyfarfod.

Ar fapiau sydd ar raddfa lai na map Iwerddon
nid yw'n bosibl dangos pob llinell lledred a
hydred. Bob 5-10 gradd lledred a hydred a
ddangosir yn unig. Ar y mapiau hyn rhaid i
chi amcangyfrif y graddau a'r munudau
er mwyn lleoli nodwedd arbennig.

Byrfoddau

a., **A.**	afon, Afon
A. a B.	Argyll a Bute
Afghan.	Afghanistan
Ala.	Alabama
Ant. Iseld.	Antilles yr Iseldiroedd
b., **B.**	bae, Bae
Bangla.	Bangladesh
Bosna.	Bosna-Hercegovina
Br.	Bryniau
Cal. New.	Caledonia Newydd
Cam.	Camlas
Cb.	Canolbarth
Cefn.	Cefnfor
cf., **Cf.**	culfor, Culfor
Cn.	Cadwyn
Colo.	Colorado
Cp.	Copa
Cr.	Cronfa ddŵr
D.	De
D. a G.	Dumfries a Galloway
D.C.	De Carolina
Del.	Delaware
D.U.	Y Deyrnas Unedig
diff.	diffeithdir
Dn.	Dwyrain
Dn. Efrog	Riding Dwyreiniol Efrog
E.A.U.	Emiradau Arabaidd Unedig
E.N.	Efrog Newydd
Fla.	Florida
Ffed. Rwsia	Ffederasiwn Rwsia
G.	Gogledd
Ga.	Georgia

G.C.	Gogledd Carolina
G.C.A.	Gweriniaeth Canolbarth Affrica
G.D.A.	Gweriniaeth De Affrica
gff., **Gff.**	gwlff, Gwlff
Gn.	Gorllewin
Gn. Sahara	Gorllewin Sahara
Gn. Va.	Gorllewin Virginia
gor., **Gor.**	gorynys, Gorynys
Guinea Gyhyd.	Guinea Gyhydeddol
Gw.	Gwlad
Gwar.	Gwarchodfa
Gwar. Gen.	Gwarchodfa Genedlaethol
Gwer.	Gweriniaeth
Gwer. Dom.	Gweriniaeth Dominica
Gwer. Ddem. Congo	Gweriniaeth Ddemocrataidd Congo
Gwer. Iwerdd.	Gweriniaeth Iwerddon
Ill.	Illinois
Iwgo.	Iwgoslafia
La.	Louisiana
Liech.	Liechtenstein
Lux.	Luxembourg
ll., **Ll.**	llyn, Llyn
m., **M.**	mynydd, Mynydd
Man.	Manitoba
mdd., **Mdd.**	mynyddoedd, Mynyddoedd
Miss.	Mississippi
Môr Can.	Y Môr Canoldir
Môr Carib.	Y Môr Caribî

n.	nodwedd ffisegol, e.e. dyffryn, gwastadedd, ardal dddaearyddol
Nev.	Nevada
Nfld.	Newfoundland
N. Mex.	New Mexico
Northum.	Northumberland
Oreg.	Oregon
p., **P.**	penrhyn, Penrhyn
P. a K.	Perth a Kinross
Parc Cen.	Parc Cenedlaethol
P.G.N.	Papua Guinea Newydd
Pili.	Pilipinas
Platte Ddl.	Platte Ddeheuol
Platte Ogl.	Platte Ogleddol
pr., **Pr.**	pentir, Pentir
Pt.	Pwynt
rhan.	rhanbarth mewnol, e.e. sir, talaith
Sn.	Swnt
T. a W.	Tyne a Wear
Tex.	Texas
U.D.A.	Unol Daleithiau America
Va.	Virginia
Wyo.	Wyoming
Yr Iseld.	Yr Iseldiroedd
ys., **Ys.**	ynys, Ynys
ysdd., **Ysdd.**	ynysoedd, Ynysoedd
Ysdd. V. (D.U.)	Ynysoedd Virgin (D.U.)
Ysdd. V. (U.D.A.)	Ynysoedd Virgin (U.D.A.)
Ysdd. y Gn.	Ynysoedd y Gorllewin
Ysr.	Ynysfor

A

Aachen Yr Almaen 48 C4 50.46G 6.06Dn
Aalen Yr Almaen 48 E3 48.50G 10.05Dn
Aalst Gw. Belg 42 D2 50.57G 4.03Dn
Abadan Iran 95 G5 30.21G 48.15Dn
Abadeh Iran 95 H5 31.10G 52.40Dn
Abadla Algeria 84 D5 31.01G 2.45Gn
Abakan Ffed. Rwsia 59 L3 53.43G 91.25Dn
Abancay Periw 76 C3 13.35D 72.55Gn
Abarqu Iran 95 H5 31.09G 53.18Dn
Abashiri Japan 106 D4 44.02G 144.17Dn
Abaya, Ll. Ethiopia 85 H2 6.20G 38.00Dn
Abaza Ffed. Rwsia 102 G8 52.44G 90.12Dn
Abbeville Ffrainc 44 D7 50.06G 1.51Dn
Abbeyfeale Gwer. Iwerdd. 20 B2 52.24G 9.18Gn
Abbeyleix Gwer. Iwerdd. 20 D2 52.55G 7.20Gn
Abbey, Pr. Yr Alban 17 F2 54.45G 3.58Gn
Abbottabad Pakistan 95 L5 34.12G 73.15Dn
Abéché Tchad 85 G3 13.49G 20.49Dn
Åbenrå Denmarc 43 B1 55.03G 9.26Dn
Abeokuta Nigeria 84 E2 7.10G 3.26Dn
Aberaeron Cymru 12 C4 52.15G 4.16Gn
Aberchirder Yr Alban 19 G2 57.33G 2.38Gn
Aberdâr Cymru 12 D3 51.43G 3.27Gn
Aberdare, Cn. *mdd.* Kenya 87 B2 0.20D 36.07Dn
Aberdaugleddau Cymru 12 B3 51.43G 5.02Gn
Aberdeen U.D.A. 64 G6 45.28G 98.30Gn
Aberdeen (Obair Dheathain) Yr Alban 19 G2 57.08G 2.07Gn
Aberdeen, Dinas *rhan.* Yr Alban 8 D5 57.08G 2.07Gn
Aberdeen, Swydd *rhan.* Yr Alban 8 D5 57.22G 2.35Gn
Aberfeldy Yr Alban 17 F4 56.38G 3.52Gn
Aberford Lloegr 15 F2 53.51G 1.20Gn
Aberfoyle Yr Alban 16 E4 56.11G 4.23Gn
Abergele Cymru 12 D5 53.17G 3.34Gn
Abergwaun Cymru 12 C3 51.59G 4.59Gn
Abergwaun, Bae Cymru 12 C4 52.06G 4.54Gn
Aberhonddu Cymru 12 D3 51.57G 3.23Gn
Abermaw Cymru 12 C4 52.44G 4.03Gn
Abermaw, Bae Cymru 12 C4 52.42G 4.05Gn
Aberporth Cymru 12 C4 52.08G 4.33Gn
Abersoch Cymru 12 C4 52.50G 4.31Gn
Abertawe Cymru 12 D3 51.37G 3.57Gn
Abertawe *rhan.* Cymru 9 D2 51.35G 4.10Gn
Abertawe, Bae Cymru 12 D3 51.33G 3.50Gn
Aberteifi Cymru 12 C4 52.06G 4.41Gn
Abertyleri Cymru 12 D3 51.44G 3.09Gn
Aberystwyth Cymru 12 C4 52.25G 4.06Gn
Abha Saudi Arabia 94 F2 18.13G 42.30Dn
Abidjan Côte d'Ivoire 84 D2 5.19G 4.01Gn
Abilene U.D.A. 64 G3 32.27G 99.45Gn
Abingdon Lloegr 10 D2 51.40G 1.17Gn
Abington Yr Alban 17 F3 55.29G 3.42Gn
Abitibi, Ll. Canada 65 K6 48.42G 79.45Gn
Aboyne Yr Alban 19 G2 57.05G 2.49Gn
Abqaiq Saudi Arabia 95 G4 25.55G 49.40Dn
Abu' Arīsh Saudi Arabia 94 F2 16.58G 42.50Dn
Abu Dhabi = Abū Zabī E.A.U. 95 H3 24.27G 54.23Dn
Abu Hamed Sudan 85 H3 19.32G 33.20Dn
Abuja Nigeria 84 E2 9.12G 7.11Dn
Abu Matariq Sudan 94 C1 10.58G 26.17Dn
Abunã *a.* Brasil 76 D4 9.41D 65.20Gn
Abu Simbel Yr Aifft 94 D3 22.18G 31.40Dn
Abū Zabī (Abu Dhabi) E.A.U. 95 H3 24.27G 54.23Dn
Abyad Sudan 94 C1 13.46G 26.28Dn
Acapulco México 70 E4 16.51G 99.56Gn
Acarigua Venezuela 71 K2 9.35G 69.12Gn
Accra Ghana 84 D2 5.33G 0.15Gn
Accrington Lloegr 15 E2 53.46G 2.22Gn
Achill, Ys. Gwer. Iwerdd. 20 A3 53.57G 10.00Gn
Achinsk Ffed. Rwsia 59 L3 56.10G 90.10Dn
A'Chralaig *m.* Yr Alban 18 D2 57.11G 5.09Gn
Acklins, Ys. Bahamas 71 J5 22.30G 74.10Gn
Acle Lloegr 11 G3 52.38G 1.33Dn
Aconcagua *m.* Ariannin 75 B3 32.37D 70.00Gn
Açores *ysdd.* Cefn. Iwerydd 82 A8 38.00G 28.00Gn
Acre *rhan.* Brasil 76 C4 8.50D 71.30Gn
Acre *a.* Brasil 76 D4 8.45D 67.23Gn
Actéon, Grŵp *ysdd.* Polynesia Ffrengig 109 Q4 22.00D 136.00Gn
Adaja *a.* Sbaen 46 C4 41.32G 4.52Gn
Adamawa, Ucheld. Nigeria/Cameroun 84 F2 7.05G 12.00Dn
Adana Twrci 57 L2 37.00G 35.19Dn
Adda *a.* Yr Eidal 50 C6 45.08G 9.55Dn
Ad Dahna *diff.* Saudi Arabia 95 G4 26.00G 47.00Dn
Ad Dakhla Gn. Sahara 84 C4 23.43G 15.57Gn
Ad Dammam Saudi Arabia 95 H4 26.23G 50.08Dn
Ad Dawhah (Doha) Qatar 95 H4 25.15G 51.34Dn
Adderbury Lloegr 10 D3 52.01G 1.19Gn
Ad Dir'īyah Saudi Arabia 95 G4 24.45G 46.32Dn
Addis Ababa Ethiopia 85 H2 9.03G 38.42Dn
Ad Dīwanīyah Iraq 94 F5 31.59G 44.57Dn
Adelaide Awstralia 110 C2 34.56D 138.36Dn
Aden Yemen 94 F1 12.50G 45.00Dn
Aden, Gff. Cefn. India 85 I3 13.00G 50.00Dn
Adi *ys.* Indonesia 105 I3 4.10D 133.10Dn
Ādī Ārk'ay Ethiopia 94 E1 13.35G 37.57Dn
Adige *a.* Yr Eidal 50 E6 45.10G 12.20Dn
Ādīgrat Ethiopia 94 E1 14.18G 39.31Dn
Adilang Uganda 87 A3 2.44G 33.28Dn
Adi Ugri Eritrea 94 E1 14.55G 38.53Dn
Adıyaman Twrci 57 N2 37.46G 38.15Dn
Admiralty, Ysdd. P.G.N. 108 J6 2.30D 147.20Dn
Adour *a.* Ffrainc 44 C3 43.28G 1.35Gn
Adria, Môr Môr Can. 50 F5 42.30G 16.00Dn
Adwa Ethiopia 85 H3 14.12G 38.56Dn
Aegea, Môr Môr Can. 56 G3 39.00G 25.00Dn
Afghanistan Asia 95 K5 33.00G 65.30Dn
Afmadow Somalia 87 C3 0.27G 42.05Dn
Afyon Twrci 57 J3 38.46G 30.32Dn
Affrica 82
Affrica, Gwer. Canolbarth Affrica 85 F2 6.30G 20.00Dn
Affrica, Gwer. De Affrica 86 B1 30.00D 27.00Dn
Agadez Niger 84 E3 17.00G 7.56Dn
Agadir Moroco 84 D5 30.26G 9.36Gn
Agana Guam 105 K6 13.28G 144.45Dn
Agano *a.* Japan 106 C3 37.58G 139.02Dn
Agartala India 97 I5 23.49G 91.15Dn
Agde Ffrainc 44 E3 43.19G 3.28Dn
Agen Ffrainc 44 D4 44.12G 0.38Dn
Āgere Maryam Ethiopia 87 B4 5.40G 38.11Dn
Aghla, M. Gwer. Iwerdd. 16 A2 54.50G 8.10Gn
Agirwat, Br. Sudan 94 E2 16.00G 35.10Dn
Agra India 97 F6 27.09G 78.00Dn
Ağri Twrci 94 F6 39.44G 43.04Dn
Agrigento Yr Eidal 50 E2 37.19G 13.36Dn
Agrihan *ys.* Ysdd. G. Mariana 105 L7 18.44G 145.39Dn
Aguascalientes México 70 D5 21.51G 102.18Gn
Aguascalientes *rhan.* México 70 D4 22.00G 102.18Gn
Aguilar de Campóo Sbaen 46 C5 42.55G 4.15Gn
Águilas Sbaen 46 E2 37.25G 1.35Gn
Agulhas Negras *m.* Brasil 72 F4 22.20D 44.43Gn
Agulhas, P. G.D.A. 86 B1 34.50D 20.00Dn
Ahaggar *mdd.* Algeria 84 E4 24.00G 5.50Dn
Ahar Iran 95 G6 38.25G 47.07Dn
Ahaus Yr Almaen 42 G4 52.04G 7.01Dn
Ahmadabad India 96 E5 23.03G 72.40Dn
Ahmadnagar India 96 E4 19.08G 74.48Dn
Ahmadpur East Pakistan 95 L4 29.09G 71.16Dn
Ahmadpur Sial Pakistan 95 L5 30.41G 71.46Dn
Ahvaz Iran 95 G5 31.17G 48.44Dn
Aifft, Yr Affrica 94 C4 26.30G 29.30Dn
Ailsa Craig *ys.* Yr Alban 16 D3 55.15G 5.07Gn
Aïn Beïda Algeria 52 E4 35.50G 7.27Dn
Aïn Sefra Algeria 84 D5 32.45G 0.35Gn
Aïr *mdd.* Niger 84 E3 18.30G 8.30Dn
Airdrie Canada 62 G3 51.20G 114.00Gn
Airdrie Yr Alban 17 F3 55.52G 3.59Gn
Aisne *a.* Ffrainc 44 E6 49.27G 2.51Dn
Aitape P.G.N. 105 K3 3.10D 142.17Dn
Aitutaki *ys.* Ysdd. Cook 108 P5 18.52D 159.46Gn
Aix-en-Provence Ffrainc 44 F3 43.31G 5.27Dn
Aíynia *ys.* Groeg 56 F2 37.43G 23.30Dn
Aizu-wakamatsu Japan 106 C3 37.30G 139.58Dn
Ajaccio Ffrainc 44 H2 41.55G 8.43Dn
Ajdabiya Libya 85 G5 30.48G 20.15Dn
Akhdar, Al Jabal al *mdd.* Libya 85 G5 32.10G 22.00Dn
Akhdar, Jabal *mdd.* Oman 95 I3 23.10G 57.25Dn
Akhelóös *a.* Groeg 56 E3 38.20G 21.04Dn
Akhisar Twrci 57 H3 38.54G 27.49Dn
Akimiski, Ys. Canada 63 J3 53.00G 81.20Gn
Akita Japan 106 D3 39.44G 140.05Dn
Akkajaure *ll.* Sweden 43 D4 67.40G 17.30Dn
Akmola Kazakhstan 102 C8 51.10G 71.28Dn
Akobo *a.* Sudan/Ethiopia 82 G5 8.30G 33.15Dn
Akordat Eritrea 85 H3 15.35G 37.55Dn
Akpatok, Ys. Canada 63 L4 60.30G 68.30Gn
Akranes Gw. yr Iâ 43 X2 64.19G 22.05Gn
Akron U.D.A. 65 J5 41.04G 81.31Gn
Akşehir Twrci 57 J3 38.22G 31.24Dn
Aksu China 102 E6 42.10G 80.00Dn
Āksum Ethiopia 94 E1 14.08G 38.48Dn
Aktau Kazakhstan 58 H2 43.37G 51.11Dn
Aktogay Kazakhstan 102 D7 46.59G 79.42Dn
Aktyubinsk Kazakhstan 58 H3 50.16G 57.13Dn
Akureyri Gw. yr Iâ 43 Y2 65.41G 18.04Gn
Alabama *rhan.* U.D.A. 65 I3 33.00G 87.00Gn
Alabama *a.* U.D.A. 65 I3 31.05G 87.55Gn
Alagoas *rhan.* Brasil 77 G4 9.30D 37.00Gn
Alagoinhas Brasil 77 G3 12.09D 38.21Gn
Al Ahmadī Kuwait 95 G4 29.05G 48.04Dn
Alakol', Ll. Kazakhstan 102 E7 46.00G 81.40Dn
Alakurtti Ffed. Rwsia 43 G4 67.00G 30.23Dn
Alamagan *ys.* Ysdd. G. Mariana 105 L7 17.35G 145.50Dn
Åland *ysdd.* Y Ffindir 43 E3 60.20G 20.00Dn
Alanya Twrci 57 J2 36.32G 32.02Dn
Al Aqabah Gw. Iorddonen 94 E4 29.32G 35.00Dn
Al Artawīyah Saudi Arabia 95 G4 26.31G 45.21Dn
Alaska *rhan.* U.D.A. 62 C4 65.00G 153.00Gn
Alaska, Cn. *mdd.* U.D.A. 62 C4 62.10G 152.00Gn
Alaska, Gff. U.D.A. 62 D3 58.45G 145.00Gn
Alaska, Gor. U.D.A. 62 C3 56.00G 160.00Gn
Alausí Ecuador 76 C4 2.00D 78.50Gn
Alavus Y Ffindir 43 E3 62.35G 23.37Dn
Alaw, Ll. Cymru 12 C5 53.20G 4.25Gn
Albacete Sbaen 46 E3 39.00G 1.52Gn
Alba Iulia România 56 F7 46.04G 23.33Dn
Alban, Yr D.U. 8-9
Alban, Gororau'r *rhan.* Yr Alban 8 D4 55.30G 2.53Gn
Albania Ewrop 56 E4 41.00G 20.00Dn
Albany Awstralia 110 A2 34.57D 117.54Dn
Albany *a.* Canada 63 J3 52.10G 82.00Gn
Albany E.N. U.D.A. 65 L5 42.40G 73.49Gn
Albany Ga. U.D.A. 65 J3 31.37G 84.10Gn
Al Basrah Iraq 95 G5 30.33G 47.50Dn
Al Bayda' Libya 85 G5 32.50G 21.50Dn
Albenga Yr Eidal 50 C6 44.03G 8.13Dn
Alberche *a.* Sbaen 46 C4 40.00G 4.45Gn
Albert Ffrainc 42 B1 50.00G 2.40Dn
Alberta *rhan.* Canada 62 G3 55.00G 115.00Gn
Albert Lea U.D.A. 65 H5 43.39G 93.22Gn
Albert, Ll. Affrica 86 C5 1.45G 31.00Dn
Albi Ffrainc 44 E3 43.56G 2.08Dn
Al Biyadh *n.* Saudi Arabia 95 G3 22.00G 47.00Dn
Alborán *ys.* Sbaen 46 D1 35.55G 3.10Gn
Ålborg Denmarc 43 B2 57.03G 9.56Dn
Al Bu Kamal Syria 94 F5 34.27G 40.55Dn
Albuquerque U.D.A. 64 E4 35.05G 106.38Gn
Al Buraymī E.A.U. 95 I3 24.15G 55.45Dn
Albury Awstralia 110 D2 36.03D 146.53Dn
Alcalá de Henares Sbaen 46 D4 40.28G 3.22Gn
Alcalá la Real Sbaen 46 D2 37.28G 3.55Gn
Alcañiz Sbaen 46 E4 41.03G 0.09Gn
Alcázar de San Juan Sbaen 46 D3 39.24G 3.12Gn
Alcester Lloegr 10 D3 52.13G 1.52Gn
Alcoy/ Alcoi Sbaen 46 E3 38.42G 0.29Gn
Alcúdia Sbaen 46 G3 39.51G 3.09Dn
Aldabra, Ysdd. Cefn. India 86 D4 9.00D 47.00Dn
Aldan Ffed. Rwsia 59 O3 58.44G 125.22Dn
Aldan *a.* Ffed. Rwsia 59 P4 63.30G 130.00Dn
Aldbrough Lloegr 15 G2 53.50G 0.07Gn
Aldeburgh Lloegr 11 G3 52.09G 1.35Dn
Alderley Edge Lloegr 15 E2 53.18G 2.15Gn
Alderney *ys.* Ysdd. y Sianel 13 Z9 49.42G 2.11Gn
Aldershot Lloegr 10 E2 51.15G 0.47Gn
Aldingham Lloegr 14 D3 54.08G 3.08Gn
Aldridge Lloegr 10 D3 52.36G 1.55Gn
Aleksandrovsk-Sakhalinskiy Ffed. Rwsia 59 Q3 50.55G 142.12Dn
Aleksin Ffed. Rwsia 55 O6 54.31G 37.07Dn
Alençon Ffrainc 44 D6 48.25G 0.05Dn
Alès Ffrainc 44 F4 44.08G 4.05Dn
Alessandria Yr Eidal 50 C6 44.54G 8.37Dn
Ålesund Norwy 43 A3 62.28G 6.11Dn
Aleutia, Cn. *mdd.* U.D.A. 62 C3 58.00G 156.00Gn
Aleutia, Ysdd. U.D.A. 108 N12 52.00G 176.00Gn
Alexander, Ys. Antarctica 112 72.00D 70.00Gn
Alexander, Ysr. *ysdd.* U.D.A. 62 E3 56.30G 134.30Gn
Alexandra, P. De Georgia 75 F1 54.05D 37.58Gn
Alexandria La. U.D.A. 65 H3 31.19G 92.29Gn
Alexandria Va. U.D.A. 65 K4 38.48G 77.03Gn
Alexandria Yr Alban 16 E3 55.59G 4.35Gn
Alexandria = El Iskandarîya Yr Aifft 94 C5 31.13G 29.55Dn
Alexandroúpolis Groeg 56 G4 40.50G 25.53Dn
Aleysk Ffed. Rwsia 102 E8 52.32G 82.17Dn
Al Farwanīyah Kuwait 95 G4 29.04G 47.50Dn
Alford Lloegr 15 H2 53.17G 0.11Dn
Alfreton Lloegr 15 F2 53.06G 1.22Gn
Algarve *n.* Portiwgal 46 A2 37.20G 8.00Gn
Algeciras Sbaen 46 C2 36.08G 5.27Gn
Alger = Al Jazā'ir Algeria 84 E5 36.50G 3.00Dn
Algeria Affrica 84 E4 28.00G 2.00Dn
Al Ghaydah Yemen 95 H2 16.12G 52.16Dn
Alghero Yr Eidal 50 C4 40.33G 8.20Dn
Al Hamad *diff.* Asia 94 E5 31.45G 39.00Dn
Al Hamādah al Hamrā *n.* Libya 52 F2 29.00G 12.00Dn
Al Hasakah Syria 94 F6 36.29G 40.45Dn
Al Hibak *n.* Saudi Arabia 95 H3 21.00G 53.30Dn
Al Hillah Iraq 94 F5 32.28G 44.29Dn
Al Hoceima Moroco 46 D1 35.15G 3.55Gn
Al Hudaydah (Hodeida) Yemen 94 F1 14.50G 42.58Dn
Al Hufūf (Hofūf) Saudi Arabia 95 G4 25.20G 49.34Dn
Aliákmon *a.* Groeg 56 F4 40.30G 22.38Dn
Ali Bayramli Azerbaijan 95 G6 39.56G 48.55Dn
Alicante/ Alicant Sbaen 46 E3 38.21G 0.29Gn
Alice Springs *tref* Awstralia 110 C3 23.42D 133.52Dn
Alingsås Sweden 43 C2 57.55G 12.30Dn
Al Jaghbub Libya 85 G4 29.42G 24.38Dn
Al Jaharah Kuwait 95 G4 29.20G 47.41Dn
Al Jawf Saudi Arabia 94 E4 29.49G 39.52Dn
Al Jawsh Libya 52 F3 32.00G 11.40Dn
Al Jazā'ir (Alger) Algeria 84 E5 36.50G 3.00Dn
Al Jubayl Saudi Arabia 95 G4 26.59G 49.40Dn
Al Karak Gw. Iorddonen 94 E5 31.11G 35.42Dn
Al Khaburah Oman 95 I3 23.58G 57.10Dn
Al-Khalil (Hebron) Gw. Iorddonen 94 E5 31.32G 35.06Dn
Al Khartūm (Khartoum) Sudan 85 H3 15.33G 32.35Dn
Al Khasab Oman 95 I4 26.14G 56.15Dn
Al Khufrah Libya 85 G4 24.09G 23.19Dn
Al Khums Libya 53 F3 32.39G 14.15Dn
Alkmaar Yr Iseld. 42 D4 52.37G 4.44Dn
Al Kut Iraq 95 G5 32.30G 45.51Dn
Allahabad India 97 G6 25.57G 81.50Dn
Allegheny, Mdd. U.D.A. 65 K5 38.00G 81.00Gn
Allendale Town Lloegr 15 E3 54.54G 2.15Gn
Allen, Loch Gwer. Iwerdd. 20 C4 54.07G 8.04Gn
Allentown U.D.A. 65 K5 40.37G 75.30Gn
Alleppey India 96 F2 9.30G 76.22Dn
Aller *a.* Yr Almaen 48 D5 52.57G 9.11Dn
Alliance U.D.A. 64 F5 42.08G 103.00Gn
Allier *a.* Ffrainc 44 E5 46.58G 3.04Dn
Al Lith Saudi Arabia 94 F3 20.09G 40.16Dn
Alloa Yr Alban 17 F4 56.07G 3.49Gn
Al Madīnah (Medina) Saudi Arabia 94 E3 24.30G 39.35Dn
Almaen, Yr Ewrop 48 D4 51.00G 10.00Dn
Al Mahrah *n.* Yemen 95 H2 15.30G 51.00Dn
Al Manamāh Bahrain 95 H4 26.12G 50.36Dn
Almansa Sbaen 46 E3 38.52G 1.06Gn
Almanzor *m.* Sbaen 46 C4 40.20G 5.22Gn
Al Marj Libya 53 H3 32.30G 20.50Dn
Almaty Kazakhstan 102 D6 43.19G 76.55Dn
Al Mawşil (Mosul) Iraq 94 F6 36.21G 43.08Dn
Almeirim Brasil 77 E4 1.30D 52.35Gn
Almelo Yr Iseld. 42 F4 52.21G 6.40Dn
Almería Sbaen 46 D2 36.50G 2.26Gn
Almina, P. *p.* Moroco 46 C1 35.54G 5.17Gn
Al Mish'ab Saudi Arabia 95 G4 28.00G 48.48Dn
Almodôvar Portiwgal 46 A2 37.31G 8.03Gn
Almond *a.* Yr Alban 17 F4 56.25G 3.28Gn
Al Mudawwara Gw. Iorddonen 94 E4 29.20G 36.00Dn
Al Mukha Yemen 94 F1 13.19G 43.15Dn
Almuñécar Sbaen 46 D2 36.44G 3.41Gn
Al Nu'ayrīyah Saudi Arabia 95 G4 27.27G 48.17Dn
Alnwick Lloegr 15 F4 55.25G 1.41Gn
Alor *ys.* Indonesia 105 G2 8.20D 124.30Dn
Alpau, Yr *mdd.* Ewrop 34 E2 46.00G 7.30Dn
Alpau Carnig *mdd.* Yr Eidal/Awstria 50 E7 46.40G 12.48Dn
Alpau Dinarig *mdd.* Bosna./Croatia 56 C6 44.00G 16.30Dn
Alpau Morol *mdd.* Ffrainc 44 G4 44.07G 7.08Dn
Alpau'r De *mdd.* Seland Newydd 111 G1 43.20D 170.45Dn
Alpine U.D.A. 64 F3 30.22G 103.40Gn
Al Qa'amiyat *n.* Saudi Arabia 95 G2 18.30G 49.00Dn
Al Qaddahiyah Libya 53 G3 31.24G 15.12Dn
Al Qamishlī Syria 94 F6 37.05G 41.11Dn
Al Qunfidhah Saudi Arabia 94 F2 19.08G 41.15Dn
Alsager Lloegr 15 E2 53.07G 2.20Gn
Alston Lloegr 15 E3 54.48G 2.26Gn
Alta *a.* Norwy 43 E5 70.00G 23.15Dn
Altai, Mdd. Mongolia 102 G7 46.30G 93.30Dn
Altamira Brasil 77 E4 3.12D 52.12Gn
Altamura Yr Eidal 50 G4 40.50G 16.32Dn
Altay China 102 F7 47.48G 88.07Dn
Altay Mongolia 102 H7 46.20G 97.00Dn
Altenburg Yr Almaen 48 F4 50.59G 12.27Dn
Altiplano *n.* Bolivia 76 D3 18.00D 67.30Gn
Altiplano Mexicano *mdd.* G. America 60 I4 24.00G 105.00Gn
Alton Lloegr 10 E2 51.08G 0.59Gn
Altoona U.D.A. 65 K5 40.32G 78.23Gn
Altrincham Lloegr 15 E2 53.25G 2.21Gn
Altun Shan *mdd.* China 102 F5 38.10G 87.50Dn
Al'Uqaylah Libya 53 G3 30.15G 19.12Dn
Alur Setar Malaysia 104 C5 6.06G 100.23Dn
Al'Uthmanīyah Saudi Arabia 95 G4 25.16G 49.24Dn
Al'Uwaynat Libya 94 B3 21.53G 24.51Dn
Alva U.D.A. 64 G4 36.48G 98.40Gn
Älvdalen Sweden 43 C3 61.14G 14.05Dn
Alveley Lloegr 10 C3 52.28G 2.20Gn
Älvsbyn Sweden 43 E4 65.41G 21.00Dn
Al Wajh Saudi Arabia 94 E4 26.16G 36.28Dn
Alwen, Ll. Cymru 12 D5 53.05G 3.35Gn
Al Widyan *n.* Iraq/Saudi Arabia 94 F5 31.00G 42.00Dn
Alyth Yr Alban 17 F4 56.38G 3.14Gn
Alytus Lithuania 55 I6 54.24G 24.03Dn
Amadeus, Ll. Awstralia 110 C3 24.50D 130.45Dn
Amadjuak, Ll. Canada 63 K4 65.00G 71.00Gn
Amadora Portiwgal 46 A3 38.45G 9.13Gn
Åmål Sweden 43 C2 59.04G 12.41Dn
Amamapare Indonesia 105 J3 4.56D 136.43Dn
Amapá *rhan.* Brasil 77 E5 2.00G 52.00Gn
Amarillo U.D.A. 64 F4 35.14G 101.50Gn
Amasya Twrci 57 L4 40.37G 35.50Dn
Amazonas *rhan.* Brasil 76 D4 4.50D 64.00Gn
Amazonas *a.* Brasil 77 E4 2.00D 50.00Gn
Amazonas, Delta *n.* Brasil 77 F5 0.00 50.00Gn
Ambarchik Ffed. Rwsia 59 S4 69.39G 162.27Dn
Ambato Ecuador 76 C4 1.18D 78.36Gn
Ambergate Lloegr 15 F2 53.03G 1.29Gn
Ambergris Cay *ys.* Belize 70 G4 18.00G 87.58Gn
Amble Lloegr 15 F4 55.20G 1.34Gn
Ambleside Lloegr 14 E3 54.26G 2.58Gn
Ambon Indonesia 105 H3 3.50D 128.10Dn
Amboseli, Parc Cen. Kenya 87 B2 2.40D 37.10Dn
Ambrym *ys.* Vanuatu 111 F4 16.15D 168.10Dn
Ameland *ys.* Yr Iseld. 42 E5 53.28G 5.48Dn
America, Basn G. *n.* Cefn. Iwerydd 116 G7
America, De 74
America, Gogledd 60
Amersfoort Yr Iseld. 42 E4 52.10G 5.23Dn
Amersham Lloegr 11 E2 51.40G 0.38Gn
Amesbury Lloegr 10 D2 51.10G 1.46Gn
Amgu Ffed. Rwsia 106 C5 45.48G 137.36Dn
Amgun *a.* Ffed. Rwsia 59 P3 53.10G 139.47Dn
Amiens Ffrainc 44 E6 49.54G 2.18Dn
Amino Ethiopia 87 C3 4.25G 41.52Dn
Amlwch Cymru 12 C5 53.24G 4.21Gn
Amman Gw. Iorddonen 94 E5 31.57G 35.56Dn
Ammokhostos (Famagusta) Cyprus 57 K1 35.07G 33.57Dn
Amol Iran 95 H6 36.26G 52.24Dn
Amorgós *ys.* Groeg 56 G2 36.49G 25.54Dn
Amos Canada 63 K2 48.35G 78.05Gn
Ampthill Lloegr 11 E3 52.03G 0.30Gn
Amravati India 97 F5 20.58G 77.50Dn
Amritsar India 96 E7 31.35G 74.56Dn
Amstelveen Yr Iseld. 42 D4 52.18G 4.51Dn
Amsterdam Yr Iseld. 42 D4 52.22G 4.54Dn
Amudar'ya *a.* Asia 90 H7 43.50G 59.00Dn
Amund Ringnes, Ys. Canada 63 I5 78.00G 96.00Gn
Amundsen, Gff. Canada 62 F5 70.30G 122.00Gn
Amundsen, Môr Antarctica 112 70.00D 110.00Gn
Amuntai Indonesia 104 F3 2.24D 115.14Dn
Amur *a.* Ffed. Rwsia 59 P3 53.17G 140.00Dn
Amwythig (Shrewsbury) Lloegr 10 C3 52.42G 2.45Gn
Amwythig *rhan.* Lloegr 9 D3 52.35G 2.40Gn
Anabar *a.* Ffed. Rwsia 59 N5 72.40G 113.30Dn
Anadyr Ffed. Rwsia 59 T4 64.40G 177.32Dn
Anadyr *a.* Ffed. Rwsia 59 T4 65.00G 176.00Dn
Anadyr, Gff. Ffed. Rwsia 59 U4 64.30G 177.50Gn
'Ānah Iraq 94 F5 34.29G 41.57Dn
Anambas, Ysdd. Indonesia 104 D4 3.00G 106.10Dn
Anamur Twrci 57 K2 36.06G 32.49Dn
Anápolis Brasil 77 F3 16.19D 48.58Gn
Anatahan *ys.* Ysdd. G. Mariana 105 L7 16.22G 145.38Dn
Anatolia *n.* Twrci 57 J3 38.30G 32.00Dn
An Blascaod Mor Gwer. Iwerdd. 20 A2 52.05G 10.32Gn
Anchorage U.D.A. 62 D4 61.10G 150.00Gn
Ancona Yr Eidal 50 E5 43.37G 13.33Dn
And, Ffiord *moryd* Norwy 43 D5 69.10G 16.20Dn
Åndalsnes Norwy 43 A3 62.33G 7.43Dn
Andaman Fach *ys.* India 97 I3 10.50G 92.38Dn
Andaman, Môr Cefn. India 97 J3 11.00G 96.00Dn
Andaman, Ysdd. India 97 I3 12.00G 93.00Dn
Anderlecht Gw. Belg 42 D2 50.51G 4.18Dn
Anderson U.D.A. 62 D4 64.25G 149.10Gn
Anderson *a.* Canada 62 F4 69.45G 129.00Gn
Andes *mdd.* De America 74 B5 15.00D 74.00Gn
Andhra Pradesh *rhan.* India 97 F4 17.00G 79.00Dn
Andikíthira *ys.* Groeg 56 F1 35.52G 23.18Dn
Andkhvoy Afghan. 95 K6 36.56G 65.05Dn
Andorra Ewrop 46 F5 42.30G 1.32Dn
Andorra La Vella Andorra 46 F5 42.30G 1.31Dn
Andover Lloegr 10 D2 51.13G 1.29Gn
Andøya *ys.* Norwy 43 C5 69.00G 15.30Dn
Andreas (Andreays) Ynys Manaw 14 C3 54.22G 4.26Gn
Andreas, P. Cyprus 57 L1 35.40G 34.35Dn
Andros *ys.* Bahamas 71 I5 24.30G 78.00Gn
Ándros *ys.* Groeg 56 G2 37.50G 24.50Dn
Andújar Sbaen 46 C3 38.02G 4.03Gn
Anegada *ys.* Ysdd. V.(D.U.) 71 L4 18.46G 64.24Gn
Aneto, Copa *m.* Sbaen 46 F5 42.40G 0.19Dn
Angara *a.* Ffed. Rwsia 59 L3 58.00G 93.00Dn
Angarsk Ffed. Rwsia 103 I8 52.31G 103.55Dn
Ånge Sweden 43 C3 62.31G 15.40Dn
Angel de la Guarda *ys.* México 70 B6 29.10G 113.20Gn
Ängelholm Sweden 43 C2 56.15G 12.50Dn
Angers Ffrainc 44 C5 47.29G 0.32Gn
Angmagssalik/ Tasiilaq Grønland 63 O4 65.40G 38.00Gn
Angola Affrica 86 A3 12.00D 18.00Dn
Angola, Basn *n.* Cefn. Iwerydd 117 J5
Angoulême Ffrainc 44 D4 45.40G 0.10Dn
Angren Uzbekistan 102 C6 41.01G 70.10Dn
Anguilla *ys.* Ysdd. Leeward 71 L4 18.14G 63.05Gn
Angus *rhan.* Yr Alban 8 D5 56.45G 3.00Gn
Anhui *rhan.* China 103 L4 31.30G 116.45Dn
Ankara Twrci 57 K3 39.55G 32.50Dn
Anlaby Lloegr 15 G2 53.45G 0.27Gn
Annaba Algeria 84 E5 36.55G 7.47Dn
An Nafud *diff.* Saudi Arabia 94 F4 28.40G 41.30Dn
An Najaf Iraq 94 F5 31.59G 44.19Dn
Annalee *a.* Gwer. Iwerdd. 20 D4 54.08G 7.25Gn
Annalong G. Iwerddon 16 D2 54.06G 5.55Gn
Annan Yr Alban 17 F2 54.59G 3.16Gn
Annan *a.* Yr Alban 17 F3 54.58G 3.16Gn
Annapurna *m.* Nepal 97 G6 28.34G 83.50Dn
Ann Arbor U.D.A. 65 J5 42.18G 83.45Gn
An Nasiriyah Iraq 95 G5 31.04G 46.16Dn
An Nawfaliyah Libya 53 G3 30.47G 17.50Dn
Annecy Ffrainc 44 G4 45.54G 6.07Dn
Ansbach Yr Almaen 48 E3 49.18G 10.36Dn
Anshan China 103 M6 41.05G 122.58Dn
Anshun China 103 J3 26.15G 105.51Dn
Anstruther Yr Alban 17 G4 56.14G 2.42Gn
Antakya (Antioch) Twrci 57 M2 36.12G 36.10Dn
Antalya Twrci 57 J2 36.53G 30.42Dn
Antalya, Gff. Twrci 57 J2 36.38G 31.00Dn
Antananarivo Madagascar 86 D3 18.52D 47.30Dn
Antarctica 112
Antarctig, Gor. *n.* Antarctica 116 F2 65.00D 64.00Gn
An Teallach *m.* Yr Alban 18 D2 57.48G 5.16Gn
Antequera Sbaen 46 C2 37.01G 4.34Gn
Antibes Ffrainc 44 G3 43.35G 7.07Dn
Anticosti, Ys. Canada 63 L2 49.20G 63.00Gn
Antigua *ys.* Ysdd. Leeward 71 L4 17.09G 61.49Gn
Antigua a Barbuda Ysdd. Leeward 71 L4 17.30G 61.49Gn
Antilles Lleiaf *ysdd.* Cb. America 71 K3 13.00G 67.00Gn
Antilles Mwyaf *ysdd.* Cb. America 71 J4 17.00G 70.00Gn
Antilles yr Iseldiroedd *ysdd.* De America 71 K3 12.30G 69.00Gn
Antioch = Antakya Twrci 57 M2 36.12G 36.10Dn
Antipodes, Ysdd. Cefn. Tawel 108 M2 49.42D 178.50Dn
Antofagasta Chile 76 C2 23.40D 70.23Gn
Antrim G. Iwerddon 16 C2 54.43G 6.14Gn
Antrim *rhan.* G. Iwerddon 20 E4 54.45G 6.15Gn
Antrim, Mdd. G. Iwerddon 16 C2 55.00G 6.10Gn
Antsirañana Madagascar 86 D3 12.19D 49.17Dn

Barrow, Pt. U.D.A. 62 C5 71.30G 156.00Gn
Barrow, Ys. Awstralia 110 A3 20.40D 115.27Dn
Barstow U.D.A. 64 C3 34.55G 117.01Gn
Bartın Twrci 57 K4 41.37G 32.20Dn
Barton-upon-Humber Lloegr 15 G2 53.41G 0.27Gn
Bartoszyce Gw. Pwyl 54 G6 54.16G 20.49Dn
Barú *m.* Panamá 71 H2 8.48G 82.33Gn
Baruun Urt Mongolia 103 K7 46.48G 113.18Dn
Barysaw Belarus 55 K6 54.09G 28.30Dn
Baschurch (Eglwysau Basa) Lloegr 10 C3 52.48G 2.51Gn
Basel Y Swistir 44 G5 47.33G 7.36Dn
Basilan *ys.* Pili. 105 G5 6.40G 122.10Dn
Basildon Lloegr 11 F2 51.34G 0.25Dn
Basingstoke Lloegr 10 D2 51.15G 1.05Gn
Basn Mawr *n.* U.D.A. 64 C4 39.00G 115.30Gn
Bass, Cf. Awstralia 110 D2 39.45D 146.00Dn
Bass, Craig *ys.* Yr Alban 17 G4 56.05G 2.38Gn
Bassein Myanmar 97 I4 16.45G 94.30Dn
Bassenthwaite, Ll. Lloegr 14 D3 54.40G 3.13Gn
Bastak Iran 95 H4 27.15G 54.26Dn
Bastia Ffrainc 44 H3 42.41G 9.26Dn
Bastogne Gw. Belg 42 E2 50.00G 5.43Dn
Bata Guinea Gyhyd. 84 E2 1.51G 9.49Dn
Batabanó, Gff. Cuba 71 H5 23.15G 82.30Gn
Batan, Ysdd. Pili. 105 G8 20.50G 121.55Dn
Batang China 103 H3 30.02G 99.01Dn
Batangas Pili. 104 G6 13.46G 121.01Dn
Batdâmbâng Cambodia 104 C6 13.06G 103.13Dn
Bath (Caerfaddon) Lloegr 10 C2 51.22G 2.22Gn
Bathgate Yr Alban 17 F3 55.55G 3.38Gn
Bathurst Awstralia 110 D2 33.27D 149.35Dn
Bathurst Canada 63 L2 47.37G 65.40Gn
Bathurst Inlet = Umingmaktok *tref* Canada 62 H4 66.48G 108.00Gn
Bathurst, Ys. Awstralia 110 C4 11.45D 130.15Dn
Bathurst, Ys. Canada 63 H5 76.00G 100.00Gn
Batley Lloegr 15 F2 53.43G 1.38Gn
Batna Algeria 84 E5 35.34G 6.11Dn
Baton Rouge U.D.A. 65 H3 30.30G 91.10Gn
Batticaloa Sri Lanka 97 G2 7.43G 81.42Dn
Battle Lloegr 11 F1 50.55G 0.30Dn
Batumi Georgia 58 G2 41.37G 41.36Dn
Batu, Ysdd. Indonesia 104 B3 0.30D 98.20Dn
Baubau Indonesia 105 G2 5.30D 122.37Dn
Bauchi Nigeria 84 E3 10.16G 9.50Dn
Bauru Brasil 77 F2 22.19D 49.07Gn
Bawean *ys.* Indonesia 104 E2 5.50D 112.35Dn
Bayamo Cuba 71 I5 20.23G 76.39Gn
Bayanhongor Mongolia 103 I7 46.42G 100.09Dn
Bayburt Twrci 57 O4 40.15G 40.16Dn
Bay City U.D.A. 65 J5 43.35G 83.52Gn
Baydaratskaya, Bae Ffed. Rwsia 58 I4 70.00G 66.00Dn
Bayonne Ffrainc 44 C3 43.30G 1.28Gn
Bayreuth Yr Almaen 48 E3 49.56G 11.35Dn
Bayy al Kabir, Wadi *a.* Libya 53 G3 31.20G 16.00Dn
Baza Sbaen 46 D2 37.30G 2.45Gn
Beachy, Pr. Lloegr 11 F1 50.43G 0.15Dn
Beaconsfield Lloegr 10 E2 51.37G 0.39Gn
Beaminster Lloegr 10 C1 50.48G 2.44Gn
Beata, P. Gwer. Dom. 71 J4 17.41G 71.24Gn
Beata, Ys. Gwer. Dom. 71 J4 17.38G 71.29Gn
Beaufort, Môr G. America 62 D5 72.00G 141.00Gn
Beaufort West/ Wes G.D.A. 86 B1 32.20D 22.34Dn
Beauly Yr Alban 19 E2 57.29G 4.28Gn
Beauly, Moryd Yr Alban 19 E2 57.29G 4.20Gn
Beaumaris Cymru 12 C5 53.16G 4.07Gn
Beaumont U.D.A. 65 H3 30.04G 94.06Gn
Beaune Ffrainc 44 F5 47.02G 4.50Dn
Beauvais Ffrainc 44 E6 49.26G 2.05Dn
Beaver *a.* Canada 62 H3 55.30G 108.00Gn
Beaver Creek *tref* Canada 62 D4 62.20G 140.45Gn
Bebington Lloegr 14 E2 53.23G 2.58Gn
Beccles Lloegr 11 G3 52.27G 1.33Dn
Béchar Algeria 84 D5 31.35G 2.17Gn
Beckingham Lloegr 15 G2 53.23G 0.50Gn
Bedale Lloegr 15 F3 54.18G 1.35Gn
Bedele Ethiopia 85 H2 8.29G 36.19Dn
Bedford Lloegr 11 E3 52.08G 0.29Gn
Bedford *rhan.* Lloegr 9 E3 52.04G 0.28Gn
Bedford, Lefel *n.* Lloegr 11 F3 52.30G 0.06Gn
Bedlington Lloegr 15 F4 55.08G 1.34Gn
Bedworth Lloegr 10 D3 52.28G 1.29Gn
Be'er Sheva (Beer-seba) Israel 94 D5 31.15G 34.47Dn
Beeville U.D.A. 64 G2 28.25G 97.47Gn
Bei'an China 103 N7 48.17G 126.33Dn
Beihai China 103 J2 21.29G 109.10Dn
Beijing China 103 L5 39.55G 116.25Dn
Beinn an Oir *m.* Yr Alban 16 C3 55.55G 6.00Gn
Beinn Dearg *m.* P. a K. Yr Alban 19 F1 56.52G 3.54Gn
Beinn Dearg *m.* Ucheldir Yr Alban 18 E2 57.49G 4.55Gn
Beinn Heasgarnich *m.* Yr Alban 16 E4 56.31G 4.34Gn
Beira Moçambique 86 C3 19.49D 34.52Dn
Beirut/Bayrut Libanus 94 E5 33.52G 35.30Dn
Beith Yr Alban 16 E3 55.45G 4.37Gn
Beiuş România 54 H2 46.40G 22.21Dn
Beja Portiwgal 46 B3 38.01G 7.52Gn
Bejaïa Algeria 84 E5 36.45G 5.05Dn
Béjar Sbaen 46 C4 40.24G 5.45Gn
Békéscsaba Hwngari 54 G2 46.41G 21.06Dn
Bela Pakistan 96 D6 26.12G 66.20Dn
Belarus Ewrop 55 J5 53.00G 28.00Dn
Belcher, Ysdd. Canada 63 K3 56.00G 79.00Gn
Belém Brasil 77 F4 1.27D 48.29Gn
Belen U.D.A. 64 E3 34.39G 106.48Gn
Belfast (Béal Feirste) G. Iwerddon 16 D2 54.36G 5.57Gn
Belfast, Loch G. Iwerddon 16 D2 54.41G 5.49Gn
Belford Lloegr 15 F4 55.36G 1.48Gn
Belg, Gwlad Ewrop 42 D2 51.00G 4.30Dn
Belgorod Ffed. Rwsia 55 O4 50.38G 36.36Dn
Belikh *a.* Syria 57 N1 35.58G 39.05Dn
Belitung *ys.* Indonesia 104 D3 3.00D 108.00Dn
Belize Belize 70 G4 17.29G 88.20Gn
Belize Cb. America 70 G4 17.00G 88.30Gn
Bellac Ffrainc 44 D5 46.07G 1.04Dn
Bellary India 96 F4 15.11G 76.54Dn
Belle, Cf. Ys. Canada 63 M3 50.45G 58.00Gn
Belle-Île Ffrainc 44 B5 47.20G 3.10Gn
Bellingham Lloegr 15 E4 55.09G 2.15Gn
Bellingham U.D.A. 64 B6 48.45G 122.29Gn
Bellingshausen, Môr Antarctica 112 70.00D 88.00Gn
Bellinzona Y Swistir 44 H5 46.11G 9.02Dn
Bello Colombia 71 I2 6.20G 75.41Gn
Belmopan Belize 70 G4 17.25G 88.46Gn
Belmullet Gwer. Iwerdd. 20 A4 54.13G 10.00Gn
Belo Horizonte Brasil 77 F3 19.45D 43.53Gn
Belorechensk Ffed. Rwsia 57 N6 44.46G 39.54Dn
Belper Lloegr 15 F2 53.02G 1.29Gn
Belukha, M. Ffed. Rwsia 58 K2 49.46G 86.40Dn
Belyy Ffed. Rwsia 55 M6 55.49G 32.58Dn
Bembridge Lloegr 10 D1 50.41G 1.04Gn
Bemidji U.D.A. 65 H6 47.29G 94.52Gn
Ben Alder *m.* Yr Alban 19 E1 56.49G 4.28Gn
Benavente Sbaen 46 C5 42.00G 5.40Gn
Benbane, Pr. G. Iwerddon 16 C3 55.15G 6.29Gn
Benbecula *ys.* Yr Alban 18 B2 57.26G 7.18Gn
Ben Cruachan *m.* Yr Alban 16 D4 56.26G 5.18Gn
Bend U.D.A. 64 B5 44.04G 121.20Gn
Bendigo Awstralia 110 D2 36.48D 144.21Dn
Bengal, Bae Cefn. India 97 H4 17.00G 89.00Dn
Bengal, Gn. *rhan.* India 97 H5 23.00G 87.40Dn
Bengbu China 103 L4 32.56G 117.27Dn
Benghazi = Banghāzī Libya 85 G5 32.07G 20.05Dn
Bengkulu Indonesia 104 C3 3.46D 102.16Dn
Benguela Angola 86 A3 12.34D 13.24Dn
Ben Hope *m.* Yr Alban 19 E3 58.24G 4.36Gn
Beni *a.* Bolivia 76 D3 10.30D 66.00Gn
Benidorm Sbaen 46 E3 38.33G 0.09Gn
Beni Mellal Moroco 84 D5 32.21G 6.21Gn
Benin Affrica 84 E3 9.00G 2.30Dn
Benin, Geneufor Affrica 84 E2 5.30G 3.00Dn
Benin City Nigeria 84 E2 6.19G 5.41Dn
Beni-Saf Algeria 52 C4 35.19G 1.23Gn
Beni Suef Yr Aifft 94 D4 29.05G 31.05Dn
Ben Klibreck *m.* Yr Alban 19 E3 58.15G 4.22Gn
Ben Lawers *m.* Yr Alban 16 E4 56.33G 4.14Gn
Ben Lomond *m.* Yr Alban 16 E4 56.12G 4.38Gn
Ben Loyal *m.* Yr Alban 19 E3 58.24G 4.26Gn
Ben Lui *m.* Yr Alban 16 E4 56.23G 4.49Gn
Ben Macdhui *m.* Yr Alban 19 F2 57.04G 3.40Gn
Ben More *m.* A. a B. Yr Alban 16 C4 56.26G 6.02Gn
Ben More *m.* Stirling Yr Alban 16 E4 56.23G 4.31Gn
Ben More Assynt *m.* Yr Alban 18 E3 58.07G 4.52Gn
Ben Nevis *m.* Yr Alban 18 D1 56.48G 5.00Gn
Bentley Lloegr 15 F2 53.31G 1.09Gn
Benue *a.* Nigeria 84 E2 7.52G 6.45Dn
Ben Vorlich *m.* Yr Alban 16 E4 56.21G 4.13Gn
Ben Wyvis *m.* Yr Alban 19 E2 57.40G 4.35Gn
Benxi China 103 M6 41.21G 123.45Dn
Beograd Iwgo. 56 E6 44.49G 20.28Dn
Berat Albania 56 D4 40.42G 19.59Dn
Berau, Bae Indonesia 105 I3 2.20D 133.00Dn
Berber Sudan 94 D2 18.01G 33.59Dn
Berbera Somalia 85 I3 10.28G 45.02Dn
Berberati G.C.A. 86 A5 4.19G 15.51Dn
Berdyans'k Ukrain 55 O2 46.45G 36.47Dn
Berdychiv Ukrain 55 K3 49.54G 28.39Dn
Berens River *tref* Canada 62 I3 52.22G 97.00Gn
Berezivka Ukrain 55 L2 47.12G 30.56Dn
Berezniki Ffed. Rwsia 58 H3 59.26G 56.49Dn
Bergamo Yr Eidal 50 C6 45.42G 9.40Dn
Bergen Norwy 43 A3 60.23G 5.20Dn
Bergerac Ffrainc 44 D4 44.50G 0.29Dn
Bergisch Gladbach Yr Almaen 48 C4 50.59G 7.10Dn
Bering, Cf. Ffed. Rwsia/U.D.A. 59 U4 65.00G 170.00Gn
Bering, Môr G. America/Asia 60 A7 60.00G 170.00Dn
Berkel *a.* Yr Iseld. 42 F4 52.10G 6.12Dn
Berkeley Lloegr 10 C2 51.42G 2.27Gn
Berkner, Ys. Antarctica 112 79.30D 50.00Gn
Berkshire, Downs *bryniau* Lloegr 10 D2 51.30G 1.15Gn
Berkshire, Gn. *rhan.* Lloegr 9 E2 51.25G 1.19Gn
Berlin Yr Almaen 48 F5 52.32G 13.25Dn
Bermejo *a.* Ariannin 77 E2 26.47D 58.30Gn
Bermuda *ys.* Cefn. Iwerydd 71 L7 32.18G 65.00Gn
Bern Y Swistir 44 G5 46.57G 7.26Dn
Bernera Fawr *ys.* Yr Alban 18 C3 58.13G 6.50Gn
Berneray *ys.* Ysdd. y Gn. Yr Alban 18 B1 56.47G 7.38Gn
Berneray *ys.* Ysdd. y Gn. Yr Alban 18 B2 57.43G 7.11Gn
Bernina, Bwlch Y Swistir 50 D7 46.25G 10.02Dn
Berry, Pr. Lloegr 13 D2 50.24G 3.28Gn
Beru *ys.* Kiribati 108 M6 1.15D 176.00Dn
Berwick-upon-Tweed Lloegr 17 G3 55.46G 2.00Gn
Besançon Ffrainc 44 G5 47.14G 6.02Dn
Bessbrook G. Iwerddon 16 C2 54.12G 6.25Gn
Betanzos Sbaen 46 A5 43.17G 8.13Gn
Bethel U.D.A. 62 B4 60.48G 161.46Gn
Bethesda Cymru 12 C5 53.11G 4.03Gn
Béthune Ffrainc 42 B2 50.32G 2.38Dn
Betsiboka *a.* Madagascar 86 D3 16.03D 46.36Dn
Betws-y-Coed Cymru 12 D5 53.05G 3.48Gn
Beult *a.* Lloegr 11 F2 51.13G 0.26Dn
Beverley Lloegr 15 G2 53.52G 0.26Gn
Bewdley Lloegr 10 C3 52.23G 2.19Gn
Bewl Water *ll.* Lloegr 11 F2 51.02G 0.22Dn
Bexhill Lloegr 11 F1 50.51G 0.29Dn
Beykoz Twrci 57 I4 41.09G 29.06Dn
Beyla Guinée 84 D2 8.42G 8.39Gn
Beypazarı Twrci 57 J4 40.10G 31.56Dn
Beyşehir, Ll. Twrci 57 J2 37.47G 31.30Dn
Béziers Ffrainc 44 E3 43.21G 3.13Dn
Bhagalpur India 97 H6 25.14G 86.59Dn
Bhamo Myanmar 97 J5 24.15G 97.15Dn
Bhaunagar India 96 E5 21.46G 72.14Dn
Bhima *a.* India 96 F4 16.30G 77.10Dn
Bhopal India 97 F5 23.17G 77.28Dn
Bhubaneshwar India 97 H5 20.15G 85.50Dn
Bhuj India 96 D5 23.12G 69.54Dn
Bhutan Asia 97 I6 27.25G 90.00Dn
Biaban *n.* Iran 95 I4 26.00G 57.40Dn
Biak Indonesia 105 J3 1.10D 136.05Dn
Biak *ys.* Indonesia 105 J3 0.55D 136.00Dn
Biała Podlaska Gw. Pwyl 54 H5 52.02G 23.06Dn
Białystok Gw. Pwyl 54 H5 53.09G 23.10Dn
Biarritz Ffrainc 44 C3 43.29G 1.33Gn
Bibai Japan 106 D4 43.21G 141.53Dn
Biberach Yr Almaen 48 D3 48.06G 9.48Dn
Bicester Lloegr 10 D2 51.53G 1.09Gn
Bidar India 96 F4 17.54G 77.33Dn
Biddulph Lloegr 15 E2 53.08G 2.11Gn
Bidean nam Bian *m.* Yr Alban 16 D4 56.39G 5.02Gn
Bideford Lloegr 13 C3 51.01G 4.13Gn
Bideford, Bae Lloegr 13 C3 51.04G 4.20Gn
Biel Y Swistir 44 G5 47.09G 7.16Dn
Bielefeld Yr Almaen 48 D5 52.02G 8.32Dn
Biella Yr Eidal 50 C6 45.34G 8.03Dn
Bié, Llwyfandir *n.* Angola 82 E3 13.00D 16.00Dn
Bielsko-Biała Gw. Pwyl 54 F3 49.49G 19.02Dn
Bifoun Gabon 84 E1 0.20D 10.25Dn
Biga Twrci 56 H4 40.13G 27.14Dn
Bigbury, Bae Lloegr 13 D2 50.15G 3.56Gn
Biggar Yr Alban 17 F3 55.38G 3.31Gn
Biggleswade Lloegr 11 E3 52.06G 0.16Gn
Big Hole *a.* U.D.A. 64 D6 45.52G 111.30Gn
Bighorn *a.* U.D.A. 64 E6 46.05G 107.20Gn
Bighorn, Mdd. U.D.A. 64 E5 44.00G 107.30Gn
Big Spring *tref* U.D.A. 64 F3 32.15G 101.30Gn
Big Trout Lake *tref* Canada 63 J3 53.45G 90.00Gn
Bihać Bosna. 56 B6 44.49G 15.53Dn
Bihar *rhan.* India 97 H5 24.15G 86.00Dn
Bijapur India 96 F4 16.52G 75.47Dn
Bijar Iran 95 G6 35.52G 47.39Dn
Bikaner India 96 E6 28.01G 73.22Dn
Bilaspur India 97 G5 22.03G 82.12Dn
Bila Tserkva Ukrain 55 L3 49.49G 30.10Dn
Bilbao/Bilbo Sbaen 46 D5 43.15G 2.56Gn
Bilecik Twrci 57 I4 40.10G 29.59Dn
Bilhorod-Dnistrovs'kyy Ukrain 55 L1 46.10G 30.19Dn
Billericay Lloegr 11 F2 51.38G 0.25Dn
Billingham Lloegr 15 F3 54.36G 1.18Gn
Billinghay Lloegr 15 G2 53.05G 0.18Gn
Billings U.D.A. 64 E6 45.47G 108.30Gn
Billingshurst Lloegr 11 E2 51.02G 0.28Gn
Biloxi U.D.A. 65 I3 30.30G 88.53Gn
Bilston Yr Alban 17 F3 55.53G 3.09Gn
Bilton Lloegr 15 G2 53.46G 0.13Gn
Bimini, Ysdd. Bahamas 71 I6 25.44G 79.15Gn
Bindura Zimbabwe 86 C3 17.18D 31.20Dn
Bingham Lloegr 10 E3 52.57G 0.57Gn
Binghamton U.D.A. 65 K5 42.06G 75.55Gn
Bingley Lloegr 15 F2 53.51G 1.50Gn
Bintulu Malaysia 104 E4 3.12G 113.01Dn
Bioco *ys.* Guinea Gyhyd. 84 E2 3.25G 8.45Dn
Birao G.C.A. 94 B1 10.17G 22.47Dn
Birecik Twrci 57 N2 37.03G 37.59Dn
Birhan *m.* Ethiopia 85 H3 11.00G 37.50Dn
Bīrjand Iran 95 I5 32.54G 59.10Dn
Birkenhead (Penbedw) Lloegr 14 D2 53.24G 3.01Gn
Birmingham Lloegr 10 D3 52.30G 1.55Gn
Birmingham U.D.A. 65 I3 33.30G 86.55Gn
Bîr Mogreïn Mauritania 84 C4 25.10G 11.35Gn
Birnin Konni Niger 84 E3 13.49G 5.19Dn
Birobidzhan Ffed. Rwsia 103 O7 48.49G 132.54Dn
Birr Gwer. Iwerdd. 20 D3 53.06G 7.56Gn
Birstall Lloegr 10 D3 52.42G 1.06Gn
Biržai Lithuania 55 I7 56.10G 24.48Dn
Biscay, Bae = Vizcaya, Bae Ffrainc 44 B4 45.30G 3.00Gn
Bishkek Kyrgyzstan 102 C6 42.53G 74.46Dn
Bisho G.D.A. 86 B1 32.50D 27.30Dn
Bishop Auckland Lloegr 15 F3 54.40G 1.40Gn
Bishop's Lydeard Lloegr 13 D3 51.04G 3.12Gn
Bishop's Stortford Lloegr 11 F2 51.53G 0.09Dn
Bishop's Waltham Lloegr 10 D1 50.57G 1.13Gn
Bisina, Ll. Uganda 87 A3 1.40G 34.00Dn
Biskra Algeria 84 E5 34.48G 5.40Dn
Bismarck U.D.A. 64 F6 46.50G 100.48Gn
Bismarck, Môr Cefn. Tawel 110 D5 4.00D 146.30Dn
Bissau Guiné-Bissau 84 C3 11.52G 15.39Gn
Bistriţa România 55 I2 47.08G 24.30Dn
Bistriţa *a.* România 55 J2 46.30G 26.54Dn
Bitburg Yr Almaen 42 F1 49.58G 6.31Dn
Bitola Macedonia 56 E4 41.02G 21.21Dn
Bitterroot, Cn. U.D.A. 64 D6 47.06G 115.00Gn
Biwa-ko *ll.* Japan 106 C3 35.20G 136.10Dn
Biysk Ffed. Rwsia 58 K3 52.35G 85.16Dn
Bizerte Tunisia 84 E5 37.17G 9.51Dn
Bjørnøya Norwy 58 D5 74.30G 19.00Dn
Black *a.* U.D.A. 65 H4 35.30G 91.20Gn
Blackburn Lloegr 15 E2 53.44G 2.30Gn
Blackburn *rhan.* Lloegr 9 D3 53.44G 2.30Gn
Black Combe *m.* Lloegr 14 D3 54.15G 3.20Gn
Blackfield Lloegr 10 D1 50.49G 1.22Gn
Blackpool Lloegr 14 D2 53.48G 3.03Gn
Blackpool *rhan.* Lloegr 9 D3 53.48G 3.03Gn
Blacksod, Bae Gwer. Iwerdd. 20 A4 54.04G 10.00Gn
Blackwater *a.* G. Iwerddon 16 C2 54.31G 6.35Gn
Blackwater *a.* Gwer. Iwerdd. 20 D1 51.58G 7.52Gn
Blackwater *a.* Gwer. Iwerdd. 20 E3 53.39G 6.42Gn
Blackwater *a.* Lloegr 11 F2 51.43G 0.42Dn
Blaenafon Cymru 12 D3 51.46G 3.05Gn
Blaenau Ffestiniog Cymru 12 D5 53.00G 3.57Gn
Blaenau Gwent *rhan.* Cymru 9 D2 51.45G 3.10Gn
Blagdon Lloegr 10 C2 51.20G 2.43Gn
Blagoevgrad Bwlgaria 56 F5 42.02G 23.04Dn
Blagoveshchensk Ffed. Rwsia 59 O3 50.19G 127.30Dn
Blair Atholl Yr Alban 19 F1 56.48G 3.50Gn
Blairgowrie Yr Alban 17 F4 56.36G 3.21Gn
Blanc, M. Ewrop 44 G4 45.50G 6.52Dn
Blanca, Bahía *b.* Ariannin 75 C3 39.15D 61.00Gn
Blanche, Ll. Awstralia 110 C3 29.15D 139.40Dn
Blanco, P. U.D.A. 64 B5 42.50G 124.29Gn
Blandford Forum Lloegr 10 C1 50.52G 2.10Gn
Blanquilla *ys.* Venezuela 71 L3 11.53G 64.38Gn
Blantyre Malaŵi 86 C3 15.46D 35.00Dn
Blarney Gwer. Iwerdd. 20 C1 51.56G 8.34Gn
Blaven *m.* Yr Alban 18 C2 57.13G 6.05Gn
Bletchley Lloegr 10 E2 51.59G 0.45Gn
Blida Algeria 84 E5 36.30G 2.50Dn
Bloemfontein G.D.A. 86 B2 29.07D 26.14Dn
Blois Ffrainc 44 D5 47.36G 1.20Dn
Bloody Foreland *p.* Gwer. Iwerdd. 20 C5 55.09G 8.17Gn
Bloomington U.D.A. 65 I5 40.29G 89.00Gn
Bluefield U.D.A. 65 J4 37.14G 81.17Gn
Blue Stack, Mdd. Gwer. Iwerdd. 20 C4 54.44G 8.09Gn
Blumenau Brasil 77 F2 26.55D 49.07Gn
Blyth Northum. Lloegr 15 F4 55.07G 1.29Gn
Blyth Nottingham Lloegr 15 F2 53.21G 1.03Gn
Bo Sierra Leone 84 C2 7.58G 11.45Gn
Boa Vista Brasil 77 D5 2.51G 60.43Gn
Boa Vista *ys.* Cabo Verde 84 B3 16.00G 22.55Gn
Bobaomby, P. Madagascar 86 D3 11.58D 49.14Dn
Bobo-Dioulasso Burkina 84 D3 11.11G 4.18Gn
Bóbr *a.* Gw. Pwyl 54 D4 52.04G 15.04Dn
Bocholt Yr Almaen 48 C4 51.49G 6.37Dn
Boddam Yr Alban 19 H2 57.28G 1.48Gn
Bodélé, Pant *n.* Tchad 85 F3 16.50G 17.10Dn
Boden Sweden 43 E4 65.50G 21.44Dn
Bodenham Lloegr 10 C3 52.09G 2.41Gn
Bodensee *ll.* Ewrop 48 D2 47.40G 9.30Dn
Bodmin (Bosmeneghy) Lloegr 13 C2 50.28G 4.44Gn
Bodmin, Gwaun Lloegr 13 C2 50.35G 4.35Gn
Bodø Norwy 43 C4 67.18G 14.26Dn
Bodoquena, Serra da *mdd.* Brasil 75 D4 21.00D 57.00Gn
Boggeragh, Mdd. Gwer. Iwerdd. 20 C2 52.04G 8.50Gn
Bogie *a.* Yr Alban 19 G2 57.30G 2.47Gn
Bognor Regis Lloegr 10 E1 50.47G 0.40Gn
Bogor Indonesia 104 D2 6.34D 106.45Dn
Bogotá Colombia 74 B7 4.38G 74.05Gn
Bohain-en-Vermandois Ffrainc 42 C1 49.59G 3.28Dn
Bohemia, Fforest *mdd.* Yr Almaen/Gwer. Tsiec 54 C3 49.20G 13.10Dn
Bohol *ys.* Pili. 105 G5 9.45G 124.10Dn
Bohu China 102 F6 41.48G 86.10Dn
Boise U.D.A. 64 C5 43.38G 116.12Gn
Bojnurd Iran 95 I6 37.28G 57.20Dn
Bokora, Gwar. Anifeiliaid Coridor Uganda 87 A3 2.30G 34.05Dn
Bolhrad Ukrain 55 K1 45.42G 28.40Dn
Bolivia De America 76 D3 17.00D 65.00Gn
Bollnäs Sweden 43 D3 61.20G 16.25Dn
Bolmen *ll.* Sweden 43 C2 57.00G 13.45Dn
Bologna Yr Eidal 50 D6 44.30G 11.20Dn
Bolsena, Ll. Yr Eidal 50 D5 42.36G 11.55Dn
Bolshevik, Ys. Ffed. Rwsia 59 M5 78.30G 102.00Dn
Bolshoi Lyakhovskiy *ys.* Ffed. Rwsia 59 Q5 73.30G 142.00Dn
Bolsover Lloegr 15 F2 53.14G 1.18Gn
Bolton Lloegr 15 E2 53.35G 2.26Gn
Bolt, Pr. Lloegr 13 D2 50.13G 3.48Gn
Bolu Twrci 57 J4 40.45G 31.38Dn
Bolus, Pr. Gwer. Iwerdd. 20 A1 51.48G 10.21Gn
Bolzano/Bozen Yr Eidal 50 D7 46.30G 11.20Dn
Boma Gwer. Ddem. Congo 84 F1 5.50D 13.03Dn
Bombay = Mumbai India 96 E4 18.56G 72.51Dn
Bømlo *ys.* Norwy 43 A2 59.37G 5.13Dn
Bonaire *ys.* Ant. Iseld. 71 K3 12.15G 68.27Gn
Bonar Bridge Yr Alban 19 E2 57.53G 4.22Gn
Bonavista Canada 63 M2 48.38G 53.08Gn
Bone, Gff. Indonesia 104 G3 4.00D 120.50Dn
Bo'ness Yr Alban 17 F4 56.01G 3.36Gn
Bonete *m.* Ariannin 76 D2 27.55D 68.41Gn
Bonifacio Ffrainc 44 H2 41.23G 9.10Dn
Bonifacio, Culfor Môr Can. 50 C4 41.18G 9.10Dn
Bonn Yr Almaen 48 C4 50.44G 7.06Dn
Bonnyrigg Yr Alban 17 F3 55.52G 3.07Gn
Bon, P. Tunisia 52 F4 37.05G 11.03Dn
Bont-faen, Y Cymru 13 D3 51.28G 3.28Gn
Bontosunggu Indonesia 104 F2 5.42D 119.44Dn
Boothia, Gff. Canada 63 J4 70.00G 90.00Gn
Boothia, Gor. Canada 63 I5 70.30G 95.00Gn
Bootle Lloegr 14 D2 53.28G 3.01Gn
Borås Sweden 43 C2 57.44G 12.55Dn
Borazjan Iran 95 H4 29.14G 51.12Dn
Bordeaux Ffrainc 44 C4 44.50G 0.34Gn
Borden, Gor. Canada 63 J5 73.00G 83.00Gn
Borden, Ys. Canada 62 G5 78.30G 111.00Gn
Bordj Messaouda Algeria 52 E3 30.10G 9.19Dn
Boreray *ys.* Yr Alban 18 B2 57.43G 7.17Gn
Borgarnes Gw. yr Iâ 43 X2 64.33G 21.53Gn
Borger U.D.A. 64 F4 35.39G 101.24Gn
Borispol Ukrain 55 L4 50.21G 30.59Dn
Borken Yr Almaen 42 F3 51.50G 6.52Dn
Borkum *ys.* Yr Almaen 42 F5 53.35G 6.45Dn
Borlänge Sweden 43 C3 60.29G 15.25Dn
Borneo *ys.* Asia 104 E4 1.00G 114.00Dn
Bornholm *ys.* Denmarc 43 C1 55.02G 15.00Dn
Borodyanka Ukrain 55 K4 50.38G 25.59Dn
Boroughbridge Lloegr 15 F3 54.06G 1.23Gn
Borujerd Iran 95 G5 33.54G 48.47Dn
Boryslav Ukrain 54 H3 49.18G 23.28Dn
Borzna Ukrain 55 M4 51.15G 32.25Dn
Borzya Ffed. Rwsia 103 L8 50.24G 116.35Dn
Bosanska Dubica Croatia 56 C6 45.11G 16.50Dn
Bose China 103 J2 23.58G 106.32Dn
Bosna *a.* Bosna./Croatia 56 D6 45.04G 18.27Dn
Bosna-Hercegovina Ewrop 56 C6 44.00G 18.00Dn
Bosporus *cf.* Twrci 57 I4 41.07G 29.04Dn
Bosten Hu *ll.* China 102 F6 42.00G 87.00Dn
Boston Lloegr 15 G1 52.59G 0.02Gn
Boston U.D.A. 65 L5 42.15G 71.05Gn
Boston Spa Lloegr 15 F2 53.54G 1.21Gn
Botevgrad Bwlgaria 56 F5 42.55G 23.57Dn
Bothnia, Gff. Ewrop 43 D3 63.30G 20.30Dn
Botoşani România 55 J2 47.44G 26.41Dn
Botswana Affrica 86 B2 22.00D 24.00Dn
Bottesford Lloegr 15 G2 53.32G 0.37Gn
Bouaké Côte d'Ivoire 84 D2 7.42G 5.00Gn
Bouar G.C.A. 86 A5 5.58G 15.35Dn
Bouârfa Moroco 84 D5 32.30G 1.59Gn
Bougainville, Ys. P.G.N. 110 E5 6.00D 155.00Dn
Bouillon Gw. Belg 42 E1 49.48G 5.03Dn
Boulder U.D.A. 64 E4 40.02G 105.16Gn
Boulogne-Billancourt Ffrainc 44 E6 48.50G 2.15Dn
Boulogne-sur-Mer Ffrainc 44 D7 50.43G 1.37Dn
Bounty, Ysdd. Cefn. Tawel 108 M2 48.00D 178.30Dn
Bourg-en-Bresse Ffrainc 44 F5 46.12G 5.13Dn
Bourges Ffrainc 44 E5 47.05G 2.23Dn
Bourke Awstralia 110 D2 30.09D 145.59Dn
Bourne Lloegr 11 E3 52.46G 0.23Gn
Bournemouth Lloegr 10 D1 50.43G 1.53Gn
Bournemouth *rhan.* Lloegr 9 E2 50.43G 1.53Gn
Bou Saâda Algeria 52 D4 35.12G 4.11Dn
Bowes Lloegr 15 E3 54.31G 2.01Gn
Bowland, Fforest *bryniau* Lloegr 14 E2 53.57G 2.30Gn
Boxtel Yr Iseld. 42 E3 51.36G 5.20Dn
Boyarka Ukrain 55 L4 50.20G 30.26Dn
Boyle Gwer. Iwerdd. 20 C3 53.58G 8.20Gn
Boyne *a.* Gwer. Iwerdd. 20 E3 53.43G 6.18Gn
Bozeman U.D.A. 64 D6 45.40G 111.00Gn
Bozüyük Twrci 57 J3 39.55G 30.03Dn
Braan *a.* Yr Alban 17 F4 56.34G 3.36Gn
Brabant *rhan.* Gw. Belg 42 D2 50.47G 4.30Dn
Brabant, G. *rhan.* Yr Iseld. 42 E3 51.37G 5.00Dn
Brac *ys.* Croatia 56 C5 43.20G 16.38Dn
Bracadale, Loch Yr Alban 18 C2 57.20G 6.32Gn
Bräcke Sweden 43 C3 62.44G 15.30Dn
Brackley Lloegr 10 D3 52.02G 1.09Gn
Bracknell Lloegr 10 E2 51.26G 0.46Gn
Bracknell Forest *rhan.* Lloegr 9 E2 51.26G 0.46Gn
Brad România 56 F7 46.06G 22.48Dn
Bradano *a.* Yr Eidal 50 G4 40.23G 16.52Dn
Bradford Lloegr 15 F2 53.47G 1.45Gn
Bradford-on-Avon Lloegr 10 C2 51.20G 2.15Gn
Braemar Yr Alban 19 F2 57.00G 3.27Gn
Braga Portiwgal 46 A4 41.32G 8.26Gn
Bragança Brasil 77 F4 1.03D 46.46Gn
Bragança Portiwgal 46 B4 41.47G 6.46Gn
Brahmapur India 97 G4 19.21G 84.51Dn
Brahmaputra = Yarlung Zangbo *a.* Asia 97 H5 23.50G 89.45Dn
Brăila România 55 J1 45.18G 27.58Dn
Braintree Lloegr 11 F2 51.53G 0.32Dn
Brämön *ys.* Sweden 43 D3 62.15G 17.40Dn
Brampton Lloegr 14 E3 54.56G 2.43Gn
Branco *a.* Brasil 77 D4 1.30D 62.00Gn
Brandenburg Yr Almaen 48 F5 52.25G 12.34Dn
Brandesburton Lloegr 15 G2 53.55G 0.18Gn
Brandon Canada 62 I2 49.50G 99.57Gn
Brandon Lloegr 11 F3 52.27G 0.37Dn
Brandon, M. Gwer. Iwerdd. 20 A2 52.14G 10.15Gn
Brandon, Pr. Gwer. Iwerdd. 20 A2 52.17G 10.11Gn
Bransgore Lloegr 10 D1 50.47G 1.45Gn
Brasil De America 77 E3 10.00D 52.00Gn
Brasil, Basn *n.* Cefn. Iwerydd 116 H5
Brasil, Ucheld. Brasil 77 F3 17.00D 48.00Gn
Brasília Brasil 77 F3 15.54D 47.50Gn
Braşov România 56 G6 45.40G 25.35Dn
Bratislava Slofacia 54 E3 48.10G 17.10Dn
Bratsk Ffed. Rwsia 59 M3 56.20G 101.15Dn

Braunschweig Yr Almaen **48 E5** 52.15G 10.30Dn
Braunton Lloegr **13 C3** 51.06G 4.09Gn
Brawley U.D.A. **64 C3** 33.10G 115.30Gn
Bray Gwer. Iwerdd. **20 E3** 53.12G 6.07Gn
Bray, Pr. Gwer. Iwerdd. **20 A1** 51.52G 10.28Gn
Brazos *a.* U.D.A. **64 G2** 28.55G 95.20Gn
Brazzaville Congo **86 F1** 4.14D 15.14Dn
Brechin Yr Alban **19 G1** 56.44G 2.40Gn
Breckland *n.* Lloegr **11 F3** 52.28G 0.40Dn
Břeclav Gwer. Tsiec **54 E3** 48.46G 16.53Dn
Breda Yr Iseld. **42 D3** 51.35G 4.46Dn
Bredhafjördhur *moryd* Gw. yr Iâ **43 X2** 65.15G 23.00Gn
Breidhdalsvik Gw. yr Iâ **43 Z2** 64.48G 14.00Gn
Bremen Yr Almaen **48 D5** 53.05G 8.48Dn
Bremerhaven Yr Almaen **48 D5** 53.33G 8.35Dn
Brenin Christian IX, Tir y *n.* Grønland **63 O4** 68.20G 37.00Gn
Brenin Frederick VI, Arfordir y *n.* Grønland **63 N4** 63.00G 44.00Gn
Brenner, Bwlch Yr Eidal/Awstria **50 D7** 47.00G 11.30Dn
Brentwood Lloegr **11 F2** 51.38G 0.18Dn
Brescia Yr Eidal **50 D6** 45.33G 10.12Dn
Bressay *ys.* Yr Alban **19 Y9** 60.08G 1.05Gn
Bressuire Ffrainc **44 C5** 46.50G 0.28Gn
Brest Belarus **55 H5** 52.08G 23.40Dn
Brest Ffrainc **44 A6** 48.23G 4.30Gn
Bretton Cymru **12 E5** 53.10G 3.00Gn
Bria G.C.A. **85 G2** 6.32G 21.59Dn
Briançon Ffrainc **44 G4** 44.53G 6.39Dn
Brianne, Ll. Cymru **12 D4** 52.09G 3.44Gn
Bride *a.* Gwer. Iwerdd. **20 D2** 52.06G 7.50Gn
Bridgeport U.D.A. **65 L5** 41.12G 73.12Gn
Bridgetown Barbados **71 M3** 13.06G 59.37Gn
Bridgnorth Lloegr **10 C3** 52.33G 2.25Gn
Bridgwater Lloegr **13 D3** 51.08G 3.00Gn
Bridgwater, Bae Lloegr **13 D3** 51.15G 3.10Gn
Bridlington Lloegr **15 G3** 54.06G 0.11Gn
Bridlington, Bae Lloegr **15 G3** 54.03G 0.10Gn
Bridport Lloegr **10 C1** 50.43G 2.45Gn
Brig Y Swistir **44 G5** 46.19G 8.00Dn
Brigg Lloegr **15 G2** 53.33G 0.30Gn
Brighstone Lloegr **10 D1** 50.38G 1.24Gn
Brightlingsea Lloegr **11 G2** 51.49G 1.01Dn
Brighton Lloegr **11 E1** 50.50G 0.09Gn
Brighton a Hove *rhan.* Lloegr **9 E2** 50.50G 0.09Gn
Brindisi Yr Eidal **50 G4** 40.38G 17.57Dn
Brisbane Awstralia **110 E3** 27.30D 153.00Dn
Bristol (Bryste) Lloegr **10 C2** 51.26G 2.35Gn
Bristol, Bae U.D.A. **62 C3** 58.00G 158.50Gn
British Columbia/ Colombie Britannique *rhan.* Canada **62 F3** 55.00G 125.00Gn
Brittas, Bae Gwer. Iwerdd. **12 A4** 52.50G 6.10Gn
Brive-la-Gaillarde Ffrainc **44 D4** 45.09G 1.32Dn
Brixham Lloegr **13 D2** 50.24G 3.31Gn
Brno Gwer. Tsiec **54 E3** 49.11G 16.39Dn
Broad Law *m.* Yr Alban **17 F3** 55.30G 3.21Gn
Broadstairs Lloegr **11 G2** 51.22G 1.27Dn
Broads, Y *n.* Lloegr **11 G3** 52.43G 1.35Dn
Broadview Canada **64 F7** 50.20G 102.30Gn
Broadway Lloegr **10 D3** 52.02G 1.50Gn
Broadwey Lloegr **10 C1** 50.39G 2.29Gn
Broadwindsor Lloegr **10 C1** 50.49G 2.48Gn
Brockenhurst Lloegr **10 D1** 50.49G 1.34Gn
Brock, Ys. Canada **62 G5** 78.00G 114.30Gn
Brodeur, Gor. Canada **63 J5** 73.00G 88.00Gn
Brodick Yr Alban **16 D3** 55.34G 5.09Gn
Broken Hill *tref* Awstralia **110 D2** 31.57D 141.30Dn
Bromley Lloegr **11 F2** 51.24G 0.02Dn
Bromsgrove Lloegr **10 C3** 52.20G 2.03Gn
Bromyard Lloegr **10 C3** 52.12G 2.30Gn
Brønderslev Denmarc **43 B2** 57.16G 9.58Dn
Brønnøysund Norwy **43 C4** 65.38G 12.15Dn
Brooke Lloegr **11 G3** 52.32G 1.25Dn
Brooke's Point *tref* Pili. **104 F5** 8.50G 117.52Dn
Brooks, Cn. *mdd.* U.D.A. **62 C4** 68.50G 152.00Gn
Broom, Loch Yr Alban **18 D2** 57.55G 5.15Gn
Broome Awstralia **110 B4** 17.58D 122.15Dn
Brora Yr Alban **19 F3** 58.01G 3.52Gn
Brora *a.* Yr Alban **19 F3** 57.59G 3.51Gn
Bro'r Llynnoedd *n.* Lloegr **14 D3** 54.30G 3.10Gn
Brosna *a.* Gwer. Iwerdd. **20 D3** 53.12G 7.59Gn
Brotton Lloegr **15 G3** 54.34G 0.55Gn
Brough Cumbria Lloegr **15 E3** 54.32G 2.19Gn
Brough Dn. Efrog Lloegr **15 G2** 53.42G 0.34Gn
Brough Ness *p.* Yr Alban **19 G3** 58.44G 2.57Gn
Brough, Pr. Yr Alban **19 F4** 59.09G 3.19Gn
Broughshane G. Iwerddon **16 C2** 54.54G 6.12Gn
Brownhills Lloegr **10 D3** 52.38G 1.57Gn
Broxburn Yr Alban **17 F3** 55.57G 3.29Gn
Bruay-en-Artois Ffrainc **42 B2** 50.29G 2.36Dn
Brue *a.* Lloegr **13 E3** 51.13G 3.00Gn
Brugge Gw. Belg **42 C3** 51.13G 3.14Dn
Brunei Asia **104 E4** 4.56G 114.58Dn
Brunflo Sweden **43 C3** 63.04G 14.50Dn
Brunswick U.D.A. **65 J3** 31.09G 81.21Gn
Bruton Lloegr **13 E3** 51.06G 2.28Gn
Brwsel (Brussel/Bruxelles) Gw. Belg **42 D2** 50.50G 4.23Dn
Bryansk Ffed. Rwsia **55 N5** 53.15G 34.09Dn
Bryher *ys.* Lloegr **13 A1** 49.57G 6.21Gn
Brynaman Cymru **12 D3** 51.49G 3.52Gn
Bryn Bach *m.* Cymru **12 D4** 52.16G 3.13Gn
Brynbuga Cymru **12 E3** 51.42G 2.53Gn
Bryn Du Lloegr **15 F2** 53.30G 1.53Gn
Brynmawr Cymru **12 D3** 51.48G 3.10Gn
Bryste (Bristol) Lloegr **10 C2** 51.26G 2.35Gn
Bryste *rhan.* Lloegr **9 D2** 51.26G 2.35Gn
Buca Twrci **56 H3** 38.22G 27.10Dn
Bucaramanga Colombia **71 J2** 7.08G 73.01Gn
Buckhaven Yr Alban **17 F4** 56.11G 3.03Gn
Buckie Yr Alban **19 G2** 57.40G 2.58Gn
Buckingham Lloegr **10 E2** 52.00G 0.59Gn
Buckingham *rhan.* Lloegr **9 E2** 51.50G 0.48Gn
București România **56 H6** 44.25G 26.06Dn
Budapest Hwngari **54 F2** 47.30G 19.03Dn
Buddon Ness *p.* Yr Alban **17 G4** 56.29G 2.42Gn
Bude Lloegr **13 C2** 50.49G 4.33Gn
Bude, Bae Lloegr **13 C2** 50.45G 4.40Gn
Buenaventura Colombia **74 B7** 3.54G 77.02Gn
Buenos Aires Ariannin **75 D3** 34.40D 58.30Gn
Buffalo E.N. U.D.A. **65 K5** 42.52G 78.55Gn
Buffalo Wyo. U.D.A. **64 E5** 44.21G 106.40Gn
Bug *a.* Gw. Pwyl **54 G5** 52.29G 21.11Dn
Bug *a.* Ukrain **55 L2** 46.55G 31.59Dn
Buhayrat al Asad *ll.* Syria **57 N2** 36.10G 38.20Dn
Buir Nur *ll.* Mongolia **103 L7** 47.50G 117.40Dn
Bujumbura Burundi **86 B4** 3.22D 29.21Dn
Bukavu Gwer. Ddem. Congo **86 B4** 2.30D 28.49Dn
Bukittinggi Indonesia **104 C3** 0.18D 100.20Dn
Bukoba Tanzania **86 C4** 1.20D 31.49Dn
Bula Indonesia **105 I3** 3.07D 130.27Dn
Bulawayo Zimbabwe **86 B2** 20.10D 28.43Dn
Bulgan Mongolia **103 I7** 48.34G 103.12Dn
Bulukumba Indonesia **104 G2** 5.35D 120.13Dn
Bulun Ffed. Rwsia **59 O5** 70.50G 127.20Dn
Buna Kenya **87 B3** 2.49G 39.27Dn
Bunbury Awstralia **110 A2** 33.20D 115.34Dn
Bunclody Gwer. Iwerdd. **20 E2** 52.39G 6.39Gn
Buncrana Gwer. Iwerdd. **20 D5** 55.08G 7.28Gn
Bunda Tanzania **87 A2** 2.00D 33.57Dn
Bundaberg Awstralia **110 E3** 24.50D 152.21Dn
Bundoran Gwer. Iwerdd. **20 C4** 54.28G 8.20Gn
Bungay Lloegr **11 G3** 52.27G 1.26Dn
Bungoma Kenya **87 A3** 0.33G 34.33Dn
Buôn Mê Thuôt Viet Nam **104 D6** 12.41G 108.02Dn
Bura Kenya **87 B2** 1.09D 39.55Dn
Buraydah Saudi Arabia **94 F4** 26.18G 43.58Dn
Burbage Lloegr **10 D2** 51.22G 1.40Gn
Burdur Twrci **57 J2** 37.44G 30.17Dn
Bure *a.* Lloegr **11 G3** 52.36G 1.44Dn
Burford Lloegr **10 D2** 51.48G 1.38Gn
Burgas Bwlgaria **56 H5** 42.30G 27.29Dn
Burgess Hill *tref* Lloegr **11 E1** 50.57G 0.07Gn
Burghead Yr Alban **19 F2** 57.42G 3.30Gn
Burgh le Marsh Lloegr **15 H2** 53.10G 0.15Dn
Burgos Sbaen **46 D5** 42.21G 3.41Gn
Burhanpur India **96 F5** 21.18G 76.08Dn
Burkina Affrica **84 D3** 12.15G 1.30Gn
Burley U.D.A. **64 D5** 42.32G 113.48Gn
Burlington U.D.A. **65 L5** 44.25G 73.14Gn
Burnham Lloegr **10 E2** 51.35G 0.39Gn
Burnham-on-Crouch Lloegr **11 F2** 51.37G 0.50Dn
Burnham-on-Sea Lloegr **13 D3** 51.15G 3.00Gn
Burnie Awstralia **110 D1** 41.03D 145.55Dn
Burniston Lloegr **15 G3** 54.19G 0.27Gn
Burnley Lloegr **15 E2** 53.47G 2.15Gn
Burns Lake *tref* Canada **62 F3** 54.14G 125.45Gn
Burntisland Yr Alban **17 F4** 56.03G 3.15Gn
Burntwood Green Lloegr **10 D3** 52.42G 1.54Gn
Burra Orllewinol *ys.* Yr Alban **19 Y9** 60.05G 1.21Gn
Burray *ys.* Yr Alban **19 G3** 58.51G 2.54Gn
Burro, Mdd. *mdd.* México **70 D6** 28.30G 102.00Gn
Burrow, Pr. Yr Alban **16 E2** 54.41G 4.24Gn
Bursa Twrci **57 I4** 40.11G 29.04Dn
Bûr Safâga Yr Aifft **94 D4** 26.45G 33.55Dn
Bûr Sa'îd Yr Aifft **94 D5** 31.17G 32.18Dn
Burscough Bridge Lloegr **14 E2** 53.37G 2.51Gn
Būr Sudan Sudan **85 H3** 19.39G 37.01Dn
Burton-in-Kendal Lloegr **14 E3** 54.12G 2.43Gn
Burton Latimer Lloegr **10 E3** 52.23G 0.41Gn
Burton upon Trent Lloegr **10 D3** 52.48G 1.39Gn
Buru *ys.* Indonesia **105 H3** 3.30D 126.30Dn
Burundi Affrica **86 B4** 3.30D 30.00Dn
Burwash Landing Canada **62 E4** 61.21G 139.01Gn
Burwell Lloegr **11 F3** 52.17G 0.20Dn
Burwick Yr Alban **19 G3** 58.44G 2.57Gn
Bury Lloegr **15 E2** 53.36G 2.19Gn
Bury St. Edmunds Lloegr **11 F3** 52.15G 0.42Dn
Bush *a.* G. Iwerddon **16 C3** 55.13G 6.33Gn
Bushbush *a.* Somalia **87 C2** 1.08D 41.52Dn
Bushehr Iran **95 H4** 28.57G 50.52Dn
Bushmills G. Iwerddon **16 C3** 55.12G 6.32Gn
Buta Gwer. Ddem. Congo **86 B5** 2.49G 24.50Dn
Bute *ys.* Yr Alban **16 D3** 55.51G 5.07Gn
Bute, Sn. Yr Alban **16 D3** 55.44G 5.10Gn
Butte U.D.A. **64 D6** 46.00G 112.31Gn
Butterworth Malaysia **104 C5** 5.24G 100.22Dn
Buttevant Gwer. Iwerdd. **20 C2** 52.13G 8.40Gn
Butuan Pili. **105 H5** 8.56G 125.31Dn
Butung *ys.* Indonesia **105 G2** 5.00D 122.50Dn
Buur Gaabo Somalia **87 C2** 1.10D 41.50Dn
Buvuma, Ys. Uganda **87 A3** 0.12G 33.17Dn
Buxton Lloegr **15 F2** 53.16G 1.54Gn
Buzău România **56 H6** 45.10G 26.49Dn
Bwcle Cymru **12 D5** 53.11G 3.04Gn
Bwlgaria Ewrop **56 G5** 42.30G 25.00Dn
Byarezina *a.* Belarus **55 L5** 52.30G 30.20Dn
Bydgoszcz Gw. Pwyl **54 E5** 53.16G 18.00Dn
Byfield Lloegr **10 D3** 52.10G 1.15Gn
Bylot, Ys. Canada **63 K5** 73.00G 78.30Gn
Byrranga, Mdd. Ffed. Rwsia **59 M5** 74.50G 101.00Dn
Bytholwerni, Y *n.* U.D.A. **65 J2** 26.00G 80.30Gn
Bytom Gw. Pwyl **54 F4** 50.22G 18.54Dn

C

Caacupé Paraguay **77 E2** 25.23D 57.05Gn
Cabanatuan Pili. **104 G7** 15.30G 120.58Dn
Caban Coch, Cr. Cymru **12 D4** 52.17G 3.34Gn
Cabimas Venezuela **71 J3** 10.26G 71.27Gn
Cabinda Angola **84 F1** 5.34D 12.12Dn
Cabonga, Cr. Canada **65 K6** 47.20G 76.35Gn
Cabot, Cf. Canada **63 M2** 47.00G 59.00Gn
Cabo Verde Cefn. Iwerydd **84 B3** 16.00G 24.00Gn
Cabrera, Sierra de la *mdd.* Sbaen **46 B5** 42.10G 6.30Gn
Cabriel *a.* Sbaen **46 E3** 39.13G 1.07Gn
Cáceres Brasil **77 E3** 16.05D 57.40Gn
Cáceres Sbaen **46 B3** 39.29G 6.23Gn
Cachimbo, Serra do *mdd.* Brasil **77 E4** 8.30D 55.00Gn
Cachoeiro de Itapemirin Brasil **77 F2** 20.51D 41.07Gn
Cadera, P. Venezuela **71 K3** 10.40G 66.05Gn
Cadillac U.D.A. **65 I5** 44.15G 85.23Gn
Cadiz Pili. **105 G6** 10.57G 123.18Dn
Cádiz Sbaen **46 B2** 36.32G 6.18Gn
Cádiz, Gff. Sbaen **46 B2** 37.00G 7.10Gn
Cadwyn Ganolog *mdd.* P.G.N. **105 K3** 5.00D 142.00Dn
Cadwyni'r Arfordir *mdd.* U.D.A. **64 B5** 40.00G 123.00Gn
Caen Ffrainc **44 C6** 49.11G 0.22Gn
Caer (Chester) Lloegr **14 E2** 53.12G 2.53Gn
Caer *rhan.* Lloegr **9 D3** 53.14G 2.30Gn
Caerdydd Cymru **13 D3** 51.28G 3.11Gn
Caerdydd *rhan.* Cymru **9 D2** 51.30G 3.12Gn
Caeredin (Edinburgh) Yr Alban **17 F3** 55.57G 3.13Gn
Caeredin, Dinas *rhan.* Yr Alban **8 D4** 55.57G 3.13Gn
Caerfaddon (Bath) Lloegr **10 C2** 51.22G 2.22Gn
Caerfaddon a G. Ddn. Gwlad yr Haf *rhan.* Lloegr **9 D2** 51.20G 2.30Gn
Caerfyrddin Cymru **12 C3** 51.52G 4.20Gn
Caerfyrddin, Bae Cymru **12 C3** 51.40G 4.30Gn
Caerfyrddin, sir *rhan.* Cymru **9 C2** 52.00G 4.17Gn
Caerffili Cymru **12 D3** 51.34G 3.13Gn
Caerffili *rhan.* Cymru **9 D2** 51.34G 3.13Gn
Caergaint (Canterbury) Lloegr **11 G2** 51.17G 1.05Dn
Caergrawnt (Cambridge) Lloegr **11 F3** 52.13G 0.08Dn
Caergrawnt *rhan.* Lloegr **9 E3** 52.15G 0.05Gn
Caergybi Cymru **12 C5** 53.18G 4.38Gn
Caergybi, Bae Cymru **12 C5** 53.22G 4.40Gn
Caerhirfryn *rhan.* Lloegr **9 D3** 53.53G 2.30Gn
Caerliwelydd (Carlisle) Lloegr **14 E3** 54.54G 2.55Gn
Caerloyw (Gloucester) Lloegr **10 C2** 51.52G 2.15Gn
Caerloyw *rhan.* Lloegr **9 D2** 51.45G 2.00Gn
Caerloyw, De *rhan.* Lloegr **9 D2** 51.35G 2.40Gn
Caerlwytgoed (Lichfield) Lloegr **10 D3** 52.40G 1.50Gn
Caerlŷr (Leicester) Lloegr **10 D3** 52.39G 1.09Gn
Caerlŷr, Swydd *rhan.* Lloegr **9 E3** 52.30G 1.00Gn
Caerllion Cymru **12 E3** 51.36G 2.57Gn
Caernarfon Cymru **12 C5** 53.08G 4.17Gn
Caernarfon, Bae Cymru **12 C5** 53.05G 4.25Gn
Caersallog (Salisbury) Lloegr **10 D2** 51.04G 1.48Gn
Caerwrangon (Worcester) Lloegr **10 C3** 52.12G 2.12Gn
Caerwrangon *rhan.* Lloegr **9 D3** 52.12G 2.12Gn
Caerwynt (Winchester) Lloegr **10 D2** 51.04G 1.19Gn
Cagayan de Oro Pili. **105 G5** 8.29G 124.40Dn
Cagliari Yr Eidal **50 C3** 39.14G 9.07Dn
Cagliari, Gff. Môr Can. **50 C3** 39.07G 9.15Dn
Caha, Mdd. Gwer. Iwerdd. **20 B1** 51.44G 9.45Gn
Cahirciveen Gwer. Iwerdd. **20 A1** 51.51G 10.14Gn
Cahora Bassa, Cr. *ll.* Moçambique **86 C3** 15.33D 32.42Dn
Cahore, Pt. Gwer. Iwerdd. **20 E2** 52.33G 6.11Gn
Cahors Ffrainc **44 D4** 44.28G 0.26Dn
Caiabis, Serra dos *mdd.* Brasil **77 E3** 12.00D 56.30Gn
Caiapó, Serra do *mdd.* Brasil **77 E3** 17.10D 52.00Gn
Caicos, Ysdd. Ysdd. Turks a Caicos **71 J5** 21.30G 72.00Gn
Caint *rhan.* Lloegr **9 F2** 51.12G 0.40Dn
Cairn Gorm *m.* Yr Alban **19 F2** 57.06G 3.39Gn
Cairngorm, Mdd. Yr Alban **19 F2** 57.04G 3.30Gn
Cairnryan Yr Alban **16 D2** 54.58G 5.02Gn
Cairns Awstralia **110 D4** 16.51D 145.43Dn
Cairn Toul *m.* Yr Alban **19 F2** 57.04G 3.44Gn
Cairo = El Qâhira Yr Aifft **94 D4** 30.03G 31.15Dn
Caister-on-Sea Lloegr **11 G3** 52.38G 1.43Dn
Caistor Lloegr **15 G2** 53.29G 0.20Gn
Caithness *n.* Yr Alban **19 F3** 58.25G 3.25Gn
Calabar Nigeria **84 E2** 4.56G 8.22Dn
Calais Ffrainc **44 D7** 50.57G 1.50Dn
Calama Chile **76 D2** 22.30D 68.55Gn
Calamian, Grŵp *ysdd.* Pili. **104 G6** 12.00G 120.05Dn
Calamocha Sbaen **46 E4** 40.54G 1.18Gn
Calanscio, Môr Tywod *n.* Libya **53 H2** 27.00G 23.00Dn
Calapan Pili. **104 G6** 13.23G 121.10Dn
Călărași România **56 H6** 44.11G 27.21Dn
Calatayud Sbaen **46 E4** 41.21G 1.39Gn
Calbayog Pili. **105 G6** 12.04G 124.58Dn
Calcanhar, P. Brasil **77 G4** 5.06D 35.30Gn
Calcutta India **97 H5** 22.35G 88.21Dn
Caldas da Rainha Portiwgal **46 A3** 39.24G 9.08Gn
Caldicot Cymru **12 E3** 51.36G 2.45Gn
Caledonia Newydd = Nouvelle Calédonie *ys.* Cefn. Tawel **111 F3** 22.00D 165.00Dn
Calf of Man (Yn Colloo) *ys.* Ynys Manaw **14 C3** 54.03G 4.49Gn
Calgary Canada **62 G3** 51.05G 114.05Gn
Cali Colombia **74 B7** 3.24G 76.30Gn
Calicut India **96 F3** 11.15G 75.45Dn
Caliente U.D.A. **64 D4** 37.36G 114.31Gn
California *rhan.* U.D.A. **64 B4** 37.00G 120.00Gn
California, Gff. México **70 B6** 28.30G 112.30Gn
California Isaf *gor.* México **70 B6** 27.00G 113.00Gn
Callan Gwer. Iwerdd. **20 D2** 52.33G 7.23Gn
Callander Yr Alban **16 E4** 56.15G 4.13Gn
Callanish Yr Alban **18 C3** 58.12G 6.45Gn
Callao Periw **76 C3** 12.05D 77.08Gn
Callington Lloegr **13 C2** 50.30G 4.19Gn
Calne Lloegr **10 D2** 51.26G 2.00Gn
Caltanissetta Yr Eidal **50 F2** 37.30G 14.05Dn
Calvi Ffrainc **44 H3** 42.34G 8.44Dn
Cam *a.* Lloegr **11 F3** 52.34G 0.21Dn
Camaçari Brasil **77 G3** 12.44D 38.16Gn
Camagüey Cuba **71 I5** 21.25G 77.55Gn
Camagüey, Ysr Cuba **71 I5** 22.30G 78.00Gn
Ca Mau, Pt. Viet Nam **104 C5** 8.30G 104.35Dn
Camberley Lloegr **10 E2** 51.21G 0.45Gn
Cambodia Asia **104 C6** 12.00G 105.00Dn
Camborne Lloegr **13 B2** 50.12G 5.19Gn
Cambrai Ffrainc **42 C2** 50.10G 3.14Dn
Cambridge Bay *tref* Canada **62 H4** 69.09G 105.00Gn
Cambridge (Caergrawnt) Lloegr **11 F3** 52.13G 0.08Dn
Camelford Lloegr **13 C2** 50.37G 4.41Gn
Cameroun/ Cameroon Affrica **84 F2** 6.00G 12.30Dn
Cameroun, M. Cameroun **84 E2** 4.20G 9.05Dn
Cametá Brasil **77 F4** 2.12D 49.30Gn
Campbell River *tref* Canada **62 F3** 50.00G 125.18Gn
Campbellton Canada **65 M6** 48.00G 66.40Gn
Campbell, Ys. Cefn. Tawel **108 L1** 52.30D 169.02Dn
Campbeltown Yr Alban **16 D3** 55.25G 5.36Gn
Campeche México **70 F4** 19.50G 90.30Gn
Campeche *rhan.* México **70 F4** 19.00G 90.00Gn
Campeche, Bae México **70 F4** 19.30G 94.00Gn
Campina Grande Brasil **77 G4** 7.15D 35.53Gn
Campinas Brasil **77 F2** 22.54D 47.06Gn
Campobasso Yr Eidal **50 F4** 41.34G 14.39Dn
Campo Grande Brasil **77 E2** 20.24D 54.35Gn
Campos Brasil **77 F2** 21.46D 41.21Gn
Cam Ranh Viet Nam **104 D6** 11.54G 109.14Dn
Camros Cymru **12 B3** 51.50G 5.01Gn
Camwy *a.* Ariannin **75 C2** 43.15D 65.53Gn
Canada G. America **62 H3** 60.00G 105.00Gn
Canadian *a.* U.D.A. **64 G4** 35.20G 95.40Gn
Çanakkale Twrci **56 H4** 40.09G 26.26Dn
Canal du Midi Ffrainc **44 D3** 43.18G 2.00Dn
Canaveral, P. U.D.A. **65 J2** 28.28G 80.28Gn
Canberra Awstralia **110 D2** 35.18D 149.08Dn
Cancún México **70 G5** 21.26G 86.51Gn
Caniapiscau *a.* Canada **63 L3** 57.40G 69.30Gn
Caniapiscau, Cr. Canada **63 K3** 55.05G 72.40Gn
Canindé *a.* Brasil **77 F4** 6.14D 42.51Gn
Canisp *m.* Yr Alban **18 D3** 58.07G 5.03Gn
Çankaya Twrci **57 K3** 39.52G 32.52Dn
Çankırı Twrci **57 K4** 40.35G 33.37Dn
Canna *ys.* Yr Alban **18 C2** 57.03G 6.30Gn
Cannes Ffrainc **44 G3** 43.33G 7.00Dn
Cannock Lloegr **10 C3** 52.42G 2.02Gn
Canõas Brasil **77 E2** 29.55D 51.10Gn
Canol *rhan.* Kenya **87 B2** 1.00D 37.00Dn
Canolbarth, Gn. y *rhan.* Lloegr **9 E3** 52.25G 2.00Gn
Canon City U.D.A. **64 E4** 38.27G 105.14Gn
Cantabria, Mdd. Sbaen **46 B5** 43.00G 6.00Gn
Canterbury (Caergaint) Lloegr **11 G2** 51.17G 1.05Dn
Cân Tho Viet Nam **104 D6** 10.03G 105.46Dn
Canvey Island *tref* Lloegr **11 F2** 51.32G 0.35Dn
Cao Bang Viet Nam **104 D8** 22.40G 106.16Dn
Capbreton Ffrainc **44 C3** 43.38G 1.15Gn
Cape Breton, Ys. Canada **63 L2** 46.00G 61.00Gn
Capel St. Mary Lloegr **11 G2** 51.59G 1.02Dn
Cape Town/ Kaapstad G.D.A. **86 A1** 33.56D 18.28Dn
Cap Haïtien *tref* Haiti **71 J4** 19.47G 72.17Gn
Capim *a.* Brasil **77 F4** 1.40D 47.47Gn
Capraia *ys.* Yr Eidal **50 C5** 43.03G 9.50Dn
Caprera *ys.* Yr Eidal **50 C4** 41.48G 9.27Dn
Capri *ys.* Yr Eidal **50 F4** 40.33G 14.13Dn
Capricorn, Sianel *cf.* Awstralia **110 E3** 23.00D 152.00Dn
Caprivi, Llain *n.* Namibia **86 B3** 17.50D 23.10Dn
Caquetá *a.* Colombia **76 C4** 1.20D 70.50Gn
Carabay, Cordillera de *mdd.* Periw **76 C3** 13.50D 71.00Gn
Caracal România **56 G6** 44.08G 24.18Dn
Caracas Venezuela **71 K3** 10.35G 66.56Gn
Carajás, Serra dos *mdd.* Brasil **77 E4** 5.00D 51.00Gn
Caratasca, Morlyn Honduras **71 H4** 15.10G 84.00Gn
Caratinga Brasil **77 F3** 19.50D 42.06Gn
Caravaca de la Cruz Sbaen **46 E3** 38.06G 1.51Gn
Carbonara, P. Yr Eidal **50 C3** 39.06G 9.32Dn
Carcassonne Ffrainc **44 E3** 43.13G 2.21Dn
Carei România **54 H2** 47.42G 22.28Dn
Carey, Ll. Awstralia **110 B3** 29.05D 122.15Dn
Cariacica Brasil **77 F2** 20.15D 40.23Gn
Caribî, Y Môr Cb. America **71 I4** 15.00G 75.00Gn
Caribou, Mdd. Canada **62 G3** 58.30G 115.00Gn
Cark, M. Gwer. Iwerdd. **16 B2** 54.53G 7.53Gn
Carletonville G.D.A. **86 B2** 26.21D 27.23Dn
Carlingford, Loch Gwer. Iwerdd./G. Iwerdd. **16 C2** 54.03G 6.09Gn
Carlisle (Caerliwelydd) Lloegr **14 E3** 54.54G 2.55Gn
Carlow Gwer. Iwerdd. **20 E2** 52.50G 6.54Gn
Carlow *rhan.* Gwer. Iwerdd. **20 E2** 52.43G 6.50Gn
Carluke Yr Alban **17 E3** 55.44G 3.51Gn
Carmacks Canada **62 E4** 62.04G 136.21Gn
Carmel, Trwyn Cymru **12 C5** 53.24G 4.35Gn
Carndonagh Gwer. Iwerdd. **16 B3** 55.15G 7.15Gn
Carnedd Llywelyn *m.* Cymru **12 D5** 53.10G 3.58Gn
Carnedd y Filiast *m.* Cymru **12 D4** 52.56G 3.40Gn
Carnegie, Ll. Awstralia **110 B3** 26.15D 123.00Dn
Carn Eighe *m.* Yr Alban **18 D2** 57.17G 5.07Gn
Carnforth Lloegr **14 E3** 54.08G 2.47Gn
Car Nicobar *ys.* India **104 A5** 9.06G 92.57Dn
Carnlough G. Iwerddon **16 D2** 54.58G 6.00Gn
Carn nan Gabhar *m.* Yr Alban **19 F1** 56.49G 3.44Gn
Carnot G.C.A. **84 F2** 4.59G 15.56Dn
Carnot, P. Awstralia **110 C2** 34.57D 135.38Dn
Carnoustie Yr Alban **17 G4** 56.30G 2.44Gn
Carnsore, Pt. Gwer. Iwerdd. **20 E2** 52.10G 6.21Gn
Carolina, De *rhan.* U.D.A. **65 J3** 34.00G 81.00Gn
Carolina, Gogledd *rhan.* U.D.A. **65 K4** 35.30G 79.00Gn
Caroline, Ys. Kiribati **109 Q6** 10.00D 150.30Gn
Caroline, Ysdd. Cefn. Tawel **108 J7** 5.00G 150.00Dn
Carpatiau, Mdd. Ewrop **34 F2** 48.45G 23.45Dn
Carpentaria, Gff. Awstralia **110 C4** 14.00D 140.00Dn
Carpentras Ffrainc **44 F4** 44.03G 5.03Dn
Carra, Loch Gwer. Iwerdd. **20 B3** 53.40G 9.15Gn
Carrara Yr Eidal **50 D6** 44.04G 10.06Dn
Carrauntuohill *m.* Gwer. Iwerdd. **20 B2** 52.00G 9.45Gn
Carrickfergus G. Iwerddon **16 D2** 54.43G 5.49Gn
Carrickmacross Gwer. Iwerdd. **20 E3** 53.59G 6.44Gn
Carrick-on-Shannon Gwer. Iwerdd. **20 C3** 53.57G 8.06Gn
Carrick-on-Suir Gwer. Iwerdd. **20 D2** 52.21G 7.26Gn
Carron *a.* Falkirk Yr Alban **17 F4** 56.01G 3.44Gn
Carron *a.* Ucheldir Yr Alban **19 E2** 57.53G 4.22Gn
Carrowmore, Ll. Gwer. Iwerdd. **20 B4** 54.11G 9.48Gn
Carson City U.D.A. **64 C4** 39.10G 119.46Gn
Carsphairn Yr Alban **16 E3** 55.13G 4.15Gn
Cartagena Colombia **71 I3** 10.24G 75.33Gn
Cartagena Sbaen **46 E2** 37.36G 0.59Gn
Carter Bar *bwlch* Yr Alban/Lloegr **17 G3** 55.21G 2.27Gn
Carterton Lloegr **10 D2** 51.46G 1.35Gn
Cartmel Lloegr **14 E3** 54.12G 2.57Gn
Caruarú Brasil **77 G4** 8.15D 35.55Gn
Carvin Ffrainc **42 B2** 50.30G 2.58Dn
Casablanca = Dar el Beida Moroco **84 D5** 33.39G 7.35Gn
Cascade, Cn. *mdd.* U.D.A. **64 B5** 44.00G 121.30Gn
Cascavel Brasil **77 E2** 24.59D 53.29Gn
Caserta Yr Eidal **50 F4** 41.06G 14.21Dn
Caseyr, P. Somalia **85 J3** 12.00G 51.30Dn
Cas-gwent Cymru **12 E3** 51.38G 2.40Gn
Cashel Gwer. Iwerdd. **20 D2** 52.31G 7.54Gn
Casnewydd Cymru **12 E3** 51.34G 2.59Gn
Casnewydd *rhan.* Cymru **9 D2** 51.33G 3.00Gn
Casper U.D.A. **64 E5** 42.50G 106.20Gn
Caspia, Môr Asia **90 H7** 42.00G 51.00Dn
Caspia, Pant *n.* Ffed. Rwsia/Kazakhstan **58 G2** 47.00G 48.00Dn
Cassiar, Mdd. Canada **62 F3** 60.00G 131.00Gn
Cassley *a.* Yr Alban **18 E3** 57.58G 4.35Gn
Castanhal Brasil **77 F4** 1.16D 47.51Gn
Castell-nedd Cymru **12 D3** 51.39G 3.49Gn
Castell-nedd Port Talbot *rhan.* Cymru **9 D2** 51.42G 3.47Gn
Castellnewydd Emlyn Cymru **12 C4** 52.02G 4.29Gn
Castellón de la Plana Sbaen **46 E3** 39.59G 0.03Gn
Castlebar Gwer. Iwerdd. **20 B3** 53.52G 9.19Gn
Castleblayney Gwer. Iwerdd. **20 E4** 54.08G 6.46Gn
Castle Cary Lloegr **13 E3** 51.06G 2.31Gn
Castlecomer Gwer. Iwerdd. **20 D2** 52.48G 7.12Gn
Castleconnell Gwer. Iwerdd. **20 C2** 52.43G 8.30Gn
Castlederg G. Iwerddon **16 B2** 54.43G 7.37Gn
Castle Donnington Lloegr **10 D3** 52.51G 1.19Gn
Castle Douglas Yr Alban **17 F2** 54.56G 3.56Gn
Castleford Lloegr **15 F2** 53.43G 1.21Gn
Castleisland *tref* Gwer. Iwerdd. **20 B2** 52.14G 9.29Gn
Castletown (Balley Chashtal) Ynys Manaw **14 C3** 54.04G 4.38Gn
Castres Ffrainc **44 E3** 43.36G 2.14Dn
Castries St. Lucia **71 L3** 14.01G 60.59Gn
Catamarca Ariannin **76 D2** 28.28D 65.46Gn
Catanduanes *ys.* Pili. **105 G6** 13.45G 124.20Dn
Catania Yr Eidal **50 F2** 37.31G 15.05Dn
Catanzaro Yr Eidal **50 G3** 38.55G 16.35Dn
Catarman Pili. **105 G6** 12.28G 124.50Dn
Caterham Lloegr **11 E2** 51.17G 0.04Gn
Catoche, P. México **70 G5** 21.38G 87.08Gn
Catraeth (Catterick) Lloegr **15 F3** 54.23G 1.38Gn
Catterick (Catraeth) Lloegr **15 F3** 54.23G 1.38Gn
Cat, Ys. Bahamas **71 I5** 24.30G 75.30Gn
Cauca *a.* Colombia **71 J2** 8.57G 74.30Gn
Caucaia Brasil **77 G4** 3.45D 38.45Gn
Caudry Ffrainc **42 C2** 50.07G 3.25Dn
Cavan Gwer. Iwerdd. **20 D3** 53.59G 7.22Gn
Cavan *rhan.* Gwer. Iwerdd. **20 D3** 54.00G 7.15Gn
Cawcasws *mdd.* Ewrop **58 G2** 43.00G 44.00Dn
Cawston Lloegr **11 G3** 52.46G 1.10Dn
Caxias Brasil **77 F4** 4.53D 43.20Gn
Caxias do Sul Brasil **77 E2** 29.14D 51.10Gn
Cayenne Guyane Ffrengig **74 D7** 4.55G 52.18Gn
Cayman, Ysdd. Cb. America **71 H4** 19.00G 81.00Gn
Cayman Brac *ys.* Ysdd. Cayman **71 I4** 19.44G 79.48Gn
Cayos Miskitos *ysdd.* Nicaragua **71 H3** 14.30G 82.40Gn

Craigavon G. Iwerddon **16 C2** 54.28G 6.25Gn
Craig Goch, Cr. Cymru **12 D4** 52.20G 3.35Gn
Craignure (Craig an Iubhair) Yr Alban **16 D4** 56.28G 5.42Gn
Crail Yr Alban **17 G4** 56.16G 2.38Gn
Craiova România **56 F6** 44.18G 23.46Dn
Cramlington Lloegr **15 F4** 55.06G 1.33Gn
Cranbrook Canada **62 G2** 49.29G 115.48Gn
Cranleigh Lloegr **11 E2** 51.08G 0.29Gn
Crawley Lloegr **11 E2** 51.07G 0.10Gn
Creag Meagaidh *m.* Yr Alban **19 E1** 56.57G 4.38Gn
Credenhill Lloegr **10 C3** 52.06G 2.49Gn
Crediton Lloegr **13 D2** 50.47G 3.39Gn
Cree, Ll. Canada **62 H3** 57.20G 108.30Gn
Creil Ffrainc **42 B1** 49.16G 2.29Dn
Cremona Yr Eidal **50 D6** 45.08G 10.03Dn
Crepy-en-Valois Ffrainc **42 B1** 49.14G 2.54Dn
Cres *ys.* Croatia **56 B6** 44.50G 14.20Dn
Crescent City U.D.A. **64 B5** 41.46G 124.13Gn
Creston U.D.A. **65 H5** 41.04G 94.20Gn
Creswell Lloegr **15 F2** 53.16G 1.12Gn
Creta = Kríti *ys.* Groeg **56 G1** 35.15G 25.00Dn
Creta, Môr Môr Can. **56 G1** 36.00G 25.00Dn
Creuse *a.* Ffrainc **44 D5** 47.00G 0.35Dn
Crewe Lloegr **15 E2** 53.06G 2.28Gn
Crewkerne Lloegr **13 E2** 50.53G 2.48Gn
Crianlarich Yr Alban **16 E4** 56.23G 4.37Gn
Cricieth Cymru **12 C4** 52.55G 4.15Gn
Criciúma Brasil **77 F2** 28.40D 49.23Gn
Crieff Yr Alban **17 F4** 56.23G 3.52Gn
Criffell *m.* Yr Alban **17 F2** 54.57G 3.38Gn
Crimea *gor.* Ukrain **55 N1** 45.30G 34.00Dn
Crimond Yr Alban **19 H2** 57.36G 1.55Gn
Cristóbal Colón *m.* Colombia **71 J3** 10.53G 73.48Gn
Croatia Ewrop **56 C6** 45.30G 17.00Dn
Croesoswallt (Oswestry) Lloegr **10 B3** 52.52G 3.03Gn
Croker, Ys. Awstralia **105 I1** 11.06D 132.63Dn
Cromarty Yr Alban **19 E2** 57.40G 4.01Gn
Cromarty, Moryd Yr Alban **19 E2** 57.41G 4.10Gn
Cromdale, Bryniau Yr Alban **19 F2** 57.18G 3.30Gn
Cromer Lloegr **11 G3** 52.56G 1.18Dn
Cronamuck, M. Gwer. Iwerdd. **16 B2** 54.54G 7.52Gn
Crook Lloegr **15 F3** 54.43G 1.45Gn
Crooked, Sianel Ys. Bahamas **71 J5** 22.45G 74.40Gn
Crooked, Ys. Bahamas **71 J5** 22.45G 74.00Gn
Croom Gwer. Iwerdd. **20 C2** 52.30G 8.42Gn
Crosby Lloegr **14 D2** 53.30G 3.02Gn
Cross Fell *m.* Lloegr **15 E3** 54.43G 2.28Gn
Crossgar G. Iwerddon **16 D2** 54.24G 5.45Gn
Crossmaglen G. Iwerddon **16 C2** 54.05G 6.37Gn
Crotone Yr Eidal **50 G3** 39.05G 17.06Dn
Crouch *a.* Lloegr **11 F2** 51.37G 0.45Dn
Crowborough Lloegr **11 F2** 51.03G 0.09Dn
Crowland Lloegr **11 E3** 52.41G 0.10Gn
Crowle Lloegr **15 G2** 53.36G 0.49Gn
Crowthorne Lloegr **10 E2** 51.23G 0.49Gn
Croyde Lloegr **13 C3** 51.07G 4.13Gn
Croydon Lloegr **11 E2** 51.23G 0.06Gn
Crozet Is. Cefn. India **117 L2** 47.00D 52.00Dn
Crucywel Cymru **12 D3** 51.52G 3.08Gn
Cruden Bay *tref* Yr Alban **19 H2** 57.24G 1.51Gn
Crumlin G. Iwerddon **16 C2** 54.38G 6.13Gn
Crummock Water *ll.* Lloegr **14 D3** 54.33G 3.19Gn
Cruzeiro do Sul Brasil **76 C4** 7.40D 72.39Gn
Cruz, P. Cuba **71 I4** 19.52G 77.44Gn
Cuando *a.* Affrica **86 B3** 18.30D 23.30Dn
Cuanza *a.* Angola **86 A4** 9.22D 13.09Dn
Cuba Cb. America **71 I5** 22.00G 79.00Gn
Cubango *a.* Botswana **86 B3** 18.30D 22.04Dn
Cuckfield Lloegr **11 E2** 51.00G 0.08Gn
Cúcuta Colombia **71 J2** 7.55G 72.31Gn
Cuddalore India **97 F3** 11.43G 79.46Dn
Cuddapah India **97 F3** 14.30G 78.30Dn
Cuenca Ecuador **76 C4** 2.54D 79.00Gn
Cuenca Sbaen **46 D4** 40.04G 2.07Gn
Cuenca, Serrania de *mdd.* Sbaen **46 E4** 40.25G 2.00Gn
Cuernavaca México **70 E4** 18.57G 99.15Gn
Cuiabá Brasil **77 E3** 15.32D 56.05Gn
Cuiabá *a.* Brasil **77 E3** 18.00D 57.25Gn
Cuillin, Mdd. Yr Alban **18 C2** 57.12G 6.13Gn
Cuillin, Sn. Yr Alban **18 C2** 57.05G 6.20Gn
Culfor Mawr, Y Denmarc **43 B1** 55.30G 11.00Dn
Culiacán México **70 C5** 24.50G 107.23Gn
Cullen Yr Alban **19 G2** 57.42G 2.50Gn
Cullera Sbaen **46 E3** 39.10G 0.15Gn
Cullompton Lloegr **13 D2** 50.52G 3.23Gn
Cullybackey G. Iwerddon **16 C2** 54.53G 6.21Gn
Cul Mor *m.* Yr Alban **18 D3** 58.04G 5.10Gn
Culuene *a.* Brasil **77 E3** 12.56D 52.51Gn
Culzean, Bae Yr Alban **16 E3** 55.21G 4.50Gn
Cumaná Venezuela **71 L3** 10.29G 64.12Gn
Cumbal *m.* Colombia **76 C5** 0.59G 77.53Gn
Cumberland, Sn. Canada **63 L4** 65.00G 65.30Gn
Cumbernauld Yr Alban **17 F3** 55.57G 4.00Gn
Cumbria *rhan.* Lloegr **9 D4** 54.40G 3.00Gn
Cumnock Yr Alban **16 E3** 55.27G 4.15Gn
Cuncagh *m.* Gwer. Iwerdd. **16 B2** 54.12G 7.50Gn
Cunene *a.* Angola **86 A3** 17.15D 11.50Dn
Cuneo Yr Eidal **50 B6** 44.22G 7.32Dn
Cupar Yr Alban **17 F4** 56.19G 3.01Gn
Cupica, Gff. Colombia **71 I2** 6.35G 77.25Gn
Curaçao *ys.* Ant. Iseld. **71 K3** 12.15G 69.00Gn
Curaray *a.* Periw **76 C4** 2.20D 74.05Gn
Curitiba Brasil **77 F2** 25.24D 49.16Gn
Curuá *a.* Brasil **77 E4** 5.23D 54.22Gn
Cushendall G. Iwerddon **16 C3** 55.05G 6.04Gn
Cuttack India **97 H5** 20.26G 85.56Dn
Cuxhaven Yr Almaen **48 D5** 53.52G 8.42Dn
Cuzco Periw **76 C3** 13.32D 72.10Gn
Cwlen = Köln Yr Almaen **48 C4** 50.56G 6.57Dn
Cwmbrân Cymru **12 D3** 51.39G 3.01Gn
Cwm Hyfryd Ariannin **75 B2** 42.55D 71.20Gn
Cybi, Ynys Cymru **12 C5** 53.15G 4.38Gn
Cyclades = Kikládhes *ysdd.* Groeg **56 G2** 37.00G 25.00Dn
Cydweli Cymru **12 C3** 51.44G 4.20Gn
Cymru D.U. **8-9**
Cyprus Asia **57 K1** 35.00G 33.00Dn
Cyrenaica *n.* Libya **53 H2** 28.00G 22.10Dn
Częstochowa Gw. Pwyl **54 F4** 50.49G 19.07Dn

D

Dąbrowa Górnicza Gw. Pwyl **54 F4** 50.22G 19.20Dn
Dacca Bangla. **97 I5** 23.42G 90.22Dn
Dagupan Pili. **104 G7** 16.02G 120.21Dn
Da Hinggan Ling *mdd.* China **103 M7** 50.00G 122.10Dn
Dahlak, Ysr. Eritrea **94 F2** 15.45G 40.30Dn
Dailly Yr Alban **16 E3** 55.18G 4.43Gn
Dakar Sénégal **84 C3** 14.38G 17.27Gn
Dakhla, Gwerddon Yr Aifft **94 C4** 25.30G 29.00Dn
Dakol'ka *a.* Belarus **55 K5** 52.10G 29.00Dn
Dakota, De *rhan.* U.D.A. **64 F5** 44.30G 100.00Gn
Dakota, Gogledd *rhan.* U.D.A. **64 F6** 47.00G 100.00Gn
Dakovica Iwgo. **56 E5** 42.22G 20.26Dn
Dalaman Twrci **57 I2** 36.47G 28.47Dn
Da Lat Viet Nam **104 D6** 11.56G 108.25Dn
Dalbandin Pakistan **95 J4** 28.53G 64.25Dn
Dalbeattie Yr Alban **17 F2** 54.55G 3.49Gn
Dali China **103 I3** 25.42G 100.11Dn
Dalian China **103 M5** 38.53G 121.37Dn
Dalkeith Yr Alban **17 F3** 55.54G 3.04Gn
Dallas U.D.A. **64 G3** 32.47G 96.48Gn
Dalmacija *n.* Croatia **56 C5** 43.30G 17.00Dn
Dalmally (Dail Mhàillidh) Yr Alban **16 E4** 56.25G 4.58Gn
Dalmellington Yr Alban **16 E3** 55.19G 4.24Gn
Daloa Côte d'Ivoire **84 D2** 6.56G 6.28Gn
Dalry D. a G. Yr Alban **16 E3** 55.07G 4.10Gn
Dalry G. Ayr Yr Alban **16 E3** 55.43G 4.43Gn
Dalrymple Yr Alban **16 E3** 55.24G 4.35Gn
Dalrymple, M. Awstralia **110 D3** 21.02D 148.38Dn
Dalton-in-Furness Lloegr **14 D3** 54.10G 3.11Gn
Daly *a.* Awstralia **110 C4** 13.20D 130.19Dn
Daman India **96 E5** 20.25G 72.58Dn
Damanhûr Yr Aifft **94 D5** 31.03G 30.28Dn
Damar *ys.* Indonesia **105 H2** 7.10D 128.30Dn
Damara, Tir *n.* Namibia **86 A2** 22.20D 16.00Dn
Damascus = Dimashq Syria **94 E5** 33.30G 36.19Dn
Damavand *m.* Iran **95 H6** 35.47G 52.04Dn
Damghan Iran **95 H6** 36.09G 54.22Dn
Damietta = Dumyât Yr Aifft **94 D5** 31.26G 31.48Dn
Dampier Awstralia **110 A3** 20.40D 116.42Dn
Dampir, Cf. Cefn. Tawel **105 I3** 0.30D 130.50Dn
Da Nang Viet Nam **104 D7** 16.04G 108.14Dn
Dande Ethiopia **87 B3** 4.53G 36.20Dn
Dandong China **103 M6** 40.06G 124.25Dn
Dane *a.* Lloegr **15 E2** 53.16G 2.30Gn
Danger, Ys. Ysdd. Cook **108 O5** 10.53D 165.49Gn
Dankov Ffed. Rwsia **55 P5** 53.15G 39.08Dn
Danville U.D.A. **65 K4** 36.34G 79.25Gn
Dapaong Togo **84 E3** 10.58G 0.07Dn
Da Qaidam China **102 H5** 37.44G 95.08Dn
Daqing China **103 N7** 46.40G 125.00Dn
Darab Iran **95 H4** 28.45G 54.34Dn
Darabani România **55 J3** 48.11G 26.35Dn
Daravica *m.* Iwgo. **56 E5** 42.32G 20.08Dn
Darbhanga India **97 H6** 26.10G 85.54Dn
Dardanelles *cf.* Twrci **56 H4** 40.15G 26.30Dn
Dar el Beida (Casablanca) Moroco **84 D5** 33.39G 7.35Gn
Dar es Salaam Tanzania **86 C4** 6.51D 39.18Dn
Darfur *n.* Sudan **82 F6** 14.91G 25.15Dn
Darhan Mongolia **103 J7** 49.34G 106.23Dn
Darién, Gff. Colombia **71 I2** 9.20G 77.00Gn
Darjiling India **97 H6** 27.02G 88.20Dn
Darling *a.* Awstralia **110 D2** 34.05D 141.57Dn
Darling, Downs *n.* Awstralia **110 D3** 28.00D 149.45Dn
Darlington Lloegr **15 F3** 54.33G 1.33Gn
Darlington *rhan.* Lloegr **9 E4** 54.33G 1.33Gn
Darmstadt Yr Almaen **48 D3** 49.52G 8.30Dn
Darnah Libya **85 G5** 32.45G 22.39Dn
Dart *a.* Lloegr **13 D2** 50.24G 3.41Gn
Dartford Lloegr **11 F2** 51.27G 0.14Dn
Dartmoor *bryniau* Lloegr **13 D2** 50.33G 3.55Gn
Dartmouth Lloegr **13 D2** 50.21G 3.35Gn
Darton Lloegr **15 F2** 53.36G 1.32Gn
Daru P.G.N. **105 K2** 9.05D 143.10Dn
Darwen Lloegr **15 E2** 53.42G 2.29Gn
Darwin Awstralia **110 C4** 12.23D 130.44Dn
Daryacheh-ye-Bakhtegan *ll.* Iran **95 H4** 29.20G 54.05Dn
Daryacheh-ye Sistan *n.* Iran **95 J5** 31.00G 61.15Dn
Daryacheh-ye-Tashk *ll.* Iran **95 H5** 30.05G 54.00Dn
Dasht-e-Kavir *diff.* Iran **95 H5** 34.40G 55.00Dn
Dasht-e-Lut *diff.* Iran **95 I5** 31.30G 58.00Dn
Dasht-i-Arbu Lut *diff.* Afghan. **95 J5** 30.00G 65.00Dn
Dasht-i-Margo *diff.* Afghan. **95 J5** 30.45G 63.00Dn
Datong China **103 K5** 40.12G 113.12Dn
Daud Khel Pakistan **95 L5** 32.53G 71.34Dn
Daugava *a.* Ewrop **43 F2** 57.03G 24.00Dn
Daugavpils Latvia **43 F1** 55.52G 26.31Dn
Dauphin Canada **62 H3** 51.09G 100.05Gn
Dauphiné *n.* Ffrainc **44 F4** 45.00G 5.45Dn
Davangere India **96 F3** 14.30G 75.52Dn
Davao Pili. **105 H5** 7.05G 125.38Dn
Davao, Gff. Pili. **105 H5** 6.30G 126.00Dn
Davenport U.D.A. **65 H5** 41.40G 90.36Gn
Daventry Lloegr **10 D3** 52.16G 1.10Gn
David Panamá **71 H2** 8.26G 82.26Gn
Davis, Cf. G. America **63 M4** 66.00G 58.00Gn
Dawa Wenz *a.* Ethiopia **87 C3** 4.11G 42.06Dn
Dawlish Lloegr **13 D2** 50.34G 3.28Gn
Dawqah Oman **95 H2** 18.38G 54.05Dn
Dawson Canada **62 E4** 64.04G 139.24Gn
Dawson Creek *tref* Canada **62 F3** 55.44G 120.15Gn
Daxian China **103 J4** 31.10G 107.28Dn
Dayr az Zawr Syria **94 F6** 35.20G 40.08Dn
Dayton U.D.A. **65 J4** 39.45G 84.10Gn
Daytona Beach *tref* U.D.A. **65 J2** 29.11G 81.01Gn
De *rhan.* Yemen **95 G1** 14.30G 47.30Dn
Deal Lloegr **11 G2** 51.13G 1.25Dn
Death Valley *n.* U.D.A. **64 C4** 36.00G 116.45Gn
Debak Malaysia **104 E4** 1.30G 111.28Dn
Debar Macedonia **56 E4** 41.31G 20.30Dn
Debenham Lloegr **11 G3** 52.14G 1.10Dn
Debrecen Hwngari **54 G2** 47.30G 21.37Dn
Decatur U.D.A. **65 I4** 39.44G 88.57Gn
Deccan *n.* India **96 F4** 18.00G 76.30Dn
Děčín Gwer. Tsiec **54 D4** 50.48G 14.15Dn
De Cymru Newydd *rhan.* Awstralia **110 D2** 33.45D 147.00Dn
Dee *a.* Yr Alban **19 G2** 57.07G 2.04Gn
Deele *a.* Gwer. Iwerdd. **16 B2** 54.51G 7.29Gn
Degodia *n.* Ethiopia **87 C3** 4.15G 41.30Dn
De Grey *a.* Awstralia **110 A3** 20.12D 119.11Dn
Dehra Dun India **97 F7** 30.19G 78.00Dn
Dej România **55 H2** 47.08G 23.55Dn
Delano, Cp. *m.* U.D.A. **64 D4** 38.23G 112.22Gn
Delaram Afghan. **95 J5** 32.11G 63.25Dn
Delaware *rhan.* U.D.A. **65 K4** 39.00G 75.30Gn
Delft Yr Iseld. **42 D4** 52.01G 4.23Dn
Delfzijl Yr Iseld. **42 F5** 53.20G 6.56Dn
Delhi India **96 F6** 28.40G 77.14Dn
Deliçe *a.* Twrci **57 L4** 40.27G 34.07Dn
Del Rio U.D.A. **64 F2** 29.23G 100.56Gn
Demirkazik *m.* Twrci **57 L2** 37.50G 35.10Dn
Dempo *m.* Indonesia **104 C3** 4.02D 103.07Dn
Denakil *n.* Ethiopia/Eritrea **85 I3** 13.00G 41.00Dn
Denau Uzbekistan **95 K6** 38.20G 67.54Dn
Den Burg Yr Iseld. **42 D5** 53.03G 4.47Dn
Dendermonde Gw. Belg **42 D3** 51.01G 4.07Dn
Den Haag = 's-Gravenhage Yr Iseld. **42 D4** 52.05G 4.16Dn
Den Helder Yr Iseld. **42 D4** 52.58G 4.46Dn
Denizli Twrci **57 I2** 37.46G 29.05Dn
Denmarc Ewrop **43 B1** 56.00G 9.00Dn
Denmarc, Cf. Grønland/Gw. yr Iâ **63 P4** 66.00G 25.00Gn
Denny Yr Alban **17 F4** 56.02G 3.55Gn
Denpasar Indonesia **104 F2** 8.40D 115.14Dn
D'Entrecasteaux, Ysdd. P.G.N. **110 E5** 9.30D 150.40Dn
Denver U.D.A. **64 F4** 39.45G 104.58Gn
Dêqên China **102 H3** 28.45G 98.58Dn
Der'a Syria **94 E5** 32.37G 36.06Dn
Dera Ghazi Khan Pakistan **96 E7** 30.05G 70.44Dn
Dera Ismail Khan Pakistan **96 E7** 31.51G 70.56Dn
Derby Awstralia **110 B4** 17.19D 123.38Dn
Derby Lloegr **10 D3** 52.55G 1.28Gn
Derby *rhan.* Lloegr **9 E3** 52.55G 1.28Gn
Derby, Swydd *rhan.* Lloegr **9 E3** 53.12G 1.28Gn
Derg *a.* G. Iwerddon **16 B2** 54.44G 7.27Gn
Derg, Loch Donegal Gwer. Iwerdd. **20 D4** 54.37G 7.55Gn
Derg, Loch Tipperary Gwer. Iwerdd. **20 C2** 52.57G 8.18Gn
Derry *rhan.* G. Iwerddon **20 E4** 55.00G 7.00Gn
Derry *a.* Gwer. Iwerdd. **20 E2** 52.35G 6.38Gn
Derryveagh, Mdd. Gwer. Iwerdd. **20 C4** 55.00G 8.10Gn
Dersingham Lloegr **11 F3** 52.51G 0.30Dn
Derudeb Sudan **94 E2** 17.32G 36.06Dn
Derwent *a.* Lloegr **15 G2** 53.44G 0.57Gn
Derwent, Cr. Derby Lloegr **15 F2** 53.24G 1.44Gn
Derwent, Cr. Durham Lloegr **15 F3** 54.51G 2.00Gn
Derwent Water *ll.* Lloegr **14 D3** 54.35G 3.09Gn
Desagadero *a.* Bolivia **76 D3** 18.24D 67.05Gn
Desaguadero *a.* Ariannin **75 C3** 34.00D 66.40Gn
Désappointement, Ysdd. *ysdd.* Cefn. Tawel **109 R5** 14.02D 141.24Gn
Dese Ethiopia **85 H3** 11.05G 39.40Dn
Deseado Ariannin **75 C2** 47.44D 65.56Gn
Des Moines U.D.A. **65 H5** 41.35G 93.35Gn
Desna *a.* Ffed. Rwsia/Ukrain **55 L4** 50.32G 30.37Dn
Dessau Yr Almaen **48 F4** 51.51G 12.15Dn
Desvres Ffrainc **42 A2** 50.40G 1.50Dn
Detroit U.D.A. **65 J5** 42.23G 83.05Gn
Deva România **54 H1** 45.54G 22.55Dn
Deventer Yr Iseld. **42 F4** 52.15G 6.10Dn
Deveron *a.* Yr Alban **19 G2** 57.40G 2.30Gn
Devils Lake *tref* U.D.A. **64 G6** 48.08G 98.50Gn
Devizes Lloegr **10 D2** 51.21G 2.00Gn
Devon *a.* Lloegr **15 G2** 53.04G 0.50Gn
Devon *a.* Yr Alban **17 F4** 56.07G 3.52Gn
Devon, Ys. Canada **63 J5** 75.00G 86.00Gn
Devonport Awstralia **110 D1** 41.09D 146.16Dn
Devrez *a.* Twrci **57 L4** 41.07G 34.25Dn
Dewi, Ys. Cymru **12 B3** 51.53G 5.21Gn
Dewsbury Lloegr **15 F2** 53.42G 1.38Gn
Dezful Iran **95 G5** 32.24G 48.27Dn
Dezhou China **103 L5** 37.29G 116.11Dn
Dhahran Saudi Arabia **95 H4** 26.18G 50.08Dn
Dhamar Yemen **94 F1** 14.33G 44.24Dn
Dhanbad India **97 H5** 23.47G 86.32Dn
Dhaulagiri *m.* Nepal **97 G6** 28.39G 83.28Dn
Dhule India **96 E5** 20.52G 74.50Dn
Diamantina *a.* Awstralia **110 C3** 26.45D 139.10Dn
Dibrugarh India **97 I6** 27.29G 94.56Dn
Dickinson U.D.A. **64 F6** 46.54G 102.48Gn
Dida Galgalu *n.* Kenya **87 B3** 3.00G 38.00Dn
Didcot Lloegr **10 D2** 51.36G 1.14Gn
Dieppe Ffrainc **44 D6** 49.55G 1.05Dn
Diest Gw. Belg **42 E2** 50.59G 5.03Dn
Diffeithwch Dwyreiniol Yr Aifft **94 D4** 28.15G 31.55Dn
Diffeithwch Gorllewinol Yr Aifft **94 C4** 27.30G 28.00Dn
Diffeithwch Mawr Tywodlyd, Y Awstralia **110 B3** 21.00D 125.00Dn
Digby Canada **65 M5** 44.30G 65.47Gn
Digne-les-Bains Ffrainc **44 G4** 44.05G 6.14Dn
Dijon Ffrainc **44 F5** 47.20G 5.02Dn
Diksmuide Gw. Belg **42 B3** 51.01G 2.52Dn
Dili Indonesia **105 H2** 8.35D 125.35Dn
Dillon U.D.A. **64 D6** 45.14G 112.38Gn
Dimapur India **97 I6** 25.54G 93.45Dn
Dimashq (Damascus) Syria **94 E5** 33.30G 36.19Dn
Dimitrovgrad Bwlgaria **56 G5** 42.01G 25.34Dn
Dinan Ffrainc **44 B6** 48.27G 2.02Gn
Dinant Gw. Belg **42 D2** 50.16G 4.55Dn
Dinar Twrci **57 J3** 38.05G 30.09Dn
Dinard Ffrainc **44 B6** 48.38G 2.04Gn
Dinbych Cymru **12 D5** 53.11G 3.25Gn
Dinbych, sir *rhan.* Cymru **9 D3** 53.07G 3.20Gn
Dinbych-y-pysgod Cymru **12 C3** 51.40G 4.42Gn
Dindigul India **97 F3** 10.23G 78.00Dn
Dingle Gwer. Iwerdd. **20 A2** 52.08G 10.19Gn
Dingle, Bae Gwer. Iwerdd. **20 A2** 52.05G 10.12Gn
Dingwall Yr Alban **19 E2** 57.35G 4.26Gn
Dipolog Pili. **105 G5** 8.34G 123.28Dn
Dire Dawa Ethiopia **85 I2** 9.35G 41.50Dn
Dirranbandi Awstralia **110 D3** 28.35D 148.10Dn
Disappointment, Ll. Awstralia **110 B3** 23.30D 122.55Dn
Disappointment, P. De Georgia **75 F1** 54.53D 36.08Gn
Disko, Ys. Grønland **63 M4** 69.45G 53.00Gn
Diss Lloegr **11 G3** 52.23G 1.06Dn
Distington Lloegr **14 D3** 54.36G 3.32Gn
District of Columbia *rhan.* U.D.A. **65 K4** 38.55G 77.00Gn
Distrito Federal *rhan.* Brasil **77 F3** 15.45D 47.50Gn
Distrito Federal *rhan.* México **70 E4** 19.20G 99.10Gn
Diu India **96 E5** 20.41G 70.59Dn
Divinópolis Brasil **77 F2** 20.08D 44.55Gn
Divriği Twrci **57 N3** 39.23G 38.06Dn
Dixon, Sianel *cf.* Canada/U.D.A. **62 E3** 54.10G 133.30Gn
Diyarbakır Twrci **94 F6** 37.55G 40.14Dn
Djado, Llwyfandir *n.* Niger **84 F4** 22.00G 12.30Dn
Djelfa Algeria **84 E5** 34.43G 3.14Dn
Djibouti Affrica **85 I3** 12.00G 42.50Dn
Djibouti *tref* Djibouti **85 I3** 11.35G 43.11Dn
Djouce, Mynydd Gwer. Iwerdd. **12 A5** 53.25G 6.30Gn
Dnepr *a.* Ewrop **55 M2** 46.30G 32.25Dn
Dnestr *a.* Ewrop **55 K2** 46.21G 30.20Dn
Dniprodzerzhyns'k Ukrain **55 N3** 48.30G 34.37Dn
Dnipropetrovs'k Ukrain **55 N3** 48.29G 35.00Dn
Dniprorudne Ukrain **55 N2** 47.23G 34.57Dn
Doberai, Gor. Indonesia **105 I3** 1.10D 132.30Dn
Doboj Bosna. **56 D6** 44.44G 18.02Dn
Dobrich Bwlgaria **57 H5** 43.34G 27.52Dn
Dobrovelychkivka Ukrain **55 L3** 48.23G 31.11Dn
Doc Penfro Cymru **12 C3** 51.42G 4.56Gn
Dochart *a.* Yr Alban **16 E4** 56.30G 4.17Gn
Docking Lloegr **11 F3** 52.55G 0.39Dn
Dodekanisos *ysdd.* Groeg **53 I4** 37.00G 27.00Dn
Dodge City U.D.A. **64 F4** 37.45G 100.02Gn
Dodman, Pt. Lloegr **13 C2** 50.13G 4.48Gn
Dodoma Tanzania **86 C4** 6.10D 35.40Dn
Doetinchem Yr Iseld. **42 F3** 51.57G 6.17Dn
Doha = Ad Dawhah Qatar **95 H4** 25.15G 51.34Dn
Dokkum Yr Iseld. **42 F5** 53.20G 6.00Dn
Dolbenmaen Cymru **12 C4** 52.58G 4.14Gn
Dole Ffrainc **44 F5** 47.05G 5.30Dn
Dolgellau Cymru **12 D4** 52.44G 3.53Gn
Dolomitiau *mdd.* Yr Eidal **50 D7** 46.25G 11.50Dn
Dolo Odo Ethiopia **87 C3** 4.13G 42.08Dn
Dolyna Ukrain **55 H3** 49.00G 23.59Dn
Dolyns'ka Ukrain **55 M3** 48.06G 32.46Dn
Dominica Ysdd. Windward **71 L4** 15.30G 61.30Gn
Dominica, Gwer. Cb. America **71 J4** 18.00G 70.00Gn
Don *a.* Ffed. Rwsia **35 G2** 47.06G 39.16Dn
Don *a.* Yr Alban **19 G2** 57.10G 2.05Gn
Donaghadee G. Iwerddon **16 D2** 54.39G 5.34Gn
Donaw *a.* Ewrop **35 F2** 45.26G 29.38Dn
Donaw, Aberoedd A. *n.* România **55 K1** 45.05G 29.45Dn
Don Benito Sbaen **46 C3** 38.57G 5.52Gn
Doncaster Lloegr **15 F2** 53.31G 1.09Gn
Donegal Gwer. Iwerdd. **20 C4** 54.39G 8.06Gn
Donegal *rhan.* Gwer. Iwerdd. **20 C4** 54.52G 8.00Gn
Donegal, Bae Gwer. Iwerdd. **20 C4** 54.32G 8.18Gn
Donegal, Pt. Gwer. Iwerdd. **20 B2** 52.42G 9.38Gn
Donets'k Ukrain **55 O2** 48.00G 37.50Dn
Donets Ogleddol *a.* Ukrain/Ffed. Rwsia **55 O3** 49.08G 37.28Dn
Dongfang China **103 J1** 19.04G 108.39Dn
Dongfanghong China **106 B5** 46.20G 133.10Dn
Dong Hoi Viet Nam **104 D7** 17.32G 106.35Dn
Dongotona, Mdd. Sudan **87 A3** 4.00G 33.00Dn
Dongting Hu *ll.* China **103 K3** 29.40G 113.00Dn
Donostia-San Sebastián Sbaen **46 E5** 43.19G 1.59Gn
Doon *a.* Yr Alban **16 E3** 55.26G 4.38Gn
Doon, Loch Yr Alban **16 E3** 55.15G 4.23Gn
Dorchester Lloegr **10 C1** 50.43G 2.28Gn
Dordogne *a.* Ffrainc **44 C4** 45.03G 0.34Gn
Dordrecht Yr Iseld. **42 D3** 51.48G 4.40Dn
Dore, M. Ffrainc **44 E4** 45.32G 2.49Dn
Dorking Lloegr **11 E2** 51.14G 0.20Gn
Dornbirn Awstria **54 A2** 47.25G 9.44Dn
Dornoch Yr Alban **19 E2** 57.52G 4.02Gn
Dornoch, Moryd Yr Alban **19 E2** 57.50G 4.04Gn
Döröö Nuur *ll.* Mongolia **102 G7** 47.40G 93.30Dn
Dorset *rhan.* Lloegr **9 D2** 50.48G 2.25Gn
Dorset, Downs D. *bryniau* Lloegr **10 C1** 50.40G 2.25Gn
Dorset, Downs G. *bryniau* Lloegr **10 C1** 50.46G 2.25Gn
Dortmund Yr Almaen **48 C4** 51.32G 7.27Dn
Dothan U.D.A. **65 I3** 31.12G 85.25Gn
Douai Ffrainc **44 E7** 50.22G 3.05Dn
Douala Cameroun **84 E2** 4.05G 9.43Dn
Douglas Yr Alban **17 F3** 55.33G 3.51Gn
Douglas (Doolish) Ynys Manaw **14 C3** 54.09G 4.29Gn
Doullens Ffrainc **42 B2** 50.09G 2.21Dn
Doune Yr Alban **16 E4** 56.11G 4.04Gn
Dounreay Yr Alban **19 F3** 58.33G 3.45Gn
Dourados Brasil **77 E2** 22.09D 54.52Gn
Douro = Duero *a.* Portiwgal **46 A4** 41.10G 8.40Gn
Dove *a.* Derby Lloegr **10 D3** 52.50G 1.34Gn
Dove *a.* Suffolk Lloegr **11 G3** 52.21G 1.14Dn
Dover Lloegr **11 G2** 51.07G 1.19Dn
Dover U.D.A. **65 K4** 39.10G 75.32Gn
Dover, Cf. D.U./Ffrainc **11 G1** 51.00G 1.30Dn
Down *rhan.* G. Iwerddon **20 F4** 54.20G 6.00Gn
Downham Market Lloegr **11 F3** 52.36G 0.22Dn
Downpatrick G. Iwerddon **16 D2** 54.21G 5.43Gn
Downpatrick, Pr. Gwer. Iwerdd. **20 B4** 54.20G 9.21Gn
Downs y De *bryniau* Lloegr **11 E1** 50.54G 0.34Gn
Downs y Gogledd *bryniau* Lloegr **11 F2** 51.18G 0.40Dn
Downton Lloegr **10 D1** 51.00G 1.44Gn
Dowshī Afghan. **95 K6** 35.38G 68.43Dn
Drachten Yr Iseld. **42 F5** 53.05G 6.06Dn
Drăgăşani România **56 G6** 44.40G 24.16Dn
Draguignan Ffrainc **44 G3** 43.32G 6.28Dn
Drakensberg *mdd.* G.D.A. **86 B1** 30.00D 29.00Dn
Dráma Groeg **56 G4** 41.09G 24.11Dn
Drammen Norwy **43 B2** 59.45G 10.15Dn
Draperstown G. Iwerddon **16 C2** 54.48G 6.46Gn
Drau (Drava) *a.* Iwgo. **56 D6** 45.34G 18.56Dn
Drava = Drau *a.* Iwgo. **56 D6** 45.34G 18.56Dn
Drenewydd, Y Cymru **12 D4** 52.31G 3.19Gn
Drenthe *rhan.* Yr Iseld. **42 F4** 52.52G 6.30Dn
Dresden Yr Almaen **48 F4** 51.03G 13.45Dn
Dreux Ffrainc **44 D6** 48.44G 1.23Dn
Drobeta-Turnu-Severin România **56 F6** 44.37G 22.39Dn
Drogheda Gwer. Iwerdd. **20 E3** 53.43G 6.23Gn
Droitwich Lloegr **10 C3** 52.16G 2.10Gn
Dromore G. Iwerddon **16 C2** 54.24G 6.10Gn
Dronfield Lloegr **15 F2** 53.18G 1.29Gn
Dronning Maud, Tir *n.* Antarctica **112** 74.00D 20.00Dn
Drosh Pakistan **95 L6** 35.33G 71.48Dn
Drumheller Canada **62 G3** 51.28G 112.40Gn
Drummore Yr Alban **16 E2** 54.41G 4.54Gn
Druskininkai Lithuania **55 I5** 53.58G 23.58Dn
Druts' *a.* Belarus **55 L5** 53.03G 30.42Dn
Drygarn Fawr *m.* Cymru **12 D4** 52.13G 3.39Gn
Drymen Yr Alban **16 E4** 56.04G 4.27Gn
Duarte, Cp. Gwer. Dom. **71 J4** 19.02G 70.59Gn
Ḑuba Saudi Arabia **94 E4** 27.21G 35.40Dn
Dubawnt, Ll. Canada **62 H4** 62.50G 102.00Gn
Dubayy (Dubai) E.A.U. **95 I4** 25.13G 55.17Dn
Dubbo Awstralia **110 D2** 32.16D 148.41Dn
Dublin (Baile Átha Cliath) Gwer. Iwerdd. **20 E3** 53.21G 6.18Gn
Dubno Ukrain **55 I4** 50.28G 25.40Dn
Dubrovnik Croatia **56 D5** 42.40G 18.07Dn
Dubrovytsya Ukrain **55 J4** 51.38G 26.40Dn
Ducie, Ys. Cefn. Tawel **109 S4** 24.40D 124.48Gn
Dudinka Ffed. Rwsia **59 K4** 69.27G 86.13Dn
Dudley Lloegr **10 C3** 52.30G 2.05Gn
Duero (Douro) *a.* Portiwgal **46 A4** 41.10G 8.40Gn
Dufftown Yr Alban **19 F2** 57.27G 3.11Gn
Dugi Otok *ys.* Croatia **56 B6** 44.04G 15.00Dn
Duisburg Yr Almaen **48 C4** 51.26G 6.45Dn
Dukhan Qatar **95 H4** 25.24G 50.47Dn
Dukou China **103 I3** 26.30G 101.40Dn
Dulce *a.* Ariannin **76 D1** 30.40D 62.00Gn
Duluth U.D.A. **65 H6** 46.50G 92.10Gn
Dulverton Lloegr **13 D3** 51.02G 3.33Gn
Dulyn (Baile Átha Cliath) Gwer. Iwerdd. **20 E3** 53.21G 6.18Gn
Dulyn (Dublin) *rhan.* Gwer. Iwerdd. **20 E3** 53.20G 6.18Gn
Dulyn, Bae Gwer. Iwerdd. **20 E3** 53.20G 6.09Gn
Dumbarton Yr Alban **16 E3** 55.57G 4.35Gn
Dumfries Yr Alban **17 F3** 55.04G 3.37Gn
Dumfries a Galloway *rhan.* Yr Alban **8 D4** 55.05G 3.40Gn
Dumyât (Damietta) Yr Aifft **94 D5** 31.26G 31.48Dn
Dunaff, Pr. Gwer. Iwerdd. **16 B3** 55.17G 7.31Gn

Dunany, Pt. Gwer. Iwerdd. **20 E3** ...53.51G 6.15Gn
Dunbar Yr Alban **17 G4** ...56.00G 2.31Gn
Dunbarton, Dwyrain *rhan.* Yr Alban **8 C4** 56.00G 4.15Gn
Dunbarton, Gorllewin *rhan.* Yr Alban **8 C4** 55.58G 4.30Gn
Dunblane Yr Alban **17 F4** ...56.12G 3.59Gn
Duncansby, Pr. Yr Alban **19 F3** ...58.39G 3.01Gn
Dunchurch Lloegr **10 D3** ...52.21G 1.19Gn
Dundalk Gwer. Iwerdd. **20 E3** ...54.01G 6.24Gn
Dundalk, Bae Gwer. Iwerdd. **20 E3** ...53.55G 6.17Gn
Dundee (Dùn Deàgh) Yr Alban **17 F4** ...56.28G 3.00Gn
Dundee, Dinas *rhan.* Yr Alban **8 D5** ...56.28G 3.00Gn
Dundonald G. Iwerddon **16 D2** ...54.36G 5.48Gn
Dundrum, Bae G. Iwerddon **16 D2** ...54.12G 5.46Gn
Dunedin Seland Newydd **111 G1** ...45.53D 170.31Dn
Dunfermline Yr Alban **17 F4** ...56.04G 3.29Gn
Dungannon G. Iwerddon **16 C2** ...54.30G 6.47Gn
Dungarvan Gwer. Iwerdd. **20 D2** ...52.06G 7.39Gn
Dungeness *p.* Lloegr **11 F1** ...50.55G 0.58Dn
Dungiven G. Iwerddon **16 C2** ...54.56G 6.57Gn
Dungun Malaysia **104 C4** ...4.44G 103.26Dn
Dungunab Sudan **94 E3** ...21.06G 37.05Dn
Dunholme Lloegr **15 G2** ...53.18G 0.29Gn
Dunhua China **106 A4** ...43.25G 128.20Dn
Dunhuang China **102 G6** ...40.00G 94.40Dn
Dunkerque Ffrainc **44 E7** ...51.02G 2.23Dn
Dunkery Beacon *bryn* Lloegr **13 D3** ...51.11G 3.35Gn
Dún Laoghaire Gwer. Iwerdd. **20 E3** ...53.17G 6.09Gn
Dunleer Gwer. Iwerdd. **20 E3** ...53.49G 6.24Gn
Dunloy G. Iwerddon **16 C3** ...55.02G 6.24Gn
Dunmore East Gwer. Iwerdd. **20 D2** ...52.09G 7.00Gn
Dunmurry G. Iwerddon **16 D2** ...54.33G 6.00Gn
Dunnet, Bae Yr Alban **19 F3** ...58.38G 3.25Gn
Dunnet, Pr. Yr Alban **19 F3** ...58.40G 3.23Gn
Dunoon Yr Alban **16 E3** ...55.57G 4.57Gn
Duns Yr Alban **17 G3** ...55.47G 2.20Gn
Dunstable Lloegr **11 E2** ...51.53G 0.32Gn
Dunvegan, Loch Yr Alban **18 C2** ...57.30G 6.40Gn
Durance *a.* Ffrainc **44 F3** ...43.55G 4.48Dn
Durango México **70 D5** ...24.01G 104.00Gn
Durango *rhan.* México **70 D5** ...24.00G 104.00Gn
Durban G.D.A. **86 C2** ...29.53D 31.00Dn
Düren Yr Almaen **42 F2** ...50.48G 6.30Dn
Durham Lloegr **15 F3** ...54.47G 1.34Gn
Durham *rhan.* Lloegr **9 D4** ...54.42G 1.45Gn
Durham U.D.A. **65 K4** ...36.00G 78.54Gn
Durness Yr Alban **18 E3** ...58.33G 4.45Gn
Durness, Sn. *moryd* Yr Alban **18 E3** ...58.32G 4.50Gn
Durrës Albania **56 D4** ...41.19G 19.27Dn
Dursey, Pr. Gwer. Iwerdd. **20 A1** ...51.35G 10.15Gn
Dursley Lloegr **10 C2** ...51.41G 2.21Gn
Dushanbe Tajikistan **102 B5** ...38.38G 68.51Dn
Düsseldorf Yr Almaen **48 C4** ...51.13G 6.47Dn
Duyun China **103 J3** ...26.16G 107.29Dn
Düzce Twrci **57 J4** ...40.51G 31.09Dn
Dvina Ogleddol *a.* Ffed. Rwsia **58 G4** ...64.40G 40.50Dn
Dwyrain *rhan.* Kenya **87 B3** ...1.00G 38.40Dn
Dwyrain Timor Indonesia **105 H2** ...9.30D 125.00Dn
Dyat'kovo Ffed. Rwsia **55 N5** ...53.35G 34.22Dn
Dyce Yr Alban **19 G2** ...57.12G 2.11Gn
Dyer, P. Canada **63 L4** ...67.45G 61.45Gn
Dyfi *a.* Cymru **12 D4** ...52.33G 3.56Gn
Dyfnaint *rhan.* Lloegr **9 D2** ...50.50G 3.40Gn
Dyfrdwy *a.* Cymru **12 D5** ...53.13G 3.05Gn
Dyffryn Chew, Ll. Lloegr **10 C2** ...51.20G 2.37Gn
Dyffryn Hollt *rhan.* Kenya **87 B3** ...1.05G 35.45Dn
Dyffryn Hollt *n.* Kenya **87 B3** ...2.00G 35.30Dn
Dyffryn Hollt Mawr, Y *n.* Affrica **82 G4** ...7.00D 33.00Dn
Dymchurch Lloegr **11 G2** ...51.02G 1.00Dn
Dymock Lloegr **10 C2** ...51.59G 2.26Gn
Dzerzhinsk Ffed. Rwsia **58 G3** ...56.15G 43.30Dn
Dzhankoy Ukrain **55 N1** ...45.42G 34.23Dn
Dzhigudzhak Ffed. Rwsia **59 R4** ...64.33G 157.19Dn
Dzhugdzur, Cn. *mdd.* Ffed. Rwsia **59 P3** 57.30G 138.00Dn
Dzisna *a.* Belarus **55 K6** ...55.30G 28.20Dn
Dzyarzhynsk Belarus **55 J5** ...53.40G 27.01Dn

E

Eagle Pass *tref* U.D.A. **64 F2** ...28.44G 100.31Gn
Ealing Lloegr **11 E2** ...51.31G 0.20Gn
Earn *a.* Yr Alban **17 F4** ...56.21G 3.18Gn
Earn, Loch Yr Alban **16 E4** ...56.23G 4.12Gn
Easington Lloegr **15 F3** ...54.47G 1.21Gn
Easingwold Lloegr **15 F3** ...54.08G 1.11Gn
East Anglia, Uchderau *bryniau* Lloegr **11 F3** 52.03G 0.15Dn
Eastbourne Lloegr **11 F1** ...50.46G 0.18Dn
East Dereham Lloegr **11 F3** ...52.40G 0.57Dn
Easter Ross *n.* Yr Alban **19 E2** ...57.46G 4.25Gn
Eastfield Lloegr **15 G3** ...54.15G 0.25Gn
East Grinstead Lloegr **11 E2** ...51.08G 0.01Gn
East Kilbride Yr Alban **16 E3** ...55.46G 4.09Gn
Eastleigh Lloegr **10 D1** ...50.58G 1.21Gn
East Linton Yr Alban **17 G3** ...55.59G 2.39Gn
East London/ Oos-Londen G.D.A. **86 B1** 33.00D 27.54Dn
East Looe Lloegr **13 C2** ...50.21G 4.26Gn
Eastmain Canada **63 K3** ...52.10G 78.30Gn
Eastmain *a.* Canada **63 K3** ...52.10G 78.30Gn
Easton Lloegr **10 C1** ...50.32G 2.26Gn
Eastry Lloegr **11 G2** ...51.15G 1.18Dn
Eastwood Lloegr **15 F2** ...53.02G 1.17Gn
Eaton Socon Lloegr **11 E3** ...52.13G 0.18Gn
Eau Claire, Ll. á l' Canada **63 K3** ...56.10G 74.30Gn
Eauripik, Atol *ys.* Tal. Ffed. Micronesia **105 K5** 6.42G 143.04Dn
Eberswalde Yr Almaen **48 F5** ...52.50G 13.50Dn
Ebinur Hu *ll.* China **102 E6** ...45.00G 83.00Dn
Ebro *a.* Sbaen **46 F4** ...40.43G 0.54Dn
Ecclefechan Yr Alban **17 F3** ...55.03G 3.18Gn
Eccleshall Lloegr **10 C3** ...52.52G 2.14Gn
Ech Chélif Algeria **84 E5** ...36.20G 1.30Dn
Écija Sbaen **46 C2** ...37.33G 5.04Gn
Eckington Lloegr **10 C3** ...52.04G 2.07Gn
Eck, Loch Yr Alban **16 D4** ...56.05G 5.00Gn
Ecuador De America **76 C4** ...2.00D 78.00Gn
Eday *ys.* Yr Alban **19 G4** ...59.11G 2.47Gn
Ed Da'ein Sudan **94 C1** ...11.26G 26.09Dn
Ed Damazin Sudan **85 H3** ...11.52G 34.23Dn
Ed Damer Sudan **94 D2** ...17.37G 33.59Dn
Ed Debba Sudan **94 D2** ...18.03G 30.57Dn
Ed Dueim Sudan **94 D1** ...14.00G 32.19Dn
Eden *a.* Lloegr **14 E3** ...54.57G 3.02Gn
Edhessa Groeg **56 F4** ...40.47G 22.03Dn
Edinburgh (Caeredin) Yr Alban **17 F3** ...55.57G 3.13Gn
Edirne Twrci **56 H4** ...41.40G 26.35Dn
Edmonton Canada **62 G3** ...53.34G 113.25Gn
Edmundston Canada **63 L2** ...47.22G 68.20Gn
Edremit Twrci **56 H3** ...39.35G 27.02Dn
Edson Canada **62 G3** ...53.36G 116.28Gn
Edward, Ll. Uganda/Gwer. Ddem. Congo **86 B4** 0.30D 29.30Dn
Edwards, Llwyfandir *n.* U.D.A. **64 F3** ...30.30G 100.30Gn
Éfaté *ys.* Vanuatu **111 F4** ...17.40D 168.25Dn
Efrog (York) Lloegr **15 F2** ...53.58G 1.07Gn
Efrog *rhan.* Lloegr **9 E3** ...53.58G 1.07Gn
Efrog, De *rhan.* Lloegr **9 E3** ...53.28G 1.25Gn
Efrog, Dyffryn *n.* Lloegr **15 F3** ...54.12G 1.25Gn
Efrog, Gogledd *rhan.* Lloegr **9 E4** ...54.14G 1.14Gn
Efrog, Gorllewin *rhan.* Lloegr **9 E3** ...53.45G 1.40Gn
Efrog, Gweunydd G. *bryniau* Lloegr **15 G3** 54.21G 0.50Gn
Efrog Newydd = New York U.D.A. **65 L5** 40.40G 73.50Gn
Efrog Newydd *rhan.* U.D.A. **65 K5** ...43.00G 75.00Gn
Efrog, Riding Dwyreiniol *rhan.* Lloegr **9 E3** 53.48G 0.35Gn
Efrog, Wolds *bryniau* Lloegr **15 G3** ...54.00G 0.39Gn
Efyrnwy, Ll. Cymru **12 D4** ...52.46G 3.30Gn
Egilsay *ys.* Yr Alban **19 G4** ...59.09G 2.56Gn
Egilsstadhir Gw. yr Iâ **43 Z2** ...65.16G 14.25Gn
Eglinton G. Iwerddon **16 B3** ...55.02G 7.12Gn
Eglwysau Basa (Baschurch) Lloegr **10 C3** 52.48G 2.51Gn
Eglwys Newydd, Yr Cymru **13 D3** ...51.32G 3.14Gn
Eglwys Wen, Yr (Whitchurch) Lloegr **10 C3** 52.58G 2.42Gn
Egmont, M. Seland Newydd **111 G2** ...39.20D 174.05Dn
Egremont Lloegr **14 D3** ...54.28G 3.33Gn
Eğridir Twrci **57 J2** ...37.52G 30.51Dn
Eğridir, Ll. Twrci **57 J3** ...38.04G 30.55Dn
Eidal, Yr Ewrop **50 D5** ...43.00G 12.00Dn
Eifel *n.* Yr Almaen **48 C4** ...50.10G 6.45Dn
Eigg *ys.* Yr Alban **18 C1** ...56.53G 6.09Gn
Eighty Mile, Traeth *n.* Awstralia **110 B4** 19.00D 121.00Dn
Eilean Shona *ys.* Yr Alban **18 D1** ...56.50G 5.48Gn
Eindhoven Yr Iseld. **42 E3** ...51.26G 5.30Dn
Eisenhüttenstadt Yr Almaen **48 G5** ...52.09G 14.41Dn
Eishort, Loch Yr Alban **18 D2** ...57.09G 5.58Gn
Eisleben Yr Almaen **48 E4** ...51.32G 11.33Dn
Ekibastuz Kazakhstan **102 D8** ...51.45G 75.22Dn
Ekostrovskaya, Llyn Ffed. Rwsia **43 H4** 67.30G 33.00Dn
Eksjö Sweden **43 C2** ...57.40G 15.00Dn
Ekwan *a.* Canada **63 J3** ...53.30G 84.00Gn
El Aaiún (Laâyoune) Gn. Sahara **84 C4** 27.10G 13.11Gn
Elat Israel **94 D4** ...29.33G 34.56Dn
Elazığ Twrci **57 N3** ...38.41G 39.14Dn
Elba *ys.* Yr Eidal **50 D5** ...42.47G 10.17Dn
El'ban Ffed. Rwsia **103 P8** ...50.05G 136.35Dn
Elbasan Albania **56 E4** ...41.07G 20.04Dn
El Bawiti Yr Aifft **94 C4** ...28.21G 28.51Dn
El Bayadh Algeria **52 D3** ...33.40G 1.00Dn
Elbe *a.* Yr Almaen **48 E5** ...53.33G 10.00Dn
Elbistan Twrci **57 M3** ...38.14G 37.11Dn
Elblag Gw. Pwyl **54 F6** ...54.10G 19.25Dn
Elbrus *m.* Ffed. Rwsia **58 G2** ...43.21G 42.29Dn
Elburz, Mdd. Iran **95 H6** ...36.00G 52.30Dn
Elche/ Elx Sbaen **46 E3** ...38.16G 0.41Gn
Elda Sbaen **46 E3** ...38.29G 0.47Gn
El Dera Kenya **87 B3** ...0.39G 38.43Dn
El Djouf *diff.* Affrica **82 C7** ...21.00G 8.00Gn
Eldoret Kenya **87 B3** ...0.31G 35.17Dn
El Eulma Algeria **52 E4** ...36.09G 5.41Dn
Eleuthera *ys.* Bahamas **71 I6** ...25.00G 76.00Gn
El Faiyûm Yr Aifft **94 D4** ...29.19G 30.50Dn
El Fasher Sudan **85 G3** ...13.37G 25.22Dn
El Geneina Sudan **85 G3** ...13.27G 22.30Dn
Elgin U.D.A. **65 I5** ...42.03G 88.19Gn
Elgin Yr Alban **19 F2** ...57.39G 3.20Gn
El Gîza Yr Aifft **94 D5** ...30.01G 31.12Dn
El Goléa Algeria **84 E5** ...30.35G 2.51Dn
Elgon, M. Kenya/Uganda **87 A3** ...1.07G 34.35Dn
El Hierro *ys.* Ysdd. Dedwydd **46 X1** ...27.45G 18.00Gn
El Iskandarîya (Alexandria) Yr Aifft **94 C5** 31.13G 29.55Dn
Elista Ffed. Rwsia **58 G2** ...46.18G 44.14Dn
El Jadida Moroco **84 D5** ...33.16G 8.30Gn
Ełk Gw. Pwyl **54 H5** ...53.50G 22.22Dn
Ēl Kerē Ethiopia **87 C4** ...5.48G 42.10Dn
El Khârga Yr Aifft **94 D4** ...25.27G 30.32Dn
Elkhovo Bwlgaria **56 H5** ...42.09G 26.36Dn
Elko U.D.A. **64 C5** ...40.50G 115.46Gn
Ellef Ringnes, Ys. Canada **62 H5** ...78.30G 102.00Gn
Ēl Lēh Ethiopia **87 B3** ...3.47G 39.09Dn
Ellensburg U.D.A. **64 B6** ...47.00G 120.34Gn
Ellesmere Lloegr **10 C3** ...52.55G 2.53Gn
Ellesmere Port Lloegr **14 E2** ...53.17G 2.55Gn
Ellesmere, Ys. Canada **63 J5** ...78.00G 82.00Gn
Ellice *a.* Canada **62 H4** ...67.30G 104.00Gn
Ellon Yr Alban **19 G2** ...57.22G 2.05Gn
Ellsworth, Tir Antarctica **112** ...77.00D 100.00Gn
Elmalı Twrci **57 I2** ...36.43G 29.56Dn
El Mansûra Yr Aifft **94 D5** ...31.03G 31.23Dn
El Meghaïer Algeria **52 E3** ...33.58G 5.56Dn
El Minya Yr Aifft **94 D4** ...28.06G 30.45Dn
El Muglad Sudan **85 G3** ...11.01G 27.50Dn
El Obeid Sudan **85 H3** ...13.11G 30.10Dn
El Oued Algeria **52 E3** ...33.20G 6.53Dn
El Paso U.D.A. **64 E3** ...31.45G 106.30Gn
El Puerto de Santa Maria Sbaen **46 B2** 36.36G 6.14Gn
El Qâhira (Cairo) Yr Aifft **94 D4** ...30.03G 31.15Dn
El Salvador Cb. America **70 G3** ...13.30G 89.00Gn
El Suweis (Suez) Yr Aifft **94 D4** ...29.59G 32.33Dn
Eluru India **97 G4** ...16.45G 81.10Dn
Elvas Portiwgal **46 B3** ...38.53G 7.10Gn
Elverum Norwy **43 B3** ...60.54G 11.33Dn
El Wak Kenya **87 C3** ...2.45G 40.52Dn
Ely Lloegr **11 F3** ...52.24G 0.16Dn
Ely, Ynys *n.* Lloegr **11 F3** ...52.25G 0.11Dn
Emamrud Iran **95 I6** ...36.25G 55.00Dn
Embu Kenya **87 B2** ...0.32D 37.27Dn
Emden Yr Almaen **48 C5** ...53.23G 7.13Dn
Emerson Canada **64 G6** ...49.00G 97.12Gn
Emi Koussi *m.* Tchad **85 F3** ...19.58G 18.30Dn
Emiradau Arabaidd Unedig Asia **95 H3** 24.00G 54.00Dn
Emmeloord Yr Iseld. **42 E4** ...52.43G 5.46Dn
Emmen Yr Iseld. **42 F4** ...52.48G 6.55Dn
Emory, Cp. *m.* U.D.A. **64 F2** ...29.15G 103.19Gn
Emporia U.D.A. **64 G4** ...38.24G 96.10Gn
Ems *a.* Yr Almaen **48 C5** ...53.14G 7.25Dn
Encantada, M. La México **70 A7** ...31.00G 115.23Gn
Encarnación Paraguay **77 E2** ...27.20D 55.50Gn
Endeh Indonesia **105 G2** ...8.51D 121.40Dn
Enderby, Tir *n.* Antarctica **112** ...67.00D 53.00Dn
Endicott, Mdd. U.D.A. **62 C4** ...68.00G 152.00Gn
Enfield Lloegr **11 E2** ...51.40G 0.05Gn
Engels Ffed. Rwsia **58 G3** ...51.30G 46.07Dn
Enggano *ys.* Indonesia **104 C2** ...5.20D 102.15Dn
Enköping Sweden **43 D2** ...59.38G 17.07Dn
Enlli, Sn. Cymru **12 C4** ...52.45G 4.48Gn
Enlli, Ynys *ys.* Cymru **12 C4** ...52.45G 4.48Gn
En Nahud Sudan **94 C1** ...12.41G 28.28Dn
Ennedi, Mdd. Tchad **94 B2** ...17.00G 23.00Dn
Ennerdale Water *ll.* Lloegr **14 D3** ...54.31G 3.21Gn
Ennis Gwer. Iwerdd. **20 B2** ...52.51G 9.00Gn
Enniscorthy Gwer. Iwerdd. **20 E2** ...52.30G 6.35Gn
Enniskillen G. Iwerddon **16 B2** ...54.20G 7.39Gn
Ennistymon Gwer. Iwerdd. **20 B2** ...52.56G 9.20Gn
Enns *a.* Awstria **54 D3** ...48.14G 14.22Dn
Enschede Yr Iseld. **42 F4** ...52.13G 6.54Dn
Ensenada México **70 A7** ...31.53G 116.35Gn
Enshi China **103 J4** ...30.18G 109.29Dn
Enugu Nigeria **84 E2** ...6.20G 7.29Dn
Envira *a.* Brasil **76 C4** ...7.29D 70.00Gn
Épinal Ffrainc **44 G6** ...48.10G 6.28Dn
Epping Lloegr **11 F2** ...51.42G 0.07Dn
Epsom Lloegr **11 E2** ...51.20G 0.16Gn
Epworth Lloegr **15 G2** ...53.30G 0.50Gn
Epynt, Mynydd *mdd.* Cymru **12 D4** ...52.06G 3.30Gn
Eqlīd Iran **95 H5** ...30.55G 52.40Dn
Erciyas, M. Twrci **57 L3** ...38.33G 35.25Dn
Erdi *n.* Tchad **94 B2** ...19.00G 23.00Dn
Ereğli Twrci **57 L2** ...37.30G 34.02Dn
Erfurt Yr Almaen **48 E4** ...50.58G 11.02Dn
Ergani Twrci **57 N3** ...38.17G 39.44Dn
Ergene *a.* Twrci **56 H4** ...40.52G 26.12Dn
Eriboll, Loch Yr Alban **18 E3** ...58.28G 4.41Gn
Ericht, Loch Yr Alban **19 E1** ...56.52G 4.20Gn
Erie U.D.A. **65 J5** ...42.07G 80.05Gn
Erie, Ll. Canada/U.D.A. **65 J5** ...42.15G 81.00Gn
Eriskay *ys.* Yr Alban **18 B2** ...57.04G 7.17Gn
Eritrea Affrica **85 H3** ...15.20G 38.50Dn
Erlangen Yr Almaen **48 E3** ...49.36G 11.02Dn
Erne, Loch Isaf G. Iwerddon **16 B2** ...54.28G 7.48Gn
Erne, Loch Uchaf G. Iwerddon **16 B2** ...54.13G 7.32Gn
Erode India **97 F3** ...11.21G 77.43Dn
Er Rachidia Moroco **84 D5** ...31.58G 4.25Gn
Er Rahad Sudan **85 H3** ...12.42G 30.33Dn
Errigal *m.* Gwer. Iwerdd. **20 C5** ...55.02G 8.08Gn
Erris, Pr. Gwer. Iwerdd. **20 A4** ...54.19G 10.00Gn
Errochty, Loch Yr Alban **19 E1** ...56.45G 4.08Gn
Erromango *ys.* Vanuatu **111 F4** ...18.45D 169.00Dn
Erzincan Twrci **57 N3** ...39.44G 39.30Dn
Erzurum Twrci **94 F6** ...39.57G 41.17Dn
Esbjerg Denmarc **43 B1** ...55.28G 8.28Dn
Escanaba U.D.A. **65 I6** ...45.47G 87.04Gn
Esch-sur-Alzette Lux. **42 F1** ...49.31G 6.01Dn
Eschweiler Yr Almaen **42 F2** ...50.49G 6.16Dn
Esfahan Iran **95 H5** ...32.42G 51.40Dn
Esha Ness *p.* Yr Alban **19 Y9** ...60.29G 1.37Gn
Esk *a.* D. a G. Yr Alban **17 F3** ...54.58G 3.08Gn
Esk *a.* Midlothian Yr Alban **17 F3** ...55.56G 3.03Gn
Esk Ddeheuol *a.* Yr Alban **19 G1** ...56.43G 2.32Gn
Esk Ogleddol *a.* Yr Alban **19 G1** ...56.45G 2.25Gn
Eske, Loch Gwer. Iwerdd. **16 A2** ...54.42G 8.03Gn
Eskilstuna Sweden **43 D2** ...59.22G 16.31Dn
Eskişehir Twrci **57 J3** ...39.46G 30.30Dn
Esla *a.* Sbaen **46 B4** ...41.29G 6.03Gn
Eslamabade Gharb Iran **95 G5** ...34.08G 46.35Dn
Esmeraldas Ecuador **76 C5** ...0.56G 79.40Gn
Esperance Awstralia **110 B2** ...33.49D 121.52Dn
Espigüete *m.* Sbaen **46 C5** ...42.56G 4.48Gn
Espinhaço, Serra da *mdd.* Brasil **77 F3** 17.15D 43.10Gn
Espinosa Brasil **77 F3** ...14.58D 42.49Gn
Espírito Santo *rhan.* Brasil **77 F3** ...20.00D 40.30Gn
Espíritu Santo *ys.* México **70 B5** ...24.30G 110.20Gn
Espíritu Santo *ys.* Vanuatu **111 F4** ...15.50D 166.50Dn
Espoo Y Ffindir **43 F3** ...60.13G 24.40Dn
Esquel Ariannin **75 B2** ...42.55D 71.20Gn
Essen Yr Almaen **48 C4** ...51.27G 6.57Dn
Essequibo *a.* Guyana **74 D7** ...6.48G 58.23Gn
Essex *rhan.* Lloegr **9 F2** ...51.46G 0.30Dn
Estats, Copa *m.* Sbaen **46 F5** ...42.40G 1.23Dn
Estevan Canada **62 H2** ...49.09G 103.00Gn
Estonia Ewrop **43 F2** ...58.45G 25.30Dn
Estrela, Serra da *mdd.* Portiwgal **46 B4** ...40.20G 7.40Gn
Estrondo, Serra Brasil **77 F4** ...9.00D 49.00Gn
Étaples Ffrainc **44 D7** ...50.31G 1.39Dn
Ethiopia Affrica **85 H3** ...10.00G 39.00Dn
Ethiopia, Ucheld. Ethiopia **82 G6** ...10.00G 37.00Dn
Etive, Loch Yr Alban **16 D4** ...56.27G 5.15Gn
Etna, M. Yr Eidal **50 F2** ...37.43G 14.59Dn
Etosha, Pant *n.* Namibia **86 A3** ...18.50D 16.30Dn
Ettelbruck Lux. **42 F1** ...49.51G 6.06Dn
Ettrick, Fforest *n.* Yr Alban **17 F3** ...55.30G 3.00Gn
Ettrick Water *a.* Yr Alban **17 G3** ...55.36G 2.49Gn
Etwall Lloegr **10 D3** ...52.54G 1.35Gn
Eugene U.D.A. **64 B5** ...44.03G 123.07Gn
Eugenia, P. México **70 A6** ...27.50G 115.50Gn
Eureka U.D.A. **64 B5** ...40.49G 124.10Gn
Europa, Copaon *mdd.* Sbaen **46 C5** ...43.10G 4.40Gn
Evans, Ll. Canada **63 K3** ...50.50G 77.00Gn
Evansville U.D.A. **65 I4** ...38.02G 87.24Gn
Evaton G.D.A. **86 B2** ...26.32D 27.51Dn
Everest, M. Asia **97 H6** ...27.59G 86.56Dn
Evesham Lloegr **10 D3** ...52.06G 1.57Gn
Evesham, Dyffryn *n.* Lloegr **10 D3** ...52.05G 1.55Gn
Évora Portiwgal **46 B3** ...38.34G 7.54Gn
Évreux Ffrainc **44 D6** ...49.03G 1.11Dn
Évvoia *ys.* Groeg **56 G3** ...38.30G 23.50Dn
Ewaso Ngiro *a.* Dwyrain Kenya **87 B2** ...2.08D 36.03Dn
Ewaso Ngiro *a.* Dyffryn Hollt Kenya **87 B3** 1.06G 39.26Dn
Ewe, Loch Yr Alban **18 D2** ...57.52G 5.40Gn
Ewffrates *a.* Asia **95 G5** ...31.00G 47.27Dn
Ewrop 34-35
Ewrop, Gwastadedd G. *n.* Ewrop **34 F3** 56.00G 27.00Dn
Exe *a.* Lloegr **13 D2** ...50.40G 3.28Gn
Exeter Lloegr **13 D2** ...50.43G 3.31Gn
Exminster Lloegr **13 D2** ...50.41G 3.29Gn
Exmoor *bryniau* Lloegr **13 D3** ...51.08G 3.45Gn
Exmouth Lloegr **13 D2** ...50.37G 3.24Gn
Exuma, Sn. Bahamas **71 I5** ...24.10G 76.00Gn
Exuma, Ysdd. Bahamas **71 I5** ...24.00G 76.00Gn
Eyasi, Ll. Tanzania **86 C4** ...3.40D 35.00Dn
Eye Caergrawnt Lloegr **11 E3** ...52.36G 0.11Gn
Eye Suffolk Lloegr **11 G3** ...52.19G 1.09Dn
Eye, Gor. Yr Alban **18 C3** ...58.13G 6.12Gn
Eyemouth Yr Alban **17 G3** ...55.52G 2.05Gn
Eyre (De), Ll. Awstralia **110 C3** ...29.30D 137.25Dn
Eyre (Gogledd), Ll. Awstralia **110 C3** ...28.30D 137.25Dn
Ezine Twrci **56 H3** ...39.48G 26.12Dn

F

Faafxadhuun Somalia **87 C3** ...2.14G 41.38Dn
Fagersta Sweden **43 C3** ...59.59G 15.49Dn
Fair, Pr. G. Iwerddon **16 C3** ...55.14G 6.10Gn
Fair, Ynys Yr Alban **19 Y8** ...59.32G 1.38Gn
Fairbanks U.D.A. **62 D4** ...64.50G 147.50Gn
Fairweather, M. U.D.A. **62 E3** ...59.00G 137.30Gn
Fais *ys.* Tal. Ffed. Micronesia **105 K5** ...9.45G 140.31Dn
Faisalabad Pakistan **96 E7** ...31.25G 73.09Dn
Fakaofo Cefn. Tawel **108 O6** ...9.30D 171.15Gn
Fakenham Lloegr **11 F3** ...52.50G 0.51Dn
Fakfak Indonesia **105 I3** ...2.55D 132.17Dn
Fal *a.* Lloegr **13 C2** ...50.14G 4.58Gn
Falcon, Ll. U.D.A./México **64 G2** ...26.37G 99.11Gn
Fali, Y *tref* Cymru **12 C5** ...53.17G 4.34Gn
Falkenberg Sweden **43 C2** ...56.55G 12.30Dn
Falkirk Yr Alban **17 F3** ...56.00G 3.48Gn
Falkirk *rhan.* Yr Alban **8 D5** ...56.00G 3.48Gn
Falkland, Dn. *ys.* Ysdd. Falkland **75 D1** ...51.45D 58.50Gn
Falkland, Gn. *ys.* Ysdd. Falkland **75 C1** ...51.40D 60.00Gn
Falkland, Ysdd. (Malvinas) De America **75 C1** 52.00D 60.00Gn
Falköping Sweden **43 C2** ...58.10G 13.32Dn
Falmouth Lloegr **13 B2** ...50.09G 5.05Gn
Falmouth, Bae Lloegr **13 B2** ...50.06G 5.05Gn
Falster *ys.* Denmarc **43 C1** ...54.30G 12.00Dn
Falun Sweden **43 C3** ...60.37G 15.40Dn
Famagusta = Ammokhostos Cyprus **57 K1** 35.07G 33.57Dn
Famatina, Sierra de *mdd.* Ariannin **76 D2** 28.30D 67.50Gn
Fanad, Pr. Gwer. Iwerdd. **16 B3** ...55.17G 7.38Gn
Fane *a.* Gwer. Iwerdd. **20 E3** ...53.56G 6.22Gn
Fangzheng China **106 A5** ...45.50G 128.50Dn
Fannich, Loch Yr Alban **18 E2** ...57.38G 4.58Gn
Farâfra, Gwerddon Yr Aifft **94 C4** ...27.00G 28.20Dn
Farah Afghan. **95 J5** ...32.23G 62.07Dn
Farah *a.* Afghan. **95 J5** ...31.25G 61.30Dn
Farallon de Pajaros *ys.* Ysdd. G. Mariana **105 K8** 20.33G 144.59Dn
Farasan, Ysdd. Saudi Arabia **94 F2** ...16.48G 41.54Dn
Fareham Lloegr **10 D1** ...50.52G 1.11Gn
Farewell, P. Seland Newydd **111 G1** ...40.30D 172.35Dn
Fargo U.D.A. **64 G6** ...46.52G 96.59Gn
Farnborough Lloegr **10 E2** ...51.17G 0.46Gn
Farndon Lloegr **14 E2** ...53.06G 2.53Gn
Farne, Ysdd. Lloegr **15 F4** ...55.38G 1.36Gn
Farnham Lloegr **10 E2** ...51.13G 0.49Gn
Faro Portiwgal **46 B2** ...37.01G 7.56Gn
Fårö *ys.* Sweden **43 D2** ...57.55G 19.10Dn
Fársala Groeg **56 F3** ...39.17G 22.22Dn
Farvel, P. Grønland **63 N3** ...60.00G 44.20Gn
Fasa Iran **95 H4** ...28.55G 53.38Dn
Fastiv Ukrain **55 K4** ...50.08G 29.59Dn
Fatehgarh India **97 F6** ...27.22G 79.38Dn
Faversham Lloegr **11 F2** ...51.18G 0.54Dn
Faxaflói *b.* Gw. yr Iâ **43 X2** ...64.30G 22.50Gn
Fayetteville U.D.A. **65 K4** ...35.03G 78.53Gn
Fdérik Mauritania **84 C4** ...22.30G 12.30Gn
Feale *a.* Gwer. Iwerdd. **20 B2** ...52.28G 9.38Gn
Fear, P. U.D.A. **65 K3** ...33.51G 77.59Gn
Fehmarn *ys.* Yr Almaen **48 E6** ...54.30G 11.05Dn
Feijó Brasil **76 C4** ...8.09D 70.21Gn
Feira de Santana Brasil **77 G3** ...12.17D 38.53Gn
Felixstowe Lloegr **11 G2** ...51.58G 1.20Dn
Femunden *ll.* Norwy **43 B3** ...62.05G 11.55Dn
Fenis = Venezia Yr Eidal **50 E6** ...45.26G 12.20Dn
Fenis, Gff. Môr Can. **50 E6** ...45.20G 13.00Dn
Feniton Lloegr **13 D2** ...50.47G 3.17Gn
Fenni, Y Cymru **12 D3** ...51.49G 3.01Gn
Feodosiya Ukrain **55 N1** ...45.03G 35.23Dn
Ferdows Iran **95 I5** ...34.00G 58.10Dn
Fergus Falls *tref* U.D.A. **64 G6** ...46.18G 96.00Gn
Ferkessédougou Côte d'Ivoire **84 D2** ...9.30G 5.10Gn
Fermanagh *rhan.* G. Iwerddon **20 D4** ...54.15G 7.45Gn
Fermoy Gwer. Iwerdd. **20 C2** ...52.08G 8.17Gn
Fernando de Noronha *ys.* Cefn. Iwerydd **72 G6** 3.50D 32.25Gn
Ferndown Lloegr **10 D1** ...50.48G 1.55Gn
Ferrara Yr Eidal **50 D6** ...44.49G 11.38Dn
Ferrol Sbaen **46 A5** ...43.29G 8.14Gn
Ferryhill Lloegr **15 F3** ...54.41G 1.33Gn
Fès Moroco **84 D5** ...34.05G 5.00Gn
Fethaland, Pt. Yr Alban **19 Y9** ...60.38G 1.18Gn
Fethard Gwer. Iwerdd. **20 D2** ...52.28G 7.41Gn
Fethiye Twrci **57 I2** ...36.37G 29.06Dn
Fetlar *ys.* Yr Alban **19 Z9** ...60.37G 0.52Gn
Feuilles *a.* Canada **63 K3** ...58.47G 70.06Gn
Feyzabad Afghan. **95 L6** ...37.05G 70.40Dn
Fianarantsoa Madagascar **86 D2** ...21.27D 47.05Dn
Fife *rhan.* Yr Alban **8 D5** ...56.10G 3.10Gn
Fife Ness *p.* Yr Alban **17 G4** ...56.17G 2.36Gn
Figeac Ffrainc **44 E4** ...44.32G 2.01Dn
Figueira da Foz Portiwgal **46 A4** ...40.09G 8.51Gn
Figueres Sbaen **46 G5** ...42.16G 2.57Dn
Figuig Moroco **52 C3** ...32.10G 1.15Gn
Fiji Cefn. Tawel **111 G4** ...18.00D 178.00Dn
Filadélfia Paraguay **77 D2** ...22.17D 60.03Gn
Filey Lloegr **15 G3** ...54.13G 0.18Gn
Filton Lloegr **10 C2** ...51.28G 2.35Gn
Filtu Ethiopia **87 C4** ...5.05G 40.42Dn
Findhorn *a.* Yr Alban **19 F2** ...57.37G 3.40Gn
Finisterre, P. Sbaen **46 A5** ...42.54G 9.16Gn
Finlay *a.* Canada **62 F3** ...56.30G 124.40Gn
Finn *a.* Gwer. Iwerdd. **20 D4** ...54.50G 7.30Gn
Finspång Sweden **43 C2** ...58.42G 15.45Dn
Fintona G. Iwerddon **16 B2** ...54.29G 7.19Gn
Fionn Loch Yr Alban **18 D2** ...57.45G 5.27Gn
Fionnphort Yr Alban **16 C4** ...56.19G 6.23Gn
Firenze (Fflorens) Yr Eidal **50 D5** ...43.46G 11.15Dn
Firuzabad Iran **95 H4** ...28.50G 52.35Dn
Fisher, Cf. Canada **63 J4** ...63.00G 84.00Gn
Fismes Ffrainc **42 C1** ...49.18G 3.41Dn
Flagstaff U.D.A. **64 D4** ...35.12G 111.38Gn
Flamborough Lloegr **15 G3** ...54.07G 0.07Gn
Flamborough, Pr. Lloegr **15 G3** ...54.06G 0.05Gn
Flannan, Ysdd. *ysdd.* Yr Alban **18 B3** ...58.16G 7.40Gn
Flåsjön *ll.* Sweden **43 C4** ...64.05G 15.50Dn
Flathead, Ll. U.D.A. **64 D6** ...47.50G 114.05Gn
Flat Holm (Echni) *ys.* Lloegr **13 D3** ...51.23G 3.08Gn
Flattery, P. U.D.A. **64 B6** ...48.23G 124.43Gn
Fleet Lloegr **10 F2** ...51.16G 0.50Gn
Fleetwood Lloegr **14 D2** ...53.55G 3.01Gn
Flensburg Yr Almaen **48 D6** ...54.47G 9.27Dn
Flevoland *rhan.* Yr Iseld. **42 E4** ...52.30G 5.40Dn
Flinders *a.* Awstralia **110 D4** ...15.12D 141.40Dn
Flinders, Cn. *mdd.* Awstralia **110 C2** ...31.00D 138.30Dn
Flinders, Ys. Awstralia **110 D2** ...40.00D 148.00Dn
Flin Flon Canada **62 H3** ...54.47G 101.51Gn

Flint U.D.A. 65 J5 43.03G 83.40Gn
Flint, Ys. Kiribati 108 P5 11.26D 151.48Gn
Florence U.D.A. 65 K3 34.12G 79.44Gn
Florencia Colombia 74 B7 1.37G 75.37Gn
Flores ys. Indonesia 105 G2 8.40D 121.20Dn
Flores, Môr Indonesia 104 G2 7.00D 121.00Dn
Floresta Brasil 77 G4 8.33D 38.35Gn
Florianópolis Brasil 77 F2 27.35D 48.31Gn
Florida rhan. U.D.A. 65 J2 29.00G 82.00Gn
Florida, Cf. U.D.A. 71 H5 24.00G 81.00Gn
Florida Keys, Ysdd. U.D.A. 71 H5 25.00G 81.00Gn
Flórina Groeg 56 E4 40.48G 21.25Dn
Florø Norwy 43 A3 61.45G 4.55Dn
Flotta ys. Yr Alban 19 F3 58.49G 3.07Gn
Flushing = Vlissingen Yr Iseld. 42 C3 51.27G 3.35Dn
Fly a. P.G.N. 105 K2 8.22D 142.23Dn
Fochabers Yr Alban 19 F2 57.37G 3.07Gn
Focşani România 55 J1 45.40G 27.12Dn
Foggia Yr Eidal 50 F4 41.28G 15.33Dn
Fogo ys. Cabo Verde 84 B3 15.00G 24.28Gn
Foinaven m. Yr Alban 18 E3 58.24G 4.53Gn
Foix Ffrainc 44 D3 42.57G 1.35Dn
Foligno Yr Eidal 50 E5 42.56G 12.43Dn
Folkestone Lloegr 11 G2 51.05G 1.11Dn
Fonseca, Gff. Honduras 70 G3 13.10G 87.30Gn
Fontainebleau Ffrainc 44 E6 48.24G 2.42Dn
Fontur p. Gw. yr Iâ 43 Z2 66.30G 14.30Gn
Førde Norwy 43 A3 61.28G 5.51Dn
Fordingbridge Lloegr 10 D1 50.56G 1.48Gn
Foreland p. Lloegr 10 D1 50.42G 1.06Gn
Foreland, Pt. Lloegr 13 D3 51.15G 3.47Gn
Foreland y Gogledd p. Lloegr 11 G2 51.23G 1.26Dn
Forfar Yr Alban 19 G1 56.38G 2.54Gn
Forlì Yr Eidal 50 E6 44.13G 12.02Dn
Formby Lloegr 14 D2 53.34G 3.04Gn
Formentera ys. Sbaen 46 F3 38.41G 1.30Dn
Formosa Ariannin 77 E2 26.06D 58.14Gn
Formosa, Serra mdd. Brasil 77 E3 12.00D 55.20Gn
Føroyar ysdd. Ewrop 34 C4 62.00G 7.00Gn
Forres Yr Alban 19 F2 57.37G 3.38Gn
Forssa Y Ffindir 43 E3 60.49G 23.40Dn
Forst Yr Almaen 48 G4 51.46G 14.39Dn
Fort Albany Canada 63 J3 52.15G 81.35Gn
Fortaleza Brasil 77 G4 3.45D 38.45Gn
Fort Augustus Yr Alban 18 E2 57.09G 4.41Gn
Fort Chipewyan Canada 62 G3 58.46G 111.09Gn
Fort Collins U.D.A. 64 E5 40.35G 105.05Gn
Fort-de-France Martinique 71 L3 14.36G 61.05Gn
Fortescue a. Awstralia 110 A3 21.00D 116.06Dn
Fort Frances Canada 63 I2 48.37G 93.23Gn
Fort George = Chisasibi Canada 63 K3 53.50G 79.01Gn
Fort Good Hope Canada 62 F4 66.16G 128.37Gn
Forth a. Yr Alban 17 F4 56.06G 3.48Gn
Forth, Moryd Yr Alban 17 G4 56.05G 3.00Gn
Fort Liard Canada 62 F4 60.14G 123.28Gn
Fort McMurray Canada 62 G3 56.45G 111.27Gn
Fort McPherson Canada 62 E4 67.29G 134.50Gn
Fort Nelson Canada 62 F3 58.48G 122.44Gn
Fort Norman (Tulít'a) Canada 62 F4 64.55G 125.29Gn
Fort Peck, Cr. U.D.A. 64 E6 47.55G 107.00Gn
Fortrose Yr Alban 19 E2 57.34G 4.07Gn
Fort Rupert = Waskaganish Canada 63 K3 51.30G 79.45Gn
Fort Scott U.D.A. 65 H4 37.52G 94.43Gn
Fort Severn Canada 63 J3 56.00G 87.40Gn
Fort-Shevchenko Kazakhstan 58 H2 44.31G 50.15Dn
Fort Simpson Canada 62 F4 61.46G 121.15Gn
Fort Smith Canada 62 G4 60.00G 111.51Gn
Fort Smith U.D.A. 65 H4 35.22G 94.27Gn
Fort St. John Canada 62 F3 56.14G 120.55Gn
Fortuneswell Lloegr 10 C1 50.33G 2.27Gn
Fort Wayne U.D.A. 65 I5 41.05G 85.08Gn
Fort William (An Gearasdan) Yr Alban 18 D1 56.49G 5.07Gn
Fort Worth U.D.A. 64 G3 32.45G 97.20Gn
Fort Yukon U.D.A. 62 D4 66.35G 145.20Gn
Foshan China 103 K2 23.03G 113.08Dn
Fougères Ffrainc 44 C6 48.21G 1.12Gn
Foula ys. Yr Alban 19 X9 60.08G 2.05Gn
Foulness, Pt. Lloegr 11 F2 51.37G 0.57Dn
Fouta Djallon n. Guinée 84 C3 11.30G 12.30Gn
Fowey a. Lloegr 13 C2 50.22G 4.40Gn
Foxe, Basn b. Canada 63 K4 67.30G 79.00Gn
Foxe, Gor. Canada 63 K4 65.00G 76.00Gn
Foxe, Sianel Canada 63 J4 65.00G 80.00Gn
Foxford Gwer. Iwerdd. 20 B3 53.59G 9.07Gn
Foyle a. G. Iwerddon 16 B2 55.00G 7.20Gn
Foyle, Loch Gwer. Iwerdd./G. Iwerdd. 16 B3 55.07G 7.06Gn
Foz do Iguaçú Brasil 77 E2 25.33D 54.31Gn
Framlingham Lloegr 11 G3 52.14G 1.20Dn
Franca Brasil 77 F2 20.33D 47.27Gn
Franceville Gabon 84 F1 1.40D 13.31Dn
Francistown Botswana 86 B2 21.11D 27.32Dn
Frankfort U.D.A. 65 J4 38.11G 84.53Gn
Frankfurt Yr Almaen 48 G5 52.20G 14.32Dn
Frankfurt am Main Yr Almaen 48 D4 50.06G 8.41Dn
Franklin D. Roosevelt, Ll. U.D.A. 64 C6 47.55G 118.20Gn
Franz Josef, Tir ysdd. Ffed. Rwsia 58 H6 81.00G 54.00Dn
Fraser a. Canada 62 F2 49.05G 123.00Gn
Fraserburgh Yr Alban 19 H2 57.42G 2.00Gn
Fraser, Ys. Awstralia 110 E3 25.15D 153.10Dn
Freckleton Lloegr 14 E2 53.45G 2.50Gn
Fredericia Denmarc 43 B1 55.34G 9.47Dn
Fredericksburg U.D.A. 65 K4 38.18G 77.30Gn
Fredericton Canada 63 L2 45.57G 66.40Gn
Frederikshåb/ Paamiut Grønland 63 N4 62.05G 49.30Gn
Frederikshavn Denmarc 43 B2 57.26G 10.32Dn
Fredrikstad Norwy 43 B2 59.15G 10.55Dn
Freeport City Bahamas 71 I6 26.40G 78.30Gn
Freetown Sierra Leone 84 C2 8.30G 13.17Gn
Freiberg Yr Almaen 48 F4 50.54G 13.20Dn
Freiburg im Breisgau Yr Almaen 48 C2 48.00G 7.52Dn
Fréjus Ffrainc 44 G3 43.26G 6.44Dn
Fremantle Awstralia 110 A2 32.07D 115.44Dn
Freshwater Lloegr 10 D1 50.40G 1.30Gn
Fresno U.D.A. 64 C4 36.41G 119.57Gn
Fria Guinée 84 C3 10.13G 13.48Gn
Friedrichshafen Yr Almaen 48 D2 47.39G 9.29Dn
Friesland/Fryslân rhan. Yr Iseld. 42 E5 53.05G 5.45Dn
Frinton-on-Sea Lloegr 11 G2 51.50G 1.16Dn
Frio, P. Brasil 75 E4 22.50D 42.10Gn
Frisa, Loch Yr Alban 16 C4 56.33G 6.05Gn
Frizington Lloegr 14 D3 54.30G 3.30Gn
Frobisher, Bae Canada 63 L4 63.00G 66.45Gn
Frodsham Lloegr 14 E2 53.17G 2.45Gn
Frogmore Lloegr 10 E2 51.20G 0.49Gn
Frohavet moryd Norwy 43 B3 63.55G 9.05Dn
Frome Lloegr 13 E3 51.16G 2.17Gn
Frome a. Lloegr 10 C1 50.41G 2.05Gn
Frome, Ll. Awstralia 110 C2 30.45D 139.45Dn
Frontera Ysdd. Dedwydd 46 W1 27.46G 18.01Gn
Frosinone Yr Eidal 50 E4 41.36G 13.21Dn
Frøya ys. Norwy 43 B3 63.45G 8.30Dn
Fuenlabrada Sbaen 46 D4 40.16G 3.49Gn
Fuerteventura ys. Ysdd. Dedwydd 46 Y2 28.20G 14.10Gn
Fujairah E.A.U. 95 I4 25.10G 56.20Dn
Fujian rhan. China 103 L3 26.30G 118.00Dn
Fuji-san m. Japan 106 C3 35.23G 138.42Dn
Fukui Japan 106 C3 36.04G 136.12Dn
Fukuoka Japan 106 B2 33.39G 130.21Dn
Fukushima Japan 106 D3 37.44G 140.28Dn
Fulda Yr Almaen 48 D4 50.35G 9.45Dn
Fulford Lloegr 15 F2 53.56G 1.04Gn
Fulham Lloegr 11 E2 51.30G 0.14Gn
Fumay Ffrainc 42 D1 49.59G 4.42Dn
Funabashi Japan 106 C3 35.42G 139.59Dn
Funafuti Tuvalu 108 M6 8.31D 179.13Dn
Funchal Ysdd. Madeira 84 C5 32.38G 16.54Gn
Fundy, Bae G. America 65 M5 44.30G 66.30Gn
Fürth Yr Almaen 48 E3 49.28G 11.00Dn
Fushun China 103 M6 41.51G 123.53Dn
Fuxin China 103 M6 42.08G 121.39Dn
Fuzhou Fujian China 103 L3 26.01G 119.20Dn
Fuzhou Jiangxi China 103 L3 28.03G 116.15Dn
Fyn ys. Denmarc 43 B1 55.10G 10.30Dn
Fyne, Loch Yr Alban 16 D3 55.55G 5.23Gn

FF

Ffen Holand n. Lloegr 15 G2 53.02G 0.12Gn
Ffen y Dwyrain n. Lloegr 15 H2 53.06G 0.02Dn
Ffen y Gorllewin n. Lloegr 11 E3 52.32G 0.00
Ffen y Gorllewin n. Lloegr 15 G2 53.03G 0.02Dn
Ffestiniog Cymru 12 D4 52.58G 3.56Gn
Ffindir, Y Ewrop 43 F3 64.30G 27.00Dn
Ffindir, Gff. y Y Ffindir/Estonia 43 F2 60.00G 26.50Dn
Ffiord y Gorllewin moryd Norwy 43 C4 68.10G 15.00Dn
Fflandrys, Dn. rhan. Gw. Belg 42 C3 51.00G 3.45Dn
Fflandrys, Gn. rhan. Gw. Belg 42 B2 51.00G 3.00Dn
Fflint, Y Cymru 12 D5 53.15G 3.07Gn
Fflint, Sir y rhan. Cymru 9 D3 53.12G 3.10Gn
Fflorens = Firenze Yr Eidal 50 D5 43.46G 11.15Dn
Fforest Ddu n. Yr Almaen 48 D3 48.00G 8.00Dn
Fforest Newydd n. Lloegr 10 D1 50.50G 1.35Gn
Fforest y Ddena n. Lloegr 10 C2 51.48G 2.32Gn
Ffrainc Ewrop 44 D5 47.00G 2.00Dn
Ffrisia, Ysdd. Ewrop 34 D3 53.30G 6.00Dn
Ffrisia, Ysdd. Dn. Yr Almaen 48 C5 53.45G 7.00Dn
Ffrisia, Ysdd. G. Yr Almaen 48 D6 54.30G 8.00Dn
Ffrisia, Ysdd. Gn. Yr Iseld. 42 D5 53.20G 5.00Dn

G

Gabès Tunisia 84 F5 33.52G 10.06Dn
Gabès, Gff. Tunisia 84 F5 34.00G 11.00Dn
Gabon Affrica 84 F1 0.00 12.00Dn
Gaborone Botswana 86 B2 24.45D 25.55Dn
Gadsden U.D.A. 65 I3 34.00G 86.00Gn
Gaer, Y Cymru 12 D3 51.54G 3.11Gn
Gaer, Y (Thornbury) Lloegr 10 C2 51.36G 2.31Gn
Gaeta Yr Eidal 50 E4 41.13G 13.35Dn
Gaeta, Gff. Môr Can. 50 E4 41.05G 13.30Dn
Gafsa Tunisia 84 E5 34.28G 8.43Dn
Gagarin Ffed. Rwsia 55 N6 55.38G 35.00Dn
Gagnon Canada 63 L3 51.56G 68.16Gn
Gagra Georgia 57 O5 43.21G 40.16Dn
Gainesville Fla. U.D.A. 65 J2 29.37G 82.31Gn
Gainesville Tex. U.D.A. 64 G3 33.37G 97.08Gn
Gainsborough Lloegr 15 G2 53.23G 0.46Gn
Gairdner, Ll. Awstralia 110 C2 31.30D 136.00Dn
Gair Loch Yr Alban 18 D2 57.43G 5.43Gn
Gairloch (Geàrrloch) tref Yr Alban 18 D2 57.43G 5.41Gn
Galana a. Kenya 87 B2 3.10D 40.10Dn
Galashiels Yr Alban 17 G3 55.37G 2.49Gn
Galati România 55 J1 45.27G 27.59Dn
Gala Water a. Yr Alban 17 F3 55.36G 2.48Gn
Gáldar Ysdd. Dedwydd 46 Y2 28.09G 15.40Gn
Galdhøpiggen m. Norwy 43 B3 61.38G 8.19Dn
Gallabat Sudan 94 E1 12.58G 36.09Dn
Galle Sri Lanka 97 G2 6.01G 80.13Dn
Galley, Pr. Gwer. Iwerdd. 20 C1 51.31G 8.57Gn
Gallinas, Pt. Colombia 71 J3 12.20G 71.30Gn
Gallipoli Yr Eidal 50 H4 40.02G 18.01Dn
Gallipoli = Gelibolu Twrci 56 H4 40.25G 26.31Dn
Gällivare Sweden 43 E4 67.10G 20.40Dn
Galloway, Pr. p. Yr Alban 16 E2 54.39G 4.52Gn
Galloway, Pr. n. Yr Alban 16 D2 54.50G 5.02Gn
Gallup U.D.A. 64 E4 35.32G 108.46Gn
Galole Kenya 87 C2 1.34D 40.01Dn
Galston Yr Alban 16 E3 55.36G 4.23Gn
Galty, Mdd. Gwer. Iwerdd. 20 C2 52.20G 8.10Gn
Galveston U.D.A. 65 H2 29.17G 94.48Gn
Galveston, Bae U.D.A. 65 H2 29.40G 94.40Gn
Galway Gwer. Iwerdd. 20 B3 53.17G 9.04Gn
Galway rhan. Gwer. Iwerdd. 20 B3 53.25G 9.00Gn
Galway, Bae Gwer. Iwerdd. 20 B3 53.12G 9.07Gn
Gambia Affrica 84 C3 13.30G 15.00Gn
Gambia a. Gambia 82 B6 13.28G 15.55Gn
Gambier, Ysdd. Cefn. Tawel 109 R4 23.10D 135.00Gn
Gamud m. Ethiopia 87 B3 4.08G 38.04Dn
Gäncä Azerbaijan 58 G2 40.39G 46.20Dn
Gandadiwata, Bukit m. Indonesia 104 F3 2.45D 119.25Dn
Gander Canada 63 M2 48.58G 54.34Gn
Gandhidham India 96 E5 23.07G 70.10Dn
Gandhinagar India 96 E5 23.15G 72.45Dn
Gandía Sbaen 46 E3 38.59G 0.11Gn
Gand-i-Zureh diff. Afghan. 95 J4 30.00G 62.00Dn
Ganga (Ganges) a. India 97 I5 23.30G 90.25Dn
Ganga, Aberoedd A. India/Bangla. 97 H5 22.00G 89.35Dn
Gannett, Cp. m. U.D.A. 64 E5 43.10G 109.38Gn
Gansu rhan. China 103 I5 36.00G 103.00Dn
Gantamaa Somalia 87 C3 2.25G 41.49Dn
Ganzhou China 103 K3 25.52G 114.51Dn
Gao Mali 84 E3 16.19G 0.09Gn
Gaoxiong Taiwan 103 M2 22.36G 120.17Dn
Gap Ffrainc 44 G4 44.33G 6.05Dn
Gar China 102 E4 32.10G 80.00Dn
Gara, Loch Gwer. Iwerdd. 20 C3 53.56G 8.28Gn
Garanhuns Brasil 77 G4 8.53D 36.28Gn
Garbahaarey Somalia 87 C3 3.20G 42.11Dn
Garba Tula Kenya 87 B3 0.31G 38.30Dn
Gard a. Ffrainc 44 F3 43.52G 4.40Dn
Garda, Ll. Yr Eidal 50 D6 45.40G 10.40Dn
Gardēz Afghan. 95 K5 33.37G 69.07Dn
Garelochhead Yr Alban 16 E4 56.05G 4.49Gn
Garforth Lloegr 15 F2 53.48G 1.22Gn
Gargždai Lithuania 43 E1 55.42G 21.21Dn
Garissa Kenya 87 B2 0.27D 39.39Dn
Garmisch-Partenkirchen Yr Almaen 48 E2 47.30G 11.05Dn
Garonne a. Ffrainc 44 C4 45.00G 0.37Gn
Garoowe Somalia 85 I2 8.17G 48.20Dn
Garoua Cameroun 84 F2 9.17G 13.22Dn
Garron, Pt. G. Iwerddon 16 D3 55.03G 5.58Gn
Garry a. Yr Alban 18 E2 57.05G 4.49Gn
Garry, Loch Yr Alban 19 E1 56.47G 4.13Gn
Garsen Kenya 87 C2 2.18D 40.08Dn
Garstang Lloegr 14 E2 53.53G 2.47Gn
Garvagh G. Iwerddon 16 C2 54.59G 6.42Gn
Gary U.D.A. 65 I5 41.34G 87.20Gn
Gasa Asia 94 D5 31.20G 34.20Dn
Gascoyne a. Awstralia 110 A3 25.00D 113.40Dn
Gasgwyn, Gff. Ffrainc 44 B3 44.00G 2.40Gn
Gashua Nigeria 84 F3 12.53G 11.05Dn
Gaspé Canada 63 L2 48.50G 64.30Gn
Gaspé, Gor. Canada 63 L2 48.30G 65.00Gn
Gastonia U.D.A. 65 J4 35.14G 81.12Gn
Gata, P. p. Sbaen 46 D2 36.45G 2.11Gn
Gatehouse of Fleet Yr Alban 16 E2 54.53G 4.12Gn
Gateshead Lloegr 15 F3 54.57G 1.35Gn
Gävle Sweden 43 D3 60.41G 17.10Dn
Gaya India 97 H5 24.48G 85.00Dn
Gaya Niger 84 E3 11.52G 3.28Dn
Gaziantep Twrci 57 M2 37.04G 37.21Dn
Gdańsk Gw. Pwyl 54 F6 54.22G 18.38Dn
Gdańsk, Gff. Gw. Pwyl 54 F6 54.45G 19.15Dn
Gdynia Gw. Pwyl 54 F6 54.31G 18.30Dn
Geal Charn m. Yr Alban 19 F2 57.10G 3.31Gn
Gebze Twrci 57 I4 40.48G 29.26Dn
Gedaref Sudan 85 H3 14.01G 35.24Dn
Gediz Twrci 57 I3 39.04G 29.25Dn
Gediz a. Twrci 56 H3 38.37G 26.47Dn
Geel Gw. Belg 42 E3 51.10G 5.00Dn
Geelong Awstralia 110 D2 38.10D 144.26Dn
Gejiu China 103 I2 23.25G 103.05Dn
Gela Yr Eidal 50 F2 37.03G 14.15Dn
Gelderland rhan. Yr Iseld. 42 E4 52.05G 6.00Dn
Gelibolu (Gallipoli) Twrci 56 H4 40.25G 26.31Dn
Gelli,Y Cymru 12 D4 52.04G 3.09Gn
Gelli-gaer Cymru 12 D3 51.40G 3.18Gn
Gelsenkirchen Yr Almaen 48 C4 51.30G 7.05Dn
Gemlik Twrci 57 I4 40.26G 29.10Dn
Genale Wenz a. Ethiopia 87 C3 4.15G 42.10Dn
Genefa = Genève Y Swistir 44 G5 46.13G 6.09Dn
Genefa, Ll. Y Swistir 44 G5 46.30G 6.30Dn
General Santos Pili. 105 H5 6.05G 125.15Dn
Genil a. Sbaen 46 C2 37.42G 5.20Gn
Genk Gw. Belg 42 E2 50.58G 5.34Dn
Genova Yr Eidal 50 C6 44.24G 8.54Dn
Genova, Gff. Yr Eidal 50 C5 43.50G 8.55Dn
Gent Gw. Belg 42 C3 51.02G 3.42Dn
George a. Canada 63 L3 58.30G 66.00Gn
Georgetown Guyana 74 D7 6.48G 58.08Gn
George Town Malaysia 104 C5 5.30G 100.16Dn
Georgia Asia 58 G2 42.00G 43.30Dn
Georgia rhan. U.D.A. 65 J3 33.00G 83.00Gn
Georgia, De ys. Cefn. Iweryd 75 F1 54.00D 37.00Gn
Georgian, Bae Canada 63 J2 45.15G 80.45Gn
Georgina a. Awstralia 110 C3 23.12D 139.33Dn
Georgiyevka Kazakhstan 102 E7 49.21G 81.35Dn
Gera Yr Almaen 48 F4 50.51G 12.11Dn
Geral de Goiás, Serra mdd. Brasil 77 F3 13.00D 45.40Gn
Geraldton Awstralia 110 A3 28.49D 114.36Dn
Gerona/ Girona Sbaen 46 G4 41.59G 2.49Dn
Gevgelija Macedonia 56 F4 41.09G 22.30Dn
Gexto Sbaen 46 D5 43.21G 3.01Gn
Geyik Dag m. Twrci 57 K2 36.53G 32.12Dn
Geyve Twrci 57 J4 40.32G 30.18Dn
Gezira n. Sudan 82 G6 14.30G 33.00Dn
Ghadames Libya 84 E5 30.10G 9.30Dn
Ghaem Shahr Iran 95 H6 36.28G 52.53Dn
Ghaghara a. India 97 G6 25.45G 84.50Dn
Ghana Affrica 84 D2 8.00G 1.00Gn
Ghardaïa Algeria 84 E5 32.20G 3.40Dn
Gharyān Libya 52 F3 32.10G 13.01Dn
Ghats Dwyreiniol mdd. India 97 G4 16.30G 80.30Dn
Ghats Gorllewinol mdd. India 96 E4 15.30G 74.30Dn
Ghazaouet Algeria 52 C4 35.08G 1.50Gn
Ghaziabad India 97 F6 28.40G 77.26Dn
Ghaznī Afghan. 95 K5 33.33G 68.28Dn
Ghazzah tref Gasa 94 D5 31.30G 34.28Dn
Gibraltar Ewrop 46 C2 36.07G 5.22Gn
Gibraltar, Cf. Affrica/Ewrop 46 C1 36.00G 5.25Gn
Gibson, Diffeithwch Awstralia 110 B3 23.10D 125.35Dn
Gīdolē Ethiopia 87 B4 5.38G 37.28Dn
Gien Ffrainc 44 E5 47.42G 2.38Dn
Giessen Yr Almaen 48 D4 50.35G 8.42Dn
Gifu Japan 106 C3 35.27G 136.50Dn
Gigha ys. Yr Alban 16 D3 55.41G 5.44Gn
Gijón Sbaen 46 C5 43.32G 5.40Gn
Gila a. U.D.A. 64 D3 32.45G 114.30Gn
Gilbert, Ysdd. Kiribati 111 G5 2.00D 175.00Dn
Gilf Kebir, Llwyfandir n. Yr Aifft 94 C3 23.30G 26.00Dn
Gilgil Kenya 87 B2 0.30D 36.19Dn
Gilgit Jammu a Kashmir 96 E8 35.54G 74.20Dn
Gillette U.D.A. 64 E5 44.18G 105.30Gn
Gillingham Caint Lloegr 11 F2 51.24G 0.33Dn
Gillingham Dorset Lloegr 10 C2 51.02G 2.17Gn
Gill, Loch Gwer. Iwerdd. 20 C4 54.15G 8.25Gn
Giluwe, M. P.G.N. 105 K2 6.06D 143.54Dn
Gilwern Cymru 12 D3 51.51G 3.06Gn
Gimbala, Jebel m. Sudan 85 G3 13.00G 24.20Dn
Gini, Gff. Affrica 82 D5 3.00G 3.00Dn
Giresun Twrci 57 N4 40.55G 38.25Dn
Girishk Afghan. 95 J5 31.48G 64.34Dn
Gironde a. Ffrainc 44 C4 45.35G 1.00Gn
Girvan Yr Alban 16 E3 55.15G 4.51Gn
Gisborne Seland Newydd 111 G2 38.41D 178.02Dn
Gisors Ffrainc 42 A1 49.17G 1.47Dn
Gizhiga Ffed. Rwsia 59 S4 62.00G 160.34Dn
Gjøvik Norwy 43 B3 60.47G 10.41Dn
Glace Bay tref Canada 63 M2 46.11G 60.00Gn
Glacier, Cp. m. U.D.A. 64 B6 48.07G 121.06Gn
Gladstone Awstralia 110 E3 23.52D 151.16Dn
Glanton Lloegr 15 F4 55.25G 1.53Gn
Glasgow U.D.A. 64 E6 48.12G 106.37Gn
Glasgow (Glaschu) Yr Alban 16 E3 55.52G 4.15Gn
Glasgow, Dinas rhan. Yr Alban 8 C4 55.52G 4.15Gn
Glass, Loch Yr Alban 19 E2 57.43G 4.30Gn
Glastonbury Lloegr 13 E3 51.09G 2.42Gn
Glenarm G. Iwerddon 16 D2 54.58G 5.58Gn
Glen Coe (Gleann Comhan) n. Yr Alban 16 E4 56.40G 4.55Gn
Glendale U.D.A. 64 D3 33.32G 112.11Gn
Glendive U.D.A. 64 F6 47.08G 104.42Gn
Glengad, Pr. Gwer. Iwerdd. 20 D5 55.20G 7.11Gn
Glen Garry n. Yr Alban 18 D2 57.03G 5.05Gn
Glengormley G. Iwerddon 16 D2 54.41G 5.59Gn
Glenluce Yr Alban 16 E2 54.53G 4.48Gn
Glen Mor n. Yr Alban 19 E2 57.15G 4.30Gn
Glen Moriston n. Yr Alban 18 E2 57.10G 4.50Gn
Glennallen U.D.A. 62 D4 62.08G 145.38Gn
Glenrothes Yr Alban 17 F4 56.12G 3.10Gn
Glen Shee n. Yr Alban 19 F1 56.50G 3.28Gn
Glinton Lloegr 11 E3 52.39G 0.17Gn
Gliwice Gw. Pwyl 54 F4 50.17G 18.40Dn
Głogów Gw. Pwyl 54 E4 51.40G 16.06Dn
Glomfjord tref Norwy 43 C4 66.49G 14.00Dn
Glorieuses, Ysdd. Cefn. India 86 D3 11.34D 47.19Dn
Glossop Lloegr 15 F2 53.27G 1.56Gn
Gloucester (Caerloyw) Lloegr 10 C2 51.52G 2.15Gn
Glusburn Lloegr 15 F2 53.54G 2.00Gn
Glyder Fawr m. Cymru 12 C5 53.06G 4.01Gn
Glynebwy tref Cymru 12 D3 51.47G 3.12Gn
Glyn-nedd Cymru 12 D3 51.45G 3.37Gn
Gmunden Awstria 54 D3 48.47G 14.59Dn
Gniezno Gw. Pwyl 54 E5 52.32G 17.32Dn
Goa rhan. India 96 E4 15.30G 74.00Dn
Goat Fell m. Yr Alban 16 D3 55.37G 5.12Gn
Gobabis Namibia 86 A2 22.30D 18.58Dn
Gobi diff. Asia 103 I6 43.30G 103.30Dn
Gobowen Lloegr 10 B3 52.54G 3.02Gn
Goch Yr Almaen 42 F3 51.41G 6.10Dn
Godalming Lloegr 11 E2 51.11G 0.37Gn
Godavari a. India 97 G4 16.40G 82.15Dn
Godmanchester Lloegr 11 E3 52.19G 0.11Gn
Godthåb/ Nuuk Grønland 63 M4 64.10G 51.40Gn
Goes Yr Iseld. 42 C3 51.30G 3.54Dn
Gogledd rhan. Yemen 94 F2 16.00G 44.00Dn
Gogledd-ddwyrain rhan. Kenya 87 C3 1.00G 40.00Dn
Goiânia Brasil 77 F3 16.43D 49.18Gn
Goiás rhan. Brasil 77 E3 15.00D 48.00Gn
Gökçeada ys. Twrci 56 G4 40.10G 25.51Dn
Göksun Twrci 57 M3 38.03G 36.30Dn
Gölcük Twrci 57 I4 40.44G 29.50Dn
Gold Coast tref Awstralia 110 E3 28.00D 153.22Dn
Golmud China 102 G5 36.23G 94.49Dn
Golpayegan Iran 95 H5 33.23G 50.18Dn
Golspie Yr Alban 19 F2 57.58G 3.58Gn
Gómez Palacio México 70 D6 25.39G 103.30Gn
Gonaïves Haiti 71 J4 19.29G 72.42Gn
Gonbad-e Kavus Iran 95 I6 37.15G 55.11Dn
Gonder Ethiopia 85 H3 12.39G 37.29Dn
Gondia India 97 G5 21.27G 80.12Dn
Gongga Shan m. China 103 I3 29.30G 101.30Dn
Goole Lloegr 15 G2 53.42G 0.52Gn
Goose, Ll. U.D.A. 64 B5 41.55G 120.25Gn
Gorakhpur India 97 G6 26.45G 83.23Dn
Gorebridge Yr Alban 17 F3 55.51G 3.02Gn
Gorey Gwer. Iwerdd. 20 E2 52.40G 6.18Gn
Gorgan Iran 95 H6 36.50G 54.29Dn
Goris Armenia 95 G6 39.31G 46.22Dn
Gorizia Yr Eidal 50 E6 45.58G 13.37Dn
Görlitz Yr Almaen 48 G4 51.09G 15.00Dn
Gorllewin rhan. Kenya 87 A3 0.30G 34.30Dn
Gorno-Altaysk Ffed. Rwsia 102 F8 51.57G 85.58Dn
Gornyak Ffed. Rwsia 102 E8 50.59G 81.30Dn
Gorontalo Indonesia 105 G4 0.33G 123.05Dn
Gors, Y n. Lloegr 11 F3 52.50G 0.10Dn
Gort Gwer. Iwerdd. 20 C3 53.03G 8.50Gn
Gorzów Wielkopolski Gw. Pwyl 54 D5 52.42G 15.12Dn
Gosberton Lloegr 11 E3 52.52G 0.09Gn
Gosford Awstralia 110 E2 33.25D 151.18Dn
Gosforth Cumbria Lloegr 14 D3 54.26G 3.27Gn
Gosforth T. a W. Lloegr 15 F4 55.02G 1.35Gn
Goshogawara Japan 106 D4 40.48G 140.27Dn
Gospić Croatia 56 B6 44.34G 15.23Dn
Gosport Lloegr 10 D1 50.48G 1.08Gn
Göteborg Sweden 43 B2 57.45G 12.00Dn
Gotha Yr Almaen 48 E4 50.57G 10.43Dn
Gotland ys. Sweden 43 D2 57.30G 18.30Dn
Göttingen Yr Almaen 48 D4 51.32G 9.57Dn
Gouda Yr Iseld. 42 D4 52.01G 4.43Dn
Gouin, Cr. Canada 63 K2 48.38G 74.54Gn
Goulburn Awstralia 110 D2 34.47D 149.43Dn
Gourdon Ffrainc 44 D4 44.45G 1.22Dn
Governador Valadares Brasil 77 F3 18.51D 42.00Gn
Gowna, Loch Gwer. Iwerdd. 20 D3 53.50G 7.34Gn
Goya Ariannin 77 E2 29.10D 59.20Gn
Gozo ys. Malta 50 F2 36.03G 14.16Dn
Graciosa ys. Ysdd. Dedwydd 46 Z2 29.15G 13.31Gn
Gradaús, Serra dos mdd. Brasil 77 E4 8.00D 50.30Gn
Grafham Water ll. Lloegr 11 E3 52.19G 0.16Gn
Grafton Awstralia 110 E3 29.40D 152.56Dn
Grafton U.D.A. 64 G6 48.28G 97.25Gn
Graham, Tir n. Antarctica 112 67.00D 60.00Gn
Grahamstown/ Grahamstad G.D.A. 86 B1 33.19D 26.32Dn
Grain Lloegr 11 F2 51.28G 0.43Dn
Grampian, Mdd. Yr Alban 19 E1 56.55G 4.00Gn
Granada Sbaen 46 D2 37.10G 3.35Gn
Gran Canaria ys. Ysdd. Dedwydd 46 Y1 28.00G 15.30Gn
Gran Chaco n. De America 75 C4 23.30D 60.00Gn
Grand Bahama ys. Bahamas 71 I6 26.35G 78.00Gn
Grand Canyon tref U.D.A. 64 D4 36.04G 112.07Gn
Grand Canyon n. U.D.A. 64 D4 36.15G 113.00Gn
Grand Cayman ys. Ysdd. Cayman 71 H4 19.20G 81.30Gn
Grande a. Bahia Brasil 77 F3 11.05D 43.09Gn
Grande a. Minas Gerais Brasil 77 E3 20.00D 51.00Gn
Grande, Bahía b. Ariannin 75 C1 50.45D 68.00Gn
Grande Prairie tref Canada 62 G3 55.10G 118.52Gn
Grand Falls tref Canada 63 M2 48.57G 55.40Gn
Grand Forks U.D.A. 64 G6 47.57G 97.05Gn
Grand Island tref U.D.A. 64 G5 40.56G 98.21Gn
Grand Junction U.D.A. 64 E4 39.04G 108.33Gn
Grand Manan, Ys. Canada 65 M5 44.40G 66.50Gn
Grândola Portiwgal 46 A3 38.10G 8.34Gn
Grand Rapids tref U.D.A. 65 I5 42.57G 85.40Gn
Grangemouth Yr Alban 17 F4 56.01G 3.44Gn
Grange-over-Sands Lloegr 14 E3 54.12G 2.55Gn
Gran Paradiso m. Yr Eidal 50 B6 45.31G 7.15Dn
Grantham Lloegr 10 E3 52.55G 0.39Gn
Grantown-on-Spey Yr Alban 19 F2 57.19G 3.38Gn
Grants Pass tref U.D.A. 64 B5 42.26G 123.20Gn
Grasse Ffrainc 44 G3 43.40G 6.56Dn
Grassington Lloegr 15 F3 54.04G 1.59Gn
Grave, Pt. Ffrainc 44 C4 45.35G 1.04Gn

Gravesend Lloegr **11 F2** 51.27G 0.24Dn
Grays Lloegr **11 F2** 51.29G 0.20Dn
Graz Awstria **54 D2** 47.05G 15.22Dn
Great Abaco *ys.* Bahamas **71 I6** 26.30G 77.00Gn
Great Baddow Lloegr **11 F2** 51.43G 0.29Dn
Great Bear, Ll. Canada **62 G4** 66.00G 120.00Gn
Great Bend *tref* U.D.A. **64 G4** 38.22G 98.47Gn
Great Clifton Lloegr **14 D3** 54.38G 3.30Gn
Great Cumbrae *ys.* Yr Alban **16 E3** 55.45G 4.57Gn
Great Driffield Lloegr **15 G3** 54.01G 0.26Gn
Great Dunmow Lloegr **11 F2** 51.53G 0.22Dn
Great Exuma *ys.* Bahamas **71 I5** 23.00G 76.00Gn
Great Falls *tref* U.D.A. **64 D6** 47.30G 111.16Gn
Great Gonerby Lloegr **10 E3** 52.56G 0.40Gn
Greatham Lloegr **15 F3** 54.39G 1.14Gn
Great Harwood Lloegr **15 E2** 53.48G 2.24Gn
Great Inagua *ys.* Bahamas **71 J5** 21.00G 73.20Gn
Great Linford Lloegr **10 E3** 52.03G 0.46Gn
Great Malvern Lloegr **10 C3** 52.07G 2.19Gn
Great Nicobar *ys.* India **104 A5** 7.00G 93.50Dn
Great Salt, Ll. U.D.A. **64 D5** 41.10G 112.40Gn
Great Shelford Lloegr **11 F3** 52.09G 0.08Dn
Great Slave, Ll. Canada **62 G4** 61.30G 114.20Gn
Great Torrington Lloegr **13 C2** 50.57G 4.09Gn
Great Victoria Desert Awstralia **110 B3** 29.00D 127.30Dn
Great Yarmouth Lloegr **11 G3** 52.36G 1.45Dn
Gréboun, M. Niger **82 D6** 19.55G 8.35Dn
Greco, M. Yr Eidal **50 E4** 41.48G 14.00Dn
Gredos, Sierra de *mdd.* Sbaen **46 C4** 40.18G 5.20Gn
Greeley U.D.A. **64 F5** 40.26G 104.43Gn
Green *a.* U.D.A. **64 E4** 38.20G 109.53Gn
Green Bay *tref* U.D.A. **65 I5** 44.32G 88.00Gn
Greenlaw Yr Alban **17 G3** 55.43G 2.28Gn
Greenock Yr Alban **16 E3** 55.57G 4.45Gn
Greenore, Pwynt Gwer. Iwerdd. **12 A4** 52.20G 6.30Gn
Greensboro U.D.A. **65 K4** 36.03G 79.50Gn
Greenstone, Pt. Yr Alban **18 D2** 57.55G 5.37Gn
Greenville D.C. U.D.A. **65 J3** 34.52G 82.25Gn
Greenville Miss. U.D.A. **65 H3** 33.23G 91.03Gn
Greifswald Yr Almaen **48 F6** 54.06G 13.24Dn
Grenå Denmarc **43 B2** 56.25G 10.53Dn
Grenada Cb. America **71 L3** 12.15G 61.45Gn
Grenade Ffrainc **44 D3** 43.47G 1.10Dn
Grenadines, Y *ysdd.* Ysdd. Windward **71 L3** 12.35G 61.20Gn
Grenoble Ffrainc **44 F4** 45.11G 5.43Dn
Greta *a.* Lloegr **15 F3** 54.31G 1.52Gn
Gretna Yr Alban **17 F2** 55.00G 3.04Gn
Grey, Cn. *mdd.* Awstralia **110 D3** 28.30D 142.15Dn
Grimsby Lloegr **15 G2** 53.35G 0.05Gn
Grímsey *ys.* Gw. yr Iâ **43 Y2** 66.33G 18.00Gn
Grímsvötn *m.* Gw. yr Iâ **43 Y2** 64.30G 17.10Gn
Grodno Belarus **55 H5** 53.40G 23.50Dn
Grodzisk Wielkopolski Gw. Pwyl **54 E5** 52.14G 16.22Dn
Groeg Ewrop **56 E3** 39.00G 22.00Dn
Groningen Yr Iseld. **42 F5** 53.13G 6.35Dn
Groningen *rhan.* Yr Iseld. **42 F5** 53.15G 6.45Dn
Grønland/ Kalaallit Nunaat G. America **63 N4** 68.00G 45.00Gn
Groote Eylandt *ys.* Awstralia **110 C4** 14.00D 136.30Dn
Grosseto Yr Eidal **50 D5** 42.46G 11.08Dn
Grossglockner *m.* Awstria **54 C2** 47.05G 12.50Dn
Groundhog *a.* Canada **63 J3** 49.40G 82.06Gn
Groznyy Ffed. Rwsia **58 G2** 43.21G 45.42Dn
Grudziądz Gw. Pwyl **54 F5** 53.29G 18.45Dn
Gruinard, Bae Yr Alban **18 D2** 57.52G 5.26Gn
Guadalajara México **70 D5** 20.30G 103.20Gn
Guadalajara Sbaen **46 D4** 40.37G 3.10Gn
Guadalcanal *ys.* Ysdd. Solomon **111 E5** 9.30D 160.00Dn
Guadalete *a.* Sbaen **46 B2** 36.37G 6.15Gn
Guadalope *a.* Sbaen **46 E4** 41.15G 0.03Gn
Guadalquivir *a.* Sbaen **46 B2** 36.50G 6.20Gn
Guadalupe *ys.* México **64 C2** 29.00G 118.25Gn
Guadalupe, Sierra de *mdd.* Sbaen **46 C3** 39.30G 5.25Gn
Guadarrama, Sierra de *mdd.* Sbaen **46 D4** 41.00G 3.50Gn
Guadeloupe Cb. America **71 L4** 16.20G 61.40Gn
Guadiana *a.* Portiwgal **46 B2** 37.10G 7.36Gn
Guadix Sbaen **46 D2** 37.19G 3.08Gn
Guajira, Gor. Colombia **71 J3** 12.00G 72.00Gn
Guam *ys.* Cefn. Tawel **105 K6** 13.30G 144.40Dn
Guanajuato México **70 D5** 21.00G 101.16Gn
Guanajuato *rhan.* México **70 D5** 21.00G 101.00Gn
Guanare Venezuela **71 K2** 9.04G 69.45Gn
Guangdong *rhan.* China **103 K2** 23.00G 113.00Dn
Guangxi *rhan.* China **103 J2** 23.50G 109.00Dn
Guangyuan China **103 J4** 32.29G 105.55Dn
Guangzhou China **103 K2** 23.20G 113.30Dn
Guanipa *a.* Venezuela **71 L2** 10.00G 62.20Gn
Guantánamo Cuba **71 I5** 20.09G 75.14Gn
Guaporé *a.* Brasil **76 D3** 12.00D 65.15Gn
Guarapuava Brasil **77 E2** 25.22D 51.28Gn
Guara, Sierra de *mdd.* Sbaen **46 E5** 42.20G 0.00
Guarda Portiwgal **46 B4** 40.32G 7.17Gn
Guatemala Cb. America **70 F4** 15.40G 90.00Gn
Guaviare *a.* Colombia **74 C7** 4.00G 67.35Gn
Guayaquil Ecuador **76 C4** 2.13D 79.54Gn
Guayaquil, Gff. Ecuador **76 B4** 2.30D 80.00Gn
Guaymas México **70 B6** 27.59G 110.54Gn
Guba Ethiopia **85 H3** 11.17G 35.20Dn
Gubkin Ffed. Rwsia **55 O4** 51.18G 37.32Dn
Gudbrandsdalen *n.* Norwy **43 B3** 62.00G 9.10Dn
Gudong *a.* China **106 A4** 42.52G 128.04Dn
Guelma Algeria **52 E4** 36.28G 7.26Dn
Guelmine Moroco **84 D4** 28.56G 10.04Gn
Guéret Ffrainc **44 D5** 46.10G 1.52Dn
Guernsey *ys.* Ysdd. y Sianel **13 Y9** 49.27G 2.35Gn
Guerrero *rhan.* México **70 D4** 18.00G 100.00Gn
Guge *m.* Ethiopia **87 B4** 6.16G 37.25Dn
Guiana, Ucheld. De America **74 D7** 4.00G 59.00Gn
Guildford Lloegr **11 E2** 51.14G 0.35Gn
Guilin China **103 K3** 25.21G 110.11Dn
Guinea Gyhydeddol Affrica **84 E2** 1.30G 10.30Dn
Guinea Newydd *ys.* Austa. **110 D5** 5.00D 140.00Dn
Guiné-Bissau Affrica **84 C3** 12.00G 15.30Gn
Guinée Affrica **84 C3** 10.30G 10.30Gn
Guînes Ffrainc **42 A2** 50.52G 1.52Dn
Güiria Venezuela **71 L3** 10.37G 62.21Gn
Guisborough Lloegr **15 F3** 54.32G 1.02Gn
Guise Ffrainc **42 C1** 49.54G 3.39Dn
Guiyang China **103 J3** 26.35G 106.40Dn
Guizhou *rhan.* China **103 J3** 27.00G 106.30Dn
Gujarat *rhan.* India **96 E5** 22.45G 71.30Dn
Gujranwala Pakistan **96 E7** 32.06G 74.11Dn
Gulbarga India **96 F4** 17.22G 76.47Dn
Gullane Yr Alban **17 G4** 56.02G 2.49Gn
Gulu Uganda **86 C5** 2.46G 32.21Dn
Gumdag Turkmenistan **95 H6** 39.14G 54.33Dn
Gümüshane Twrci **57 N4** 40.26G 39.26Dn
Guna India **96 F5** 24.39G 77.19Dn
Gunnbjørn Fjeld *m.* Grønland **63 P4** 68.54G 29.48Gn
Guntur India **97 G4** 16.20G 80.27Dn
Gurgueia *a.* Brasil **77 F4** 6.45D 43.35Gn
Gurupi *a.* Brasil **77 F4** 1.13D 46.06Gn
Gushgy Turkmenistan **95 J6** 35.14G 62.15Dn
Guwahati India **97 I6** 26.05G 91.55Dn
Guyana De America **74 D7** 5.00G 59.00Gn
Guyane Ffrengig De America **74 D7** 3.40G 53.00Gn
Gwadar Pakistan **96 C6** 25.09G 62.21Dn
Gwalior India **97 F6** 26.12G 78.09Dn
Gwastadeddau Mawr *n.* G. America **60 I6** 45.00G 100.00Gn
Gweebarra, Bae Gwer. Iwerdd. **20 C4** 54.52G 8.30Gn
Gweriniaeth Tsiec Ewrop **54 D3** 49.30G 15.00Dn
Gweru Zimbabwe **86 B3** 19.25D 29.50Dn
Gwlad Thai, Gff. Asia **104 C6** 11.00G 101.00Dn
Gwlad yr Haf *rhan.* Lloegr **9 D2** 51.09G 3.00Gn
Gwlad yr Haf, G. *rhan.* Lloegr **9 D2** 51.20G 2.45Gn
Gwlad yr Iâ Ewrop **43 Y2** 64.45G 18.00Gn
Gwlff, Y Asia **95 H4** 27.00G 50.00Dn
Gwy *a.* D.U. **12 E3** 51.37G 2.40Gn
Gwynedd *rhan.* Cymru **9 D3** 53.00G 4.00Gn
Gŵyr *gor.* Cymru **12 C3** 51.37G 4.10Gn
Gydanskiy, Gor. Ffed. Rwsia **58 J5** 70.00G 78.30Dn
Gyöngyös Hwngari **54 F2** 47.47G 19.56Dn
Györ Hwngari **54 E2** 47.41G 17.40Dn
Gypsumville Canada **62 I3** 51.47G 98.38Gn
Gyzylarbat Turkmenistan **95 I6** 39.00G 56.23Dn

H

Haapajärvi Y Ffindir **43 F3** 63.45G 25.20Dn
Haapsalu Estonia **43 E2** 58.58G 23.32Dn
Haarlem Yr Iseld. **42 D4** 52.22G 4.38Dn
Habaswein Kenya **87 B3** 1.06G 39.26Dn
Habban Yemen **95 G1** 14.21G 47.04Dn
Hachijō-jima *ys.* Japan **106 C2** 33.00G 139.50Dn
Hachinohe Japan **106 D4** 40.30G 141.30Dn
Haddington Yr Alban **17 G3** 55.57G 2.47Gn
Haderslev Denmarc **43 B1** 55.15G 9.30Dn
Hadhramaut *n.* Yemen **95 G2** 16.30G 49.30Dn
Hadleigh Lloegr **11 F3** 52.03G 0.58Dn
Haēabja Iraq **95 G6** 35.11G 45.59Dn
Haeju G. Korea **103 N5** 38.04G 125.40Dn
Hafren *a.* Lloegr **10 C2** 51.50G 2.21Gn
Hafren, Môr Lloegr/Cymru **13 D3** 51.17G 3.20Gn
Hagadera Kenya **87 C3** 0.01G 40.21Dn
Hagar Nish, Llwyfandir *n.* Eritrea **94 E2** 17.00G 38.00Dn
Hagen Yr Almaen **42 G3** 51.22G 7.27Dn
Hag, Pr. Gwer. Iwerdd. **20 B2** 52.56G 9.29Gn
Hai Tanzania **87 B2** 3.19D 37.08Dn
Haifa = Hefa Israel **94 D5** 32.49G 34.59Dn
Haikou China **103 K1** 20.05G 110.25Dn
Ha'il Saudi Arabia **94 F4** 27.31G 41.45Dn
Hailar China **103 L7** 49.15G 119.41Dn
Hailsham Lloegr **11 F1** 50.52G 0.17Dn
Hainan *ys.* China **103 J1** 18.30G 109.40Dn
Hainaut *rhan.* Gw. Belg **42 C2** 50.30G 3.45Dn
Haines U.D.A. **62 E3** 59.11G 135.23Gn
Hai Phong Viet Nam **104 D8** 20.58G 106.41Dn
Haiti Cb. America **71 J4** 19.00G 73.00Gn
Haiya Sudan **94 E2** 18.17G 36.21Dn
Hajmah Oman **95 I2** 19.55G 56.15Dn
Hakodate Japan **106 D4** 41.46G 140.44Dn
Halab (Aleppo) Syria **94 E6** 36.14G 37.10Dn
Halden Norwy **43 B2** 59.08G 11.13Dn
Halesowen Lloegr **10 C3** 52.27G 2.02Gn
Halesworth Lloegr **11 G3** 52.21G 1.30Dn
Halifax Canada **63 L2** 44.38G 63.35Gn
Halifax Lloegr **15 F2** 53.43G 1.51Gn
Halkirk Yr Alban **19 F3** 58.30G 3.30Gn
Halladale *a.* Yr Alban **19 F3** 58.32G 3.53Gn
Hall Beach *tref* Canada **63 J4** 68.40G 81.30Gn
Halle Gw. Belg **42 D2** 50.45G 4.14Dn
Halle Yr Almaen **48 E4** 51.28G 11.58Dn
Hall's Creek *tref* Awstralia **110 B4** 18.13D 127.39Dn
Hall, Ysdd. Tal. Ffed. Micronesia **108 K7** 8.37G 152.00Dn
Halmahera *ys.* Indonesia **105 H4** 0.45G 128.00Dn
Halmstad Sweden **43 C2** 56.41G 12.55Dn
Halstead Lloegr **11 F2** 51.57G 0.39Dn
Haltwhistle Lloegr **15 E3** 54.58G 2.27Gn
Ham Ffrainc **42 C1** 49.45G 3.04Dn
Hamadan Iran **95 G5** 34.47G 48.33Dn
Ḥamāh Syria **94 E6** 35.09G 36.44Dn
Hamamatsu Japan **106 C2** 34.42G 137.42Dn
Hamar Norwy **43 B3** 60.47G 10.55Dn
Hambleton, Bryniau Lloegr **15 F3** 54.15G 1.11Gn
Hamburg Yr Almaen **48 D5** 53.33G 10.00Dn
Hämeenlinna Y Ffindir **43 F3** 61.00G 24.25Dn
Hamersley, Cn. *mdd.* Awstralia **110 A3** 22.00D 118.00Dn
Hamhŭng G. Korea **103 N5** 39.54G 127.35Dn
Hami China **102 G6** 42.40G 93.30Dn
Hamilton Bermuda **71 L7** 32.18G 64.48Gn
Hamilton Canada **65 K5** 43.15G 79.50Gn
Hamilton Seland Newydd **111 G2** 37.47D 175.17Dn
Hamilton Yr Alban **16 E3** 55.46G 4.02Gn
Hamim, Wadi al *a.* Libya **53 H3** 32.06G 23.58Dn
Hamina Y Ffindir **43 F3** 60.33G 27.15Dn
Hamm Yr Almaen **48 C4** 51.40G 7.49Dn
Hammamet, Gff. Tunisia **52 F4** 36.05G 10.40Dn
Hammerdal Sweden **43 C3** 63.35G 15.20Dn
Hammerfest Norwy **43 E5** 70.40G 23.44Dn
Hampshire *rhan.* Lloegr **9 E2** 51.10G 1.20Gn
Hampshire, Downs *bryniau* Lloegr **10 D2** 51.18G 1.25Gn
Hamstreet Lloegr **11 F2** 51.03G 0.52Dn
Hamun-e Jaz Murian *ll.* Iran **95 I4** 27.00G 59.20Dn
Hāmūn-i-Māshkel *ll.* Pakistan **95 J4** 28.15G 63.00Dn
Hanamaki Japan **106 D3** 39.23G 141.07Dn
Handan China **103 K5** 36.37G 114.26Dn
Handa, Ys. Yr Alban **18 D3** 58.23G 5.12Gn
Handeni Tanzania **87 B1** 5.26D 38.02Dn
Hanggin Houqi China **103 J6** 40.52G 107.04Dn
Hangzhou China **103 M4** 30.10G 120.07Dn
Hannibal U.D.A. **65 H4** 39.41G 91.25Gn
Hannover Yr Almaen **48 D5** 52.23G 9.44Dn
Ha Nôi (Hanoi) Viet Nam **104 D8** 21.01G 105.52Dn
Hantsavichy Belarus **55 J5** 52.49G 26.29Dn
Hanzhong China **103 J4** 33.08G 107.04Dn
Haparanda Sweden **43 E4** 65.50G 24.05Dn
Happy Valley-Goose Bay *tref* Canada **63 L3** 53.16G 60.14Gn
Harare Zimbabwe **86 C3** 17.43D 31.05Dn
Harbin China **103 N7** 45.45G 126.41Dn
Hardangervidda *n.* Norwy **43 A3** 60.20G 8.00Dn
Harderwijk Yr Iseld. **42 E4** 52.21G 5.37Dn
Haren Yr Almaen **42 G4** 52.48G 7.15Dn
Hargeisa Somalia **85 I2** 9.31G 44.02Dn
Hargele Ethiopia **87 C4** 5.19G 42.04Dn
Har Hu *ll.* China **102 H5** 38.20G 97.40Dn
Hari *a.* Afghan. **95 J6** 35.42G 61.12Dn
Haría Ysdd. Dedwydd **46 Z2** 29.09G 13.30Gn
Harlech Cymru **12 C4** 52.52G 4.08Gn
Harleston Lloegr **11 G3** 52.25G 1.18Dn
Harlingen/Harns Yr Iseld. **42 E5** 53.10G 5.25Dn
Harlow Lloegr **11 F2** 51.47G 0.08Dn
Harney, Basn *n.* U.D.A. **64 C5** 43.20G 119.00Gn
Härnösand Sweden **43 D3** 62.37G 17.55Dn
Har Nuur *ll.* Mongolia **102 G7** 48.10G 93.30Dn
Harpenden Lloegr **11 E2** 51.49G 0.22Gn
Harray, Loch Yr Alban **19 F4** 59.03G 3.15Gn
Harricana *a.* Canada **63 K3** 51.10G 79.45Gn
Harris *ys.* Yr Alban **18 C2** 57.50G 6.55Gn
Harris, Sn. Yr Alban **18 B2** 57.43G 7.05Gn
Harrisburg U.D.A. **65 K5** 40.35G 76.59Gn
Harrison, P. Canada **63 M3** 55.00G 58.00Gn
Harrogate Lloegr **15 F2** 53.59G 1.32Gn
Hârsova România **57 H6** 44.41G 27.56Dn
Harstad Norwy **43 D5** 68.48G 16.30Dn
Harteigan *m.* Norwy **43 A3** 60.11G 7.05Dn
Harter Fell *m.* Lloegr **14 E3** 54.27G 2.51Gn
Hart Fell *m.* Yr Alban **17 F3** 55.25G 3.25Gn
Hartford U.D.A. **65 L5** 41.40G 72.51Gn
Hartland Lloegr **13 C2** 50.59G 4.29Gn
Hartland, Pt. Lloegr **13 C3** 51.01G 4.32Gn
Hartlepool Lloegr **15 F3** 54.42G 1.11Gn
Hartlepool *rhan.* Lloegr **9 E4** 54.42G 1.11Gn
Har Us Nuur *ll.* Mongolia **102 G7** 48.10G 92.10Dn
Harwich Lloegr **11 G2** 51.56G 1.18Dn
Haryana *rhan.* India **96 F6** 29.15G 76.00Dn
Haslemere Lloegr **10 E2** 51.05G 0.41Gn
Hasselt Gw. Belg **42 E2** 50.56G 5.20Dn
Hassi Messaoud Algeria **84 E5** 31.43G 6.03Dn
Hässleholm Sweden **43 C2** 56.09G 13.45Dn
Hastings Lloegr **11 F1** 50.51G 0.36Dn
Hatfield Lloegr **15 F2** 53.36G 0.59Gn
Ha Tinh Viet Nam **104 D7** 18.21G 105.55Dn
Hatteras, P. U.D.A. **65 K4** 35.14G 75.31Gn
Hattiesburg U.D.A. **65 I3** 31.25G 89.19Gn
Haud *n.* Ethiopia **85 I2** 8.00G 46.00Dn
Haugesund Norwy **43 A2** 59.25G 5.16Dn
Haukivesi *ll.* Y Ffindir **43 G3** 62.10G 28.30Dn
Haut Folin *m.* Ffrainc **44 E5** 47.00G 4.00Dn
Havant Lloegr **10 E1** 50.51G 0.59Gn
Havel *a.* Yr Almaen **48 F5** 52.51G 11.57Dn
Haverhill Lloegr **11 F3** 52.06G 0.27Dn
Havre U.D.A. **64 E6** 48.34G 109.45Gn
Havre-St.-Pierre Canada **63 L3** 50.15G 63.36Gn
Hawaii *ys.* Ysdd. Hawaii **108 P8** 19.30G 155.30Gn
Hawaii, Ysdd. Cefn. Tawel **108 O9** 21.00G 160.00Gn
Hawes Lloegr **15 E3** 54.18G 2.12Gn
Haweswater, Cr. Lloegr **14 E3** 54.30G 2.45Gn
Hawick Yr Alban **17 G3** 55.25G 2.47Gn
Hawke, Bae Seland Newydd **111 G2** 39.18D 177.15Dn
Hawkhurst Lloegr **11 F2** 51.02G 0.31Dn
Hawthorne U.D.A. **64 C4** 38.13G 118.37Gn
Haxby Lloegr **15 F3** 54.02G 1.06Gn
Hay Awstralia **110 D2** 34.21D 144.31Dn
Hay *a.* Canada **62 G3** 60.49G 115.52Gn
Haydarabad Iran **94 G6** 37.09G 45.27Dn
Haydon Bridge Lloegr **15 E3** 54.58G 2.14Gn
Hayle Lloegr **13 B2** 50.12G 5.25Gn
Hay River *tref* Canada **62 G4** 60.51G 115.42Gn
Haywards Heath *tref* Lloegr **11 E1** 51.00G 0.05Gn
Hazarajat *n.* Afghan. **95 K5** 33.00G 66.00Dn
Hazebrouck Ffrainc **42 B2** 50.43G 2.32Dn
Heacham Lloegr **11 F3** 52.55G 0.30Dn
Headcorn Lloegr **11 F2** 51.11G 0.37Dn
Heanor Lloegr **15 F2** 53.01G 1.20Gn
Heathfield Lloegr **11 F1** 50.58G 0.18Dn
Hebei *rhan.* China **103 L5** 39.20G 117.15Dn
Hebrides Allanol *ysdd.* Yr Alban **18 B2** 58.00G 7.35Gn
Hebron = Al-Khalil Gw. Iorddonen **94 E5** 31.32G 35.06Dn
Hecate, Cf. Canada **62 E3** 53.00G 131.00Gn
Hechi China **103 J2** 24.42G 108.02Dn
Heckington Lloegr **15 G1** 52.59G 0.18Gn
Hede Sweden **43 C3** 62.27G 13.30Dn
Heerlen Yr Iseld. **42 E2** 50.53G 5.59Dn
Heerneveen/Hearrenfean Yr Iseld. **42 E4** 52.57G 5.55Dn
Hefa (Haifa) Israel **94 D5** 32.49G 34.59Dn
Hefei China **103 L4** 31.55G 117.18Dn
Hegang China **103 O7** 47.36G 130.30Dn
Heidelberg Yr Almaen **48 D3** 49.25G 8.42Dn
Heighington Lloegr **15 G2** 53.12G 0.28Gn
Heilbronn Yr Almaen **48 D3** 49.08G 9.14Dn
Heilongjiang *rhan.* China **103 N7** 47.00G 126.00Dn
Heinola Y Ffindir **43 F3** 61.13G 26.05Dn
Hekla *m.* Gw. yr Iâ **43 Y2** 64.00G 19.45Gn
Helena U.D.A. **64 D6** 46.35G 112.00Gn
Helensburgh Yr Alban **16 E4** 56.01G 4.44Gn
Helgoland, Bae Yr Almaen **48 D6** 54.00G 8.15Dn
Hellín Sbaen **46 E3** 38.31G 1.43Gn
Helmand *a.* Asia **95 J5** 31.10G 61.20Dn
Helmond Yr Iseld. **42 E3** 51.28G 5.40Dn
Helmsdale Yr Alban **19 F3** 58.08G 3.40Gn
Helmsdale *a.* Yr Alban **19 F3** 58.06G 3.40Gn
Helmsley Lloegr **15 F3** 54.14G 1.04Gn
Helong China **106 A4** 42.38G 128.58Dn
Helsingborg Sweden **43 C2** 56.05G 12.45Dn
Helsingør Denmarc **43 C2** 56.03G 12.38Dn
Helsinki/Helsingfors Y Ffindir **43 F3** 60.08G 25.00Dn
Helston Lloegr **13 B2** 50.07G 5.17Gn
Helvellyn *m.* Lloegr **14 D3** 54.31G 3.00Gn
Hemel Hempstead Lloegr **11 E2** 51.46G 0.28Gn
Henan *rhan.* China **103 K4** 33.45G 113.00Dn
Henares *a.* Sbaen **46 D4** 40.26G 3.35Gn
Hen Bentir Kinsale *p.* Gwer. Iwerdd. **20 C1** 51.37G 8.33Gn
Henderson, Ys. Cefn. Tawel **109 S4** 24.20D 128.20Gn
Hendon Lloegr **11 E2** 51.35G 0.14Gn
Hendy-gwyn Cymru **12 C3** 51.49G 4.38Gn
Henfield Lloegr **11 E1** 50.56G 0.17Gn
Henffordd (Hereford) Lloegr **10 C3** 52.04G 2.43Gn
Henffordd *rhan.* Lloegr **9 D3** 52.04G 2.43Gn
Hengelo Yr Iseld. **42 F4** 52.16G 6.46Dn
Hengoed Cymru **12 D3** 51.39G 3.14Gn
Hengyang China **103 K3** 26.58G 112.31Dn
Heniches'k Ukrain **55 N2** 46.10G 34.49Dn
Henley-on-Thames Lloegr **10 E2** 51.32G 0.53Gn
Hennef Yr Almaen **42 G2** 50.47G 7.17Dn
Henrietta Maria, P. Canada **63 J3** 55.00G 82.15Gn
Henzada Myanmar **97 J4** 17.38G 95.35Dn
Herat Afghan. **95 J5** 34.21G 62.10Dn
Hereford (Henffordd) Lloegr **10 C3** 52.04G 2.43Gn
Herm *ys.* Ysdd. y Sianel **13 Y9** 49.28G 2.27Gn
Herma Ness *p.* Yr Alban **19 Z9** 60.50G 0.54Gn
Hermosillo México **70 B6** 29.15G 110.59Gn
Herne Yr Almaen **42 G3** 51.32G 7.12Dn
Herne Bay *tref* Lloegr **11 G2** 51.23G 1.10Dn
Herning Denmarc **43 B2** 56.08G 9.00Dn
Hertford Lloegr **11 E2** 51.48G 0.05Gn
Hertford *rhan.* Lloegr **9 E2** 51.51G 0.05Gn
Heswall Lloegr **14 D2** 53.20G 3.06Gn
Hetton Lloegr **15 E3** 54.01G 2.05Gn
Hexham Lloegr **15 E3** 54.58G 2.06Gn
Heysham Lloegr **14 E3** 54.03G 2.53Gn
Heywood Lloegr **15 E2** 53.36G 2.13Gn
Hidaka-sammyaku *mdd.* Japan **106 D4** 42.50G 143.00Dn
Hidalgo *rhan.* México **70 E5** 20.50G 98.30Gn
Hidalgo del Parral México **70 C6** 26.58G 105.40Gn
Higashi-suidō *cf.* Japan **106 A2** 34.00G 129.30Dn
Higham Ferrers Lloegr **11 E3** 52.18G 0.36Gn
Highbridge Lloegr **13 E3** 51.13G 2.59Gn
Highclere Lloegr **10 D2** 51.22G 1.22Gn
High Peak *m.* Lloegr **15 F2** 53.22G 1.48Gn
High Seat *bryn* Lloegr **15 E3** 54.23G 2.18Gn
Highworth Lloegr **10 D2** 51.38G 1.42Gn
High Wycombe Lloegr **10 E2** 51.38G 0.46Gn
Hiiumaa *ys.* Estonia **43 E2** 58.50G 22.30Dn
Hijaz *n.* Saudi Arabia **94 E4** 26.00G 37.30Dn
Hildesheim Yr Almaen **48 D5** 52.09G 9.58Dn
Hillerød Denmarc **43 C1** 55.56G 12.18Dn
Hillside Yr Alban **19 G1** 56.45G 2.29Gn
Hilpsford, Pt. Lloegr **14 D3** 54.02G 3.10Gn
Hilversum Yr Iseld. **42 E4** 52.14G 5.12Dn
Himachal Pradesh *rhan.* India **96 F7** 31.45G 77.30Dn
Himalaya *mdd.* Asia **97 G6** 29.00G 84.00Dn
Hinckley Lloegr **10 D3** 52.33G 1.21Gn
Hinderwell Lloegr **15 G3** 54.32G 0.46Gn
Hindhead Lloegr **10 E2** 51.06G 0.42Gn
Hindley Lloegr **14 E2** 53.32G 2.35Gn
Hindu Kush *mdd.* Asia **95 K6** 36.40G 70.00Dn
Hinnøya *ys.* Norwy **43 C5** 68.30G 16.00Dn
Hiraman *a.* Kenya **87 B2** 1.05D 39.55Dn
Hirosaki Japan **106 D4** 40.34G 140.28Dn
Hiroshima Japan **106 B2** 34.30G 132.27Dn
Hirson Ffrainc **42 D1** 49.56G 4.05Dn
Hirwaun Cymru **12 D3** 51.43G 3.30Gn
Hispaniola *ys.* Cb. America **71 J5** 20.00G 71.00Gn
Hitachi Japan **106 D3** 36.35G 140.40Dn
Hitchin Lloegr **11 E2** 51.57G 0.16Gn
Hitra *ys.* Norwy **43 B3** 63.30G 8.50Dn
Hiva Oa *ys.* Ysdd. Marquises **109 R5** 9.45D 139.00Gn
Hjälmaren *ll.* Sweden **43 C2** 59.10G 15.45Dn
Hjørring Denmarc **43 B2** 57.28G 9.59Dn
Hlybokaye Belarus **55 J6** 55.07G 27.42Dn
Hobart Awstralia **110 D1** 42.54D 147.18Dn
Hobro Denmarc **43 B2** 56.38G 9.48Dn
Hô Chi Minh Viet Nam **104 D6** 10.46G 106.43Dn
Hoddesdon Lloegr **11 E2** 51.46G 0.01Gn
Hodeida = Al Hudaydah Yemen **94 F1** 14.50G 42.58Dn
Hodnet Lloegr **10 C3** 52.51G 2.35Gn
Hoek van Holland Yr Iseld. **42 D3** 51.59G 4.08Dn
Hof Yr Almaen **48 E4** 50.19G 11.56Dn
Höfn Gw. yr Iâ **43 Z2** 64.16G 15.10Gn
Hofsjökull *m.* Gw. yr Iâ **43 Y2** 64.50G 19.00Gn
Hofūf = Al Hufūf Saudi Arabia **95 G4** 25.20G 49.34Dn
Hohhot China **103 K6** 40.49G 111.37Dn
Hokkaidō *ys.* Japan **106 D4** 43.00G 144.00Dn
Holbæk Denmarc **43 B1** 55.42G 11.41Dn
Holbeach Lloegr **11 F3** 52.48G 0.01Dn
Holbeach, Cors Lloegr **11 F3** 52.50G 0.05Dn
Holbrook U.D.A. **64 D3** 34.58G 110.00Gn
Holderness *n.* Lloegr **15 G2** 53.45G 0.05Gn
Holguín Cuba **71 I5** 20.54G 76.15Gn
Hollabrunn Awstria **54 E3** 48.34G 16.05Dn
Holland, De *rhan.* Yr Iseld. **42 D3** 52.00G 4.30Dn
Holland, G. *rhan.* Yr Iseld. **42 D4** 52.37G 4.50Dn
Hollesley, Bae Lloegr **11 G3** 52.02G 1.33Dn
Hollington Lloegr **11 F1** 50.51G 0.32Dn
Hollingworth Lloegr **15 F2** 53.28G 1.59Gn
Holme-on-Spalding-Moor Lloegr **15 G2** 53.50G 0.47Gn
Holmfirth Lloegr **15 F2** 53.34G 1.48Gn
Holon Israel **94 D5** 32.01G 34.46Dn
Holstebro Denmarc **43 B2** 56.22G 8.38Dn
Holsworthy Lloegr **13 C2** 50.48G 4.21Gn
Holt Lloegr **11 G3** 52.55G 1.04Dn
Holy, Ys. Lloegr **15 F4** 55.41G 1.47Gn
Homa Bay *tref* Kenya **87 A2** 0.32D 34.27Dn
Homayunshahr Iran **95 H5** 32.42G 51.28Dn
Homburg Yr Almaen **42 G1** 49.19G 7.20Dn
Home, Bae Canada **63 L4** 69.00G 66.00Gn
Homs Syria **94 E5** 34.44G 36.43Dn
Homyel Belarus **55 L5** 52.25G 31.00Dn
Hondo *a.* México **70 G4** 18.33G 88.22Gn
Honduras Cb. America **70 G4** 15.00G 87.00Gn
Honduras, Gff. Môr Caribî **60 K3** 16.20G 87.30Gn
Hønefoss Norwy **43 B3** 60.10G 10.16Dn
Hong Kong China **103 K2** 22.30G 114.10Dn
Honiara Ysdd. Solomon **111 E5** 9.27D 159.57Dn
Honiton Lloegr **13 D2** 50.48G 3.13Gn
Honley Lloegr **15 F2** 53.34G 1.46Gn
Honolulu Ysdd. Hawaii **108 P9** 21.19G 157.50Gn
Honshū *ys.* Japan **106 C3** 36.00G 138.00Dn
Hood, M. U.D.A. **64 B6** 45.23G 121.41Gn
Hood, Pt. Awstralia **110 A2** 34.23D 119.34Dn
Hoogeveen Yr Iseld. **42 F4** 52.44G 6.29Dn
Hook Lloegr **10 E2** 51.17G 0.55Gn
Hook, Pr. Gwer. Iwerdd. **20 E2** 52.07G 6.55Gn
Hooper Bay *tref* U.D.A. **62 B4** 61.29G 166.10Gn
Hoorn Yr Iseld. **42 E4** 52.38G 5.03Dn
Hopedale Canada **63 L3** 55.30G 60.10Gn
Hope, Loch Yr Alban **19 E3** 58.27G 4.38Gn
Hope, Pt. U.D.A. **59 V4** 68.00G 167.00Gn
Horley Lloegr **11 E2** 51.11G 0.11Gn
Horlivka Ukrain **55 P3** 48.17G 38.05Dn
Hormuz, Cf. Asia **95 I4** 26.35G 56.20Dn
Horn *p.* Gw. yr Iâ **43 X2** 66.28G 22.27Gn
Horn, Yr De America **75 C1** 55.47D 67.00Gn
Hornavar *ll.* Sweden **43 D4** 66.15G 17.40Dn
Horncastle Lloegr **15 G2** 53.13G 0.08Gn
Hornepayne Canada **65 J6** 49.14G 84.48Gn
Hornsea Lloegr **15 G2** 53.55G 0.10Gn
Horodnya Ukrain **55 L4** 51.54G 31.37Dn
Horodok Ukrain **55 H3** 49.48G 23.39Dn
Horrabridge Lloegr **13 C2** 50.30G 4.05Gn
Horsens Denmarc **43 B1** 55.53G 9.53Dn
Horsham Awstralia **110 D2** 36.45D 142.15Dn
Horsham Lloegr **11 E2** 51.04G 0.20Gn
Horten Norwy **43 B2** 59.25G 10.30Dn
Horwich Lloegr **14 E2** 53.37G 2.33Gn
Hospitalet de Llobregat Sbaen **46 G4** 41.20G 2.06Dn
Hotan China **102 E5** 37.07G 79.57Dn
Houffalize Gw. Belg **42 E2** 50.08G 5.50Dn
Houghton-le-Spring Lloegr **15 F3** 54.51G 1.28Gn
Houghton Regis Lloegr **11 E2** 51.51G 0.30Gn

Hourn, Loch Yr Alban 18 D2 57.05G 5.35Gn
Houston U.D.A. 65 G2 29.45G 95.25Gn
Hovd Mongolia 102 G7 48.00G 91.45Dn
Hove Lloegr 11 E1 50.50G 0.10Gn
Hoveton Lloegr 11 G3 52.45G 1.23Dn
Hövsgöl Nuur *ll.* Mongolia 103 I8 51.00G 100.30Dn
Howden Lloegr 15 G2 53.45G 0.52Gn
Howland, Ys. Cefn. Tawel 108 N7 0.48G 176.38Gn
Hoy *ys.* Yr Alban 19 F3 58.51G 3.17Gn
Hoyanger Norwy 43 A3 61.13G 6.05Dn
Hoyerswerda Yr Almaen 48 G4 51.26G 14.14Dn
Hradec Králové Gwer. Tsiec 54 D4 50.13G 15.50Dn
Huacho Periw 76 C3 11.05D 77.36Gn
Huaibei China 103 L4 33.58G 116.50Dn
Huainan China 103 L4 32.41G 117.06Dn
Huallaga *a.* Periw 76 C4 5.05D 75.36Gn
Huambo Angola 86 A3 12.47D 15.44Dn
Huancayo Periw 76 C3 12.15D 75.12Gn
Huang *a.* China 103 L5 37.55G 118.46Dn
Huangshi China 103 L4 30.13G 115.05Dn
Huascarán *m.* Periw 74 B6 9.20D 77.36Gn
Hubei *rhan.* China 103 K4 31.15G 112.15Dn
Hubli India 96 E4 15.20G 75.14Dn
Hucknall Lloegr 15 F2 53.03G 1.12Gn
Huddersfield Lloegr 15 F2 53.38G 1.49Gn
Hudiksvall Sweden 43 D3 61.45G 17.10Dn
Hudson *a.* U.D.A. 65 L5 40.45G 74.00Gn
Hudson, Bae Canada 63 J3 58.00G 86.00Gn
Hudson, Cf. Canada 63 K4 62.00G 70.00Gn
Huê Viet Nam 104 D7 16.28G 107.35Dn
Huelva Sbaen 46 B2 37.15G 6.56Gn
Huércal-Overa Sbaen 46 E2 37.23G 1.56Gn
Huesca Sbaen 46 E5 42.02G 0.25Gn
Huila *m.* Colombia 76 C5 3.00G 75.59Gn
Huizhou China 103 K2 23.05G 114.29Dn
Hulin China 106 B5 45.44G 132.59Dn
Hull Canada 65 K6 45.26G 75.45Gn
Hulun Nur *ll.* China 103 L7 49.00G 117.20Dn
Humber, Aber Afon Lloegr 15 G2 53.40G 0.12Gn
Humphreys, Cp. *m.* U.D.A. 64 D4 35.21G 111.41Gn
Húnaflói *b.* Gw. yr Iâ 43 X2 65.45G 20.50Gn
Hunan *rhan.* China 103 K3 27.30G 111.30Dn
Hunchun China 106 B4 42.55G 130.28Dn
Hunchun *a.* China 106 B4 42.42G 130.10Dn
Hundested Denmarc 54 B6 55.58G 11.52Dn
Hungerford Lloegr 10 D2 51.25G 1.30Gn
Hunjiang China 103 N6 41.59G 126.30Dn
Hunmanby Lloegr 15 G3 54.11G 0.19Gn
Hunsrück *mdd.* Yr Almaen 48 C3 49.44G 7.05Dn
Hunstanton Lloegr 11 F3 52.57G 0.30Dn
Huntingdon Lloegr 11 E3 52.20G 0.11Gn
Huntington U.D.A. 65 J4 38.25G 82.26Gn
Huntly Yr Alban 19 G2 57.27G 2.49Gn
Huntsville Ala. U.D.A. 65 I3 34.44G 86.35Gn
Huntsville Tex. U.D.A. 65 G3 30.44G 95.35Gn
Hurghada Yr Aifft 94 D4 27.17G 33.47Dn
Huri, Bryniau Kenya 87 B3 3.30G 37.47Dn
Huron U.D.A. 64 G5 44.22G 98.12Gn
Huron, Ll. Canada/U.D.A. 65 J5 45.00G 82.30Gn
Hurstpierpoint Lloegr 11 E1 50.56G 0.11Gn
Husum Yr Almaen 48 D6 54.29G 9.04Dn
Hutton Rudby Lloegr 15 F3 54.27G 1.17Gn
Hvannadalshnúkur *m.* Gw. yr Iâ 43 Y1 64.02G 16.35Gn
Hvar *ys.* Croatia 56 C5 43.10G 16.45Dn
Hwlffordd Cymru 12 C3 51.48G 4.59Gn
Hwngari Ewrop 54 F2 47.30G 19.00Dn
Hwngari, Gwastadedd *n.* Hwngari 34 E2 46.30G 19.00Dn
Hyargas Nuur *ll.* Mongolia 102 G7 49.20G 93.40Dn
Hyderabad India 97 F4 17.22G 78.26Dn
Hyderabad Pakistan 96 D6 25.23G 68.24Dn
Hyères Ffrainc 44 G3 43.07G 6.08Dn
Hyrynsalmi Y Ffindir 43 G4 64.41G 28.30Dn
Hythe Caint Lloegr 11 G2 51.04G 1.05Dn
Hythe Hampshire Lloegr 10 D1 50.51G 1.24Gn
Hyvinkää Y Ffindir 43 F3 60.37G 24.50Dn

I

Ialomiţa *a.* România 56 H6 44.41G 27.52Dn
Iar Connaught *n.* Gwer. Iwerdd. 20 B3 53.20G 9.20Gn
Iaşi România 55 J2 47.09G 27.38Dn
Ibadan Nigeria 84 E2 7.23G 3.56Dn
Ibagué Colombia 74 B7 4.25G 75.20Gn
Ibar *a.* Iwgo. 56 E5 43.44G 20.44Dn
Ibarra Ecuador 76 C5 0.23G 77.50Gn
Ibb Yemen 94 F1 13.58G 44.11Dn
Ibiapaba, Serra da *mdd.* Brasil 77 F4 5.30D 41.00Gn
Ibiza/ Eivissa *ys.* Sbaen 46 F3 39.00G 1.23Dn
Ibiza/ Eivissa *tref* Sbaen 46 F3 38.55G 1.30Dn
Ibra' Oman 95 I3 22.41G 58.32Dn
Ibstock Lloegr 10 D3 52.42G 1.23Gn
Ica Periw 76 C3 14.02D 75.48Gn
Ichinomiya Japan 106 C3 35.18G 136.48Dn
Ichinoseki Japan 106 D3 38.55G 141.10Dn
Icklesham Lloegr 11 F1 50.54G 0.39Dn
Idaho *rhan.* U.D.A. 64 C6 45.00G 115.00Gn
Idaho Falls *tref* U.D.A. 64 D5 43.30G 112.01Gn
Idar-Oberstein Yr Almaen 42 G1 49.43G 7.19Dn
Idfu Yr Aifft 94 D3 24.58G 32.50Dn
Idhān Awbarī *diff.* Libya 52 F2 27.30G 11.30Dn
Ídhi *m.* Groeg 56 G1 35.13G 24.45Dn
Idlib Syria 57 M1 35.57G 36.38Dn
Ieper (Ypres) Gw. Belg 42 B2 50.51G 2.53Dn
Igan Malaysia 104 E4 2.51G 111.43Dn
Iganga Uganda 87 A3 0.36G 33.29Dn
Iggesund Sweden 43 D3 61.39G 17.10Dn
Iglesias Yr Eidal 50 C3 39.18G 8.32Dn
Iğneada, P. Twrci 57 I4 41.50G 28.05Dn
Igoumenítsa Groeg 56 E3 39.32G 20.14Dn
Iguaçú *a.* Brasil 77 E2 25.33D 54.35Gn
Iguaçú, Rh. Brasil/Ariannin 77 E2 25.35D 54.22Gn
Iisalmi Y Ffindir 43 F3 63.34G 27.08Dn
IJmuiden Yr Iseld. 42 D4 52.28G 4.37Dn
IJssel *a.* Yr Iseld. 42 E4 52.34G 5.50Dn
IJsselmeer *ll.* Yr Iseld. 42 E4 52.45G 5.20Dn
Ikaahuk (Sachs Harbour) Canada 62 F5 72.00G 124.30Gn
Ikaría *ys.* Groeg 56 G2 37.35G 26.10Dn
Iki-shima *ys.* Japan 106 A2 33.47G 129.43Dn
Ilagan Pili. 105 G7 17.07G 121.53Dn
Ilchester Lloegr 13 E3 51.00G 2.41Gn
Ilebo Gwer. Ddem. Congo 86 B4 4.20D 20.35Dn
Ileret Kenya 87 B3 4.22G 36.13Dn
Ilford Lloegr 11 F2 51.33G 0.06Dn
Ilfracombe Lloegr 13 C3 51.13G 4.08Gn
Ilhéus Brasil 77 G3 14.50D 39.06Gn
Iliamna, Ll. U.D.A. 62 C3 59.30G 155.00Gn
Iligan Pili. 105 G5 8.12G 124.13Dn
Ilkeston Lloegr 15 F1 52.59G 1.19Gn
Ilkley Lloegr 15 F2 53.56G 1.49Gn
Illinois *rhan.* U.D.A. 65 I5 40.00G 89.00Gn
Illizi Algeria 84 E4 26.20G 8.20Dn
Ilminster Lloegr 13 E2 50.55G 2.56Gn
Iloilo Pili. 105 G6 10.45G 122.33Dn
Ilorin Nigeria 84 E2 8.32G 4.34Dn
Iman *a.* Ffed. Rwsia 106 B5 45.55G 133.45Dn
Imandra, Llyn Ffed. Rwsia 43 H4 67.30G 32.45Dn
Imatra Y Ffindir 43 G3 61.14G 28.50Dn
Immingham Lloegr 15 G2 53.37G 0.12Gn
Imperatriz Brasil 77 F4 5.32D 47.28Gn
Imphal India 97 I5 24.47G 93.55Dn
Inambari *a.* Periw 76 D3 12.38D 69.50Gn
Inarijärvi *ll.* Y Ffindir 43 F5 69.00G 28.00Dn
Inchard, Loch Yr Alban 18 D3 58.27G 5.05Gn
Inch'ini Terara *m.* Ethiopia 87 B3 4.32G 37.02Dn
Inchkeith *ys.* Yr Alban 17 F4 56.02G 3.08Gn
Inch'ŏn De Korea 103 N5 37.30G 126.38Dn
Indals *a.* Sweden 43 D3 62.30G 17.20Dn
India Asia 97 F4 20.00G 78.00Dn
India, Cefnfor 117 M5
Indiana *rhan.* U.D.A. 65 I5 40.00G 86.00Gn
Indianapolis U.D.A. 65 I4 39.45G 86.10Gn
Indian Ocean 117 M5
Indigirka *a.* Ffed. Rwsia 59 Q5 71.00G 148.45Dn
Indonesia Asia 104 F2 6.00D 118.00Dn
Indore India 96 F5 22.42G 75.54Dn
Indre *a.* Ffrainc 44 C5 47.16G 0.19Gn
Indus *a.* Pakistan 96 D5 24.00G 67.33Dn
Indus, Aberoedd A. Pakistan 96 D5 24.00G 67.00Dn
İnebolu Twrci 57 K4 41.57G 33.45Dn
İnegöl Twrci 57 I4 40.06G 29.31Dn
Infiernillo, Ll. México 70 D4 18.25G 102.00Gn
Infiesto Sbaen 46 C5 43.21G 5.21Gn
Ingatestone Lloegr 11 F2 51.41G 0.22Dn
Ingenio Ysdd. Dedwydd 46 Y1 27.56G 15.26Gn
Ingleborough *m.* Lloegr 15 E3 54.10G 2.23Gn
Ingleton Lloegr 15 E3 54.09G 2.29Gn
Ingoldmells Lloegr 15 H2 53.12G 0.21Dn
Ingolstadt Yr Almaen 48 E3 48.46G 11.27Dn
Inhambane Moçambique 86 C2 23.51D 35.29Dn
Inhul *a.* Ukrain 55 M2 46.57G 32.00Dn
Inhulets' *a.* Ukrain 55 M2 46.39G 32.38Dn
Inis Bó Finne *ys.* Gwer. Iwerdd. 20 A3 53.38G 10.15Gn
Inishowen *gor.* Gwer. Iwerdd. 20 D5 55.13G 7.17Gn
Inishowen, Pr. Gwer. Iwerdd. 16 C3 55.15G 6.56Gn
Inishtrahull, Sn. Gwer. Iwerdd. 16 B3 55.25G 7.20Gn
Inis Meáin *ys.* Gwer. Iwerdd. 20 B3 53.06G 9.36Gn
Inis Mór *ys.* Gwer. Iwerdd. 20 B3 53.07G 9.45Gn
Inis Muirí *ys.* Gwer. Iwerdd. 20 C4 54.26G 8.40Gn
Inis Óirr *ys.* Gwer. Iwerdd. 20 B3 53.04G 9.32Gn
Inis Toirc *ys.* Gwer. Iwerdd. 20 A3 53.42G 10.09Gn
Inis Trá Tholl *ys.* Gwer. Iwerdd. 20 D5 55.27G 7.14Gn
Inn *a.* Ewrop 54 C3 48.33G 13.26Dn
Innsbruck Awstria 54 B2 47.17G 11.25Dn
Inny *a.* Gwer. Iwerdd. 20 D3 53.32G 7.50Gn
Inowrocław Gw. Pwyl 54 F5 52.49G 18.12Dn
In Salah Algeria 84 E4 27.12G 2.29Dn
Insch Yr Alban 19 G2 57.21G 2.36Gn
Inukjuak Canada 63 K3 58.25G 78.18Gn
Inuvik Canada 62 E4 68.16G 133.40Gn
Inveraray Yr Alban 16 D4 56.14G 5.05Gn
Inverbervie Yr Alban 19 G1 56.51G 2.19Gn
Invercargill Seland Newydd 111 F1 46.25D 168.21Dn
Inverclyde *rhan.* Yr Alban 8 C4 55.55G 4.50Gn
Invergordon Yr Alban 19 E2 57.42G 4.10Gn
Inverkeithing Yr Alban 17 F4 56.02G 3.25Gn
Inverness (Inbhirnis) Yr Alban 19 E2 57.27G 4.15Gn
Inverurie Yr Alban 19 G2 57.17G 2.23Gn
Ioánnina Groeg 56 E3 39.39G 20.49Dn
Iona *ys.* Yr Alban 16 C4 56.20G 6.25Gn
Ionia, Môr Môr Can. 53 G4 38.30G 18.45Dn
Ionia, Ysdd. Groeg 56 D3 38.45G 20.00Dn
Iorddonen, Gwlad Asia 94 E5 31.00G 36.00Dn
Íos *ys.* Groeg 56 G2 36.42G 25.20Dn
Iowa *rhan.* U.D.A. 65 H5 42.00G 93.00Gn
Iowa City U.D.A. 65 H5 41.39G 91.30Gn
Ipatinga Brasil 77 F3 19.32D 42.32Gn
Ipoh Malaysia 104 C4 4.36G 101.02Dn
Ipswich Lloegr 11 G3 52.04G 1.09Dn
Iput' *a.* Belarus 55 L5 52.25G 31.00Dn
Iqaluit Canada 63 L4 63.45G 68.30Gn
Iquique Chile 76 C2 20.15D 70.08Gn
Iquitos Periw 76 C4 3.51D 73.13Gn
Iráklion Groeg 56 G1 35.20G 25.08Dn
Iran Asia 95 H5 32.00G 54.30Dn
Iran, Cn. *mdd.* Indonesia/Malaysia 104 F4 3.20G 115.00Dn
Iranshahr Iran 95 J4 27.14G 60.42Dn
Irapuato México 70 D5 20.40G 101.40Gn
Iraq Asia 94 F5 33.00G 44.00Dn
Irbid Gw. Iorddonen 94 E5 32.33G 35.51Dn
Irian Jaya *rhan.* Indonesia 105 J3 4.00D 138.00Dn
Iringa Tanzania 86 C4 7.49D 35.39Dn
Iriri *a.* Brasil 77 E4 3.50D 52.40Gn
Irkutsk Ffed. Rwsia 59 M3 52.18G 104.15Dn
Iron Mountain *tref* U.D.A. 65 I6 45.51G 88.03Gn
Ironwood U.D.A. 65 H6 46.25G 89.59Gn
Irosin Pili. 105 G6 12.45G 124.02Dn
Irrawaddy *a.* Myanmar 97 J4 17.45G 95.25Dn
Irrawaddy, Aberoedd A. Myanmar 97 I4 15.30G 95.00Dn
Irsha *a.* Ukrain 55 K4 50.45G 29.30Dn
Irthing *a.* Lloegr 14 E3 54.52G 2.50Gn
Irtysh *a.* Asia 58 I4 61.00G 68.40Dn
Irún Sbaen 46 E5 43.20G 1.48Gn
Irvine Yr Alban 16 E3 55.37G 4.40Gn
Isabela Pili. 105 G5 6.40G 121.59Dn
Isabela, Ys. Ysdd. Galápagos 76 A4 0.40D 91.20Gn
Isabelia, Cordillera *mdd.* Nicaragua 71 G3 13.30G 85.00Gn
Ísafjörđhur Gw. yr Iâ 43 X2 66.05G 23.06Gn
Isar *a.* Yr Almaen 48 F3 48.48G 12.57Dn
Ischia *ys.* Yr Eidal 50 E4 40.43G 13.54Dn
Ise Japan 106 C2 34.29G 136.41Dn
Iseldiroedd, Yr Ewrop 42 E4 52.00G 5.30Dn
Isère, Pt. Guyane Ffrengig 74 D7 5.45G 53.53Gn
Ishikari *a.* Japan 106 D4 43.15G 141.21Dn
Ishim *a.* Asia 58 J3 57.50G 71.00Dn
Ishinomaki Japan 106 D3 38.25G 141.18Dn
Isiolo Kenya 87 B3 0.20G 37.36Dn
Isiro Gwer. Ddem. Congo 86 B5 2.50G 27.40Dn
İskenderun Twrci 57 M2 36.37G 36.08Dn
İskenderun, Gff. Twrci 57 L2 36.40G 35.50Dn
Iskūr *a.* Bwlgaria 56 G5 43.42G 24.27Dn
Isla *a.* Angus Yr Alban 17 F4 56.32G 3.21Gn
Isla *a.* Moray Yr Alban 19 G2 57.30G 2.47Gn
Islamabad Pakistan 96 E7 33.40G 73.08Dn
Islay *ys.* Yr Alban 16 C3 55.45G 6.20Gn
Ismâ'ilîya Yr Aifft 94 D5 30.36G 32.15Dn
Isparta Twrci 57 J2 37.46G 30.32Dn
Israel Asia 94 D5 32.00G 34.50Dn
Issyk Kul *ll.* Kyrgyzstan 102 D6 43.30G 77.20Dn
İstanbul Twrci 57 I4 41.02G 28.58Dn
Istra *gor.* Croatia 56 A6 45.12G 13.55Dn
Itabuna Brasil 77 G3 14.48D 39.18Gn
Itacoatiara Brasil 77 E4 3.06D 58.22Gn
Itaituba Brasil 77 E4 4.17D 55.59Gn
Itajaí Brasil 77 F2 26.50D 48.39Gn
Itambé *m.* Brasil 77 F3 18.23D 43.21Gn
Itapicuru *a.* Bahia Brasil 77 G3 11.50D 37.30Gn
Itapicuru *a.* Maranhão Brasil 77 F4 2.53D 44.15Gn
Itiquira *a.* Brasil 77 E3 18.01D 57.29Gn
Ituí *a.* Brasil 76 C4 4.38D 70.19Gn
Iturup *ys.* Ffed. Rwsia 106 E4 45.00G 147.30Dn
Ituxi *a.* Brasil 76 D4 7.20D 64.50Gn
Itzehoe Yr Almaen 48 D5 53.56G 9.32Dn
Ivaí *a.* Brasil 77 E2 23.20D 53.23Gn
Ivalo Y Ffindir 43 F5 68.41G 27.30Dn
Ivano-Frankivs'k Ukrain 55 I3 48.55G 24.42Dn
Ivanovo Ffed. Rwsia 58 G3 57.00G 41.00Dn
Ivittuut Grønland 63 N4 61.10G 48.00Gn
Ivybridge Lloegr 13 D2 50.24G 3.56Gn
Iwaki Japan 106 D3 36.58G 140.58Dn
Iwanai Japan 106 D4 43.01G 140.32Dn
Iwerddon, Gogledd *rhan.* D.U. 16 C2 54.40G 6.45Gn
Iwerddon, Gwer. Ewrop 20 D3 53.00G 8.00Gn
Iwerddon, Môr D.U./Gwer. Iwerdd. 14 C1 53.40G 5.00Gn
Iwerddon Newydd *ys.* P.G.N. 110 E5 2.30D 151.30Dn
Iwerydd, Cefnfor 116
Iwerydd, Cefnfor De 72
Iwgoslafia Ewrop 56 E5 43.00G 21.00Dn
Iwo Nigeria 84 E2 7.38G 4.11Dn
Ixworth Lloegr 11 F3 52.18G 0.50Dn
Izabal, Ll. Guatemala 70 G4 15.30G 89.00Gn
Izhevsk Ffed. Rwsia 58 H3 56.49G 53.11Dn
Izmayil Ukrain 55 K1 45.20G 28.50Dn
İzmir (Smyrna) Twrci 56 H3 38.24G 27.09Dn
Izozog, Corsydd *n.* Bolivia 77 D3 18.30D 62.05Gn
Izu-shotō *ysdd.* Japan 106 C2 34.20G 139.20Dn
Izyum Ukrain 55 O3 49.12G 37.19Dn

J

Jabal Mahrat *mdd.* Yemen 95 H2 17.00G 52.10Dn
Jabalón *a.* Sbaen 46 C3 38.55G 4.07Gn
Jabalpur India 97 F5 23.10G 79.59Dn
Jablah Syria 57 L1 35.22G 35.56Dn
Jaboatão Brasil 77 G4 8.05D 35.00Gn
Jaca Sbaen 46 E5 42.34G 0.33Gn
Jackson U.D.A. 65 H3 32.20G 90.11Gn
Jacksonville U.D.A. 65 J3 30.20G 81.40Gn
Jacmel Haiti 71 J4 18.18G 72.32Gn
Jacobabad Pakistan 96 D6 28.16G 68.30Dn
Jacuí *a.* Brasil 77 E1 29.56D 51.13Gn
Jacuípe *a.* Brasil 77 G3 12.44D 39.01Gn
Jaén Sbaen 46 D2 37.46G 3.48Gn
Jaffna Sri Lanka 97 G2 9.38G 80.02Dn
Jagdalpur India 97 G4 19.04G 82.05Dn
Jahrom Iran 95 H4 28.30G 53.30Dn
Jaipur India 96 F6 26.53G 75.50Dn
Jaisalmer India 96 E6 26.55G 70.54Dn
Jakarta Indonesia 104 D2 6.08D 106.45Dn
Jakobstad Y Ffindir 43 E3 63.41G 22.40Dn
Jalalabad Afghan. 95 L5 34.26G 70.28Dn
Jalapa México 70 E4 19.45G 96.48Gn
Jalgaon India 96 F5 21.01G 75.39Dn
Jalisco *rhan.* México 70 D5 21.00G 103.00Gn
Jalna India 96 F4 19.50G 75.58Dn
Jalón *a.* Sbaen 46 E4 41.47G 1.02Gn
Jalu Libya 53 H2 29.02G 21.33Dn
Jamaica Cb. America 71 I4 18.00G 77.00Gn
Jamanxim *a.* Brasil 77 E4 4.43D 56.18Gn
Jambi Indonesia 104 C3 1.36D 103.39Dn
James *a.* U.D.A. 64 G5 42.50G 97.15Gn
James, Bae Canada 63 J3 53.00G 80.00Gn
Jamestown U.D.A. 64 G6 46.54G 98.42Gn
Jammu Jammu a Kashmir 96 E7 32.44G 74.52Dn
Jammu a Kashmir Asia 96 F7 33.30G 76.00Dn
Jamnagar India 96 E5 22.28G 70.06Dn
Jampur Pakistan 96 E6 28.45G 70.36Dn
Jämsänkoski Y Ffindir 43 F3 61.54G 25.10Dn
Jamshedpur India 97 H5 22.47G 86.12Dn
Jan Mayen *ys.* Cefn. Arctig 34 C5 72.00G 8.00Gn
Japan Asia 106 C3 36.00G 138.00Dn
Japan, Ffos *n.* Cefn. Tawel 117 Q7
Japan, Môr Asia 106 C3 40.00G 135.00Dn
Japurá *a.* Brasil 76 D4 3.00D 64.30Gn
Jardines de la Reina *ysdd.* Cuba 71 I5 20.30G 79.00Gn
Järpen Sweden 43 C3 63.20G 13.30Dn
Järvenpää Y Ffindir 43 F3 60.29G 25.06Dn
Jarvis, Ys. Cefn. Tawel 108 P6 0.23D 160.02Gn
Jask Iran 95 I4 25.40G 57.45Dn
Jatapu *a.* Brasil 77 E4 2.20D 58.10Gn
Jaú Brasil 77 F2 22.11D 48.35Gn
Jawa (Java) *ys.* Indonesia 104 D2 7.30D 110.00Dn
Jawa, Môr Indonesia 104 E3 5.00D 111.00Dn
Jaya, Cp. *m.* Indonesia 105 J3 4.00D 137.15Dn
Jayapura Indonesia 105 K3 2.28D 140.38Dn
Jebel Abyad, Llwyfandir *n.* Sudan 94 C2 19.00G 29.00Dn
Jedburgh Yr Alban 17 G3 55.29G 2.33Gn
Jedda = Jiddah Saudi Arabia 94 E3 21.30G 39.10Dn
Jefferson City U.D.A. 65 H4 38.33G 92.10Gn
Jelenia Góra Gw. Pwyl 54 D4 50.55G 15.45Dn
Jelgava Latvia 43 E2 56.39G 23.40Dn
Jember Indonesia 104 E2 8.07D 113.45Dn
Jena Yr Almaen 48 E4 50.56G 11.35Dn
Jendouba Tunisia 52 E4 36.30G 8.45Dn
Jequié Brasil 77 F3 13.52D 40.06Gn
Jequitinhonha *a.* Brasil 77 G3 16.46D 39.45Gn
Jérémie Haiti 71 J4 18.40G 74.09Gn
Jerez de la Frontera Sbaen 46 B2 36.41G 6.08Gn
Jersey *ys.* Ysdd. y Sianel 13 Z8 49.13G 2.08Gn
Jerwsalem (Yerushalayim) Israel/Gw. Iorddonen 94 E5 31.47G 35.13Dn
Jesi Yr Eidal 50 E5 43.32G 13.15Dn
Jesup U.D.A. 65 J3 31.36G 81.54Gn
Jhang Maghiana Pakistan 95 L5 31.16G 72.20Dn
Jhansi India 97 F6 25.27G 78.34Dn
Jiamusi China 103 O7 46.50G 130.21Dn
Ji'an China 103 L3 27.08G 115.00Dn
Jiangsu *rhan.* China 103 L4 34.00G 119.00Dn
Jiangxi *rhan.* China 103 L3 27.25G 115.20Dn
Jiayi Taiwan 103 M2 23.38G 120.27Dn
Jibou România 54 H2 47.15G 23.17Dn
Jiddah (Jedda) Saudi Arabia 94 E3 21.30G 39.10Dn
Jiddat al Harasis *n.* Oman 95 I2 19.50G 56.10Dn
Jiehkkevarri *m.* Norwy 43 E5 69.22G 19.55Dn
Ješjávri *ll.* Norwy 43 F5 69.40G 24.10Dn
Jihlava Gwer. Tsiec 54 D3 49.24G 15.35Dn
Jilib Somalia 86 D5 0.28G 42.50Dn
Jilin China 103 N6 43.53G 126.35Dn
Jilin *rhan.* China 103 N6 43.00G 127.30Dn
Jilong Taiwan 103 M3 25.10G 121.43Dn
Jima Ethiopia 85 H2 7.39G 36.47Dn
Jinan China 103 L5 36.50G 117.00Dn
Jingdezhen China 103 L3 29.16G 117.11Dn
Jingmen China 103 K4 31.02G 112.06Dn
Jinhua China 103 L3 29.06G 119.40Dn
Jining Nei Monggol China 103 K6 40.56G 113.00Dn
Jining Shantung China 103 L5 35.25G 116.40Dn
Jinja Uganda 87 A3 0.27G 33.14Dn
Jinka Ethiopia 87 B4 5.45G 36.43Dn
Jinzhou China 103 M6 41.07G 121.06Dn
Jiparaná *a.* Brasil 77 D4 8.05D 62.52Gn
Jipe, Ll. Tanzania 87 B2 3.35D 37.45Dn
Jiu *a.* România 56 F5 43.44G 23.52Dn
Jiujiang China 103 L3 29.41G 116.03Dn
Jiwani Pakistan 95 J4 25.02G 61.50Dn
Jixi China 103 O7 45.17G 131.00Dn
Jīzan Saudi Arabia 94 F2 16.56G 42.33Dn
João Pessoa Brasil 77 G4 7.06D 34.53Gn
Jodhpur India 96 E6 26.18G 73.08Dn
Joensuu Y Ffindir 43 G3 62.35G 29.46Dn
Jōetsu Japan 106 C3 37.06G 138.15Dn
Johannesburg G.D.A. 86 B2 26.10D 28.02Dn
John o Groats Yr Alban 19 F3 58.39G 3.04Gn
Johnston Cymru 12 B3 51.46G 5.00Gn
Johnstone Yr Alban 16 E3 55.50G 4.30Gn
Johnston, Ys. Cefn. Tawel 108 O8 16.45G 169.32Gn
Johor Bahru Malaysia 104 C4 1.29G 103.40Dn
Joinville Brasil 77 F2 26.20D 48.49Gn
Jokkmokk Sweden 43 D4 66.37G 19.50Dn
Jolo *ys.* Pili. 104 G5 5.55G 121.20Dn
Jones, Sn. Canada 63 J5 76.00G 85.00Gn
Jönköping Sweden 43 C2 57.45G 14.10Dn
Jonquière Canada 63 K2 48.26G 71.06Gn
Joplin U.D.A. 65 H4 37.04G 94.31Gn
Jörn Sweden 43 D4 65.04G 20.00Dn
Jos Nigeria 84 E3 9.54G 8.53Dn
Joseph Bonaparte, Gff. Awstralia 110 B4 14.00D 128.30Dn
Jos, Llwyfandir *n.* Nigeria 82 D5 10.00G 9.00Dn
Juan Fernández, Ysdd. Chile 109 W3 34.20D 80.00Gn
Juàzeiro Brasil 77 F4 9.25D 40.30Gn
Juàzeiro do Norte Brasil 77 G4 7.10D 39.18Gn
Juba Sudan 85 H2 4.50G 31.35Dn
Jubba *a.* Somalia 85 I2 0.20D 42.53Dn
Júcar *a.* Sbaen 46 E3 39.10G 0.15Gn
Juchitán México 70 F4 16.27G 95.05Gn
Judenburg Awstria 54 D2 47.10G 14.40Dn
Juelsminde Denmarc 54 A6 55.43G 10.01Dn
Juist *ys.* Yr Almaen 42 F5 53.43G 7.00Dn
Juiz de Fora Brasil 76 F2 21.47D 43.23Gn
Juliaca Periw 76 C3 15.29D 70.09Gn
Junction City U.D.A. 64 G4 39.02G 96.51Gn
Juneau U.D.A. 62 E3 58.20G 134.20Gn
Jungfrau *m.* Y Swistir 44 G5 46.30G 8.00Dn
Junggar, Basn *n.* Asia 102 F7 45.20G 86.30Dn
Jura *mdd.* Ewrop 44 G5 46.55G 6.45Dn
Jura *ys.* Yr Alban 16 D4 56.00G 5.55Gn
Jura, Sn. Yr Alban 16 D3 56.00G 5.45Gn
Juruá *a.* Brasil 76 D4 2.30D 65.40Gn
Juruena *a.* Brasil 77 E4 7.20D 57.30Gn
Jutaí *a.* Brasil 76 D4 2.35D 67.00Gn
Juventud, Ys. Cuba 71 H5 21.40G 82.40Gn
Jyväskylä Y Ffindir 43 F3 62.16G 25.50Dn

K

K2 *m.* Asia 96 F8 35.53G 76.32Dn
Kaambooni Somalia 87 C2 1.36D 41.36Dn
Kaambooni, P. Somalia 87 C2 1.36D 41.36Dn
Kabaena *ys.* Indonesia 105 G2 5.25D 122.00Dn
Kabalo Gwer. Ddem. Congo 86 B4 6.02D 26.55Dn
Kabarnet Kenya 87 B3 0.28G 35.45Dn
Kabul Afghan. 95 K5 34.30G 69.10Dn
Kabwe Zambia 86 B3 14.29D 28.25Dn
Kachchh, Gff. India 96 D5 22.30G 69.30Dn
Kachug Ffed. Rwsia 103 J8 53.58G 105.55Dn
Kadam *m.* Uganda 87 A3 1.45G 34.44Dn
Kadavu *ys.* Fiji 111 G4 19.05D 178.15Dn
Kadirli Twrci 57 M2 37.22G 36.05Dn
Kadugli Sudan 85 G3 11.01G 29.43Dn
Kaduna Nigeria 84 E3 10.28G 7.25Dn
Kaesong G. Korea 103 N5 37.59G 126.30Dn
Kafirévs, P. Groeg 56 G3 38.11G 24.30Dn
Kaga Bandoro G.C.A. 85 F2 7.00G 19.10Dn
Kagoshima Japan 106 B2 31.37G 130.32Dn
Kagul Moldova 55 K1 45.58G 28.10Dn
Kahraman Maraş Twrci 57 M2 37.34G 36.54Dn
Kaifeng China 103 K4 34.47G 114.20Dn
Kaimana Indonesia 105 I3 3.39D 133.44Dn
Kairouan Tunisia 84 F5 35.40G 10.04Dn
Kaiserslautern Yr Almaen 48 C3 49.27G 7.47Dn
Kai, Ysdd. Indonesia 105 I2 5.45D 132.55Dn
Kaiyuan China 103 I2 23.42G 103.09Dn
Kajaani Y Ffindir 43 F4 64.14G 27.37Dn
Kajiado Kenya 87 B2 1.50D 36.48Dn
Kakamega Kenya 87 A3 0.14G 34.46Dn
Kakhovka, Cr. Ukrain 55 N2 47.33G 34.40Dn
Kakinada India 97 G4 16.59G 82.20Dn
Kaktovik U.D.A. 62 D5 70.08G 143.50Gn
Kakuma Kenya 87 A3 3.38G 34.48Dn
Kalacha Dida Kenya 87 B3 3.09G 37.30Dn
Kalahari, Diffeithwch Botswana 86 B2 23.55D 23.00Dn
Kalajoki Y Ffindir 43 E4 64.15G 24.00Dn
Kalámai Groeg 56 F2 37.02G 22.05Dn
Kalamaria Groeg 56 F4 40.33G 22.55Dn
Kalecik Twrci 57 K4 40.06G 33.22Dn
Kalemie Gwer. Ddem. Congo 86 B4 5.57D 29.10Dn
Kalgoorlie Awstralia 110 B2 30.49D 121.29Dn
Kaliakra, P. Bwlgaria 57 I5 43.23G 28.29Dn
Kalimantan *n.* Indonesia 104 E3 1.00D 113.00Dn
Kaliningrad Ffed. Rwsia 54 G6 54.40G 20.30Dn
Kalininskaya Ffed. Rwsia 57 N6 45.31G 38.41Dn
Kalispell U.D.A. 64 D6 48.12G 114.19Gn
Kalisz Gw. Pwyl 54 F4 51.46G 18.02Dn
Kalix *a.* Sweden 43 E4 65.50G 23.10Dn
Kallavesi *ll.* Y Ffindir 43 G3 62.45G 28.00Dn
Kalmar Sweden 43 D2 56.39G 16.20Dn
Kaltag U.D.A. 62 C4 64.20G 158.44Gn
Kaluga Ffed. Rwsia 55 O6 54.31G 36.16Dn

Kalundborg Denmarc **43 B1** 55.42G 11.06Dn
Kama *a.* Ffed. Rwsia **58 H3** 55.30G 52.00Dn
Kamaishi Japan **106 D3** 39.16G 141.53Dn
Kambo Ho *m.* G. Korea **106 A4** 41.45G 129.20Dn
Kamchatka, Gor. Ffed. Rwsia **59 R3** 56.00G 160.00Dn
Kamenskoye Ffed. Rwsia **59 S4** 62.31G 165.15Dn
Kamensk-Ural'skiy Ffed. Rwsia **58 I3** 56.29G 61.49Dn
Kamina Gwer. Ddem. Congo **86 B4** 8.46D 25.00Dn
Kamloops Canada **62 F3** 50.39G 120.24Gn
Kampala Uganda **86 C5** 0.19G 32.35Dn
Kampen Yr Iseld. **42 E4** 52.33G 5.55Dn
Kâmpóng Cham Cambodia **104 D6** 11.59G 105.26Dn
Kâmpôt Cambodia **104 C6** 10.37G 104.11Dn
Kamuli Uganda **87 A3** 0.55G 33.08Dn
Kam"yanets'-Podil's'kyy Ukrain **55 J3** 48.40G 26.36Dn
Kamyshin Ffed. Rwsia **58 G3** 50.05G 45.24Dn
Kananga Gwer. Ddem. Congo **86 B4** 5.53D 22.26Dn
Kanazawa Japan **106 C3** 36.35G 136.40Dn
Kanchipuram India **97 F3** 12.50G 79.44Dn
Kandahar Afghan. **95 K5** 31.36G 65.47Dn
Kandalaksha Ffed. Rwsia **43 H4** 67.09G 32.31Dn
Kandalakskaya, Gff. Ffed. Rwsia **43 H4** 66.30G 34.00Dn
Kandıra Twrci **57 J4** 41.05G 30.08Dn
Kandy Sri Lanka **97 G2** 7.18G 80.43Dn
Kangan Iran **95 H4** 27.50G 52.07Dn
Kangaroo, Ys. Awstralia **110 C2** 35.45D 137.30Dn
Kangavar Iran **95 G5** 34.29G 47.55Dn
Kangchenjunga *m.* Asia **97 H6** 27.44G 88.11Dn
Kangding China **103 I4** 30.05G 102.04Dn
Kangean, Ysdd. Indonesia **104 F2** 7.00D 115.45Dn
Kangetet Kenya **87 B3** 1.59G 36.05Dn
Kangiqsualujjuaq Canada **63 L3** 58.35G 65.59Gn
Kangiqsujuaq Canada **63 K4** 61.30G 72.00Gn
Kangmar China **102 F3** 28.32G 89.41Dn
Kangnŭng De Korea **106 A3** 37.30G 129.02Dn
Kanin, Gor. Ffed. Rwsia **58 G4** 68.00G 45.00Dn
Kanin, P. Ffed. Rwsia **58 G4** 68.38G 43.20Dn
Kankaanpää Y Ffindir **43 E3** 61.47G 22.25Dn
Kankakee U.D.A. **65 I5** 41.08G 87.52Gn
Kankan Guinée **84 D3** 10.22G 9.11Gn
Kanker India **97 G5** 20.17G 81.30Dn
Kano Nigeria **84 E3** 12.00G 8.31Dn
Kanpur India **97 G6** 26.27G 80.14Dn
Kansas *rhan.* U.D.A. **64 G4** 38.00G 99.00Gn
Kansas City U.D.A. **65 H4** 39.02G 94.33Gn
Kansk Ffed. Rwsia **59 L3** 56.11G 95.20Dn
Kanta *m.* Ethiopia **87 B4** 6.12G 35.37Dn
Kanton, Ys. Kiribati **108 N6** 2.50D 171.40Gn
Kanye Botswana **86 B2** 24.58D 25.17Dn
Kaoko, Tir *n.* Namibia **86 A3** 18.30D 13.30Dn
Kaolack Sénégal **84 C3** 14.09G 16.04Gn
Kapchorwa Uganda **87 A3** 1.27G 34.32Dn
Kapenguria Kenya **87 B3** 1.13G 35.07Dn
Kapfenberg Awstria **54 D2** 47.27G 15.18Dn
Kapoeta Sudan **87 A3** 4.47G 33.35Dn
Kaposvár Hwngari **54 E2** 46.22G 17.47Dn
Kapsabet Kenya **87 B3** 0.10G 35.07Dn
Kapuskasing Canada **63 J2** 49.25G 82.30Gn
Kaputir Kenya **87 B3** 2.04G 35.30Dn
Kara-Bogaz Gol, Bae Turkmenistan **58 H2** 41.20G 53.40Dn
Karabük Twrci **57 K4** 41.12G 32.36Dn
Karachi Pakistan **96 D5** 24.51G 67.02Dn
Kara Dag *m.* Twrci **57 N4** 40.23G 39.02Dn
Karaganda Kazakhstan **102 C7** 49.53G 73.07Dn
Karaj Iran **95 H6** 35.48G 50.58Dn
Karakelong *ys.* Indonesia **105 H4** 4.20G 126.50Dn
Karakoram, Cn. *mdd.* Jammu a Kashmir **96 F8** 35.30G 76.30Dn
Karaman Twrci **57 K2** 37.11G 33.13Dn
Karamay China **102 E7** 45.48G 84.30Dn
Kara, Môr Ffed. Rwsia **58 I5** 73.00G 65.00Dn
Karand Iran **95 G5** 34.16G 46.15Dn
Karasburg Namibia **86 A2** 28.00D 18.46Dn
Karasuk Ffed. Rwsia **58 J3** 53.45G 78.01Dn
Karbala Iraq **94 F5** 32.37G 44.03Dn
Karcag Hwngari **54 G2** 47.19G 20.56Dn
Kardhítsa Groeg **56 E3** 39.22G 21.59Dn
Kärdla Estonia **43 E2** 59.00G 22.42Dn
Kareima Sudan **85 H3** 18.32G 31.48Dn
Kariba, Ll. Zimbabwe/Zambia **86 B3** 16.50D 28.00Dn
Karimata, Cf. Indonesia **104 D3** 3.00D 109.00Dn
Karkinitskiy, Gff. Ukrain **55 M1** 45.50G 32.45Dn
Karliyaka Twrci **56 H3** 38.24G 27.07Dn
Karlovac Croatia **56 B6** 45.30G 15.34Dn
Karlovy Vary Gwer. Tsiec **54 C4** 50.14G 12.53Dn
Karlshamn Sweden **43 C2** 56.10G 14.50Dn
Karlskoga Sweden **43 C2** 59.19G 14.33Dn
Karlskrona Sweden **43 C2** 56.10G 15.35Dn
Karlsruhe Yr Almaen **48 D3** 49.00G 8.24Dn
Karlstad Sweden **43 C2** 59.24G 13.32Dn
Karmøy *ys.* Norwy **43 A2** 59.15G 5.05Dn
Karnataka *rhan.* India **96 F3** 14.45G 76.00Dn
Karnobat Bwlgaria **56 H5** 42.40G 27.00Dn
Karoo Bach *n.* G.D.A. **86 B1** 33.40D 21.40Dn
Karoo Mawr *n.* G.D.A. **86 B1** 32.50D 22.30Dn
Karora Sudan **85 H3** 17.42G 38.22Dn
Kárpathos *ys.* Groeg **56 H1** 35.35G 27.08Dn
Karstula Y Ffindir **43 F3** 62.53G 24.50Dn
Kartal Twrci **57 I4** 40.54G 29.12Dn
Karun *a.* Iran **95 G5** 30.25G 48.12Dn
Karunga, Bae Kenya **87 A2** 0.53D 34.07Dn
Karymskoye Ffed. Rwsia **59 N3** 51.40G 114.20Dn
Kasai *a.* Gwer. Ddem. Congo **86 A4** 3.10D 16.13Dn
Kasama Zambia **86 C3** 10.10D 31.11Dn
Kasese Uganda **86 C5** 0.14G 30.08Dn
Kashan Iran **95 H5** 33.59G 51.31Dn
Kashi China **102 D5** 39.29G 76.02Dn
Kashiwazaki Japan **106 C3** 37.22G 138.33Dn
Kashmar Iran **95 I6** 35.12G 58.26Dn
Kásos *ys.* Groeg **56 H1** 35.22G 26.56Dn
Kassala Sudan **85 H3** 15.24G 36.30Dn
Kassel Yr Almaen **48 D4** 51.18G 9.30Dn
Kasserine Tunisia **52 E4** 35.11G 8.48Dn
Kastamonu Twrci **57 K4** 41.22G 33.47Dn
Kastoría Groeg **56 E4** 40.32G 21.15Dn
Kastsyukovichy Belarus **55 M5** 53.20G 32.01Dn
Katakwi Uganda **87 A3** 1.54G 33.58Dn
Kateríni Groeg **56 F4** 40.16G 22.30Dn
Katesh Tanzania **87 B2** 4.32D 35.21Dn
Kates Needle *m.* Canada **62 E3** 57.02G 132.05Gn
Katha Myanmar **97 J5** 24.11G 96.20Dn
Katherina, Gebel *m.* Yr Aifft **94 D4** 28.30G 33.57Dn
Katherine Awstralia **110 C4** 14.29D 132.20Dn
Kathmandu Nepal **97 H6** 27.42G 85.19Dn
Kathua *a.* Kenya **87 B2** 1.34D 40.00Dn
Katima Mulilo Zambia **86 B3** 17.27D 24.10Dn
Katowice Gw. Pwyl **54 F4** 50.15G 18.59Dn
Katrine, Loch Yr Alban **16 E4** 56.15G 4.30Gn
Katrineholm Sweden **43 D2** 58.59G 16.15Dn
Katsina Nigeria **84 E3** 13.00G 7.32Dn
Kattegat *cf.* Denmarc/Sweden **43 B2** 57.00G 11.20Dn
Kauai *ys.* Ysdd. Hawaii **108 P9** 22.05G 159.30Gn
Kauhajoki Y Ffindir **43 E3** 62.26G 22.10Dn
Kaunas Lithuania **55 H6** 54.52G 23.55Dn
Kaura-Namoda Nigeria **84 E3** 12.39G 6.38Dn
Kavála Groeg **56 G4** 40.56G 24.24Dn
Kavir-i-Namak *n.* Iran **95 I5** 34.55G 58.00Dn
Kawasaki Japan **106 C3** 35.30G 139.45Dn
Kayes Mali **84 C3** 14.26G 11.28Gn
Kayseri Twrci **57 L3** 38.42G 35.28Dn
Kazachye Ffed. Rwsia **59 P5** 70.46G 136.15Dn
Kazakstan Asia **115 M8** 48.00G 52.30Dn
Kazan Ffed. Rwsia **58 G3** 55.45G 49.10Dn
Kazanlŭk Bwlgaria **56 G5** 42.38G 25.26Dn
Kazan-rettō *ysdd.* Japan **108 J9** 25.00G 141.00Dn
Kazerun Iran **95 H4** 29.35G 51.39Dn
Kéa *ys.* Groeg **56 G2** 37.36G 24.20Dn
Keady G. Iwerddon **16 C2** 54.15G 6.43Gn
Kearney U.D.A. **64 G5** 40.42G 99.04Gn
Keban, Cr. Twrci **57 N3** 38.50G 39.00Dn
Kebkabiya Sudan **94 B1** 13.39G 24.05Dn
Kebnekaise *m.* Sweden **43 D4** 67.55G 18.30Dn
Kebock, Pr. Yr Alban **18 C3** 58.02G 6.22Gn
Keçiören Twrci **57 K4** 39.57G 32.50Dn
Kecskemét Hwngari **54 F2** 46.54G 19.42Dn
Kedainiai Lithuania **43 E1** 55.17G 23.58Dn
Keen, M. Yr Alban **19 G1** 56.58G 2.56Gn
Keetmanshoop Namibia **86 A2** 26.36D 18.08Dn
Keewatin Canada **65 H6** 49.46G 94.34Gn
Kefallinía *ys.* Groeg **56 E3** 38.15G 20.33Dn
Keflavík Gw. yr Iâ **43 X2** 64.01G 22.35Gn
Kegworth Lloegr **10 D3** 52.50G 1.16Gn
Keighley Lloegr **15 F2** 53.52G 1.54Gn
Keitele *ll.* Y Ffindir **43 F3** 62.59G 26.00Dn
Keith Yr Alban **19 G2** 57.32G 2.57Gn
Kelifskiy Uzboy *n.* Turkmenistan **95 J6** 37.40G 64.00Dn
Kelkit *a.* Twrci **57 M4** 40.46G 36.32Dn
Kellet, P. Canada **62 F5** 72.00G 125.30Gn
Kells Gwer. Iwerdd. **20 E3** 53.44G 6.53Gn
Kelo Tchad **84 F2** 9.21G 15.50Dn
Kelowna Canada **62 G2** 49.50G 119.29Gn
Kelso Yr Alban **17 G3** 55.36G 2.26Gn
Keluang Malaysia **104 C4** 2.01G 103.18Dn
Kelvedon Lloegr **11 F2** 51.50G 0.43Dn
Kem' Ffed. Rwsia **58 F4** 64.58G 34.39Dn
Kemerovo Ffed. Rwsia **58 K3** 55.25G 86.10Dn
Kemi Y Ffindir **43 F4** 65.45G 24.28Dn
Kemi *a.* Y Ffindir **43 F4** 65.47G 24.28Dn
Kemijärvi Y Ffindir **43 F4** 66.40G 27.21Dn
Kemijärvi *ll.* Y Ffindir **43 F4** 66.36G 27.24Dn
Kemnay Yr Alban **19 G2** 57.14G 2.27Gn
Kempston Lloegr **11 E3** 52.07G 0.30Gn
Kempten Yr Almaen **48 E2** 47.44G 10.19Dn
Kemp, Tir *n.* Antarctica **112** 69.00D 62.00Dn
Kenai U.D.A. **62 C4** 60.35G 151.19Gn
Kenamuke, Gwern Sudan **87 A4** 5.30G 34.00Dn
Kendal Lloegr **14 E3** 54.19G 2.44Gn
Kendari Indonesia **105 G3** 3.57D 122.36Dn
Kendawangan Indonesia **104 E3** 2.32D 110.13Dn
Kengtung Myanmar **97 J5** 21.16G 99.39Dn
Kenilworth Lloegr **10 D3** 52.22G 1.35Gn
Kénitra Moroco **84 D5** 34.20G 6.34Gn
Kenmare Gwer. Iwerdd. **20 B1** 51.53G 9.36Gn
Kenmare, Bae *moryd* Gwer. Iwerdd. **20 B1** 51.45G 10.00Gn
Kennet *a.* Lloegr **10 E2** 51.28G 0.57Gn
Kennewick U.D.A. **64 C6** 46.12G 119.07Gn
Kenora Canada **63 I2** 49.47G 94.26Gn
Kent *a.* Lloegr **14 E3** 54.14G 2.50Gn
Kentucky *rhan.* U.D.A. **65 I4** 38.00G 85.00Gn
Kenya Affrica **87 B3** 0.00 38.00Dn
Kenya, M. Kenya **87 B2** 0.10D 37.19Dn
Kerala *rhan.* India **96 F3** 10.30G 76.30Dn
Kerch Ukrain **55 O1** 45.22G 36.27Dn
Kerema P.G.N. **110 D5** 7.59D 145.46Dn
Keren Eritrea **94 E2** 15.46G 38.28Dn
Kerguélen, Ysdd. Cefn. India **108 B2** 49.15D 69.10Dn
Kericho Kenya **87 B2** 0.22D 35.15Dn
Kerinci, M. Indonesia **104 C3** 1.45D 101.20Dn
Kerio *a.* Kenya **87 B3** 3.00G 36.14Dn
Kerio, Dyffryn *n.* Kenya **87 B3** 1.10G 35.45Dn
Kerki Turkmenistan **95 K6** 37.53G 65.10Dn
Kérkira *ys.* Groeg **56 D3** 39.35G 19.50Dn
Kérkira (Corfu) *tref* Groeg **56 D3** 39.37G 19.50Dn
Kerma Sudan **94 D2** 19.38G 30.25Dn
Kermadec, Ysdd. Cefn. Tawel **108 N3** 30.00D 178.30Gn
Kerman Iran **95 I5** 30.18G 57.05Dn
Kerman, Diffeithwch Iran **95 I4** 28.30G 58.00Dn
Kermanshah Iran **95 G5** 34.19G 47.04Dn
Kern *a.* U.D.A. **64 C4** 35.25G 119.00Gn
Kerry *rhan.* Gwer. Iwerdd. **20 B2** 52.07G 9.35Gn
Kerry, Pr. Gwer. Iwerdd. **20 B2** 52.24G 9.56Gn
Keruguya Kenya **87 B2** 0.30D 37.16Dn
Keryneia Cyprus **57 K1** 35.20G 33.20Dn
Keşan Twrci **56 H4** 40.51G 26.37Dn
Kesennuma Japan **106 D3** 38.54G 141.34Dn
Kessingland Lloegr **11 G3** 52.25G 1.41Dn
Keswick Lloegr **14 D3** 54.35G 3.09Gn
Ketapang Indonesia **104 E3** 1.50D 110.02Dn
Ketchikan U.D.A. **62 E3** 55.25G 131.40Gn
Kettering Lloegr **10 E3** 52.24G 0.44Gn
Keweenaw, Bae U.D.A. **65 I6** 47.00G 88.00Gn
Key, Loch Gwer. Iwerdd. **20 C4** 54.00G 8.15Gn
Keyala Sudan **87 A3** 4.27G 32.52Dn
Keynsham Lloegr **10 C2** 51.25G 2.30Gn
Khabarovsk Ffed. Rwsia **59 P2** 48.32G 135.08Dn
Khairpur Pakistan **96 D6** 27.30G 68.50Dn
Khalkís Groeg **56 F3** 38.27G 23.36Dn
Khambhat, Gff. India **96 E5** 20.30G 72.00Dn
Khanabad Afghan. **95 K6** 36.42G 69.08Dn
Khandwa India **96 F5** 21.49G 76.23Dn
Khanewal Pakistan **95 L5** 30.18G 71.56Dn
Khaniá Groeg **56 G1** 35.30G 24.02Dn
Khanka, Ll. Ffed. Rwsia **59 P2** 45.00G 132.30Dn
Khanpur Pakistan **96 E6** 28.39G 70.39Dn
Khanty-Mansiysk Ffed. Rwsia **58 I4** 61.00G 69.00Dn
Kharagpur India **97 H5** 22.23G 87.22Dn
Kharkiv Ukrain **55 O4** 50.00G 36.15Dn
Khartoum = Al Khartūm Sudan **85 H3** 15.33G 32.35Dn
Khash Iran **95 J4** 28.14G 61.15Dn
Khashm el Girba Sudan **94 E2** 14.58G 35.35Dn
Khaskovo Bwlgaria **56 G4** 41.57G 25.33Dn
Khatanga Ffed. Rwsia **59 M5** 71.50G 102.31Dn
Khayelitsha G.D.A. **86 A1** 34.03D 18.40Dn
Khenchela Algeria **52 E4** 35.26G 7.08Dn
Khenifra Moroco **52 B3** 33.00G 5.40Gn
Khersan *a.* Iran **95 G5** 31.29G 48.53Dn
Kherson Ukrain **55 M2** 46.39G 32.38Dn
Khíos *tref* Groeg **56 H3** 38.22G 26.08Dn
Khíos (Chios) *ys.* Groeg **56 G3** 38.23G 26.04Dn
Khmel'nyts'kyy Ukrain **55 J3** 49.25G 27.02Dn
Khojand Tajikistan **102 B6** 40.14G 69.40Dn
Kholmsk Ffed. Rwsia **59 Q2** 47.02G 142.03Dn
Khon Kaen Gw. Thai **104 C7** 16.25G 102.50Dn
Khorinsk Ffed. Rwsia **103 J8** 52.14G 109.52Dn
Khorramabad Iran **95 G5** 33.29G 48.21Dn
Khorugh Tajikistan **95 L6** 37.32G 71.32Dn
Khouribga Moroco **52 B3** 32.54G 6.57Gn
Khowst Afghan. **95 K5** 33.22G 69.57Dn
Khulna Bangla. **97 H5** 22.49G 89.34Dn
Khunsar Iran **95 H5** 33.10G 50.19Dn
Khvoy Iran **94 G6** 38.32G 45.02Dn
Khyber, Bwlch Asia **95 L5** 34.06G 71.05Dn
Kiambu Kenya **87 B2** 1.10D 36.51Dn
Kiantajärvi *ll.* Y Ffindir **43 G4** 65.05G 29.10Dn
Kibaya Tanzania **87 B1** 5.19D 36.34Dn
Kibre Mengist Ethiopia **87 B4** 5.52G 39.00Dn
Kidderminster Lloegr **10 C3** 52.24G 2.13Gn
Kidepo, Parc Cen. Dyffryn Uganda **87 A3** 3.50G 33.45Dn
Kidlington Lloegr **10 D2** 51.50G 1.17Gn
Kidsgrove Lloegr **15 E2** 53.06G 2.15Gn
Kiel Yr Almaen **48 E6** 54.20G 10.08Dn
Kiel, Bae Yr Almaen **48 E6** 54.30G 10.30Dn
Kiel, Camlas Yr Almaen **48 D6** 53.54G 9.12Dn
Kielce Gw. Pwyl **54 G4** 50.52G 20.37Dn
Kielder, Cr. *ll.* Lloegr **15 E4** 55.14G 2.30Gn
Kiev Ukrain **55 L4** 50.28G 30.29Dn
Kiev, Cr. Ukrain **55 L4** 51.00G 30.25Dn
Kigali Rwanda **86 C4** 1.59D 30.05Dn
Kigoma Tanzania **86 B4** 4.52D 29.36Dn
Kikinda Iwgo. **56 E6** 45.51G 20.30Dn
Kikládhes (Cyclades) *ysdd.* Groeg **56 G2** 37.00G 25.00Dn
Kıklar Dagı *mdd.* Twrci **57 O4** 40.35G 40.30Dn
Kikori P.G.N. **105 K2** 7.25D 144.13Dn
Kikori *a.* P.G.N. **105 K2** 7.30D 144.20Dn
Kikwit Gwer. Ddem. Congo **86 A4** 5.02D 18.51Dn
Kilbrannan, Sn. Yr Alban **16 D3** 55.37G 5.25Gn
Kilcormac Gwer. Iwerdd. **20 D3** 53.10G 7.43Gn
Kilcullen Gwer. Iwerdd. **20 E3** 53.08G 6.47Gn
Kildare Gwer. Iwerdd. **20 E3** 53.10G 6.55Gn
Kildare *rhan.* Gwer. Iwerdd. **20 E3** 53.10G 6.50Gn
Kilifi Kenya **87 B2** 3.36D 39.52Dn
Kilimanjaro *m.* Tanzania **87 B2** 3.02D 37.20Dn
Kilimanjaro, Parc Cen. Tanzania **87 B2** 3.00D 37.20Dn
Kilis Twrci **57 M2** 36.43G 37.07Dn
Kilkee Gwer. Iwerdd. **20 B2** 52.41G 9.40Gn
Kilkeel G. Iwerddon **16 D2** 54.04G 6.00Gn
Kilkenny Gwer. Iwerdd. **20 D2** 52.39G 7.16Gn
Kilkenny *rhan.* Gwer. Iwerdd. **20 D2** 52.35G 7.15Gn
Kilkís Groeg **56 F4** 40.59G 22.51Dn
Killala, Bae Gwer. Iwerdd. **20 B4** 54.15G 9.10Gn
Killarney Gwer. Iwerdd. **20 B2** 52.04G 9.32Gn
Killin Yr Alban **16 E4** 56.29G 4.19Gn
Killíni *m.* Groeg **56 F2** 37.56G 22.22Dn
Killorglin Gwer. Iwerdd. **20 B2** 52.05G 9.47Gn
Killybegs Gwer. Iwerdd. **20 C4** 54.38G 8.29Gn
Kilmallock Gwer. Iwerdd. **20 C2** 52.25G 8.35Gn
Kilmarnock Yr Alban **16 E3** 55.37G 4.30Gn
Kilmelford Yr Alban **16 D4** 56.16G 5.29Gn
Kilmichael, Pt. Gwer. Iwerdd. **20 E2** 52.43G 6.10Gn
Kilrea G. Iwerddon **16 C2** 54.57G 6.34Gn
Kilrush Gwer. Iwerdd. **20 B2** 52.39G 9.30Gn
Kilsyth Yr Alban **16 E3** 55.59G 4.04Gn
Kilwinning Yr Alban **16 E3** 55.40G 4.41Gn
Kimberley G.D.A. **86 B2** 28.45D 24.46Dn
Kimberley, Llwyfandir Awstralia **110 B4** 17.20D 127.20Dn
Kimchaek G. Korea **103 N6** 40.41G 129.12Dn
Kinabalu, M. Malaysia **104 F5** 6.10G 116.40Dn
Kinango Kenya **87 B2** 4.06D 39.19Dn
Kinder Scout *bryn* Lloegr **15 F2** 53.23G 1.53Gn
Kindu Gwer. Ddem. Congo **86 B4** 3.00D 25.56Dn
Kingsbridge Lloegr **13 D2** 50.17G 3.46Gn
Kingsclere Lloegr **10 D2** 51.20G 1.14Gn
Kingscourt Gwer. Iwerdd. **20 E3** 53.55G 6.48Gn
Kings, Cp. U.D.A. **64 D5** 40.46G 110.23Gn
King's Lynn Lloegr **11 F3** 52.45G 0.25Dn
Kingsnorth Lloegr **11 F2** 51.06G 0.50Dn
Kingston Canada **65 K5** 44.14G 76.30Gn
Kingston Jamaica **71 I4** 17.58G 76.48Gn
Kingston upon Hull Lloegr **15 G2** 53.45G 0.20Gn
Kingston upon Hull *rhan.* Lloegr **9 E3** 53.45G 0.20Gn
Kingston-upon-Thames Lloegr **11 E2** 51.25G 0.17Gn
Kingstown St. Vincent **71 L3** 13.12G 61.14Gn
Kingsville U.D.A. **64 G2** 27.31G 97.52Gn
Kingswood Lloegr **10 C2** 51.27G 2.29Gn
Kings Worthy Lloegr **10 D2** 51.06G 1.18Gn
Kington (Ceintun) Lloegr **10 B3** 52.12G 3.02Gn
Kingussie Yr Alban **19 E2** 57.05G 4.04Gn
King William, Ys. Canada **63 I4** 69.00G 97.30Gn
King, Ys. Awstralia **110 D1** 40.00D 144.00Dn
Kinlochleven (Ceann Loch Lìobhainn) *tref* Yr Alban **18 E1** 56.43G 4.58Gn
Kinloss Yr Alban **19 F2** 57.38G 3.33Gn
Kinna Sweden **43 C2** 57.32G 12.42Dn
Kinnegad Gwer. Iwerdd. **20 D3** 53.27G 7.07Gn
Kinross Yr Alban **17 F4** 56.13G 3.27Gn
Kinsale Gwer. Iwerdd. **20 C1** 51.41G 8.32Gn
Kinshasa Gwer. Ddem. Congo **86 A4** 4.18D 15.18Dn
Kintore Yr Alban **19 G2** 57.14G 2.21Gn
Kintyre *gor.* Yr Alban **16 D3** 55.35G 5.35Gn
Kintyre, Pr. Yr Alban **16 D3** 55.17G 5.45Gn
Kiparissía Groeg **56 E2** 37.15G 21.40Dn
Kipini Kenya **87 C2** 2.31D 40.37Dn
Kircubbin G. Iwerddon **16 D2** 54.29G 5.32Gn
Kiribati Cefn. Tawel **108 N6** 4.00D 175.00Gn
Kırıkkale Twrci **57 K3** 39.51G 33.32Dn
Kiritimati *ys.* Kiribati **108 P7** 1.52G 157.20Gn
Kırkareli Twrci **56 H4** 41.44G 27.12Dn
Kirkbean Yr Alban **17 F2** 54.55G 3.36Gn
Kirkby Lloegr **14 E2** 53.29G 2.54Gn
Kirkby in Ashfield Lloegr **15 F2** 53.06G 1.15Gn
Kirkby Lonsdale Lloegr **14 E3** 54.13G 2.36Gn
Kirkbymoorside *tref* Lloegr **15 G3** 54.16G 0.56Gn
Kirkby Stephen Lloegr **15 E3** 54.27G 2.23Gn
Kirkcaldy Yr Alban **17 F4** 56.07G 3.10Gn
Kirkcolm Yr Alban **16 D2** 54.58G 5.05Gn
Kirkconnel Yr Alban **17 F3** 55.23G 3.59Gn
Kirkcudbright Yr Alban **17 E2** 54.50G 4.03Gn
Kirkenes Norwy **43 G5** 69.44G 30.05Dn
Kirkham Lloegr **14 E2** 53.47G 2.52Gn
Kirkintilloch Yr Alban **16 E3** 55.57G 4.10Gn
Kirkkonummi Y Ffindir **43 F3** 60.06G 24.20Dn
Kirkland Lake *tref* Canada **63 J2** 48.10G 80.02Gn
Kirk Michael Ynys Manaw **14 C3** 54.17G 4.35Gn
Kirkuk Iraq **94 F6** 35.28G 44.26Dn
Kirkwall Yr Alban **19 G3** 58.59G 2.58Gn
Kirov Ffed. Rwsia **55 N6** 54.01G 34.20Dn
Kirovohrad Ukrain **55 M3** 48.31G 32.15Dn
Kirovsk Ffed. Rwsia **43 G2** 59.52G 31.00Dn
Kirovsk Ffed. Rwsia **43 H4** 67.37G 33.39Dn
Kirriemuir Yr Alban **19 F1** 56.41G 3.01Gn
Kırşehir Twrci **57 L3** 39.09G 34.08Dn
Kirton in Lindsey Lloegr **15 G2** 53.29G 0.35Gn
Kiruna Sweden **43 E4** 67.53G 20.15Dn
Kisangani Gwer. Ddem. Congo **86 B5** 0.33G 25.14Dn
Kisii Kenya **87 A2** 0.40D 34.45Dn
Kismaayo Somalia **85 I1** 0.25D 42.31Dn
Kisoro Uganda **86 B4** 1.19D 29.42Dn
Kisumu Kenya **87 A2** 0.03D 34.47Dn
Kitakyūshū Japan **106 B2** 33.50G 130.50Dn
Kitale Kenya **87 B3** 0.59G 35.01Dn
Kitami Japan **106 D4** 43.51G 143.54Dn
Kitchener Canada **65 J5** 43.27G 80.30Gn
Kitgum Uganda **87 A3** 3.18G 32.52Dn
Kíthira *ys.* Groeg **56 F2** 36.15G 23.00Dn
Kíthnos *ys.* Groeg **56 G2** 37.25G 24.25Dn
Kitimat Canada **62 F3** 54.05G 128.38Gn
Kittilä Y Ffindir **43 F4** 67.40G 24.50Dn
Kitui Kenya **87 B2** 1.23D 38.00Dn
Kitui, Gwarchodfa Gen. De Kenya **87 B2** 1.45D 38.40Dn
Kitwe Zambia **86 B3** 12.48D 28.14Dn
Kiuruvesi Y Ffindir **43 F3** 63.38G 26.40Dn
Kivu, Ll. Rwanda/Gwer. Ddem. Congo **86 B4** 1.50D 29.10Dn
Kızıl Irmak *a.* Twrci **57 L4** 41.45G 35.57Dn
Kladno Gwer. Tsiec **54 D4** 50.10G 14.05Dn
Klagenfurt Awstria **54 D2** 46.38G 14.20Dn
Klaipeda Lithuania **54 G6** 55.43G 21.07Dn
Klamath Falls *tref* U.D.A. **64 B5** 42.14G 121.47Gn
Klazienaveen Yr Iseld. **42 F4** 52.43G 7.00Dn
Kleve Yr Almaen **42 F3** 51.47G 6.11Dn
Klimovo Ffed. Rwsia **55 M5** 52.24G 32.13Dn
Klintsy Ffed. Rwsia **55 M5** 52.45G 32.15Dn
Klyuchevskaya Sopka *m.* Ffed. Rwsia **59 S3** 56.00G 160.30Dn
Knaresborough Lloegr **15 F3** 54.01G 1.29Gn
Knin Croatia **56 C6** 44.02G 16.10Dn
Knock, Bryn Yr Alban **19 G2** 57.35G 2.47Gn
Knockadoon, Pr. Gwer. Iwerdd. **20 D1** 51.52G 7.51Gn
Knockalongy *m.* Gwer. Iwerdd. **20 C4** 54.12G 8.45Gn
Knockboy *m.* Gwer. Iwerdd. **20 B1** 51.48G 9.27Gn
Knocklayd *m.* G. Iwerddon **16 C3** 55.10G 6.15Gn
Knockmealdown, Mdd. Gwer. Iwerdd. **20 D2** 52.15G 7.55Gn
Knottingley Lloegr **15 F2** 53.42G 1.15Gn
Knowle Lloegr **10 D3** 52.23G 1.43Gn
Knoxville U.D.A. **65 J4** 36.00G 83.57Gn
Knutsford Lloegr **15 E2** 53.18G 2.22Gn
Kōbe Japan **106 C2** 34.42G 135.15Dn
København Denmarc **43 C1** 55.43G 12.34Dn
Koblenz Yr Almaen **48 C4** 50.21G 7.36Dn
Kobroör *ys.* Indonesia **105 I2** 6.10D 134.30Dn
Kobryn Belarus **55 I5** 52.16G 24.22Dn
Kočani Macedonia **56 F4** 41.55G 22.24Dn
Kōchi Japan **106 B2** 33.33G 133.52Dn
Kodiak U.D.A. **62 C3** 57.49G 152.30Gn
Kodiak, Ys. U.D.A. **62 C3** 57.00G 153.50Gn
Kōfu Japan **106 C3** 35.44G 138.34Dn
Køge Denmarc **43 C1** 55.28G 12.12Dn
Kohat Pakistan **95 L5** 33.37G 71.30Dn
Kokand Uzbekistan **102 C6** 40.33G 70.55Dn
Kokkola Y Ffindir **43 E3** 63.50G 23.10Dn
Kokpekty Kazakhstan **102 E7** 48.45G 82.25Dn
Kokshetau Kazakhstan **58 I3** 53.18G 69.25Dn
Kola Ffed. Rwsia **43 H5** 68.53G 33.01Dn
Kola, Gor. Ffed. Rwsia **58 F4** 67.00G 38.00Dn
Kolaka Indonesia **105 G3** 4.04D 121.38Dn
Kolding Denmarc **43 B1** 55.29G 9.30Dn
Kolguyev *ys.* Ffed. Rwsia **58 G4** 69.00G 49.00Dn
Kolhapur India **96 E4** 16.43G 74.15Dn
Köln (Cwlen) Yr Almaen **48 C4** 50.56G 6.57Dn
Kołobrzeg Gw. Pwyl **54 D6** 54.10G 15.35Dn
Kolomna Ffed. Rwsia **55 P6** 55.05G 38.45Dn
Kolomyya Ukrain **55 I3** 48.31G 25.00Dn
Koluli Eritrea **94 F1** 14.26G 40.20Dn
Kolvitskoye, Llyn Ffed. Rwsia **43 H4** 67.00G 33.20Dn
Kolwezi Gwer. Ddem. Congo **86 B3** 10.44D 25.28Dn
Kolyma *a.* Ffed. Rwsia **59 S4** 68.50G 161.00Dn
Kolyma, Cn. *mdd.* Ffed. Rwsia **59 R4** 63.00G 160.00Dn
Komatsu Japan **106 C3** 36.24G 136.27Dn
Kome, Ys. Uganda **87 A2** 0.06D 32.43Dn
Komotiní Groeg **56 G4** 41.07G 25.26Dn
Komsomolets *ys.* Ffed. Rwsia **59 L6** 80.20G 96.00Dn
Komsomolsk-na-Amure Ffed. Rwsia **59 P3** 50.32G 136.59Dn
Kondoa Tanzania **87 B2** 4.55D 35.48Dn
Kongsberg Norwy **43 B2** 59.42G 9.39Dn
Kongsvinger Norwy **43 C3** 60.13G 11.59Dn
Konin Gw. Pwyl **54 F5** 52.13G 18.16Dn
Konotop Ukrain **55 M4** 51.15G 33.14Dn
Konso Ethiopia **87 B4** 5.18G 37.30Dn
Konstanz Yr Almaen **48 D2** 47.40G 9.10Dn
Konya Twrci **57 K2** 37.51G 32.30Dn
Köping Sweden **43 C2** 59.31G 16.01Dn
Kora, Gwar. Gen. Kenya **87 B2** 0.30D 39.00Dn
Koraput India **97 G4** 18.49G 82.43Dn
Korçë Albania **56 E4** 40.37G 20.45Dn
Korcula *ys.* Croatia **56 C5** 42.56G 16.53Dn
Korea, Bae Asia **103 M5** 39.00G 124.00Dn
Korea, Cf. De Korea/Japan **103 N4** 35.00G 129.20Dn
Korea, De Asia **103 N5** 36.00G 128.00Dn
Korea, Gogledd Asia **103 N6** 40.00G 128.00Dn
Korenovsk Ffed. Rwsia **57 N6** 45.29G 39.28Dn
Körfez Twrci **57 I4** 40.48G 29.55Dn
Kōriyama Japan **106 D3** 37.23G 140.22Dn
Korkuteli Twrci **57 J2** 37.07G 30.11Dn
Korogwe Tanzania **87 B1** 5.09D 38.29Dn
Koror Palau **105 I5** 7.30G 134.30Dn
Korosten' Ukrain **55 K4** 51.00G 28.30Dn
Korsør Denmarc **43 B1** 55.19G 11.09Dn
Kortrijk Gw. Belg **42 C2** 50.49G 3.17Dn
Koryak, Cn. *mdd.* Ffed. Rwsia **59 T4** 62.20G 171.00Dn
Kos Groeg **56 H2** 36.53G 27.18Dn
Kos *ys.* Groeg **56 H2** 36.48G 27.10Dn
Kościerzyna Gw. Pwyl **54 E6** 54.08G 18.00Dn
Kosciusko, M. Awstralia **110 D2** 36.28D 148.17Dn
Košice Slofacia **54 G3** 48.44G 21.15Dn
Kosovska Mitrovica Iwgo. **56 E5** 42.54G 20.51Dn
Kosrae *ys.* Tal. Ffed. Micronesia **108 L7** 5.10G 163.05Dn
Kosti Sudan **85 H3** 13.11G 32.38Dn
Kostroma Ffed. Rwsia **58 G3** 57.46G 40.59Dn
Kostrzyn Gw. Pwyl **54 D5** 52.35G 14.40Dn
Kostyantynivka Ukrain **55 O3** 48.33G 37.45Dn
Koszalin Gw. Pwyl **54 E6** 54.12G 16.09Dn

Lochgilphead Yr Alban 16 D4 . . . . .56.02G 5.26Gn
Lochinver (Loch an Inbhir) tref Yr Alban 18 D3
58.09G 5.13Gn
Lochmaben Yr Alban 17 F3 . . . . .55.08G 3.27Gn
Lochmaddy (Loch nam Madadh) tref Yr Alban 18 B2
57.36G 7.10Gn
Lochnagar m. Yr Alban 19 F1 . . . . . . .56.57G 3.15Gn
Loch nan Clar Yr Alban 19 E3 . . . . . . .58.18G 4.10Gn
Lochranza Yr Alban 16 D3 . . . . .55.42G 5.18Gn
Loch Roag Gorllewinol Yr Alban 18 C3 58.17G 6.52Gn
Lochy, Loch Yr Alban 18 E1 . . . . .56.58G 4.57Gn
Lockerbie Yr Alban 17 F3 . . . . .55.07G 3.21Gn
Loddon Lloegr 11 G3 . . . . .52.30G 1.29Dn
Lodwar Kenya 87 B3 . . . . .3.07G 35.38Dn
Łódź Gw. Pwyl 54 F4 . . . . .51.49G 19.28Dn
Lofoten ysdd. Norwy 43 C5 . . . . .68.15G 13.50Dn
Lofusa Sudan 87 A3 . . . . .3.44G 33.18Dn
Logan, M. Canada 62 D4 . . . . .60.45G 140.00Gn
Loggerheads Lloegr 10 C3 . . . . .52.55G 2.23Gn
Logone a. Cameroun/Tchad 82 E6 . . . .12.10G 15.00Dn
Logroño Sbaen 46 D5 . . . . .42.28G 2.26Gn
Loire a. Ffrainc 44 C5 . . . . .47.18G 2.00Gn
Loja Ecuador 76 C4 . . . . .3.59D 79.16Gn
Loja Sbaen 46 C2 . . . . .37.10G 4.09Gn
Lokan tekojärvi cr. Y Ffindir 43 F4 . . . .67.55G 27.40Dn
Lokeren Gw. Belg 42 C3 . . . . .51.06G 3.59Dn
Lokichar Kenya 87 B3 . . . . .2.23G 35.40Dn
Lokichokio Kenya 87 A3 . . . . .4.19G 34.16Dn
Løkken Norwy 43 B3 . . . . .63.06G 9.43Dn
Lokoja Nigeria 84 E2 . . . . .7.49G 6.44Dn
Lokwa Kangole Kenya 87 B3 . . . . .3.32G 35.50Dn
Loliondo Tanzania 87 B2 . . . . .2.04D 35.38Dn
Lolland ys. Denmarc 43 B1 . . . . .54.50G 11.30Dn
Lom Bwlgaria 56 F5 . . . . .43.49G 23.13Dn
Lomami a. Gwer. Ddem. Congo 86 B5 . .0.45G 24.10Dn
Lombok ys. Indonesia 104 F2 . . . . .8.30D 116.20Dn
Lomé Togo 84 E2 . . . . .6.10G 1.21Dn
Lommel Gw. Belg 42 E3 . . . . .51.15G 5.18Dn
Lomond, Loch Yr Alban 16 E4 . . . . . . .56.07G 4.36Gn
Łomża Gw. Pwyl 54 H5 . . . . .53.11G 22.04Dn
London Canada 63 J2 . . . . .42.58G 81.15Gn
Londonderry G. Iwerddon 16 B2 . . . . . .55.00G 7.20Gn
Londonderry, P. Awstralia 110 B4 . . .13.58D 126.55Dn
London (Llundain) Lloegr 11 E2 . . . . . .51.32G 0.06Gn
Longa, Cf. Ffed. Rwsia 59 T5 . . . . . . .70.00G 178.00Dn
Long Ashton Lloegr 10 C2 . . . . .51.26G 2.37Gn
Long Beach tref U.D.A. 64 C3 . . . . . .33.57G 118.15Gn
Long Bennington Lloegr 15 G1 . . . . . .52.59G 0.45Gn
Long Eaton Lloegr 10 D3 . . . . .52.54G 1.16Gn
Longford Gwer. Iwerdd. 20 D3 . . . . . . .53.44G 7.48Gn
Longford rhan. Gwer. Iwerdd. 20 D3 . . . .53.42G 7.45Gn
Longhorsley Lloegr 15 F4 . . . . .55.15G 1.46Gn
Longhoughton Lloegr 15 F4 . . . . .55.26G 1.36Gn
Long I. U.D.A. 65 L5 . . . . .40.50G 73.00Gn
Longido Tanzania 87 B2 . . . . .2.43D 36.41Dn
Longlac tref Canada 63 J2 . . . . .49.47G 86.34Gn
Long, Loch Yr Alban 16 E4 . . . . .56.05G 4.52Gn
Longmount U.D.A. 64 F5 . . . . .40.10G 105.06Gn
Longridge Lloegr 14 E2 . . . . .53.50G 2.37Gn
Long Stratton Lloegr 11 G3 . . . . .52.29G 1.14Dn
Longton Lloegr 14 E2 . . . . .53.44G 2.48Gn
Longtown Lloegr 14 E4 . . . . .55.01G 2.58Gn
Longuyon Ffrainc 42 E1 . . . . .49.26G 5.36Dn
Long Xuyên Viet Nam 104 D6 . . . . . .10.23G 105.25Dn
Long, Ys. Bahamas 71 J5 . . . . .23.00G 75.00Gn
Lons-le-Saunier Ffrainc 44 F5 . . . . . . .46.40G 5.33Dn
Lookout, P. U.D.A. 65 K3 . . . . .34.34G 76.34Gn
Loolmalasin m. Tanzania 87 B2 . . . . . . .3.06D 35.46Dn
Loop, Pt. Gwer. Iwerdd. 20 B2 . . . . . .52.33G 9.56Gn
Lop Nur ll. China 102 G6 . . . . .40.30G 90.30Dn
Lopphavet moryd Norwy 43 E5 . . . . . .70.30G 21.00Dn
Loralai Pakistan 95 K5 . . . . .30.22G 68.36Dn
Lorca Sbaen 46 E2 . . . . .37.40G 1.41Gn
Lord Howe, Ys. Cefn. Tawel 111 E2 . .31.33D 159.06Dn
Lordsburg U.D.A. 64 E3 . . . . .32.22G 108.43Gn
Lorient (An Oriant) Ffrainc 44 B5 . . . . .47.45G 3.21Gn
Lorn, Moryd Yr Alban 16 D4 . . . . .56.20G 5.40Gn
Losai, Gwar. Gen. Kenya 87 B3 . . . . . . .1.30G 37.15Dn
Los Angeles Chile 75 B3 . . . . .37.28D 72.21Gn
Los Angeles U.D.A. 64 C3 . . . . .34.00G 118.17Gn
Los Canarios Ysdd. Dedwydd 46 X2 . .28.28G 17.52Gn
Los Canarreos, Ysr. Cuba 71 H5 . . . . .21.40G 82.30Gn
Los Chonos, Ysr. ysdd. Chile 75 B2 . . .45.00D 74.00Gn
Los Estados, Ys. Ariannin 75 C1 . . . . .54.45D 64.00Gn
Los Llanos de Aridane Ysdd. Dedwydd 46 X2
28.39G 17.54Gn
Los Mochis México 70 C6 . . . . .25.45G 108.57Gn
Los Roques ysdd. Venezuela 71 K3 . . .12.00G 67.00Gn
Lossie a. Yr Alban 19 F2 . . . . .57.43G 3.18Gn
Lossiemouth Yr Alban 19 F2 . . . . .57.43G 3.18Gn
Los Taques Venezuela 71 J3 . . . . .11.50G 70.16Gn
Los Teques Venezuela 71 K3 . . . . .10.25G 67.01Gn
Los Testigos ys. Antilles Lleiaf 71 L3 . .11.24G 63.07Gn
Lostwithiel Lloegr 13 C2 . . . . .50.24G 4.41Gn
Lot a. Ffrainc 44 D4 . . . . .44.17G 0.22Dn
Lotagipi, Gwern Kenya/Sudan 87 A3 . . .4.40G 34.30Dn
Lothian, Dwyrain rhan. Yr Alban 8 D4 . .55.55G 2.40Gn
Lothian, Gorllewin rhan. Yr Alban 8 D4 .55.55G 3.30Gn
Lotikipi, Gwastadedd n. Kenya 87 A3 . . .4.25G 34.30Dn
Lotta a. Ffed. Rwsia 43 H5 . . . . .68.36G 31.06Dn
Louang Namtha Laos 104 C8 . . . . . . .21.01G 101.27Dn
Louangphrabang Laos 104 C7 . . . . . .19.53G 102.10Dn
Loughborough Lloegr 10 D3 . . . . .52.47G 1.11Gn
Loughrea Gwer. Iwerdd. 20 C3 . . . . . . .53.11G 8.36Gn
Loughton Lloegr 11 F2 . . . . .51.39G 0.03Dn
Louisiana rhan. U.D.A. 65 H3 . . . . . . .31.00G 92.30Gn
Louisville U.D.A. 65 I4 . . . . .38.13G 85.45Gn
Loukhi Ffed. Rwsia 43 H4 . . . . .66.05G 33.04Dn
Lourdes Ffrainc 44 C3 . . . . .43.06G 0.02Gn
Louth rhan. Gwer. Iwerdd. 20 E3 . . . . . .53.45G 6.30Gn
Louth Lloegr 15 H2 . . . . .53.23G 0.00
Lovĕch Bwlgaria 56 G5 . . . . .43.08G 24.44Dn
Lovozero Ffed. Rwsia 43 H5 . . . . .68.01G 35.08Dn
Lowell U.D.A. 65 L5 . . . . .42.39G 71.18Gn
Lowestoft Lloegr 11 G3 . . . . .52.29G 1.44Dn
Łowicz Gw. Pwyl 54 F5 . . . . .52.06G 19.55Dn
Loyal, Loch Yr Alban 19 E3 . . . . .58.23G 4.21Gn
Loyauté, Ysdd. Cal. New. 111 F3 . . . .21.00D 167.00Dn
Loyne, Loch Yr Alban 18 D2 . . . . .57.06G 5.01Gn
Lozova Ukrain 55 O3 . . . . .48.54G 36.20Dn
Lualaba a. G.C.A. 82 F4 . . . . .2.00G 15.00Dn
Luanda Angola 86 A4 . . . . .8.50D 13.20Dn
Luangwa a. Zambia 82 F3 . . . . .14.59D 30.14Dn
Luarca Sbaen 46 B5 . . . . .43.33G 6.31Gn
Lubango Angola 86 A3 . . . . .14.55D 13.30Dn
Lubbock U.D.A. 64 F3 . . . . .33.35G 101.53Gn
Lübeck Yr Almaen 48 E5 . . . . .53.52G 10.40Dn
Lübeck, Bae Yr Almaen 48 E6 . . . . . . .54.05G 11.00Dn
Lublin Gw. Pwyl 54 H4 . . . . .51.18G 22.31Dn
Lubnaig, Loch Yr Alban 16 E4 . . . . . . .56.17G 4.18Gn
Lubny Ukrain 55 M4 . . . . .50.01G 33.00Dn
Lubuklinggau Indonesia 104 C3 . . . . .3.24D 102.56Dn
Lubumbashi Gwer. Ddem. Congo 86 B3
11.41D 27.29Dn
Luce, Bae Yr Alban 16 E2 . . . . .54.45G 4.47Gn
Lucena Pili. 105 G6 . . . . .13.56G 121.37Dn
Lucena Sbaen 46 C2 . . . . .37.25G 4.29Gn
Lučenec Slofacia 54 F3 . . . . .48.20G 19.40Dn
Lucknow India 97 G6 . . . . .26.50G 80.54Dn
Lüderitz Namibia 86 A2 . . . . .26.38D 15.10Dn
Ludgershall Lloegr 10 D2 . . . . .51.15G 1.38Gn
Ludhiana India 96 F7 . . . . .30.56G 75.52Dn
Ludlow (Llwydlo) Lloegr 10 C3 . . . . . .52.23G 2.42Gn
Ludvika Sweden 43 C3 . . . . .60.08G 15.14Dn
Ludwigshafen Yr Almaen 48 D3 . . . . . .49.29G 8.27Dn
Luena Angola 86 A3 . . . . .11.46D 19.55Dn
Lufkin U.D.A. 65 H3 . . . . .31.21G 94.47Gn
Luga Ffed. Rwsia 43 G2 . . . . .58.42G 29.49Dn
Lugano Y Swistir 44 H5 . . . . .46.01G 8.57Dn
Lugg a. Lloegr 10 C3 . . . . .52.01G 2.38Gn
Lugo Sbaen 46 B5 . . . . .43.00G 7.33Gn
Lugoj România 54 G1 . . . . .45.42G 21.56Dn
Luhan'sk Ukrain 58 F2 . . . . .48.35G 39.20Dn
Luing ys. Yr Alban 16 D4 . . . . .56.14G 5.38Gn
Lule a. Sweden 43 E4 . . . . .65.40G 21.48Dn
Luleå Sweden 43 E4 . . . . .65.35G 22.10Dn
Lüleburgaz Twrci 56 H4 . . . . .41.25G 27.23Dn
Lumberton U.D.A. 65 K3 . . . . .34.37G 79.03Gn
Lunan, Bae Yr Alban 19 G1 . . . . .56.38G 2.30Gn
Lund Sweden 43 C1 . . . . .55.42G 13.10Dn
Lundy Lloegr 13 C3 . . . . .51.10G 4.41Gn
Lune a. Lloegr 14 E3 . . . . .54.03G 2.49Gn
Lüneburg Yr Almaen 48 E5 . . . . .53.15G 10.24Dn
Lunéville Ffrainc 44 G6 . . . . .48.36G 6.30Dn
Lungsod ng Quezon Pili. 104 G6 . . .14.39G 121.01Dn
Luninyets Belarus 55 J5 . . . . .52.18G 26.50Dn
Luoyang China 103 K4 . . . . .34.48G 112.25Dn
Lure Ffrainc 44 G5 . . . . .47.42G 6.30Dn
Lurgainn, Loch Yr Alban 18 D3 . . . . . .58.01G 5.12Gn
Lurgan G. Iwerddon 16 C2 . . . . .54.28G 6.20Gn
Lusaka Zambia 86 B3 . . . . .15.26D 28.20Dn
Lushoto Tanzania 87 B2 . . . . .4.51D 38.19Dn
Luton Lloegr 11 E2 . . . . .51.53G 0.25Gn
Luton rhan. Lloegr 9 E2 . . . . .51.53G 0.25Gn
Luts'k Ukrain 55 I4 . . . . .50.42G 25.15Dn
Lutterworth Lloegr 10 D3 . . . . .52.28G 1.12Gn
Luxembourg Ewrop 42 F1 . . . . .49.50G 6.15Dn
Luxembourg rhan. Gw. Belg 42 E1 . . . .49.58G 5.30Dn
Luxembourg tref Lux. 42 F1 . . . . .49.37G 6.08Dn
Luxor Yr Aifft 94 D4 . . . . .25.41G 32.24Dn
Luzern Y Swistir 44 H5 . . . . .47.03G 8.17Dn
Luziânia Brasil 77 F3 . . . . .16.18D 47.57Gn
Luzon ys. Pili. 105 G7 . . . . .17.50G 121.00Dn
Luzon, Cf. Cefn. Tawel 104 G8 . . . . .20.20G 122.00Dn
L'viv Ukrain 55 I3 . . . . .49.50G 24.03Dn
Lycksele Sweden 43 D4 . . . . .64.34G 18.40Dn
Lydd Lloegr 11 F1 . . . . .50.57G 0.56Dn
Lydford Lloegr 13 C2 . . . . .50.39G 4.06Gn
Lydney Lloegr 10 C2 . . . . .51.43G 2.32Gn
Lyepyel' Belarus 55 K6 . . . . .54.48G 28.40Dn
Lyme, Bae Lloegr 10 C1 . . . . .50.40G 2.55Gn
Lyme Regis Lloegr 10 C1 . . . . .50.44G 2.57Gn
Lymington Lloegr 10 D1 . . . . .50.46G 1.32Gn
Lynchburg U.D.A. 65 K4 . . . . .37.24G 79.10Gn
Lyndhurst Lloegr 10 D1 . . . . .50.53G 1.33Gn
Lynmouth Lloegr 13 D3 . . . . .51.15G 3.50Gn
Lynn Lake tref Canada 62 H3 . . . . . .56.51G 101.01Gn
Lynton Lloegr 13 D3 . . . . .51.14G 3.50Gn
Lyon Ffrainc 44 F4 . . . . .45.46G 4.50Dn
Lyon a. Yr Alban 16 E4 . . . . .56.37G 3.59Gn
Lysychans'k Ukrain 55 P3 . . . . .48.53G 38.25Dn
Lytchett Minster Lloegr 10 C1 . . . . . .50.44G 2.04Gn
Lytham St. Anne's Lloegr 14 D2 . . . . . .53.45G 3.01Gn

LL

Llai Cymru 12 D5 . . . . .53.06G 2.58Gn
Llanandras Cymru 12 E4 . . . . .52.17G 3.00Gn
Llanarth Cymru 12 C4 . . . . .52.12G 4.18Gn
Llanbadarn Fawr Cymru 12 C4 . . . . . . .52.24G 4.05Gn
Llanbedr Pont Steffan Cymru 12 C4 . . .52.06G 4.06Gn
Llanberis Cymru 12 C5 . . . . .53.07G 4.07Gn
Llandeilo Cymru 12 D3 . . . . .51.54G 4.00Gn
Llandrindod Cymru 12 D4 . . . . .52.15G 3.23Gn
Llandudno Cymru 12 D5 . . . . .53.19G 3.49Gn
Llandwrog Cymru 12 C5 . . . . .53.04G 4.20Gn
Llandysul Cymru 12 C4 . . . . .52.03G 4.20Gn
Llanegwad Cymru 12 C3 . . . . .51.53G 4.09Gn
Llanelwy Cymru 12 D5 . . . . .53.16G 3.26Gn
Llanelli Cymru 12 C3 . . . . .51.41G 4.11Gn
Llanfair Caereinion Cymru 12 D4 . . . .52.39G 3.20Gn
Llanfairfechan Cymru 12 D5 . . . . .53.15G 3.58Gn
Llanfairpwllgwyngyll Cymru 12 C5 . . . .53.12G 4.13Gn
Llanfair-ym-Muallt Cymru 12 D4 . . . . .52.09G 3.24Gn
Llanfair-yn-Neubwll Cymru 12 C5 . . . .53.15G 4.33Gn
Llanfyllin Cymru 12 D4 . . . . .52.47G 3.17Gn
Llangadog Cymru 12 D3 . . . . .51.56G 3.53Gn
Llangefni Cymru 12 C5 . . . . .53.15G 4.20Gn
Llangeler Cymru 12 C4 . . . . .52.01G 4.24Gn
Llangelynin Cymru 12 C4 . . . . .52.38G 4.06Gn
Llangoed Cymru 12 C5 . . . . .53.18G 4.05Gn
Llangollen Cymru 12 D4 . . . . .52.58G 3.10Gn
Llanidloes Cymru 12 D4 . . . . .52.28G 3.31Gn
Llanilltud Fawr Cymru 13 D3 . . . . .51.24G 3.29Gn
Llanllieni (Leominster) Lloegr 10 C3 . . .52.15G 2.43Gn
Llanllwchaiarn Cymru 12 D4 . . . . .52.33G 3.17Gn
Llanllyfni Cymru 12 C5 . . . . .53.03G 4.17Gn
Llanrwst Cymru 12 D5 . . . . .53.08G 3.48Gn
Llanrhymni Cymru 13 D3 . . . . .51.32G 3.07Gn
Llansannan Cymru 12 D5 . . . . .53.11G 3.35Gn
Llansawel tref Cymru 12 D3 . . . . .51.37G 3.50Gn
Llantrisant Cymru 12 D3 . . . . .51.33G 3.23Gn
Llanwnda Cymru 12 C5 . . . . .53.05G 4.18Gn
Llanybydder Cymru 12 C4 . . . . .52.04G 4.10Gn
Llanymddyfri Cymru 12 D3 . . . . .51.59G 3.49Gn
Llawnog Cymru 12 D4 . . . . .52.32G 3.27Gn
Llinon (Shannon) a. Gwer. Iwerdd. 20 C2
52.39G 8.43Gn
Lloegr D.U. 10-15
Llundain (London) Lloegr 11 E2 . . . . . .51.32G 0.06Gn
Llundain Fwyaf rhan. Lloegr 9 E2 . . . . .51.31G 0.06Gn
Llwchwr a. Cymru 12 C3 . . . . .51.43G 4.04Gn
Llwydlo (Ludlow) Lloegr 10 C3 . . . . . .52.23G 2.42Gn
Llwyfandiroedd Uchel Algeria 52 C3 . . .34.00G 0.10Gn
Llychlyn n. Ewrop 34 E4 . . . . .65.00G 18.00Dn
Llydaw n. Ffrainc 44 B6 . . . . .48.00G 3.00Gn
Llygad Iwerddon ys. Gwer. Iwerdd. 20 E3 53.25G 6.04Gn
Llŷn, P. Cymru 12 C4 . . . . .52.50G 4.35Gn

M

Ma'an Gw. Iorddonen 94 E5 . . . . .30.11G 35.43Dn
Maas = Meuse a. Yr Iseld. 42 D3 . . . . .51.44G 4.42Dn
Maaseik Gw. Belg 42 E3 . . . . .51.08G 5.48Dn
Maastricht Yr Iseld. 42 E2 . . . . .50.51G 5.42Dn
Mablethorpe Lloegr 15 H2 . . . . .53.21G 0.14Gn
Macaé Brasil 77 F2 . . . . .22.21D 41.48Gn
Macapá Brasil 77 E5 . . . . .0.01G 51.01Gn
Macas Ecuador 76 C4 . . . . .2.22D 78.08Gn
Macau Asia 103 K2 . . . . .22.13G 113.36Dn
Macclesfield Lloegr 15 E2 . . . . .53.16G 2.09Gn
McCook U.D.A. 64 F5 . . . . .40.15G 100.45Gn
Macdonnell, Cni. mdd. Awstralia 110 C3
23.30D 132.00Dn
Macduff Yr Alban 19 G2 . . . . .57.40G 2.30Gn
Macedo de Cavaleiros Portiwgal 46 B4 41.32G 6.58Gn
Macedonia Ewrop 56 E4 . . . . .41.15G 21.15Dn
Maceió Brasil 77 G4 . . . . .9.34D 35.47Gn
Macgillycuddy's Reeks mdd. Gwer. Iwerdd. 20 B2
52.00G 9.45Gn
McGrath U.D.A. 62 C4 . . . . .62.58G 155.40Gn
Mach Pakistan 95 K4 . . . . .29.52G 67.20Dn
Machakos Kenya 87 B2 . . . . .1.31D 37.15Dn
Machala Ecuador 76 C4 . . . . .3.20D 79.57Gn
Machilipatnam India 97 G4 . . . . .16.13G 81.12Dn
Machrihanish Yr Alban 16 D3 . . . . .55.25G 5.44Gn
Mackay Awstralia 110 D3 . . . . .21.10D 149.10Dn
Mackay, Ll. Awstralia 110 B3 . . . . . . .22.30D 128.58Dn
Mackenzie a. Canada 62 E4 . . . . .69.20G 134.00Gn
Mackenzie King, Ys. Canada 62 G5 .77.30G 112.00Gn
Mackenzie, Mdd. Canada 62 E4 . . . .64.00G 130.00Gn
McKinley, M. U.D.A. 62 C4 . . . . .63.00G 151.00Gn
MacLeod, Ll. Awstralia 110 A3 . . . . . .24.10D 113.35Dn
Macomer Yr Eidal 50 C4 . . . . .40.16G 8.45Dn
Mâcon Ffrainc 44 F5 . . . . .46.18G 4.50Dn
Macon U.D.A. 65 J3 . . . . .32.47G 83.37Gn
Macquarie, Ys. Cefn. Tawel 108 K1 . .54.29D 158.58Dn
Macroom Gwer. Iwerdd. 20 C1 . . . . . . .51.53G 8.59Gn
Machynlleth Cymru 12 D4 . . . . .52.35G 3.51Gn
Madadeni G.D.A. 86 C2 . . . . .27.43D 30.02Dn
Madagascar Affrica 86 D2 . . . . .20.00D 46.30Dn
Madeira a. Brasil 77 E4 . . . . .3.50D 58.30Gn
Madeira ys. Cefn. Iwerydd 84 C5 . . . . .32.45G 17.00Gn
Madeley Lloegr 10 C3 . . . . .52.39G 2.28Gn
Madhya Pradesh rhan. India 97 F5 . . . .23.00G 79.30Dn
Madīnat ath Thawrah Syria 57 N1 . . . .35.50G 38.35Dn
Madini a. Bolivia 76 D3 . . . . .12.32D 66.50Gn
Madison U.D.A. 65 I5 . . . . .43.04G 89.22Gn
Mado Gashi Kenya 87 B3 . . . . .0.40G 39.11Dn
Madras = Chennai India 97 G3 . . . . . . .13.05G 80.18Dn
Madre de Dios a. Bolivia 76 D3 . . . . . .11.00D 66.30Gn
Madre, Morlyn México 70 E5 . . . . .25.00G 97.30Gn
Madre, Sierra mdd. Cb. America 60 K3 .15.00G 90.00Gn
Madrid Sbaen 46 D4 . . . . .40.25G 3.43Gn
Madukani Tanzania 87 B2 . . . . .3.52D 35.46Dn
Madura ys. Indonesia 104 E2 . . . . .7.00D 113.30Dn
Madurai India 97 F2 . . . . .9.55G 78.07Dn
Maebashi Japan 106 C3 . . . . .36.30G 139.04Dn
Maenorbŷr Cymru 12 C3 . . . . .51.39G 4.48Gn
Maesteg Cymru 12 D3 . . . . .51.36G 3.40Gn
Maestra, Sierra mdd. Cuba 71 I5 . . . . .20.10G 76.30Gn
Mafia, Ys. Tanzania 86 C4 . . . . .7.50D 39.50Dn
Mafraq Gw. Iorddonen 94 E5 . . . . . . .32.20G 36.12Dn
Magadan Ffed. Rwsia 59 R3 . . . . . . .59.38G 150.50Dn
Magadi Kenya 87 B2 . . . . .1.52D 36.18Dn
Magallanes, Cf. Chile 75 B1 . . . . .53.00D 71.00Gn
Magdalena a. Colombia 74 B7 . . . . . . .10.56G 74.58Gn
Magdalena México 70 B7 . . . . .30.38G 110.59Gn
Magdalena, Bae México 70 B5 . . . . .24.30G 112.00Gn
Magdeburg Yr Almaen 48 E5 . . . . .52.08G 11.36Dn
Magee, Ys. gor. G. Iwerddon 16 D2 . . . .54.49G 5.44Gn
Magerøya ys. Norwy 43 F5 . . . . .71.00G 25.50Dn
Maggiore, Ll. Yr Eidal 50 C7 . . . . .46.00G 8.37Dn
Maghâgha Yr Aifft 53 J2 . . . . .28.39G 30.50Dn
Maghera G. Iwerddon 16 C2 . . . . .54.51G 6.42Gn
Magherafelt G. Iwerddon 16 C2 . . . . . .54.45G 6.38Gn
Maghull Lloegr 14 E2 . . . . .53.31G 2.56Gn
Magilligan, Pt. G. Iwerddon 16 C3 . . . .55.11G 6.58Gn
Magnitogorsk Ffed. Rwsia 58 H3 . . . . .53.28G 59.06Dn
Magny-en-Vexin Ffrainc 42 A1 . . . . . .49.09G 1.47Dn
Magu Tanzania 87 A2 . . . . .2.35D 33.27Dn
Maguarinho, P. Brasil 77 F4 . . . . .0.15D 48.23Gn
Magwe Myanmar 97 J5 . . . . .20.10G 95.00Dn
Mahabad Iran 95 G6 . . . . .36.44G 45.44Dn
Mahagi Gwer. Ddem. Congo 85 H2 . . . .2.16G 30.59Dn
Mahajanga Madagascar 86 D3 . . . . . . .15.40D 46.20Dn
Maharashtra rhan. India 96 E4 . . . . . .20.00G 75.00Dn
Mahé, Ys. Seychelles 85 J1 . . . . .4.41D 55.30Dn
Mahilyow Belarus 55 L5 . . . . .53.54G 30.20Dn
Mahón Sbaen 46 H3 . . . . .39.55G 4.18Dn
Maicao Colombia 71 J3 . . . . .11.25G 72.10Gn
Maidenhead Lloegr 10 E2 . . . . .51.32G 0.44Gn
Maidstone Lloegr 11 F2 . . . . .51.17G 0.32Dn
Maiduguri Nigeria 84 F3 . . . . .11.53G 13.16Dn
Main a. G. Iwerddon 16 C2 . . . . .54.43G 6.19Gn
Mai-Ndombe, Ll. Gwer. Ddem. Congo 86 A4
2.00D 18.20Dn
Maine rhan. U.D.A. 65 M6 . . . . .45.00G 69.00Gn
Mainz Yr Almaen 48 D3 . . . . .50.00G 8.16Dn
Maio ys. Cabo Verde 84 B3 . . . . .15.10G 23.10Gn
Maiquetía Venezuela 71 K3 . . . . .10.03G 66.57Gn
Maitland Awstralia 110 E2 . . . . .32.33D 151.33Dn
Maizuru Japan 106 C3 . . . . .35.30G 135.20Dn
Maíz, Ysdd. Nicaragua 71 H3 . . . . . . .12.12G 83.00Gn
Majene Indonesia 104 F3 . . . . .3.33D 118.59Dn
Maji Ethiopia 87 B4 . . . . .6.11G 35.38Dn
Makale Indonesia 104 F3 . . . . .3.06D 119.53Dn
Makassar, Cf. Indonesia 104 F3 . . . . . .3.00D 118.00Dn
Makgadikgadi, Pant Heli n. Botswana 86 B2
20.50D 25.45Dn
Makhachkala Ffed. Rwsia 58 G2 . . . . .42.59G 47.30Dn
Makindu Kenya 87 B2 . . . . .2.18D 37.50Dn
Makiyivka Ukrain 55 P3 . . . . .48.01G 38.00Dn
Makkah (Mecca) Saudi Arabia 94 E3 . .21.26G 39.49Dn
Makran n. Asia 95 J4 . . . . .25.40G 62.00Dn
Makurdi Nigeria 84 E2 . . . . .7.44G 8.35Dn
Mala, P. Panamá 71 I2 . . . . .7.30G 80.00Gn
Malabar, Arfordir n. India 96 F3 . . . . .11.00G 75.00Dn
Malabo Guinea Gyhyd. 84 E2 . . . . .3.45G 8.48Dn
Maladzyechna Belarus 55 J6 . . . . . . .54.16G 26.50Dn
Málaga Sbaen 46 C2 . . . . .36.43G 4.25Gn
Malahide Gwer. Iwerdd. 20 E3 . . . . . . .53.27G 6.09Gn
Malaita ys. Ysdd. Solomon 111 F5 . . . .9.00D 161.00Dn
Malakal Sudan 85 H2 . . . . .9.31G 31.40Dn
Malakula ys. Vanuatu 111 F4 . . . . . . .16.15D 167.30Dn
Malang Indonesia 104 E2 . . . . .7.59D 112.45Dn
Malanje Angola 86 A4 . . . . .9.36D 16.21Dn
Mälaren ll. Sweden 43 D2 . . . . .59.30G 17.00Dn
Malatya Twrci 57 N3 . . . . .38.22G 38.18Dn
Malaŵi Affrica 86 C3 . . . . .13.00D 34.00Dn
Malaya n. Malaysia 104 C4 . . . . .5.00G 102.00Dn
Malayer Iran 95 G5 . . . . .34.19G 48.51Dn
Malaysia Asia 104 D5 . . . . .5.00G 110.00Dn
Malaysia Orynysol rhan. Malaysia 104 C4
5.00G 102.00Dn
Malbork Gw. Pwyl 54 F6 . . . . .54.02G 19.01Dn
Malden, Ys. Kiribati 108 P6 . . . . .4.03D 154.49Gn
Maldives Cefn. India 96 E2 . . . . .6.20G 73.00Dn
Maldon Lloegr 11 F2 . . . . .51.43G 0.41Dn
Maléa, P. Groeg 56 F2 . . . . .36.27G 23.11Dn
Malgomaj ll. Sweden 43 D4 . . . . .64.45G 16.00Dn
Mali Affrica 84 D3 . . . . .16.00G 3.00Gn
Malili Indonesia 104 G3 . . . . .2.38D 121.06Dn
Malindi Kenya 87 C2 . . . . .3.14D 40.07Dn
Malin, Pr. Gwer. Iwerdd. 20 D5 . . . . . .55.22G 7.24Gn
Mallaig Yr Alban 18 D1 . . . . .57.00G 5.50Gn
Mallawi Yr Aifft 53 J2 . . . . .27.44G 30.50Dn
Mallorca ys. Sbaen 46 G3 . . . . .39.35G 3.00Dn
Mallow Gwer. Iwerdd. 20 C2 . . . . .52.08G 8.39Gn
Malmédy Gw. Belg 42 F2 . . . . .50.25G 6.02Dn
Malmesbury Lloegr 10 C2 . . . . .51.35G 2.05Gn
Malmö Sweden 43 C1 . . . . .55.35G 13.00Dn
Måløy Norwy 43 A3 . . . . .61.57G 5.06Dn
Malpas Lloegr 14 E2 . . . . .53.01G 2.46Gn
Malpelo, Ys. Cefn. Tawel 60 K2 . . . . . .4.00G 81.35Gn
Malta Ewrop 50 F1 . . . . .35.55G 14.25Dn
Maltby Lloegr 15 F2 . . . . .53.25G 1.12Gn
Malton Lloegr 15 G3 . . . . .54.09G 0.48Gn
Maluku ysdd. Indonesia 108 H6 . . . . .2.00D 128.00Dn
Maluku, Môr Cefn. Tawel 105 H4 . . . . .2.00G 126.30Dn
Malvern, Bryniau Lloegr 10 C3 . . . . . .52.07G 2.19Gn
Malvinas = Ysdd. Falkland De America 75 C1
52.00D 60.00Gn
Mamelodi G.D.A. 86 B2 . . . . .25.41D 28.22Dn
Mamoré a. Brasil/Bolivia 76 D3 . . . . . . .9.41D 65.20Gn
Mamuju Indonesia 104 F3 . . . . .2.41D 118.55Dn
Manacapuru Brasil 77 D4 . . . . .3.16D 60.37Gn
Manacor Sbaen 46 G3 . . . . .39.32G 3.12Dn
Manadao Indonesia 105 G4 . . . . .1.30G 124.58Dn
Managua Nicaragua 70 G3 . . . . .12.06G 86.18Gn
Managua, Ll. Nicaragua 70 G3 . . . . . .12.10G 86.30Gn
Mananjary Madagascar 86 D2 . . . . . . .21.13D 48.20Dn
Manaus Brasil 77 E4 . . . . .3.06D 60.00Gn
Manavgat Twrci 57 J2 . . . . .36.47G 31.28Dn
Manaw, Ynys D.U. 14 C3 . . . . .54.15G 4.30Gn
Manceinion (Manchester) Lloegr 15 E2 53.30G 2.15Gn
Manceinion Fwyaf rhan. Lloegr 9 D3 . . .53.30G 2.18Gn
Manchester U.D.A. 65 L5 . . . . .42.59G 71.28Gn
Manchester (Manceinion) Lloegr 15 E2 53.30G 2.15Gn
Manchuria n. Asia 90 O7 . . . . .45.00G 125.00Dn
Mand a. Iran 95 H4 . . . . .28.09G 51.16Dn
Mandala, Cp. Indonesia 105 K3 . . . . . .4.45D 140.15Dn
Mandalay Myanmar 97 J5 . . . . .21.57G 96.04Dn
Mandalgovĭ Mongolia 103 J7 . . . . . . .45.40G 106.10Dn
Mandera Kenya 87 C3 . . . . .3.55G 41.50Dn
Mandiorė, Lagoa ll. Brasil/Bolivia 77 E3 18.05D 57.30Gn
Manfredonia Yr Eidal 50 F4 . . . . .41.38G 15.54Dn
Mangaia ys. Ysdd. Cook 108 P4 . . . . .21.56D 157.56Gn
Mangalia România 57 I5 . . . . .43.50G 28.35Dn
Mangalore India 96 E3 . . . . .12.54G 74.51Dn
Mangaung G.D.A. 86 B2 . . . . .29.30D 26.30Dn
Mangoky a. Madagascar 86 D2 . . . . . .21.20D 43.30Dn
Mangotsfield Lloegr 10 C2 . . . . .51.29G 2.29Gn
Mangu Kenya 87 B2 . . . . .0.58D 36.57Dn
Manihiki ys. Ysdd. Cook 108 O5 . . . . .10.24D 161.01Gn
Manila Pili. 104 G6 . . . . .14.36G 120.59Dn
Manipur rhan. India 97 I5 . . . . .25.00G 93.40Dn
Manisa Twrci 56 H3 . . . . .38.37G 27.28Dn
Manitoba rhan. Canada 62 I3 . . . . . . .54.00G 96.00Gn
Manitoba, Ll. Canada 62 I3 . . . . .51.35G 99.00Gn
Manizales Colombia 74 B7 . . . . .5.03G 75.32Gn
Manmad India 96 E5 . . . . .20.15G 74.27Dn
Mannheim Yr Almaen 48 D3 . . . . .49.30G 8.28Dn
Manningtree Lloegr 11 G2 . . . . .51.56G 1.03Dn
Manokwari Indonesia 105 I3 . . . . .0.53D 134.05Dn
Manorhamilton Gwer. Iwerdd. 20 C4 . . .54.18G 8.14Gn
Manra ys. Kiribati 108 N6 . . . . .4.29D 172.10Gn
Manresa Sbaen 46 F4 . . . . .41.43G 1.50Dn
Mansa Zambia 86 B3 . . . . .11.10D 28.52Dn
Mansel, Ys. Canada 63 J4 . . . . .62.00G 80.00Gn
Mansfield Lloegr 15 F2 . . . . .53.09G 1.12Gn
Mansfield U.D.A. 65 J5 . . . . .40.46G 82.31Gn
Manston Lloegr 10 C1 . . . . .50.57G 2.16Gn
Manta Ecuador 76 B4 . . . . .0.59D 80.44Gn
Mantova Yr Eidal 50 D6 . . . . .45.09G 10.47Dn
Manukau Seland Newydd 111 G2 . . . .36.59D 174.53Dn
Manyara, Ll. Tanzania 87 B2 . . . . .3.36D 35.44Dn
Manzanares Sbaen 46 D3 . . . . .39.00G 3.23Gn
Manzhouli China 103 L7 . . . . .49.36G 117.28Dn
Maoke, Cn. mdd. Indonesia 105 J3 . . . .4.00D 137.30Dn
Mapuera a. Brasil 77 E4 . . . . .1.10D 57.00Gn
Maputo Moçambique 86 C2 . . . . .25.58D 32.35Dn
Maraba Brasil 77 F4 . . . . .5.23D 49.10Gn
Maracaibo Venezuela 71 J3 . . . . .10.44G 71.37Gn
Maracaibo, Ll. Venezuela 71 J2 . . . . .10.00G 71.30Gn
Maracaju, Serra de mdd. Brasil 77 E2 .21.38D 55.10Gn
Maracay Venezuela 71 K3 . . . . .10.20G 67.28Gn
Maracá, Ys. Brasil 77 E5 . . . . .2.00G 50.30Gn
Maradah Libya 85 F4 . . . . .29.14G 19.13Dn
Maradi Niger 84 E3 . . . . .13.29G 7.10Dn
Maragheh Iran 95 G6 . . . . .37.25G 46.13Dn
Marajó, Ys. Brasil 77 F4 . . . . .1.00D 49.40Gn
Maralal Kenya 87 B3 . . . . .1.04G 36.41Dn
Marand Iran 95 G6 . . . . .38.25G 45.50Dn
Maranhão rhan. Brasil 77 F4 . . . . .6.00D 45.30Gn
Marañón a. Periw 76 C4 . . . . .4.00D 73.30Gn
Marathón Groeg 56 G3 . . . . .38.10G 23.59Dn
Marazion Lloegr 13 B2 . . . . .50.08G 5.29Gn
Marbella Sbaen 46 C2 . . . . .36.31G 4.53Gn
Marburg Yr Almaen 48 D4 . . . . .50.49G 8.36Dn
March Lloegr 11 F3 . . . . .52.33G 0.05Dn
Marche-en-Famenne Gw. Belg 42 E2 . . .50.13G 5.21Dn
Mar Chiquita, Ll. Ariannin 77 D1 . . . . .30.42D 62.36Gn
Mardan Pakistan 95 L5 . . . . .34.14G 72.05Dn
Mar del Plata Ariannin 75 D3 . . . . . . .38.00D 57.32Gn
Mardin Twrci 94 F6 . . . . .37.19G 40.43Dn
Maree, Loch Yr Alban 18 D2 . . . . .57.41G 5.28Gn
Maresfield Lloegr 11 F1 . . . . .51.00G 0.05Dn
Margarita ys. Venezuela 71 L3 . . . . . .11.00G 64.00Gn
Margate Lloegr 11 G2 . . . . .51.23G 1.24Dn
Margery, Bryn Lloegr 15 F2 . . . . .53.26G 1.42Gn
Marhanets' Ukrain 55 N2 . . . . .47.37G 34.40Dn
Mariana, Ffos n. Cefn. Tawel 117 Q6
Mariana, Ysdd. Gogledd Cefn. Tawel 105 K7
15.00G 145.00Dn
Marianna U.D.A. 65 I3 . . . . .30.45G 85.15Gn
Marías, Islas ysdd. México 70 C5 . . . .21.25G 106.30Gn
Mariato, Pt. p. Panamá 71 H2 . . . . .7.12G 80.52Gn

Morón de la Frontera Sbaen **46 C2** 37.08G 5.27Gn
Moroni Comoros **86 D3** 11.40D 43.19Dn
Morotai *ys.* Indonesia **105 H4** 2.10G 128.30Dn
Moroto Uganda **87 A3** 2.30G 34.40Dn
Moroto, M. Uganda **87 A3** 2.30G 34.46Dn
Morpeth Lloegr **15 F4** 55.10G 1.40Gn
Morro, P. Chile **76 C2** 27.06D 71.00Gn
Morrosquillo, Gff. Colombia **71 I2** 9.30G 75.50Gn
Morte, Bae Lloegr **13 C3** 51.10G 4.14Gn
Mortehoe Lloegr **13 C3** 51.12G 4.12Gn
Mortes *a.* Brasil **77 E3** 11.59D 50.25Gn
Morungole *m.* Uganda **87 A3** 3.50G 34.02Dn
Morvern *n.* Yr Alban **16 D4** 56.37G 5.45Gn
Mosborough Lloegr **15 F2** 53.19G 1.21Gn
Moscow = Moskva Ffed. Rwsia **58 F3** 55.45G 37.42Dn
Mosel *a.* Yr Almaen **48 C4** 50.23G 7.37Dn
Moshi Tanzania **87 B2** 3.20D 37.21Dn
Mosjöen Norwy **43 C4** 65.50G 13.10Dn
Moskva (Moscow) Ffed. Rwsia **58 F3** 55.45G 37.42Dn
Mosquitos, Arfordir *n.* Nicaragua **71 H3** 13.00G 84.00Gn
Mosquitos, Gff. Panamá **71 H2** 9.00G 81.00Gn
Moss Norwy **43 B2** 59.26G 10.41Dn
Mossoró Brasil **77 G4** 5.10D 37.20Gn
Mostaganem Algeria **52 D4** 35.56G 0.05Dn
Mostar Bosna. **56 C5** 43.20G 17.50Dn
Mosul = Al Mawşil Iraq **94 F6** 36.21G 43.08Dn
Møsvatnet *ll.* Norwy **43 A2** 59.55G 8.00Dn
Motala Sweden **43 C2** 58.34G 15.05Dn
Motherwell Yr Alban **17 F3** 55.48G 4.00Gn
Motril Sbaen **46 D2** 36.45G 3.31Gn
Moulins Ffrainc **44 E5** 46.34G 3.20Dn
Moulmein Myanmar **97 J4** 16.20G 97.50Dn
Moundou Tchad **84 F2** 8.36G 16.02Dn
Mount, Bae Lloegr **13 B2** 50.05G 5.25Gn
Mount Gambier *tref* Awstralia **110 D2** 37.51D 140.50Dn
Mount Isa *tref* Awstralia **110 C3** 20.50D 139.29Dn
Mountmellick Gwer. Iwerdd. **20 D3** 53.08G 7.21Gn
Mountrath Gwer. Iwerdd. **20 D3** 53.00G 7.28Gn
Mountsorrel *tref* Lloegr **10 D3** 52.44G 1.07Gn
Mourdi, Pant *n.* Tchad **94 B2** 18.00G 23.30Dn
Mourne *a.* G. Iwerddon **16 B2** 54.50G 7.29Gn
Mourne, Mdd. G. Iwerddon **16 C2** 54.10G 6.02Gn
Mousa *ys.* Yr Alban **19 Y8** 60.00G 1.10Gn
Mouscron Gw. Belg **42 C2** 50.46G 3.10Dn
Mouzon Ffrainc **42 E1** 49.36G 5.05Dn
Moville Gwer. Iwerdd. **16 B3** 55.11G 7.03Gn
Moy *a.* Gwer. Iwerdd. **20 B4** 54.10G 9.09Gn
Moyale Kenya **87 B3** 3.31G 39.01Dn
M'Saken Tunisia **52 F4** 35.42G 10.33Dn
Msambweni Kenya **87 B2** 4.27D 39.28Dn
Mtelo *m.* Kenya **87 B3** 1.40G 35.23Dn
Mtsensk Ffed. Rwsia **55 O5** 53.18G 36.35Dn
Mtwara Tanzania **86 D3** 10.17D 40.11Dn
Muar Malaysia **104 C4** 2.01G 102.35Dn
Muarabungo Indonesia **104 C3** 1.29D 102.06Dn
Muchinga, Mdd. Zambia **82 G3** 12.00D 31.00Dn
Much Wenlock Lloegr **10 C3** 52.36G 2.34Gn
Muck *ys.* Yr Alban **18 C1** 56.50G 6.14Gn
Muckish, M. Gwer. Iwerdd. **16 A3** 55.06G 7.59Gn
Muckle Roe *ys.* Yr Alban **19 Y9** 60.22G 1.26Gn
Mudan *a.* China **106 A5** 46.26G 129.51Dn
Mudanjiang China **103 N6** 44.36G 129.42Dn
Muğla Twrci **57 I2** 37.12G 28.22Dn
Muhammad, P. Yr Aifft **53 J2** 27.42G 34.13Dn
Muhammad Qol Sudan **94 E3** 20.53G 37.09Dn
Mühlhausen Yr Almaen **48 E4** 51.12G 10.27Dn
Muhos Y Ffindir **43 F4** 64.49G 26.00Dn
Mui Ethiopia **87 B4** 5.59G 35.29Dn
Muine Bheag Gwer. Iwerdd. **20 E2** 52.41G 6.59Gn
Muirkirk Yr Alban **16 E3** 55.31G 4.04Gn
Muirneag *m.* Yr Alban **18 C3** 58.24G 6.21Gn
Mukachevo Ukrain **54 H3** 48.26G 22.45Dn
Mukalla Yemen **95 G1** 14.34G 49.09Dn
Mukono Uganda **87 A3** 0.21G 32.27Dn
Mulanje, M. Malaŵi **86 C3** 15.57D 35.33Dn
Mulhacén *m.* Sbaen **46 D2** 37.04G 3.22Gn
Mulhouse Ffrainc **44 G5** 47.45G 7.21Dn
Muling *a.* China **106 B5** 45.53G 133.40Dn
Mull *ys.* Yr Alban **16 D4** 56.28G 5.56Gn
Mull, Pr. Yr Alban **19 G4** 59.23G 2.53Gn
Mull, Sn. *cf.* Yr Alban **16 D4** 56.32G 5.55Gn
Mullaghareirk, Mdd. Gwer. Iwerdd. **20 B2** 52.20G 9.10Gn
Mullet, Gor. *gor.* Gwer. Iwerdd. **20 A4** 54.10G 10.05Gn
Mullingar Gwer. Iwerdd. **20 D3** 53.31G 7.21Gn
Multan Pakistan **96 E7** 30.10G 71.36Dn
Mumbai (Bombay) India **96 E4** 18.56G 72.51Dn
Muna *ys.* Indonesia **105 G2** 5.00D 122.30Dn
München Yr Almaen **48 E3** 48.08G 11.35Dn
Mundesley Lloegr **11 G3** 52.53G 1.24Dn
Mundford Lloegr **11 F3** 52.31G 0.39Dn
Munger India **97 H6** 25.24G 86.29Dn
Munim *a.* Brasil **77 F4** 2.51D 44.05Gn
Münster Yr Almaen **48 C4** 51.58G 7.37Dn
Muojårvi *ll.* Y Ffindir **43 G4** 65.56G 29.40Dn
Muonio *a.* Sweden/Y Ffindir **43 E4** 67.13G 23.30Dn
Muonio Y Ffindir **43 E4** 67.52G 23.45Dn
Muqdisho (Mogadishu) Somalia **85 I2** 2.02G 45.21Dn
Murallón *m.* Ariannin/Chile **75 B2** 49.48D 73.26Gn
Murang'a Kenya **87 B2** 0.43D 37.10Dn
Murat Ffrainc **44 D3** 43.28G 1.19Dn
Murchison *a.* Awstralia **110 A3** 27.30D 114.10Dn
Murcia Sbaen **46 E2** 37.59G 1.08Gn
Mureș *a.* România **54 G2** 46.16G 20.10Dn
Müritz, Ll. Yr Almaen **48 F5** 53.25G 12.45Dn
Murmansk Ffed. Rwsia **58 F4** 68.59G 33.08Dn
Murom Ffed. Rwsia **58 G3** 55.04G 42.04Dn
Muroran Japan **106 D4** 42.21G 140.59Dn
Murray *a.* Awstralia **110 C2** 35.23D 139.20Dn
Murray Bridge *tref* Awstralia **110 C2** 35.10D 139.17Dn
Murrumbidgee *a.* Awstralia **110 D2** 34.38D 143.10Dn
Mururoa *ys.* Polynesia Ffrengig **109 Q4** 22.00D 140.00Gn
Murwara India **97 G5** 23.49G 80.28Dn
Murzuq Libya **84 F4** 25.56G 13.57Dn
Muscat Oman **95 I3** 23.36G 58.37Dn
Musgrave, Cadwyni *mdd.* Awstralia **110 C3** 26.30D 131.10Dn
Muskegon U.D.A. **65 I5** 43.13G 86.10Gn
Muskogee U.D.A. **65 G4** 35.45G 95.21Gn
Musmar Sudan **94 E2** 18.13G 35.38Dn
Musoma Tanzania **87 A2** 1.29D 33.48Dn
Musselburgh Yr Alban **17 F3** 55.57G 3.04Gn
Mut Twrci **57 K2** 36.38G 33.27Dn
Mût Yr Aifft **94 C4** 25.29G 28.59Dn
Mutare Zimbabwe **86 C3** 18.58D 32.38Dn
Mutis *m.* Indonesia **105 G2** 9.35D 124.15Dn
Mutsu Japan **106 D4** 41.16G 141.12Dn
Muzaffargarh Pakistan **95 L5** 30.04G 71.12Dn
Muzaffarpur India **97 H6** 26.07G 85.23Dn
Mwanza Tanzania **87 A2** 2.30D 32.54Dn
Mwene-Ditu Gwer. Ddem. Congo **86 B4** 7.01D 23.27Dn
Mweru, Ll. Zambia/Gwer. Ddem. Congo **86 B4** 9.00D 28.40Dn
Mwmbwls, Y Cymru **12 C3** 51.34G 4.00Gn
Myanmar Asia **97 J5** 21.00G 95.00Dn
Myingyan Myanmar **97 J5** 21.25G 95.20Dn
Mykolayiv Ukrain **55 M2** 46.57G 32.00Dn
Mynwy *a.* Lloegr/Cymru **12 E3** 51.49G 2.42Gn
Mynwy, sir *rhan.* Cymru **9 D2** 51.44G 2.50Gn
Mynydd Crwn, Y Awstralia **110 E2** 30.26D 152.15Dn
Mynydd Gwyn, Cp. U.D.A. **64 C4** 37.40G 118.15Gn
Mynyddoedd Du Cymru **12 D3** 51.52G 3.09Gn
Mynyddoedd Gleision U.D.A. **64 C6** 45.00G 118.00Gn
Mynyddoedd Mwyn Ewrop **48 F4** 50.30G 12.50Dn
Mynyddoedd Pontig Twrci **57 M4** 40.32G 38.00Dn
Mynyddoedd yr Arfordir Canada **62 F3** 55.30G 128.00Gn
Mysore India **96 F3** 12.18G 76.37Dn
My Tho Viet Nam **104 D6** 10.21G 106.21Dn
Mytishchi Ffed. Rwsia **55 O6** 55.54G 37.47Dn
Mzuzu Malaŵi **86 C3** 11.26D 34.02Dn

N

Naas Gwer. Iwerdd. **20 E3** 53.13G 6.41Gn
Naberera Tanzania **87 B2** 4.10D 36.57Dn
Naberezhnye Chelny Ffed. Rwsia **58 H3** 55.42G 52.20Dn
Nabeul Tunisia **52 F4** 36.28G 10.44Dn
Nacala Moçambique **86 D3** 14.30D 40.37Dn
Nador Moroco **52 C4** 35.12G 2.55Gn
Næstved Denmarc **43 B1** 55.14G 11.47Dn
Naga Pili. **105 G6** 13.36G 123.12Dn
Naga, Tir *rhan.* India **97 I6** 26.10G 94.30Dn
Nagano Japan **106 C3** 36.39G 138.10Dn
Nagaoka Japan **106 C3** 37.30G 138.50Dn
Nagaon India **97 I6** 26.20G 92.41Dn
Nagasaki Japan **106 A2** 32.45G 129.52Dn
Nagercoil India **96 F2** 8.11G 77.30Dn
Nagha Kalat Pakistan **95 K4** 27.24G 65.08Dn
Nagichot Sudan **87 A3** 4.16G 33.34Dn
Nagoya Japan **106 C3** 35.08G 136.53Dn
Nagpur India **97 F5** 21.10G 79.12Dn
Nagykanizsa Hwngari **54 E2** 46.27G 17.01Dn
Naha Japan **103 N3** 26.10G 127.40Dn
Nahanni *a.* Canada **62 F4** 61.00G 123.20Gn
Nahavand Iran **95 G5** 34.13G 48.23Dn
Nailsworth Lloegr **10 C2** 51.41G 2.12Gn
Nain Canada **63 L3** 56.30G 61.45Gn
Na'īn Iran **95 H5** 32.52G 53.05Dn
Nairn Yr Alban **19 F2** 57.35G 3.52Gn
Nairn *a.* Yr Alban **19 F2** 57.35G 3.52Gn
Nairobi Kenya **87 B2** 1.17D 36.50Dn
Nairobi *rhan.* Kenya **87 B2** 1.15D 36.50Dn
Naivasha Kenya **87 B2** 0.44D 36.26Dn
Naivasha, Ll. Kenya **87 B2** 0.45D 36.22Dn
Najafabad Iran **95 H5** 32.38G 51.23Dn
Najd *rhan.* Saudi Arabia **94 F3** 25.00G 43.00Dn
Najin G. Korea **106 B4** 42.10G 130.20Dn
Najran Saudi Arabia **94 F2** 17.28G 44.06Dn
Nakhodka Ffed. Rwsia **59 P2** 42.53G 132.54Dn
Nakhon Pathom Gw. Thai **97 J3** 13.50G 100.01Dn
Nakhon Ratchasima Gw. Thai **104 C7** 15.02G 102.12Dn
Nakhon Sawan Gw. Thai **104 C7** 15.35G 100.10Dn
Nakhon Si Thammarat Gw. Thai **104 B5** 8.29G 99.55Dn
Naknek U.D.A. **62 C3** 58.45G 157.00Gn
Nakskov Denmarc **43 B1** 54.50G 11.10Dn
Nakuru Kenya **87 B2** 0.16D 36.04Dn
Nalut Libya **84 F5** 31.53G 10.59Dn
Namakwa, Tir *n.* Namibia **86 A2** 25.30D 17.00Dn
Namakzar-e Shadad *n.* Iran **95 I5** 30.00G 59.00Dn
Namanga Kenya **87 B2** 2.31D 36.47Dn
Namangan Uzbekistan **102 C6** 40.59G 71.41Dn
Nam Co *ll.* China **102 G4** 30.40G 90.30Dn
Nam Dinh Viet Nam **104 D8** 20.25G 106.12Dn
Namib, Diffeithwch Namibia **86 A2** 22.50D 14.40Dn
Namibe Angola **86 A3** 15.10D 12.10Dn
Namibia Affrica **86 A2** 22.00D 17.00Dn
Namlea Indonesia **105 H3** 3.15D 127.07Dn
Nampo G. Korea **103 N5** 38.40G 125.30Dn
Nampula Moçambique **86 C3** 15.09D 39.14Dn
Namsos Norwy **43 B4** 64.28G 11.30Dn
Namur Gw. Belg **42 D2** 50.28G 4.52Dn
Namur *rhan.* Gw. Belg **42 D2** 50.20G 4.45Dn
Nan Gw. Thai **104 C7** 18.45G 100.42Dn
Nanaimo Canada **64 B6** 49.08G 123.58Gn
Nanao Japan **106 C3** 37.03G 136.58Dn
Nanchang China **103 L3** 28.38G 115.56Dn
Nanchong China **103 J4** 30.54G 106.06Dn
Nancy Ffrainc **44 G6** 48.42G 6.12Dn
Nandurbar India **96 E5** 21.22G 74.15Dn
Nanjing China **103 L4** 32.00G 118.40Dn
Nan Ling *mdd.* China **103 K3** 25.20G 112.30Dn
Nanning China **103 J2** 22.50G 108.19Dn
Nanortalik Grønland **63 N4** 60.09G 45.15Gn
Nanping China **103 L3** 26.40G 118.07Dn
Nansio Tanzania **87 A2** 2.07D 33.03Dn
Nantes (Naoned) Ffrainc **44 C5** 47.14G 1.35Gn
Nantong China **103 M4** 32.05G 120.59Dn
Nantucket, Ys. U.D.A. **65 M5** 41.16G 70.00Gn
Nantwich Lloegr **14 E2** 53.05G 2.31Gn
Nant-y-moch,Cr. Cymru **12 D4** 52.28G 3.50Gn
Nanumea *ys.* Tuvalu **108 M6** 5.40D 176.10Dn
Nanyuki Kenya **87 B2** 0.01G 37.08Dn
Nao, P. Sbaen **46 F3** 38.42G 0.15Dn
Napamute U.D.A. **62 C4** 61.31G 158.45Gn
Napier Seland Newydd **111 G2** 39.30D 176.54Dn
Naples U.D.A. **65 J2** 26.09G 81.48Gn
Napo *a.* Periw **76 C4** 3.30D 73.10Gn
Napoli Yr Eidal **50 F4** 40.50G 14.14Dn
Narbonne Ffrainc **44 E3** 43.11G 3.00Dn
Narborough Caerlŷr Lloegr **10 D3** 52.35G 1.11Gn
Narborough Norfolk Lloegr **11 F3** 52.42G 0.35Dn
Nares, Cf. Canada **63 K5** 78.30G 72.00Gn
Narmada *a.* India **96 E5** 21.40G 73.00Dn
Narodnaya *m.* Ffed. Rwsia **58 I4** 65.00G 61.00Dn
Narok Kenya **87 B2** 1.05D 35.55Dn
Närpes Y Ffindir **43 E3** 62.28G 21.19Dn
Narva Estonia **43 G2** 59.22G 28.17Dn
Narvik Norwy **43 D5** 68.26G 17.25Dn
Naryan Mar Ffed. Rwsia **58 H4** 67.37G 53.02Dn
Naryn Kyrgyzstan **102 D6** 41.24G 76.00Dn
Nasareth Israel **94 E5** 32.41G 35.16Dn
Nashville U.D.A. **65 I4** 36.10G 86.50Gn
Näsijärvi *ll.* Y Ffindir **43 E3** 61.30G 23.50Dn
Nasik India **96 E5** 20.00G 73.52Dn
Nassau Bahamas **71 I6** 25.03G 77.20Gn
Nassau *ys.* Ysdd. Cook **108 O5** 11.33D 165.25Gn
Nasser, Ll. Yr Aifft **94 D3** 22.40G 32.00Dn
Nässjö Sweden **43 C2** 57.39G 14.40Dn
Nata Tanzania **87 A2** 2.00D 34.28Dn
Natal Brasil **77 G4** 5.46D 35.15Gn
Natchez U.D.A. **65 H3** 31.22G 91.24Gn
Natron, Ll. Tanzania **87 B2** 2.18D 36.05Dn
Natuna Besar *ys.* Indonesia **104 D4** 4.00G 108.20Dn
Natuna, Ysdd. Indonesia **104 D4** 3.00G 108.50Dn
Nauru Cefn. Tawel **108 L6** 0.32D 166.55Dn
Navalmoral de la Mata Sbaen **46 C3** 39.54G 5.33Gn
Navan Gwer. Iwerdd. **20 E3** 53.39G 6.42Gn
Navapolatsk Belarus **55 K6** 55.34G 28.40Dn
Naver *a.* Yr Alban **19 E3** 58.29G 4.12Gn
Naver, Loch Yr Alban **19 E3** 58.17G 4.20Gn
Navlya Ffed. Rwsia **55 N5** 52.51G 34.30Dn
Návplion Groeg **56 F2** 37.33G 22.47Dn
Nawabshah Pakistan **96 D6** 26.15G 68.26Dn
Naxçivan Azerbaijan **95 G6** 39.12G 45.22Dn
Náxos *ys.* Groeg **56 G2** 37.03G 25.30Dn
Nayarit *rhan.* México **70 D5** 21.30G 105.00Gn
Nazas *a.* México **70 D6** 25.34G 103.25Gn
Nazca Periw **76 C3** 14.53D 74.54Gn
Naze, Y *p.* Lloegr **11 G2** 51.53G 1.17Dn
Nazilli Twrci **57 I2** 37.55G 28.20Dn
Nazret Ethiopia **85 H2** 8.32G 39.22Dn
Nazwá Oman **95 I3** 22.56G 57.33Dn
N'dalatando Angola **86 A4** 9.12D 14.54Dn
Ndéle G.C.A. **85 G2** 8.24G 20.39Dn
Ndeni *ys.* Ysdd. Solomon **111 F4** 10.30D 166.00Dn
N'Djamena Tchad **84 F3** 12.10G 14.59Dn
Ndola Zambia **86 B3** 13.00D 28.39Dn
Ndoto *m.* Kenya **87 B3** 1.42G 37.10Dn
Neagh, Loch G. Iwerddon **16 C2** 54.36G 6.26Gn
Nebitdag Turkmenistan **95 H6** 39.31G 54.24Dn
Neblina, Cp. *m.* Colombia/Brasil **76 D5** 0.50G 66.00Gn
Nebraska *rhan.* U.D.A. **64 F5** 41.30G 100.00Gn
Nebrodi, Mdd. Yr Eidal **50 F2** 38.00G 14.50Dn
Nechisar, Parc Cen. Ethiopia **87 B4** 6.00G 37.50Dn
Neckar *a.* Yr Almaen **48 D3** 49.32G 8.26Dn
Necker, Ys. Ysdd. Hawaii **108 O9** 23.35G 164.42Gn
Nedd *a.* Cymru **12 D3** 51.39G 3.50Gn
Needham Market Lloegr **11 G3** 52.09G 1.02Dn
Needles U.D.A. **64 D3** 34.51G 114.36Gn
Needles, Y *p.* Lloegr **10 D1** 50.39G 1.35Gn
Neftekumsk Ffed. Rwsia **58 G2** 44.46G 44.10Dn
Nefyn Cymru **12 C4** 52.55G 4.31Gn
Negēlē Ethiopia **87 B4** 5.20G 39.36Dn
Negev *diff.* Israel **94 D5** 30.42G 34.55Dn
Negotin Iwgo. **56 F6** 44.14G 22.33Dn
Negra, Cordillera *mdd.* Periw **76 C4** 10.00D 78.00Gn
Negra, P. Periw **76 B4** 6.06D 81.09Gn
Negro *a.* Ariannin **75 C2** 41.00D 62.48Gn
Negro *a.* Amazonas Brasil **77 D4** 3.30D 60.00Gn
Negro *a.* Mato Grosso do Sul Brasil **77 E3** 19.15D 57.15Gn
Negro, P. Moroco **46 C1** 35.41G 5.17Gn
Negros *ys.* Pili. **105 G5** 10.00G 123.00Dn
Neijiang China **103 J3** 29.32G 105.03Dn
Neiva Colombia **74 B7** 2.58G 75.15Gn
Nek'emte Ethiopia **85 H2** 9.02G 36.31Dn
Neksø Denmarc **54 D6** 55.04G 15.09Dn
Nelkan Ffed. Rwsia **59 P3** 57.40G 136.04Dn
Nellore India **97 G3** 14.29G 80.00Dn
Nelson Canada **62 G2** 49.29G 117.17Gn
Nelson *a.* Canada **63 I3** 57.00G 93.20Gn
Nelson Lloegr **15 E2** 53.50G 2.14Gn
Nelson Seland Newydd **111 G1** 41.16D 173.15Dn
Nelspruit G.D.A. **86 C2** 25.27D 30.58Dn
Neman *a.* Ewrop **54 G6** 55.23G 21.15Dn
Neman Ffed. Rwsia **54 H6** 55.02G 22.02Dn
Nementcha, Mdd. Algeria/Tunisia **52 E4** 35.00G 7.00Dn
Nenagh Gwer. Iwerdd. **20 C2** 52.52G 8.13Gn
Nene *a.* Lloegr **11 F3** 52.49G 0.12Dn
Nenjiang China **103 N7** 49.10G 125.15Dn
Nepal Asia **97 G6** 28.00G 84.00Dn
Nephin *m.* Gwer. Iwerdd. **20 B4** 54.00G 9.25Gn
Neris *a.* Lithuania **55 H6** 54.52G 23.55Dn
Ness *a.* Yr Alban **19 E2** 57.27G 4.15Gn
Ness, Loch Yr Alban **19 E2** 57.16G 4.30Gn
Neston Lloegr **14 D2** 53.17G 3.03Gn
Néstos = Mesta *a.* Groeg **56 G4** 40.51G 24.48Dn
Netley Lloegr **10 D1** 50.52G 1.19Gn
Nettilling, Ll. Canada **63 K4** 66.30G 70.40Gn
Neubrandenburg Yr Almaen **48 F5** 53.33G 13.16Dn
Neuchâtel Y Swistir **44 G5** 47.00G 6.56Dn
Neuchâtel, Ll. Y Swistir **44 G5** 46.55G 6.55Dn
Neufchâteau Gw. Belg **42 E1** 49.51G 5.26Dn
Neumünster Yr Almaen **48 E6** 54.05G 10.01Dn
Neunkirchen Yr Almaen **42 G1** 49.21G 7.12Dn
Neuquén Ariannin **75 C3** 38.55D 68.55Gn
Neustrelitz Yr Almaen **48 F5** 53.22G 13.05Dn
Neuwied Yr Almaen **48 C4** 50.26G 7.28Dn
Nevada *rhan.* U.D.A. **64 C4** 39.00G 117.00Gn
Nevada, Sierra *mdd.* Sbaen **46 D2** 37.04G 3.20Gn
Nevada, Sierra *mdd.* U.D.A. **64 C4** 37.30G 119.00Gn
Nevers Ffrainc **44 E5** 47.00G 3.09Dn
Nevėžis *a.* Lithuania **55 H6** 54.52G 23.55Dn
Nevis, Loch Yr Alban **18 D1** 57.00G 5.40Gn
Nevsehir Twrci **57 L3** 38.38G 34.43Dn
New Addington Lloegr **11 E2** 51.21G 0.01Gn
New Alresford Lloegr **10 D2** 51.06G 1.10Gn
Newark U.D.A. **65 L5** 40.44G 74.11Gn
Newark-on-Trent Lloegr **15 G2** 53.06G 0.48Gn
New Bedford U.D.A. **65 L5** 41.38G 70.55Gn
New Bern U.D.A. **65 K4** 35.05G 77.04Gn
Newbiggin-by-the-Sea Lloegr **15 F4** 55.11G 1.30Gn
Newbridge Gwer. Iwerdd. **20 E3** 53.11G 6.48Gn
Newburgh Yr Alban **17 F4** 56.21G 3.15Gn
Newbury Lloegr **10 D2** 51.24G 1.19Gn
Newcastle Awstralia **110 E2** 32.55D 151.46Dn
Newcastle G. Iwerddon **16 D2** 54.13G 5.54Gn
Newcastle-under-Lyme Lloegr **10 C3** 53.02G 2.15Gn
Newcastle-upon-Tyne Lloegr **15 F3** 54.58G 1.36Gn
Newcastle West Gwer. Iwerdd. **20 B2** 52.27G 9.04Gn
New Cumnock Yr Alban **16 E3** 55.24G 4.11Gn
New Delhi India **96 F6** 28.37G 77.13Dn
Newent Lloegr **10 C2** 51.56G 2.24Gn
Newfoundland *ys.* Canada **63 M2** 48.30G 56.00Gn
Newfoundland/ Terre-Neuve *rhan.* Canada **63 L3** 55.00G 60.00Gn
New Galloway Yr Alban **16 E3** 55.05G 4.09Gn
New Hampshire *rhan.* U.D.A. **65 L5** 44.00G 71.30Gn
New Haven U.D.A. **65 L5** 41.14G 72.50Gn
New Jersey *rhan.* U.D.A. **65 L5** 40.00G 74.30Gn
New Liskeard Canada **65 K6** 47.31G 79.41Gn
Newmarket Lloegr **11 F3** 52.15G 0.23Dn
Newmarket on-Fergus Gwer. Iwerdd. **20 C2** 52.46G 8.55Gn
New Mexico *rhan.* U.D.A. **64 E3** 34.00G 106.00Gn
New Milton Lloegr **10 D1** 50.45G 1.39Gn
Newnham Lloegr **10 C2** 51.48G 2.27Gn
New/ Nouveau-Brunswick *rhan.* Canada **63 L2** 47.00G 66.00Gn
New Orleans U.D.A. **65 H2** 30.00G 90.03Gn
New Pitsligo Yr Alban **19 G2** 57.35G 2.12Gn
Newport Amwythig Lloegr **10 C3** 52.47G 2.22Gn
Newport Essex Lloegr **11 F2** 51.58G 0.13Dn
Newport Hampshire Lloegr **10 D1** 50.43G 1.18Gn
Newport News U.D.A. **65 K4** 36.59G 76.26Gn
Newport Pagnell Lloegr **10 E3** 52.05G 0.42Gn
New Providence *ys.* Bahamas **71 I6** 25.03G 77.25Gn
Newquay Lloegr **13 B2** 50.24G 5.06Gn
New Romney Lloegr **11 F1** 50.59G 0.58Dn
New Ross Gwer. Iwerdd. **20 E2** 52.23G 6.59Gn
Newry G. Iwerddon **16 C2** 54.11G 6.20Gn
Newry, Cam. G. Iwerddon **16 C2** 54.15G 6.22Gn
New Scone Yr Alban **17 F4** 56.25G 3.25Gn
Newton Abbot Lloegr **13 D2** 50.32G 3.37Gn
Newton Aycliffe Lloegr **15 F3** 54.36G 1.34Gn
Newtonhill Yr Alban **19 G2** 57.02G 2.08Gn
Newton-le-Willows Lloegr **14 E2** 53.28G 2.38Gn
Newton Mearns Yr Alban **16 E3** 55.46G 4.18Gn
Newtonmore Yr Alban **19 E2** 57.03G 4.10Gn
Newton Stewart Yr Alban **16 E2** 54.57G 4.29Gn
Newtownabbey G. Iwerddon **16 D2** 54.40G 5.57Gn
Newtownards G. Iwerddon **16 D2** 54.35G 5.42Gn
Newtown St. Boswells Yr Alban **17 G3** 55.35G 2.40Gn
Newtownstewart G. Iwerddon **16 B2** 54.43G 7.25Gn
New York (Efrog Newydd) U.D.A. **65 L5** 40.40G 73.50Gn
Neyriz Iran **95 H4** 29.12G 54.17Dn
Neyshabur Iran **95 I6** 36.13G 58.49Dn
Ngaoundéré Cameroun **84 F2** 7.20G 13.35Dn
Ngorongoro, Ardal Gadwraeth Tanzania **87 B2** 3.00D 35.30Dn
Nguigmi Niger **84 F3** 14.00G 13.11Dn
Ngulu *ys.* Tal. Ffed. Micronesia **105 J5** 8.30G 137.30Dn
Nha Trang Viet Nam **104 D6** 12.15G 109.10Dn
Niamey Niger **84 E3** 13.32G 2.05Dn
Niangara Gwer. Ddem. Congo **85 G2** 3.45G 27.54Dn
Nias *ys.* Indonesia **104 B4** 1.05G 97.30Dn
Nicaragua Cb. America **71 H3** 13.00G 85.00Gn
Nicaragua, Ll. Nicaragua **71 G3** 11.30G 85.30Gn
Nice Ffrainc **44 G3** 43.42G 7.16Dn
Nicobar, Ysdd. India **97 I2** 8.00G 94.00Dn
Nicosia = Levkosia Cyprus **57 K1** 35.11G 33.23Dn
Nicoya, Gff. Costa Rica **71 H2** 9.30G 85.00Gn
Nidd *a.* Lloegr **15 F3** 54.01G 1.12Gn
Nidzica Gw. Pwyl **54 G5** 53.22G 20.26Dn
Niers *a.* Yr Iseld. **42 E3** 51.43G 5.56Dn
Nieuwpoort Gw. Belg **42 B3** 51.08G 2.45Dn
Niğde Twrci **57 L2** 37.58G 34.42Dn
Niger Affrica **84 E3** 17.00G 10.00Dn
Niger *a.* Nigeria **84 E2** 4.15G 6.05Dn
Nigeria Affrica **84 E2** 9.00G 9.00Dn
Nigg, Bae Yr Alban **19 E2** 57.42G 4.01Gn
Niigata Japan **106 C3** 37.58G 139.02Dn
Nijmegen Yr Iseld. **42 E3** 51.50G 5.52Dn
Nikel' Ffed. Rwsia **43 G5** 69.20G 29.44Dn
Nikolayevsk-na-Amure Ffed. Rwsia **59 Q3** 53.20G 140.44Dn
Nikopol' Ukrain **55 N2** 47.34G 34.25Dn
Niksar Twrci **57 M4** 40.35G 36.59Dn
Nikšić Iwgo. **56 D5** 42.48G 18.56Dn
Nikumaroro *ys.* Kiribati **108 N6** 4.40D 174.32Gn
Nîl *a.* Yr Aifft **94 D5** 31.30G 30.25Dn
Nîl Albert *a.* Uganda **85 H2** 3.30G 32.00Dn
Nilgiri, Br. India **96 F3** 11.30G 77.30Dn
Nîl Las *a.* Sudan **85 H3** 15.45G 32.25Dn
Nîl Wen *a.* Sudan **85 H3** 15.45G 32.25Dn
Nîmes Ffrainc **44 F3** 43.50G 4.21Dn
Ningbo China **103 M3** 29.54G 121.33Dn
Ningxia *rhan.* China **103 J5** 37.00G 106.00Dn
Ninigo, Grŵp *ysdd.* P.G.N. **105 K3** 2.00D 143.00Dn
Nioro Mali **84 D3** 15.12G 9.35Gn
Niort Ffrainc **44 C5** 46.19G 0.27Gn
Nipigon Canada **63 J2** 49.02G 88.26Gn
Nipigon, Ll. Canada **63 J2** 49.50G 88.30Gn
Niš Iwgo. **56 E5** 43.20G 21.54Dn
Niterói Brasil **77 F2** 22.45D 43.06Gn
Nith *a.* Yr Alban **17 F3** 55.00G 3.35Gn
Nitra Slofacia **54 F3** 48.20G 18.05Dn
Niue *ys.* Ysdd. Cook **108 O5** 19.02D 169.52Gn
Nivelles Gw. Belg **42 D2** 50.36G 4.20Dn
Nizamabad India **97 F4** 18.40G 78.05Dn
Nizhneudinsk Ffed. Rwsia **59 L3** 54.55G 99.00Dn
Nizhnevartovsk Ffed. Rwsia **58 J3** 60.57G 76.40Dn
Nizhniy Novgorod Ffed. Rwsia **58 G3** 56.20G 44.00Dn
Nizhniy Tagil Ffed. Rwsia **58 I3** 58.00G 60.00Dn
Nizhyn Ukrain **55 L4** 51.03G 31.54Dn
Nizip Twrci **57 M2** 37.02G 37.47Dn
Nkongsamba Cameroun **84 E2** 4.59G 9.53Dn
Nobeoka Japan **106 B2** 32.36G 131.40Dn
Nogales México **70 B7** 31.20G 111.00Gn
Nogent-le-Rotrou Ffrainc **44 D6** 48.19G 0.50Dn
Nogent-sur-Oise Ffrainc **42 B1** 49.17G 2.28Dn
Nogwak-san *m.* De Korea **106 A3** 37.20G 128.50Dn
Nohfelden Yr Almaen **42 G1** 49.35G 7.09Dn
Noirmoutier, Ys. Ffrainc **44 B5** 47.00G 2.15Gn
Nok Kundi Pakistan **95 J4** 28.46G 62.46Dn
Nome U.D.A. **62 B4** 64.30G 165.30Gn
Nomoi, Ysdd. Tal. Ffed. Micronesia **108 K7** 5.21G 153.42Dn
Nonthaburi Gw. Thai **104 C6** 13.48G 100.31Dn
Nordaustlandet Norwy **58 E6** 80.00G 22.00Dn
Norden Yr Almaen **42 G5** 53.34G 7.13Dn
Nordhausen Yr Almaen **48 E4** 51.31G 10.48Dn
Nordhorn Yr Almaen **42 G4** 52.27G 7.05Dn
Nordvik Ffed. Rwsia **59 N5** 73.40G 110.50Dn
Nore *a.* Gwer. Iwerdd. **20 E2** 52.25G 6.58Gn
Norfolk *rhan.* Lloegr **9 F3** 52.39G 1.00Dn
Norfolk U.D.A. **65 K4** 36.54G 76.18Gn
Norfolk, Ys. Cefn. Tawel **111 F3** 28.58D 168.03Dn
Noril'sk Ffed. Rwsia **59 K4** 69.21G 88.02Dn
Normandie *n.* Ffrainc **44 C6** 48.50G 0.40Gn
Normanton Awstralia **110 D4** 17.40D 141.05Dn
Norra Storfjället *m.* Sweden **43 C4** 65.54G 15.10Dn
Norrköping Sweden **43 D2** 58.35G 16.10Dn
Norrtälje Sweden **43 D2** 59.46G 18.43Dn
Norseman Awstralia **110 B2** 32.15D 121.47Dn
Norte, P. Brasil **77 F5** 1.40G 49.55Gn
Northallerton Lloegr **15 F3** 54.20G 1.26Gn
Northampton Lloegr **10 E3** 52.14G 0.54Gn
Northampton *rhan.* Lloegr **9 E3** 52.15G 1.00Gn
North Battleford Canada **62 H3** 52.47G 108.19Gn
North Bay *tref* Canada **63 K2** 46.20G 79.28Gn
North Berwick Yr Alban **17 G4** 56.04G 2.43Gn
North Cave Lloegr **15 G2** 53.47G 0.39Gn
North Hykeham Lloegr **15 G2** 53.10G 0.36Gn
North Platte U.D.A. **64 F5** 41.09G 100.45Gn
North Shields Lloegr **15 F4** 55.01G 1.26Gn

Pedro Juan Caballero Paraguay **77 E2** 22.30D 55.44Gn
Peebles Yr Alban **17 F3** 55.39G 3.12Gn
Peel *a.* Canada **62 E4** 68.13G 135.00Gn
Peel(Purt ny hInshey) Ynys Manaw **14 C3**
54.14G 4.42Gn
Pegasus, Bae Seland Newydd **111 G1** 43.15D 173.00Dn
Pegu Myanmar **97 J4** 17.18G 96.31Dn
Pegwell, Bae Lloegr **11 G2** 51.18G 1.25Dn
Peipus, Llyn. Ewrop **43 F2** 58.30G 27.30Dn
Pekalongan Indonesia **104 D2** 6.54D 109.37Dn
Pelat, M. Ffrainc **44 G4** 44.17G 6.41Dn
Peleng *ys.* Indonesia **105 G3** 1.30D 123.10Dn
Pelleluhu, Ysdd. P.G.N. **105 K3** 1.09D 144.23Dn
Pello Y Ffindir **43 E4** 66.47G 23.55Dn
Pelotas Brasil **77 E1** 31.45D 52.20Gn
Pemba Moçambique **86 D3** 13.02D 40.30Dn
Pemba, Sianel Tanzania **87 B2** 5.00D 39.20Dn
Pemba, Ys. Tanzania **87 B1** 5.10D 39.45Dn
Pembury Lloegr **11 F2** 51.07G 0.19Dn
Peña Nevada, Cp. *m.* México **70 E5** . . .23.49G 99.51Gn
Peñaranda de Bracamonte Sbaen **46 C4**
40.54G 5.13Gn
Penarlâg Cymru **12 D5** 53.11G 3.02Gn
Penarth Cymru **13 D3** 51.26G 3.11Gn
Penas, Gff. *gff.* Chile **75 B2** 47.20D 75.00Gn
Penbedw (Birkenhead) Lloegr **14 D2** . .53.24G 3.01Gn
Pen-bre Cymru **12 C3** 51.42G 4.16Gn
Pen-Caer Cymru **12 B4** 52.03G 5.05Gn
Pencrug (Penkridge) Lloegr **10 C3** 54.44G 2.07Gn
Pendle, Bryn Lloegr **15 E2** 53.52G 2.18Gn
Pendlebury Lloegr **15 E2** 53.32G 2.21Gn
Penfro Cymru **12 C3** 51.41G 4.57Gn
Penfro, sir *rhan.* Cymru **9 C2** 51.50G 5.00Gn
Penicuik Yr Alban **17 F3** 55.49G 3.13Gn
Penitente, Serra do *mdd.* Brasil **77 F4** . .9.00D 46.15Gn
Penkridge (Pencrug) Lloegr **10 C3** 54.44G 2.07Gn
Penmaendewi Cymru **12 B3** 51.55G 5.19Gn
Pennines, Y *bryniau* Lloegr **15 E3** 54.40G 2.20Gn
Pennsylvania *rhan.* U.D.A. **65 K5** 41.00G 78.00Gn
Penny, Cap Iâ *n.* Canada **63 L4** 67.10G 66.50Gn
Penrith Lloegr **14 E3** 54.40G 2.45Gn
Penryn Lloegr **13 B2** 50.10G 5.07Gn
Penrhyn Gobaith Da G.D.A. **86 A1** . . .34.20D 18.25Dn
Penrhyn Mawr *p.* Cymru **12 C4** 52.51G 4.46Gn
Penrhyn Y De Ddn. Awstralia **110 D1** .43.38D 146.48Dn
Penrhyn y Dwyrain Seland Newydd **111 G2**
37.45D 178.30Dn
Penrhyn y Gogledd Norwy **43 F5** 71.10G 25.45Dn
Penrhyn y Gogledd Seland Newydd **111 G2**
34.28D 173.00Dn
Penrhyn y G. On. Awstralia **108 G4** . .21.48D 114.10Dn
Pensacola U.D.A. **65 I3** 30.30G 87.12Gn
Penticton Canada **64 C6** 49.29G 119.38Gn
Pentir Du Lloegr **13 B2** 49.59G 5.05Gn
Pentire, Pt. Lloegr **13 C2** 50.35G 4.55Gn
Pentland, Bryniau Yr Alban **17 F3** 55.50G 3.20Gn
Pentland, Moryd *cf.* Yr Alban **19 F3** 58.40G 3.00Gn
Pentland, Skerries Yr Alban **19 G3** 58.41G 2.55Gn
Pentywyn Cymru **12 C3** 51.44G 4.33Gn
Pen-y-bont ar Ogwr Cymru **13 D3** 51.30G 3.35Gn
Pen-y-bont ar Ogwr *rhan.* Cymru **9 D2** . .51.33G 3.35Gn
Penygadair *m.* Cymru **12 D4** 52.40G 3.55Gn
Pen-y-Ghent *m.* Lloegr **15 E3** 54.10G 2.14Gn
Penygogarth Cymru **12 D5** 53.20G 3.52Gn
Penza Ffed. Rwsia **58 G3** 53.11G 45.00Dn
Penzance Lloegr **13 B2** 50.07G 5.32Gn
Penzhina, Gff. Ffed. Rwsia **59 S4** 61.00G 163.00Dn
Peoria U.D.A. **65 I5** 40.43G 89.38Gn
Pereira Colombia **74 B7** 4.47G 75.46Gn
Périgueux Ffrainc **44 D4** 45.12G 0.44Dn
Perija, Sierra de *mdd.* Venezuela **71 J2** .9.00G 73.00Gn
Perito Moreno Ariannin **75 B2** 46.35D 71.00Gn
Periw De America **76 C4** 10.00D 75.00Gn
Perlas, Pt. *p.* Nicaragua **71 H3** 12.23G 83.30Gn
Perm Ffed. Rwsia **58 H3** 58.01G 56.10Dn
Pernambuco *rhan.* Brasil **77 G4** 8.00D 39.00Gn
Pernik Bwlgaria **56 F5** 42.35G 23.03Dn
Péronne Ffrainc **42 B1** 49.56G 2.57Dn
Perpignan Ffrainc **44 E3** 42.42G 2.54Dn
Perranporth Lloegr **13 B2** 50.21G 5.09Gn
Pershore Lloegr **10 C3** 52.07G 2.04Gn
Perth Awstralia **110 A2** 31.58D 115.49Dn
Perth a Kinross *rhan.* Yr Alban **8 D5** . . .56.30G 3.40Gn
Perth (Peart) Yr Alban **17 F4** 56.24G 3.28Gn
Perugia Yr Eidal **50 E5** 43.06G 12.24Dn
Pervouralsk Ffed. Rwsia **58 H3** 56.59G 59.58Dn
Pesaro Yr Eidal **50 E5** 43.54G 12.54Dn
Pescara Yr Eidal **50 F5** 42.27G 14.13Dn
Pescara *a.* Yr Eidal **50 F5** 42.28G 14.13Dn
Peshawar Pakistan **96 E7** 34.01G 71.40Dn
Peshkopi Albania **56 E4** 41.41G 20.25Dn
Peski Karakumy *n.* Turkmenistan **95 I6** .37.45G 60.00Dn
Peterborough Canada **63 K2** 44.18G 78.19Gn
Peterborough Lloegr **11 E3** 52.35G 0.14Gn
Peterborough *rhan.* Lloegr **9 E3** 52.35G 0.14Gn
Peterhead Yr Alban **19 H2** 57.30G 1.46Gn
Peterlee Lloegr **15 F3** 54.45G 1.18Gn
Petersfield Lloegr **10 E2** 51.00G 0.56Gn
Petersville U.D.A. **62 C4** 62.30G 150.48Gn
Petra Velikogo, Bae Ffed. Rwsia **106 B4**
43.00G 132.00Dn
Petrich Bwlgaria **56 F4** 41.25G 23.13Dn
Petrolina Brasil **77 F4** 9.22D 40.30Gn
Petropavlovsk Kazakhstan **58 I3** 54.53G 69.13Dn
Petropavlovsk-Kamchatskiy Ffed. Rwsia **59 R3**
53.03G 158.43Dn
Petroşani România **56 F6** 45.25G 23.22Dn
Petrozavodsk Ffed. Rwsia **58 F4** 61.46G 34.19Dn
Petworth Lloegr **11 E1** 50.59G 0.37Gn
Pevensey Lloegr **11 F1** 50.49G 0.20Dn
Pewsey Lloegr **10 D2** 51.20G 1.46Gn
Pforzheim Yr Almaen **48 D3** 48.53G 8.41Dn
Phan Thiêt Viet Nam **104 D6** 10.56G 108.06Dn
Phatthalung Gw. Thai **104 C5** 7.38G 100.05Dn
Phayao Gw. Thai **104 B7** 19.10G 99.55Dn
Phet Buri Gw. Thai **104 B6** 13.01G 99.55Dn
Philadelphia U.D.A. **65 K5** 39.55G 75.10Gn
Philippeville Gw. Belg **42 D2** 50.12G 4.32Dn
Phitsanulok Gw. Thai **104 C7** 16.50G 100.15Dn
Phnom Penh Cambodia **104 C6** 11.35G 104.55Dn
Phoenix U.D.A. **64 D3** 33.30G 111.55Gn
Phoenix, Ysdd. Kiribati **108 N6** 4.00D 172.00Gn
Phôngsali Laos **104 C8** 21.40G 102.06Dn
Phrae Gw. Thai **104 C7** 18.07G 100.09Dn
Phuket Gw. Thai **104 B5** 8.00G 98.28Dn
Piacenza Yr Eidal **50 C6** 45.03G 9.42Dn
Pianosa *ys.* Yr Eidal **50 D5** 42.35G 10.05Dn
Pian-Upe, Gwar. Anifeiliaid Uganda **87 A3**
1.30G 34.40Dn
Piatra-Neamţ România **55 J2** 46.56G 26.22Dn
Piauí *rhan.* Brasil **77 F4** 7.45D 42.30Gn
Piave *a.* Yr Eidal **50 E6** 45.33G 12.45Dn
Picardie *n.* Ffrainc **44 D6** 49.47G 2.00Dn
Pickering Lloegr **15 G3** 54.15G 0.46Gn
Pickering, Dyffryn *n.* Lloegr **15 G3** 54.11G 0.45Gn
Piedras Negras México **70 D6** 28.40G 100.32Gn
Pieksämäki Y Ffindir **43 F3** 62.18G 27.10Dn
Pielinen *ll.* Y Ffindir **43 G3** 63.20G 29.50Dn
Pierre U.D.A. **64 F5** 44.23G 100.20Gn
Pietermaritzburg G.D.A. **86 C2** 29.36D 30.24Dn
Pietersburg G.D.A. **86 B2** 23.54D 29.23Dn
Pihlajavesi *ll.* Y Ffindir **43 G3** 61.45G 29.10Dn
Pîl, Y Cymru **13 D3** 51.32G 3.42Gn
Piła Gw. Pwyl **54 E5** 53.09G 16.44Dn
Pilar Paraguay **77 E2** 26.52D 58.23Gn
Pilcomayo *a.* Ariannin/Paraguay **77 E2** .25.15D 57.43Gn
Pilica *a.* Gw. Pwyl **54 G4** 51.52G 21.17Dn
Pilipinas Asia **105 G6** 13.00G 123.00Dn
Pilipinas, Ffos *n.* Cefn. Tawel **117 P6**
Pimperne Lloegr **10 C1** 50.53G 2.09Gn
Pinang *ys.* Malaysia **104 C5** 5.30G 100.10Dn
Pınarbaşı Twrci **57 M3** 38.43G 36.23Dn
Pinar del Rio Cuba **71 H5** 22.24G 83.42Gn
Pindaré *a.* Brasil **77 F4** 3.10D 44.40Gn
Pindos, Mynyddoedd Albania/Groeg **56 E4**
39.40G 21.00Dn
Pine Bluff *tref* U.D.A. **65 H3** 34.13G 92.00Gn
Pinega Ffed. Rwsia **58 G4** 64.42G 43.28Dn
Pinerolo Yr Eidal **50 B6** 44.53G 7.21Dn
Pingdingshan China **103 K4** 33.38G 113.30Dn
Pingxiang Guangxi China **103 J2** . . .22.05G 106.46Dn
Pingxiang Jiangxi China **103 K3** . . .27.36G 113.48Dn
Piniós *a.* Groeg **56 F3** 39.51G 22.37Dn
Pinsk Belarus **55 J5** 52.08G 26.01Dn
Piombino Yr Eidal **50 D5** 42.56G 10.30Dn
Piotrków Trybunalski Gw. Pwyl **54 F4** .51.25G 19.42Dn
Pipa Dingzi *m.* China **106 A4** 44.00G 128.10Dn
Piracicaba Brasil **77 F2** 22.20D 47.40Gn
Piraiévs Groeg **56 F2** 37.56G 23.38Dn
Pírgos Groeg **56 E2** 37.42G 21.27Dn
Pirot Iwgo. **56 F5** 43.10G 22.32Dn
Pisa Yr Eidal **50 D5** 43.43G 10.24Dn
Pisco Periw **76 C3** 13.46D 76.12Gn
Písek Gwer. Tsiec **54 D3** 49.19G 14.10Dn
Pisuerga *a.* Sbaen **46 C4** 41.35G 5.40Gn
Pisz Gw. Pwyl **54 G5** 53.38G 21.49Dn
Pitcairn, Ys. Cefn. Tawel **109 R4** 25.04D 130.06Gn
Piteå Sweden **43 E4** 65.19G 21.30Dn
Piteşti România **56 G6** 44.52G 24.51Dn
Pitlochry Yr Alban **19 F1** 56.44G 3.47Gn
Pittsburgh U.D.A. **65 K5** 40.26G 79.58Gn
Piura Periw **76 B4** 5.15D 80.38Gn
Plasencia Sbaen **46 B4** 40.02G 6.05Gn
Platinum U.D.A. **62 B3** 59.00G 161.50Gn
Platí, P. Groeg **56 F4** 40.26G 23.59Dn
Platte Ddl. *a.* U.D.A. **64 G5** 41.09G 100.55Gn
Platte Ogl. *a.* U.D.A. **64 F5** 41.09G 100.55Gn
Plauen Yr Almaen **48 F4** 50.29G 12.08Dn
Playa Blanca Ysdd. Dedwydd **46 Z2** . .28.51G 13.49Gn
Plenty, Bae Seland Newydd **111 G2** . .37.40D 176.50Dn
Pleven Bwlgaria **56 G5** 43.25G 24.39Dn
Pljevlja Iwgo. **56 D5** 43.22G 19.22Dn
Płock Gw. Pwyl **54 F5** 52.33G 19.43Dn
Ploieşti România **56 H6** 44.57G 26.02Dn
Plomb du Cantal *m.* Ffrainc **44 E4** 45.04G 2.45Dn
Plovdiv Bwlgaria **56 G5** 42.09G 24.45Dn
Plungė Lithuania **54 G6** 55.52G 21.49Dn
Plymouth Lloegr **13 C2** 50.23G 4.09Gn
Plymouth *rhan.* Lloegr **9 C2** 50.23G 4.09Gn
Plympton Lloegr **13 C2** 50.24G 4.02Gn
Plymstock Lloegr **13 C2** 50.21G 4.05Gn
Plzeň Gwer. Tsiec **54 C3** 49.45G 13.22Dn
Po *a.* Yr Eidal **50 E6** 44.51G 12.30Dn
Pobeda, M. Ffed. Rwsia **59 Q4** 65.20G 145.50Dn
Pocatello U.D.A. **64 D5** 42.53G 112.26Gn
Pochep Ffed. Rwsia **55 M5** 52.55G 33.29Dn
Pocklington Lloegr **15 G2** 53.56G 0.48Gn
Poços de Caldas Brasil **77 F2** 21.48D 46.33Gn
Podgorica Iwgo. **56 D5** 42.30G 19.16Dn
Podkamennaya Tunguska *a.* Ffed. Rwsia **59 L4**
61.40G 90.00Dn
Podol'sk Ffed. Rwsia **55 O6** 55.23G 37.32Dn
P'ohang De Korea **106 A3** 36.00G 129.26Dn
Pohnpei *ys.* Tal. Ffed. Micronesia **108 K7**
6.55G 158.15Dn
Pointe-à-Pitre Guadeloupe **71 L4** 16.14G 61.32Gn
Pointe Noire *tref* Congo **84 F1** 4.46D 11.53Dn
Poitiers Ffrainc **44 D5** 46.35G 0.20Dn
Pokaran India **96 E6** 26.55G 71.55Dn
Polatlı Twrci **57 K3** 39.34G 32.08Dn
Polatsk Belarus **55 K6** 55.30G 28.43Dn
Polegate Lloegr **11 F1** 50.49G 0.15Dn
Pol-e-Khomrī Afghan. **95 K6** 35.55G 68.45Dn
Policastro, Gff. Môr Can. **50 F3** 40.00G 15.35Dn
Pollino, M. Yr Eidal **50 G3** 39.53G 16.11Dn
Polperro Lloegr **13 C2** 50.19G 4.31Gn
Poltava Ukrain **55 N3** 49.35G 34.35Dn
Polynesia Ffrengig Cefn. Tawel **109 Q5**
20.00D 140.00Gn
Pombal Portiwgal **46 A3** 39.55G 8.38Gn
Ponce Puerto Rico **71 K4** 18.00G 66.40Gn
Pondicherry India **97 F3** 11.59G 79.50Dn
Pond Inlet = Mittimatalik *tref* Canada **63 K5**
72.40G 77.59Gn
Ponferrada Sbaen **46 B5** 42.32G 6.31Gn
Ponta do Sol Cabo Verde **84 B3** 17.12G 25.03Gn
Ponta Grossa Brasil **77 E2** 25.07D 50.00Gn
Pontardawe Cymru **12 D3** 51.44G 3.51Gn
Pontefract Lloegr **15 F2** 53.42G 1.19Gn
Ponteland Lloegr **15 F4** 55.03G 1.43Gn
Pontevedra Sbaen **46 A5** 42.25G 8.39Gn
Pontianak Indonesia **104 D3** 0.05D 109.16Dn
Pontoise Ffrainc **44 E6** 49.03G 2.05Dn
Pont-Ste.-Maxence Ffrainc **42 B1** 49.18G 2.37Dn
Pontycymer Cymru **12 D3** 51.36G 3.35Gn
Pontypridd Cymru **12 D3** 51.36G 3.21Gn
Pont-y-pŵl Cymru **12 D3** 51.42G 3.01Gn
Ponza, Ysdd. Yr Eidal **50 E4** 40.56G 12.58Dn
Poole Lloegr **10 D1** 50.42G 1.58Gn
Poole *rhan.* Lloegr **9 E2** 50.42G 1.58Gn
Poole, Bae Lloegr **10 D1** 50.40G 1.55Gn
Pooley Bridge *tref* Lloegr **14 E3** 54.37G 2.49Gn
Poopó, Ll. Bolivia **76 D3** 19.00D 67.00Gn
Popayán Colombia **76 C5** 2.27G 76.32Gn
Poplar Bluff *tref* U.D.A. **65 H4** 36.40G 90.25Gn
Popocatépetl *m.* México **70 E5** 19.02G 98.38Gn
Poprad Slofacia **54 G3** 49.03G 20.18Dn
Porbandar India **96 D5** 21.40G 69.40Dn
Porcupine *a.* U.D.A. **62 D4** 66.25G 145.20Gn
Pori Y Ffindir **43 E3** 61.28G 21.45Dn
Porlock Lloegr **13 D3** 51.14G 3.36Gn
Poronaysk Ffed. Rwsia **59 Q2** 49.13G 142.55Dn
Porsangen *moryd* Norwy **43 F5** 70.30G 25.45Dn
Porsgrunn Norwy **43 B2** 59.10G 9.40Dn
Porsuk *a.* Twrci **57 J3** 39.41G 31.56Dn
Portadown G. Iwerddon **16 C2** 54.25G 6.27Gn
Portaferry G. Iwerddon **16 D2** 54.23G 5.33Gn
Portage la Prairie *tref* Canada **62 I2** . . .49.58G 98.20Gn
Portalegre Portiwgal **46 B3** 39.17G 7.25Gn
Port Angeles U.D.A. **64 B6** 48.06G 123.26Gn
Port Arthur U.D.A. **65 H2** 29.55G 93.56Gn
Port Askaig (Port Ascaig) Yr Alban **16 C3**
55.51G 6.07Gn
Port Augusta Awstralia **110 C2** 32.30D 137.46Dn
Port-au-Prince Haiti **71 J4** 18.33G 72.20Gn
Portavogie G. Iwerddon **16 D2** 54.26G 5.27Gn
Port Blair India **97 I3** 11.40G 92.30Dn
Port-de-Paix Haiti **71 J4** 19.57G 72.50Gn
Port Elizabeth G.D.A. **86 B1** 33.58D 25.36Dn
Port Ellen (Port an Eilein) Yr Alban **16 C3**
55.38G 6.12Gn
Port Erin Ynys Manaw **14 C3** 54.05G 4.45Gn
Port-Gentil Gabon **84 E1** 0.40D 8.50Dn
Port Glasgow Yr Alban **16 E3** 55.56G 4.40Gn
Port Harcourt Nigeria **84 E2** 4.43G 7.05Dn
Port Hawkesbury Canada **65 N6** 45.37G 61.21Gn
Port Hedland Awstralia **110 A3** 20.24D 118.36Dn
Port Hope Simpson Canada **63 M3** . . .52.18G 55.51Gn
Portimão Portiwgal **46 A2** 37.08G 8.32Gn
Port Isaac, Bae Lloegr **13 C2** 50.36G 4.50Gn
Portishead Lloegr **10 C2** 51.29G 2.46Gn
Portiwgal Ewrop **46 A3** 39.30G 8.05Gn
Portknockie Yr Alban **19 G2** 57.42G 2.52Gn
Portland Awstralia **110 D2** 38.21D 141.38Dn
Portland U.D.A. **65 L5** 43.41G 70.18Gn
Portland U.D.A. **64 B6** 45.32G 122.40Gn
Portland Bill *p.* Lloegr **10 C1** 50.31G 2.27Gn
Portland, Ynys *n.* Lloegr **10 C1** 50.32G 2.25Gn
Portlaoise Gwer. Iwerdd. **20 D3** 53.03G 7.20Gn
Portlethen Yr Alban **19 G2** 57.03G 2.07Gn
Port Lincoln Awstralia **110 C2** 34.43D 135.49Dn
Port Macquarie Awstralia **110 E2** 31.28D 152.25Dn
Port Moresby P.G.N. **110 D5** 9.30D 147.07Dn
Portnahaven (Port na h-Aibhne) Yr Alban **16 C3**
55.41G 6.31Gn
Porto Portiwgal **46 A4** 41.09G 8.37Gn
Pôrto Alegre Brasil **77 E1** 30.03D 51.10Gn
Port of Ness (Port Nis) Yr Alban **18 C3** 58.29G 6.14Gn
Port of Spain Trinidad **71 L3** 10.38G 61.31Gn
Porto-Novo Benin **84 E2** 6.30G 2.47Dn
Porto Torres Yr Eidal **50 C4** 40.49G 8.24Dn
Porto-Vecchio Ffrainc **44 H2** 41.35G 9.16Dn
Pôrto Velho Brasil **76 D4** 8.45D 63.54Gn
Portoviejo Ecuador **76 B4** 1.07D 80.28Gn
Portpatrick Yr Alban **16 D2** 54.51G 5.07Gn
Port Pirie Awstralia **110 C2** 33.11D 138.01Dn
Portree (Portrigh) Yr Alban **18 C2** 57.24G 6.12Gn
Portrush G. Iwerddon **16 C3** 55.12G 6.40Gn
Portsmouth Lloegr **10 D1** 50.48G 1.06Gn
Portsmouth *rhan.* Lloegr **9 E2** 50.48G 1.06Gn
Portsoy Yr Alban **19 G2** 57.42G 2.42Gn
Portstewart G. Iwerddon **16 C3** 55.10G 6.43Gn
Port Talbot Cymru **12 D3** 51.35G 3.48Gn
Portumna Gwer. Iwerdd. **20 C3** 53.06G 8.13Gn
Port-Vila Vanuatu **111 F4** 17.44D 168.19Dn
Port William Yr Alban **16 E2** 54.46G 4.35Gn
Porthaethwy Cymru **12 C5** 53.14G 4.11Gn
Porthcawl Cymru **13 D3** 51.28G 3.42Gn
Porthleven Lloegr **13 B2** 50.05G 5.20Gn
Porthmadog Cymru **12 C4** 52.55G 4.08Gn
Porth Madryn Ariannin **75 C2** 42.45D 65.02Gn
Porth Tywyn Cymru **12 C3** 51.41G 4.17Gn
Posadas Ariannin **77 E2** 27.25D 55.48Gn
Poso Indonesia **104 G3** 1.23D 120.45Dn
Potenza Yr Eidal **50 F4** 40.40G 15.47Dn
Potosí Bolivia **76 D3** 19.34D 65.45Gn
Potsdam Yr Almaen **48 F5** 52.24G 13.04Dn
Poulaphouca, Cr. Gwer. Iwerdd. **20 E3** .53.08G 6.30Gn
Poulton-le-Fylde Lloegr **14 E2** 53.51G 3.00Gn
Pouthisat Cambodia **104 C6** 12.33G 103.55Dn
Powell, Ll. U.D.A. **64 D4** 37.30G 110.45Gn
Powick Lloegr **10 C3** 52.10G 2.14Gn
Powys *rhan.* Cymru **9 D3** 52.26G 3.26Gn
Poyang Hu *ll.* China **103 L3** 29.05G 116.20Dn
Požarevac Iwgo. **56 E6** 44.38G 21.12Dn
Poza Rica México **70 E5** 20.34G 97.26Gn
Poznań Gw. Pwyl **54 E5** 52.25G 16.53Dn
Pozoblanco Sbaen **46 C3** 38.23G 4.51Gn
Prabumulih Indonesia **104 C3** 3.29D 104.14Dn
Prachuap Khiri Khan Gw. Thai **104 B6** 11.50G 99.49Dn
Praha Gwer. Tsiec **54 D4** 50.05G 14.25Dn
Praia Cabo Verde **84 B3** 14.53G 23.30Gn
Prapat Indonesia **104 B4** 2.42G 98.56Dn
Prato Yr Eidal **50 D5** 43.52G 11.06Dn
Prawle, Pt. Lloegr **13 D2** 50.12G 3.43Gn
Pregel *a.* Ffed. Rwsia **54 G6** 54.41G 20.22Dn
Preparis, Ys. Myanmar **97 I3** 14.40G 93.40Dn
Prescott U.D.A. **64 D3** 34.34G 112.28Gn
Presidente Prudente Brasil **77 E2** 22.09D 51.24Gn
Prespa, Ll. Ewrop **56 E4** 40.53G 21.02Dn
Presque Isle *tref* U.D.A. **65 M6** 46.42G 68.01Gn
Prestatyn Cymru **12 D5** 53.20G 3.24Gn
Preston Lloegr **10 C1** 50.39G 2.25Gn
Preston Lloegr **14 E2** 53.46G 2.42Gn
Prestonpans Yr Alban **17 G3** 55.57G 3.00Gn
Prestwick Yr Alban **16 E3** 55.30G 4.36Gn
Pretoria G.D.A. **86 B2** 25.45D 28.12Dn
Préveza Groeg **56 E3** 38.58G 20.43Dn
Pribilof, Ysdd. U.D.A. **62 A3** 57.00G 170.00Gn
Prievidza Slofacia **54 F3** 48.47G 18.35Dn
Prilep Macedonia **56 E4** 41.20G 21.32Dn
Prince Albert Canada **62 H3** 53.13G 105.45Gn
Prince Alfred, P. Canada **62 F5** 74.30G 125.00Gn
Prince Charles, Ys. Canada **63 K4** 67.50G 76.00Gn
Prince Edward, Ysdd. Cefn. India **117 K3**
47.00D 37.00Dn
Prince Edward Island/ Île-du-Prince-Edouard *rhan.* Canada **63 L2** 46.15G 63.10Gn
Prince George Canada **62 F3** 53.55G 122.49Gn
Prince of Wales, Ys. Awstralia **110 D4** 10.55D 142.05Dn
Prince of Wales, Ys. Canada **63 I5** . . .73.00G 99.00Gn
Prince of Wales, Ys. U.D.A. **62 E3** 55.00G 132.30Gn
Prince Patrick, Ys. Canada **62 G5** . . .77.00G 120.00Gn
Prince Rupert Canada **62 E3** 54.09G 130.20Gn
Princes Risborough Lloegr **10 E2** . . .51.43G 0.50Gn
Príncipe *ys.* São Tomé a Príncipe **84 E2** . .1.37G 7.27Dn
Pripryat *a.* Ewrop **55 L4** 51.08G 30.30Dn
Pripyat, Corsydd *n.* Belarus **55 J5** 52.15G 29.00Dn
Priština Iwgo. **56 E5** 42.39G 21.10Dn
Privas Ffrainc **44 F4** 44.44G 4.36Dn
Prizren Iwgo. **56 E5** 42.13G 20.42Dn
Probolinggo Indonesia **104 E2** 7.45D 113.09Dn
Probus (Lamprobus) Lloegr **13 C2** 50.17G 4.57Gn
Providence U.D.A. **65 L5** 41.50G 71.30Gn
Providence, P. Seland Newydd **111 F1**
46.01D 166.28Dn
Providencia, Ys. Colombia **71 H3** 13.21G 81.22Gn
Provins Ffrainc **44 E6** 48.34G 3.18Dn
Provo U.D.A. **64 D5** 40.15G 111.40Gn
Prudhoe Bay *tref* U.D.A. **62 D5** 70.20G 148.25Gn
Prüm Yr Almaen **42 F2** 50.12G 6.25Dn
Pruszków Gw. Pwyl **54 G5** 52.11G 20.48Dn
Prut *a.* Ewrop **55 K1** 45.29G 28.14Dn
Pruzhany Belarus **55 I5** 52.23G 24.28Dn
Prydain Newydd *ys.* P.G.N. **110 D5** 6.00D 143.00Dn
Prydain, Ysdd. Ewrop **34 C3** 54.00G 5.00Gn
Prydz, Bae Antarctica **112** 68.30D 74.00Dn
Pryluky Ukrain **55 M4** 50.35G 32.24Dn
Przemyśl Gw. Pwyl **54 H3** 49.48G 22.48Dn
Psará *ys.* Groeg **56 G3** 38.34G 25.35Dn
Psel *a.* Ukrain/Ffed. Rwsia **55 M3** 49.00G 33.30Dn
Pskov Ffed. Rwsia **58 E3** 57.48G 28.00Dn
Ptsich *a.* Belarus **55 K5** 52.09G 28.52Dn
Pucallpa Periw **76 C4** 8.21D 74.33Gn
Pudsey Lloegr **15 F2** 53.47G 1.40Gn
Puebla México **70 E4** 19.03G 98.10Gn
Puebla *rhan.* México **70 E4** 18.30G 98.00Gn
Pueblo U.D.A. **64 F4** 38.17G 104.38Gn
Puente-Genil Sbaen **46 C2** 37.24G 4.46Gn
Puerto de la Cruz Ysdd. Dedwydd **46 X2**
28.24G 16.33Gn
Puerto del Rosario Ysdd. Dedwydd **46 Z2**
28.29G 13.52Gn
Puertollano Sbaen **46 C3** 38.41G 4.07Gn
Puerto Maldonado Periw **76 D3** 12.37D 69.11Gn
Puerto Montt Chile **75 B2** 41.28D 73.00Gn
Puerto Natales Chile **75 B1** 51.41D 72.15Gn
Puerto Peñasco México **70 B7** 31.20G 113.35Gn
Puerto Princesa Pili. **104 F5** 9.46G 118.45Dn
Puerto Rico Cb. America **71 K4** 18.20G 66.30Gn
Pula Croatia **56 A6** 44.52G 13.53Dn
Pulborough Lloegr **11 E1** 50.58G 0.30Gn
Pułtusk Gw. Pwyl **54 G5** 52.42G 21.02Dn
Pumlumon *m.* Cymru **12 D4** 52.28G 3.47Gn
Pune India **96 E4** 18.34G 73.58Dn
Punjab *rhan.* India **96 F7** 30.30G 75.15Dn
Punta Arenas *tref* Chile **75 B1** 53.10D 70.56Gn
Pur *a.* Ffed. Rwsia **58 J4** 67.30G 75.30Dn
Purari *a.* P.G.N. **110 D5** 7.50D 145.10Dn
Purbeck, Ynys *n.* Lloegr **10 C1** 50.40G 2.05Gn
Puri India **97 H4** 19.49G 85.54Dn
Purmerend Yr Iseld. **42 D4** 52.30G 4.56Dn
Purus *a.* Brasil **77 D4** 3.15D 61.30Gn
Pusan De Korea **103 N5** 35.05G 129.02Dn
Puting, P. Indonesia **104 E3** 3.35D 111.52Dn
Puttalam Sri Lanka **97 F2** 8.02G 79.50Dn
Putumayo *a.* Brasil **76 D4** 3.00D 67.30Gn
Puvirnituq Canada **63 K3** 60.10G 77.20Gn
Puy de Dôme *m.* Ffrainc **44 E4** 45.46G 2.56Dn
Pwllheli Cymru **12 C4** 52.53G 4.25Gn
Pwyl, Gwlad Ewrop **54 F5** 52.30G 19.00Dn
Pyaozero, Llyn Ffed. Rwsia **43 G4** 66.00G 31.00Dn
Pyapon Myanmar **97 J4** 16.15G 95.40Dn
Pyasina *a.* Ffed. Rwsia **59 K5** 73.10G 84.55Dn
Pyè Myanmar **97 J4** 18.50G 95.14Dn
Pyhä *a.* Y Ffindir **43 F4** 64.30G 24.20Dn
Pyhäselkä *ll.* Y Ffindir **43 G3** 62.25G 29.55Dn
Pyinmana Myanmar **97 J4** 19.45G 96.12Dn
P'yŏngyang G. Korea **103 N5** 39.00G 125.47Dn
Pyramid, Ll. U.D.A. **64 C5** 40.00G 119.35Gn
Pyreneau *mdd.* Ffrainc/Sbaen **46 F5** . . .42.40G 0.30Dn
Pyrod, Pen Cymru **12 C3** 51.34G 4.18Gn
Pyryatyn Ukrain **55 M4** 50.14G 32.31Dn

Q

Qalat Afghan. **95 K5** 32.07G 66.54Dn
Qamanittuaq (Baker Lake) *tref* Canada **63 I4**
64.20G 96.10Gn
Qamdo China **102 H4** 31.11G 97.18Dn
Qatar Asia **95 H4** 25.20G 51.10Dn
Qayen Iran **95 I5** 33.44G 59.07Dn
Qazvīn Iran **95 G6** 36.16G 50.00Dn
Qena Yr Aifft **94 D4** 26.08G 32.42Dn
Qeshm Iran **95 I4** 26.58G 56.17Dn
Qiemo China **102 F5** 38.08G 85.33Dn
Qilian Shan *mdd.* China **102 H5** 38.30G 99.20Dn
Qingdao China **103 M5** 36.04G 120.22Dn
Qinghai *rhan.* China **102 H5** 36.15G 96.00Dn
Qinghai Hu *ll.* China **103 I5** 36.40G 100.00Dn
Qingjiang China **103 L4** 33.30G 119.15Dn
Qinhuangdao China **103 L5** 39.55G 119.37Dn
Qinzhou China **103 J2** 21.58G 108.34Dn
Qiqihar China **103 M7** 47.23G 124.00Dn
Qom Iran **95 H5** 34.40G 50.57Dn
Qomishēh Iran **95 H5** 32.01G 51.55Dn
Quang Ngai Viet Nam **104 D7** 15.09G 108.50Dn
Quang Tri Viet Nam **104 D7** 16.46G 107.11Dn
Quantock, Bryniau Lloegr **13 D3** 51.06G 3.12Gn
Quanzhou China **103 L2** 24.57G 118.36Dn
Quâttara, Pant *n.* Yr Aifft **94 C4** 30.00G 27.30Dn
Quchan Iran **95 I6** 37.04G 58.29Dn
Québec Canada **63 K2** 46.50G 71.15Gn
Québec *rhan.* Canada **63 K3** 51.00G 70.00Gn
Queenborough Lloegr **11 F2** 51.24G 0.46Dn
Queen Charlotte, Sn. Canada **62 F3** . .51.00G 129.00Gn
Queen Charlotte, Ysdd. Canada **62 E3**
53.00G 132.30Gn
Queen Elizabeth, Ysdd. Canada **63 I5** .78.30G 99.00Gn
Queen Mary, Tir Antarctica **112** 72.00D 100.00Dn
Queen Maud, Gff. Canada **62 H4** 68.30G 100.00Gn
Queensland *rhan.* Awstralia **110 D3** . . .23.30D 144.00Dn
Quelimane Moçambique **86 C3** 17.53D 36.51Dn
Querétaro México **70 D5** 20.38G 100.23Gn
Querétaro *rhan.* México **70 D5** 21.03G 100.00Gn
Quetta Pakistan **96 D7** 30.15G 67.00Dn
Quezaltenango Guatemala **70 F3** 14.50G 91.30Gn
Quibdó Colombia **71 I2** 5.40G 76.38Gn
Quilon India **96 F2** 8.53G 76.38Dn
Quimper (Kemper) Ffrainc **44 A5** 48.00G 4.06Gn
Quincy U.D.A. **65 H4** 39.55G 91.22Gn
Qui Nhon Viet Nam **104 D6** 13.47G 109.11Dn
Quintana Roo *rhan.* México **70 G4** 19.00G 88.00Gn
Quito Ecuador **76 C4** 0.14D 78.30Gn
Quoich, Loch Yr Alban **18 D2** 57.04G 5.15Gn
Quoile *a.* G. Iwerddon **16 D2** 54.20G 5.42Gn
Quseir Yr Aifft **94 D4** 26.04G 34.15Dn
Quzhou China **103 L3** 28.57G 118.52Dn

Suzhou Jiangsu China 103 M4 31.21G 120.40Dn
Suzu Japan 106 C3 37.20G 137.15Dn
Suzuka Japan 106 C2 34.51G 136.35Dn
Svalbard ysdd. Norwy 58 D5 76.00G 15.00Dn
Svapa a. Ffed. Rwsia 55 N4 51.44G 34.56Dn
Sveg Sweden 43 C3 62.02G 14.20Dn
Svendborg Denmarc 43 B1 55.04G 10.38Dn
Svetogorsk Ffed. Rwsia 43 G3 61.07G 28.50Dn
S. Vicente, P. Portiwgal 46 A2 37.01G 8.59Gn
Svitavy Gwer. Tsiec 54 E3 49.45G 16.27Dn
Svitlovods'k Ukrain 55 M3 49.04G 33.15Dn
Svobodnyy Ffed. Rwsia 59 O3 51.24G 128.05Dn
Swadlincote Lloegr 10 D3 52.47G 1.34Gn
Swaffham Lloegr 11 F3 52.38G 0.42Dn
Swains, Ys. Samoa 108 N5 11.03D 171.06Gn
Swakopmund Namibia 86 A2 22.40D 14.34Dn
Swale a. Lloegr 15 F3 54.05G 1.20Gn
Swanage Lloegr 10 D1 50.36G 1.59Gn
Swanley Lloegr 11 F2 51.24G 0.12Dn
Swazi, Gwlad Affrica 86 C2 26.30D 31.30Dn
Sweden Ewrop 43 C2 63.00G 16.00Dn
Sweetwater U.D.A. 64 F3 32.37G 100.25Gn
Swift Current tref Canada 62 H3 50.17G 107.49Gn
Swilly, Loch Gwer. Iwerdd. 20 D5 55.10G 7.32Gn
Swindon Lloegr 10 D2 51.33G 1.47Gn
Swindon rhan. Lloegr 9 E2 51.33G 1.47Gn
Swineshead Lloegr 11 E3 52.57G 0.10Gn
Świnoujście Gw. Pwyl 54 D5 53.55G 14.18Dn
Swistir, Y Ewrop 44 G5 47.00G 8.00Dn
Swnt, Y Lloegr 13 C2 50.20G 4.10Gn
Swnt Mewnol Yr Alban 18 D2 57.25G 5.55Gn
Swnt y Gogledd Yr Alban 19 G4 59.18G 2.45Gn
Swords Gwer. Iwerdd. 20 E3 53.28G 6.13Gn
Sybil, Pt. Gwer. Iwerdd. 20 A2 52.10G 10.27Gn
Sydney Awstralia 110 E2 33.55D 151.10Dn
Sydney Mines tref Canada 63 L2 46.10G 60.10Gn
Syktyvkar Ffed. Rwsia 58 H4 61.42G 50.45Dn
Sylarna m. Norwy/Sweden 43 C3 63.01G 12.13Dn
Sylt ys. Yr Almaen 43 B1 54.50G 8.20Dn
Syracuse U.D.A. 65 K5 43.03G 76.10Gn
Syrdar'ya a. Asia 58 I2 46.00G 61.12Dn
Syria Asia 94 E5 35.00G 38.00Dn
Syria, Diffeithwch Asia 94 E5 32.00G 39.00Dn
Syzran Ffed. Rwsia 58 G3 53.10G 48.29Dn
Szczecin Gw. Pwyl 54 D5 53.25G 14.32Dn
Szczecinek Gw. Pwyl 54 E5 53.42G 16.41Dn
Szczytno Gw. Pwyl 54 G5 53.34G 21.00Dn
Szeged Hwngari 54 G2 46.16G 20.08Dn
Székesfehérvár Hwngari 54 F2 47.12G 18.25Dn
Szekszárd Hwngari 54 F2 46.22G 18.44Dn
Szombathely Hwngari 54 E2 47.12G 16.38Dn

T

Tabas Iran 95 I5 33.36G 56.55Dn
Tabasco rhan. México 70 F4 18.30G 93.00Gn
Tabatinga, Serra da mdd. Brasil 77 F3 10.00D 44.00Gn
Tábor Gwer. Tsiec 54 D3 49.25G 14.41Dn
Tabora Tanzania 86 C4 5.02D 32.50Dn
Tabrīz Iran 95 G6 38.05G 46.18Dn
Tabuaeran ys. Kiribati 108 P7 3.52G 159.20Gn
Tabuk Saudi Arabia 94 E4 28.25G 36.35Dn
Täby Sweden 43 D2 59.29G 18.04Dn
Tacloban Pili. 105 G6 11.15G 124.59Dn
Tacna Periw 76 C3 18.01D 70.15Gn
Tacoma U.D.A. 64 B6 47.16G 122.30Gn
Tacuarembó Uruguay 77 E1 31.42D 56.00Gn
Tadcaster Lloegr 15 F2 53.53G 1.16Gn
Taegu De Korea 103 N5 35.52G 128.36Dn
Taejŏn De Korea 103 N5 36.20G 127.26Dn
Taf a. Cymru 12 C3 51.45G 4.29Gn
Tafwys a. Lloegr 11 F2 51.30G 0.05Dn
Taganrog Ffed. Rwsia 53 K6 47.14G 38.55Dn
Taganrog, Gff. Ukrain/Ffed. Rwsia 53 K6 47.00G 38.30Dn
Tagbilaran Pili. 105 G5 9.38G 123.53Dn
Tagula, Ys. P.G.N. 110 E4 11.30D 153.30Dn
Tahat, M. Algeria 84 E4 23.20G 5.40Dn
Tahiti ys. Îs. de la Société 109 Q5 17.37D 149.27Gn
Taibei Taiwan 103 M2 25.05G 121.32Dn
Taidong Taiwan 103 M2 22.49G 121.10Dn
Taimyr, Gor. Ffed. Rwsia 59 L5 75.30G 99.00Dn
Taimyr, Ll. Ffed. Rwsia 59 M5 74.20G 101.00Dn
Tain Yr Alban 19 E2 57.49G 4.02Gn
Tainan Taiwan 103 M2 23.01G 120.14Dn
Taínaron, P. Groeg 56 F2 36.22G 22.28Dn
Taiping Malaysia 104 C4 4.54G 100.42Dn
Taita, Bryniau Kenya 87 B2 3.20D 38.17Dn
Taivalkoski Y Ffindir 43 G4 65.35G 28.20Dn
Taivaskero m. Y Ffindir 43 E5 68.02G 24.00Dn
Taiwan Asia 103 M2 23.30G 121.00Dn
Taiwan, Cf. China/Taiwan 103 M2 25.00G 120.00Dn
Taiyuan China 103 K5 37.50G 112.30Dn
Taizhong Taiwan 103 M2 24.09G 120.40Dn
Ta'izz Yemen 94 F1 13.35G 44.02Dn
Tajikistan Asia 102 C5 39.00G 70.30Dn
Tak Gw. Thai 104 B7 16.47G 99.10Dn
Takabba Kenya 87 C3 3.25G 40.11Dn
Takamatsu Japan 106 B2 34.28G 134.05Dn
Takaoka Japan 106 C3 36.47G 137.00Dn
Take-shima (Tok-tō) ys. Japan 106 B3 30.51G 130.28Dn
Taklimakan Shamo diff. China 102 E5 38.10G 82.00Dn
Talagang Pakistan 95 L5 32.55G 72.25Dn
Talara Periw 76 B4 4.38D 81.18Gn
Talaud, Ysdd. Indonesia 105 H4 4.20G 126.50Dn
Talavera de la Reina Sbaen 46 C3 39.58G 4.50Gn
Talca Chile 75 B3 35.28D 71.40Gn
Talcahuano Chile 75 B3 36.40D 73.10Gn
Taldykorgan Kazakhstan 102 D6 45.02G 78.23Dn
Talgarth Cymru 12 D3 51.59G 3.15Gn
Taliabu ys. Indonesia 105 G3 1.50D 124.55Dn
Tallahassee U.D.A. 65 J3 30.28G 84.19Gn
Tallinn Estonia 43 F2 59.22G 24.48Dn
Taloyoak Canada 63 I4 69.30G 93.20Gn
Talsi Latvia 43 E2 57.15G 22.36Dn
Taltson a. Canada 62 G4 61.35G 112.12Gn
Tama, Gwar. Natur Ethiopia 87 B4 6.00G 36.00Dn
Tamale Ghana 84 D2 9.26G 0.49Gn
Tamanrasset Algeria 84 E4 22.50G 5.31Dn
Tamar a. Lloegr 13 C2 50.28G 4.13Gn
Tamaulipas rhan. México 70 E5 24.00G 98.20Gn
Tambach Kenya 87 B3 0.32G 35.32Dn
Tambacounda Sénégal 84 C3 13.45G 13.40Gn
Tambelan, Ysdd. Indonesia 104 D4 0.59G 107.35Dn
Tambov Ffed. Rwsia 58 G3 52.44G 41.28Dn
Tambre a. Sbaen 46 A5 42.50G 8.55Gn
Tâmega a. Portiwgal 46 A4 41.04G 8.17Gn
Tamiahua, Morlyn México 70 E5 21.30G 97.20Gn
Tamil Nadu rhan. India 97 F3 11.15G 79.00Dn
Tampa-St. Petersburg U.D.A. 65 J2 27.58G 82.38Gn
Tampere Y Ffindir 43 E3 61.32G 23.45Dn
Tampico México 70 E5 22.18G 97.52Gn
Tamworth Awstralia 110 E2 31.07D 150.57Dn
Tamworth Lloegr 10 D3 52.38G 1.42Gn
Tana a. Kenya 87 C2 2.32D 40.32Dn
Tana, Ffiord moryd Norwy 43 G5 70.40G 28.30Dn
Tana, Ll. Ethiopia 85 H3 12.00G 37.20Dn
Tanami, Diffeithwch Awstralia 110 C4 19.50D 130.50Dn
Tanana U.D.A. 62 C4 65.11G 152.10Gn
Tanaro a. Yr Eidal 50 C6 45.01G 8.46Dn
Tando Adam Pakistan 96 D6 25.46G 68.40Dn
Tandragee G. Iwerddon 16 C1 54.21G 6.26Gn
Tanega-shima ys. Japan 106 B2 30.32G 131.00Dn
Tanga Tanzania 87 B1 5.07D 39.05Dn
Tanganyika, Ll. Affrica 86 B4 5.37D 29.30Dn
Tanger Moroco 84 D5 35.48G 5.45Gn
Tangshan China 103 L5 39.37G 118.05Dn
Tanimbar, Ysdd. Indonesia 105 I2 7.50D 131.30Dn
Tanjay Pili. 105 G5 9.31G 123.10Dn
Tanjungkarang Telukbetung Indonesia 104 D2 5.28D 105.16Dn
Tanjungpandan Indonesia 104 D3 2.44D 107.36Dn
Tanjungredeb Indonesia 104 F4 2.09G 117.29Dn
Tank Pakistan 95 L5 32.13G 70.23Dn
Tanna ys. Vanuatu 111 F4 19.30D 169.20Dn
Tanta Yr Aifft 94 D5 30.48G 31.00Dn
Tanzania Affrica 86 C4 5.00D 35.00Dn
Tao'an China 103 M7 45.25G 122.46Dn
Taourirt Moroco 52 C3 34.25G 2.53Gn
Tapachula México 70 F3 14.54G 92.15Gn
Tapajós a. Brasil 77 E4 2.40D 55.30Gn
Tapauá a. Brasil 76 D4 5.40D 64.20Gn
Tapi a. India 96 E5 21.05G 72.45Dn
Taquari a. Brasil 77 E3 19.00D 57.27Gn
Tar a. Gwer. Iwerdd. 20 D2 52.15G 7.48Gn
Tara a. Iwgo. 56 D5 43.23G 18.47Dn
Tarābulus (Tripoli) Libya 84 F5 32.58G 13.12Dn
Tarakan Indonesia 104 F4 3.20G 117.38Dn
Tarancón Sbaen 46 D4 40.01G 3.01Gn
Tarangire, Parc Cen. Tanzania 87 B2 4.00D 36.00Dn
Taranto Yr Eidal 50 G4 40.28G 17.14Dn
Taranto, Gff. Yr Eidal 50 G4 40.00G 17.20Dn
Tarapoto Periw 76 C4 6.31D 76.23Gn
Tarbat Ness p. Yr Alban 19 F2 57.52G 3.46Gn
Tarbert A. a B. Yr Alban 16 D3 55.57G 5.45Gn
Tarbert A. a B. Yr Alban 16 D3 55.51G 5.25Gn
Tarbert (An Tairbeart) Ysdd. y Gn. Yr Alban 18 C2 57.55G 6.50Gn
Tarbert, Loch Dwyreiniol Yr Alban 18 C2 57.52G 6.43Gn
Tarbes Ffrainc 44 D3 43.14G 0.05Dn
Târgu-Jiu România 56 F6 45.03G 23.17Dn
Târgu Mureș România 55 I2 46.33G 24.34Dn
Târgu Secuiesc România 55 J2 46.00G 26.08Dn
Tari P.G.N. 105 K2 5.52D 142.58Dn
Tariandir Canada n. G. America 60 K7 50.00G 80.00Gn
Tarija Bolivia 76 D2 21.33D 64.45Gn
Tarīm Yemen 95 G2 16.03G 49.00Dn
Tarim, Basn n. China 102 E5 40.00G 82.00Dn
Tarime Tanzania 87 A2 1.20D 34.20Dn
Tarleton Lloegr 14 E2 53.41G 2.50Gn
Tarn a. Ffrainc 44 D4 44.15G 1.15Dn
Tarnica m. Gw. Pwyl 54 H3 49.05G 22.44Dn
Tarnów Gw. Pwyl 54 G4 50.01G 20.59Dn
Taroudannt Moroco 52 B3 30.31G 8.55Gn
Tarragona Sbaen 46 F4 41.07G 1.15Dn
Tàrrasa Sbaen 46 F4 41.34G 2.00Dn
Tarsus Twrci 57 L2 36.52G 34.52Dn
Tartu Estonia 43 F2 58.20G 26.44Dn
Ţarţūs Syria 57 L1 34.55G 35.52Dn
Tashkent Uzbekistan 102 B6 41.16G 69.13Dn
Tasikmalaya Indonesia 104 D2 7.20D 108.16Dn
Tasmania rhan. Awstralia 110 D1 42.00D 147.00Dn
Tasman, Môr Cefn. Tawel 111 F2 38.00D 160.00Dn
Tatarbunary Ukrain 55 K1 45.49G 29.34Dn
Tatar, Gff. Ffed. Rwsia 59 Q2 47.40G 141.00Dn
Tatarsk Ffed. Rwsia 58 J3 55.14G 76.00Dn
Tatvan Twrci 94 F6 38.31G 42.15Dn
Taubaté Brasil 77 F2 23.00D 45.36Gn
Taung-gyi Myanmar 97 J5 20.49G 97.01Dn
Taunton Lloegr 13 D3 51.01G 3.07Gn
Taunus mdd. Yr Almaen 48 D4 50.07G 8.10Dn
Taupo, Ll. Seland Newydd 111 G2 38.45D 175.30Dn
Taverham Lloegr 11 G3 52.40G 1.13Dn
Tavira Portiwgal 46 B2 37.07G 7.39Gn
Tavistock Lloegr 13 C2 50.33G 4.09Gn
Tavoy Myanmar 97 J3 14.07G 98.18Dn
Tavy a. Lloegr 13 C2 50.27G 4.10Gn
Taw a. Lloegr 13 C3 51.05G 4.05Gn
Tawau Malaysia 104 F4 4.16G 117.54Dn
Tawe a. Cymru 12 D3 51.38G 3.56Gn
Tawitawi ys. Pili. 104 G5 5.05G 120.00Dn
Tay a. Yr Alban 17 F4 56.21G 3.18Gn
Tay, Loch Yr Alban 16 E4 56.32G 4.08Gn
Tay, Moryd Yr Alban 17 F4 56.24G 3.08Gn
Tayma' Saudi Arabia 94 E4 27.37G 38.30Dn
Tây Ninh Viet Nam 104 D6 11.21G 106.07Dn
Tayport Yr Alban 17 G4 56.27G 2.53Gn
Taytay Pili. 104 F6 10.47G 119.32Dn
Taz a. Ffed. Rwsia 58 J4 67.30G 78.50Dn
Taza Moroco 52 C3 34.16G 4.01Gn
Tchad Affrica 85 F3 13.00G 19.00Dn
Tchad, Ll. Affrica 84 F3 13.30G 14.00Dn
Te Anau, Ll. Seland Newydd 111 F1 45.25D 167.43Dn
Tébessa Algeria 52 E4 35.22G 8.08Dn
Tebingtinggi Indonesia 104 B4 3.20G 99.08Dn
Tecuci România 55 J1 45.49G 27.27Dn
Tedzhen Turkmenistan 95 J6 37.26G 60.30Dn
Tees a. Lloegr 15 F3 54.35G 1.11Gn
Tees, Bae Lloegr 15 F3 54.40G 1.07Gn
Tefé a. Brasil 76 D4 3.35D 64.47Gn
Tegid, Ll. Cymru 12 D4 52.53G 3.38Gn
Tegucigalpa Honduras 70 G3 14.05G 87.14Gn
Teguise Ysdd. Dedwydd 46 Z2 29.03G 13.36Gn
Tehran Iran 95 H6 35.40G 51.26Dn
Tehuantepec, Gff. México 70 F4 16.00G 95.00Gn
Teide, Copa m. Ysdd. Dedwydd 46 X2 28.17G 16.39Gn
Teifi a. Cymru 12 C4 52.05G 4.41Gn
Teign a. Lloegr 13 D2 50.32G 3.36Gn
Teignmouth Lloegr 13 D2 50.33G 3.30Gn
Teith a. Yr Alban 17 E4 56.09G 4.00Gn
Tejo a. Portiwgal 46 A3 39.00G 8.57Gn
Tekirdağ Twrci 56 H4 40.59G 27.30Dn
Tel Aviv-Yafo/Jaffa Israel 94 D5 32.05G 34.46Dn
Teles Pires a. Brasil 77 E4 7.20D 57.30Gn
Telford Lloegr 10 C3 52.42G 2.30Gn
Telford a'r Wrekin rhan. Lloegr 9 D3 52.42G 2.30Gn
Teme a. Lloegr 10 C3 52.10G 2.13Gn
Temirtau Kazakhstan 102 C8 50.05G 72.55Dn
Temple U.D.A. 64 G3 31.06G 97.22Gn
Temple Ewell Lloegr 11 G2 51.09G 1.16Dn
Templemore Gwer. Iwerdd. 20 D2 52.48G 7.51Gn
Temryuk Ffed. Rwsia 57 M6 45.16G 37.24Dn
Temuco Chile 75 B3 38.45D 72.40Gn
Tena Ecuador 76 C4 1.00D 77.48Gn
Tenasserim Myanmar 97 J3 12.05G 99.00Dn
Tenbury Wells Lloegr 10 C3 52.18G 2.35Gn
Tendō Japan 106 D3 38.22G 140.22Dn
Tenerife ys. Ysdd. Dedwydd 46 X2 28.10G 16.30Gn
Tengiz, Ll. Kazakhstan 102 B8 50.30G 69.00Dn
Tennessee rhan. U.D.A. 65 I4 36.00G 86.00Gn
Tennessee a. U.D.A. 65 I4 37.10G 88.25Gn
Tenryū a. Japan 106 C2 34.42G 137.44Dn
Tenterden Lloegr 11 F2 51.04G 0.42Dn
Teófilo Otôni Brasil 77 F3 17.52D 41.31Gn
Tepic México 70 D5 21.30G 104.51Gn
Teplice Gwer. Tsiec 54 C4 50.40G 13.50Dn
Teraina ys. Kiribati 108 O7 4.30G 160.02Gn
Teramo Yr Eidal 50 E5 42.40G 13.43Dn
Terebovlya Ukrain 55 I3 49.18G 25.44Dn
Teresina Brasil 77 F4 4.50D 42.50Gn
Tergnier Ffrainc 42 C1 49.39G 3.18Dn
Termez Uzbekistan 95 K6 37.15G 67.15Dn
Terminillo, M. Yr Eidal 50 E5 42.29G 13.00Dn
Términos, Morlyn México 70 F4 18.30G 91.30Gn
Termoli Yr Eidal 50 F4 41.58G 14.59Dn
Tern a. Lloegr 10 C3 52.40G 2.38Gn
Ternate Indonesia 105 H4 0.48G 127.23Dn
Terneuzen Yr Iseld. 42 C3 51.20G 3.50Dn
Terni Yr Eidal 50 E5 42.34G 12.44Dn
Ternopil' Ukrain 55 I3 49.35G 25.39Dn
Terrace Canada 62 F3 54.31G 128.32Gn
Terre Haute U.D.A. 65 I4 39.27G 87.24Gn
Terrington, Cors Lloegr 11 F3 52.47G 0.15Dn
Terschelling ys. Yr Iseld. 42 E5 53.25G 5.25Dn
Teseney Eritrea 94 E2 15.05G 36.41Dn
Teslin Canada 62 E4 60.10G 132.42Gn
Test a. Lloegr 10 D1 50.55G 1.29Gn
Tetas, P. Chile 76 C2 23.32D 70.39Gn
Tetbury Lloegr 10 C2 51.37G 2.09Gn
Tete Moçambique 86 C3 16.10D 33.30Dn
Tetney Lloegr 15 G2 53.30G 0.01Gn
Tétouan Moroco 84 D5 35.34G 5.22Gn
Teuco a. Ariannin 75 C4 25.64D 60.19Gn
Tevere (Tiber) a. Yr Eidal 50 E4 41.45G 12.16Dn
Teviot a. Yr Alban 17 G3 55.36G 2.26Gn
Teviothead Yr Alban 17 G3 55.20G 2.56Gn
Tewkesbury Lloegr 10 C2 51.59G 2.09Gn
Texarkana U.D.A. 65 H3 33.28G 94.02Gn
Texas rhan. U.D.A. 64 G3 32.00G 100.00Gn
Texel ys. Yr Iseld. 42 D5 53.05G 4.47Dn
Texoma, Ll. U.D.A. 64 G3 34.00G 96.40Gn
Tezpur India 97 I6 26.38G 92.49Dn
Thabana Ntlenyana Lesotho 82 E2 29.48D 29.26Dn
Thai, Gwlad Asia 104 C7 16.00G 101.00Dn
Thai Binh Viet Nam 104 D8 20.27G 106.20Dn
Thai Nguyên Viet Nam 104 D8 21.31G 105.55Dn
Thal, Diffeithwch Pakistan 95 L5 31.30G 71.40Dn
Thame Lloegr 10 E2 51.44G 0.58Gn
Thame a. Lloegr 10 D2 51.38G 1.10Gn
Thanet, Ynys n. Lloegr 11 G2 51.22G 1.20Dn
Thanh Hoa Viet Nam 104 D7 19.50G 105.48Dn
Thar, Diffeithwch India 96 E6 28.00G 72.00Dn
Thásos ys. Groeg 56 G4 40.40G 24.39Dn
Thatcham Lloegr 10 D2 51.25G 1.15Gn
Thaton Myanmar 97 J4 16.56G 97.20Dn
Thaxted Lloegr 11 F2 51.57G 0.21Dn
The Calf m. Lloegr 14 E3 54.21G 2.32Gn
Thelon a. Canada 62 I4 64.23G 96.15Gn
Theodore Roosevelt a. Brasil 77 D4 7.33D 60.24Gn
The Old Man of Coniston m. Lloegr 14 D3 54.22G 3.08Gn
The Pas Canada 62 H3 53.50G 101.15Gn
Thesalonica, Gff. Môr Can. 56 F4 40.10G 23.00Dn
Thessaloníki (Thesalonica) Groeg 56 F4 40.38G 22.56Dn
Thet a. Lloegr 11 F3 52.25G 0.44Dn
Thetford Lloegr 11 F3 52.25G 0.44Dn
Thetford Mines Canada 65 L6 46.05G 71.18Gn
Thiers Ffrainc 44 E4 45.51G 3.33Dn
Thiès Sénégal 84 A3 14.48G 16.56Gn
Thika Kenya 87 B2 1.04D 37.04Dn
Thimbu Bhutan 97 H6 27.29G 89.40Dn
Thionville Ffrainc 44 G6 49.22G 6.11Dn
Thíra ys. Groeg 56 G2 36.24G 25.27Dn
Thirlmere ll. Lloegr 14 D3 54.32G 3.04Gn
Thirsk Lloegr 15 F3 54.15G 1.20Gn
Thisted Denmarc 43 B2 56.57G 8.42Dn
Thomastown Gwer. Iwerdd. 20 D2 52.31G 7.08Gn
Thompson Canada 62 I3 55.45G 97.54Gn
Thornaby-on-Tees Lloegr 15 F3 54.34G 1.18Gn
Thornbury (Gaer, Y) Lloegr 10 C2 51.36G 2.31Gn
Thorne Lloegr 15 G2 53.36G 0.56Gn
Thornhill Yr Alban 17 F3 55.15G 3.46Gn
Thornton Lloegr 14 E2 53.53G 3.00Gn
Thrapston Lloegr 11 E3 52.24G 0.32Gn
Thuin Gw. Belg 42 D2 50.21G 4.20Dn
Thule/ Qaanaaq Grønland 63 L5 77.30G 69.29Gn
Thun Y Swistir 44 G5 46.46G 7.38Dn
Thunder Bay tref Canada 63 J2 48.25G 89.14Gn
Thüringen, Fforest mdd. Yr Almaen 48 E4 50.40G 10.50Dn
Thurles Gwer. Iwerdd. 20 D2 52.41G 7.50Gn
Thursby Lloegr 14 D3 54.51G 3.03Gn
Thurso Yr Alban 19 F3 58.35G 3.32Gn
Thurso a. Yr Alban 19 F3 58.35G 3.32Gn
Thurso, Bae Yr Alban 19 F3 58.35G 3.32Gn
Tianjin China 103 L5 39.08G 117.12Dn
Tian Shan mdd. Asia 102 D6 42.00G 80.30Dn
Tianshui China 103 J4 34.25G 105.58Dn
Tiaret Algeria 52 D4 35.28G 1.21Dn
Tibaji a. Brasil 77 E2 22.45D 51.01Gn
Tibati Cameroun 84 F2 6.25G 12.33Dn
Tiber = Tevere a. Yr Eidal 50 E4 41.45G 12.16Dn
Tiberias, Ll. Israel 94 E5 32.49G 35.36Dn
Tibesti mdd. Tchad 85 F4 21.00G 17.30Dn
Tibet = Xizang Zizhiqu rhan. China 102 F4 32.20G 86.00Dn
Tibet, Llwyfandir n. China 102 F4 34.00G 86.15Dn
Tiburón ys. México 70 B6 29.00G 112.25Gn
Ticehurst Lloegr 11 F2 51.02G 0.23Dn
Tidjikja Mauritania 84 C3 18.29G 11.31Gn
Tiel Yr Iseld. 42 E3 51.53G 5.26Dn
Tielt Gw. Belg 42 C3 51.00G 3.20Dn
Tienen Gw. Belg 42 D2 50.49G 4.56Dn
Tierra del Fuego ys. De America 75 C1 54.00D 68.30Gn
Tiétar a. Sbaen 46 C3 39.50G 6.00Gn
Tiflis Georgia 58 G2 41.43G 44.48Dn
Tighina Moldova 55 K2 46.50G 29.29Dn
Tigre a. Periw 76 C4 4.30D 74.05Gn
Tigre a. Venezuela 71 L2 9.20G 62.30Gn
Tigris a. Asia 95 G5 31.00G 47.27Dn
Tihamah n. Saudi Arabia 94 F2 20.00G 40.30Dn
Tijuana México 70 A7 32.29G 117.10Gn
Tikhoretsk Ffed. Rwsia 53 L6 45.52G 40.07Dn
Tikrīt Iraq 94 F5 34.36G 43.42Dn
Tiksi Ffed. Rwsia 59 O5 71.40G 128.45Dn
Tilburg Yr Iseld. 42 E3 51.34G 5.05Dn
Tilbury Lloegr 11 F2 51.28G 0.23Dn
Tilehurst Lloegr 10 D2 51.27G 1.02Gn
Till a. Lloegr 15 E4 55.41G 2.12Gn
Tillabéri Niger 84 E3 14.28G 1.27Dn
Tillicoultry Yr Alban 17 F4 56.09G 3.45Gn
Timashevsk Ffed. Rwsia 53 K6 45.38G 38.56Dn
Timbuktu = Tombouctou Mali 84 D3 16.49G 2.59Gn
Timiș a. Iwgo./România 56 E6 44.49G 20.28Dn
Timișoara România 54 G1 45.47G 21.15Dn
Timmins Canada 63 J2 48.30G 81.20Gn
Timon Brasil 77 F4 5.08D 42.52Gn
Timor ys. Indonesia 105 H2 9.30D 125.00Dn
Timor, Môr Austa. 110 B4 13.00D 122.00Dn
Timrå Sweden 43 D3 62.29G 17.20Dn
Tindouf Algeria 84 D4 27.42G 8.10Gn
Tinian ys. Ysdd. G. Mariana 105 L6 14.58G 145.38Dn
Tínos ys. Groeg 56 G2 37.36G 25.08Dn
Tintagel Lloegr 13 C2 50.40G 4.45Gn
Tinto m. Yr Alban 17 F3 55.36G 3.40Gn
Tipperary Gwer. Iwerdd. 20 C2 52.29G 8.10Gn
Tipperary rhan. Gwer. Iwerdd. 20 D2 52.37G 7.55Gn
Tiptree Lloegr 11 F2 51.48G 0.46Dn
Tiracambu, Serra do mdd. Brasil 77 F4 4.00D 46.30Gn
Tiranë Albania 56 D4 41.20G 19.48Dn
Tiraspol Moldova 55 K2 46.50G 29.38Dn
Tiree ys. Yr Alban 16 C4 56.30G 6.50Gn
Tirga Mor m. Yr Alban 18 C2 58.00G 6.59Gn
Tiriogaethau'r G. On. rhan. Canada 62 I4 66.00G 110.00Gn
Tiriogaeth y Gogledd rhan. Awstralia 110 C4 20.00D 133.00Dn
Tir Mawr ys. Ysdd. Orkney Yr Alban 19 F3 59.00G 3.10Gn
Tir Mawr ys. Ysdd. Shetland Yr Alban 19 Y9 60.15G 1.22Gn
Tirreno, Môr Môr Can. 50 D4 40.00G 12.00Dn
Tirso a. Yr Eidal 50 C3 39.52G 8.33Dn
Tiruchchirappalli India 97 F3 10.50G 78.43Dn
Tiruppur India 96 F3 11.05G 77.20Dn
Tisa = Tisza a. Iwgo. 56 E6 45.09G 20.16Dn
Tisza (Tisa) a. Iwgo. 56 E6 45.09G 20.16Dn
Titicaca, Ll. Bolivia/Periw 76 D3 16.00D 69.00Gn
Titovo Užice Iwgo. 56 D5 43.52G 19.51Dn
Tiverton Lloegr 13 D2 50.54G 3.30Gn
Tivoli Yr Eidal 50 E4 41.58G 12.48Dn
Tizi Ouzou Algeria 52 D4 36.44G 4.05Dn
Tiznit Moroco 84 D4 29.43G 9.44Gn
Tkhab m. Ffed. Rwsia 57 N6 44.34G 38.23Dn
Tlaxcala México 70 E4 19.20G 98.12Gn
Tlaxcala rhan. México 70 E4 19.45G 98.20Gn
Tlemcen Algeria 84 D5 34.53G 1.21Gn
Toamasina Madagascar 86 D3 18.10D 49.23Dn
Tobago ys. De America 71 L3 11.15G 60.40Gn
Toba, Ll. Indonesia 104 B4 2.45G 98.50Dn
Tobelo Indonesia 105 H4 1.45G 127.59Dn
Tobermory (Tobar Mhoire) Yr Alban 16 C4 56.37G 6.04Gn
Toboali Indonesia 104 D3 3.00D 106.30Dn
Tobol a. Ffed. Rwsia 58 I3 58.15G 68.12Dn
Tobol'sk Ffed. Rwsia 58 I3 58.15G 68.12Dn
Tocantins rhan. Brasil 77 F3 10.15D 48.30Gn
Tocantins a. Brasil 77 F4 2.40D 49.20Gn
Tocopilla Chile 76 C2 22.05D 70.12Gn
Todmorden Lloegr 15 E2 53.43G 2.07Gn
Toft Yr Alban 19 Y9 60.27G 1.11Gn
Togian, Ysdd. Indonesia 105 G3 0.20D 122.00Dn
Togo Affrica 84 E2 8.30G 1.00Dn
Tok U.D.A. 62 D4 63.20G 143.10Gn
Tokara-rettō ysdd. Japan 106 A1 29.30G 129.00Dn
Tokat Twrci 57 M4 40.20G 36.35Dn
Tokelau ys. Cefn. Tawel 108 N6 9.00D 171.45Gn
Tokmak Ukrain 55 N2 47.13G 35.43Dn
Tok-tō = Take-shima ys. Japan 106 B3 30.51G 130.28Dn
Tokushima Japan 106 B2 34.03G 134.34Dn
Tōkyō Japan 106 C3 35.40G 139.45Dn
Tôlañaro Madagascar 86 D2 25.01D 47.00Dn
Toledo Sbaen 46 C3 39.52G 4.02Gn
Toledo U.D.A. 65 J5 41.40G 83.35Gn
Toledo, Mdd. Sbaen 46 C3 39.35G 4.30Gn
Tolentino Yr Eidal 50 E5 43.12G 13.17Dn
Toliara Madagascar 86 D2 23.20D 43.41Dn
Tolitoli Indonesia 104 G4 1.05G 120.50Dn
Tollesbury Lloegr 11 F2 51.44G 0.51Dn
Tolsta, Pr. Yr Alban 18 C3 58.20G 6.10Gn
Toluca México 70 E4 19.20G 99.40Gn
Tol'yatti Ffed. Rwsia 58 G3 53.32G 49.24Dn
Tomakomai Japan 106 D4 42.39G 141.33Dn
Tomanivi m. Fiji 111 G4 17.36D 178.09Dn
Tomaszów Lubelski Gw. Pwyl 55 H4 50.28G 23.25Dn
Tomaszów Mazowiecki Gw. Pwyl 54 G4 51.32G 20.01Dn
Tombigbee a. U.D.A. 65 I3 31.05G 87.55Gn
Tombouctou (Timbuktu) Mali 84 D3 16.49G 2.59Gn
Tomelloso Sbaen 46 D3 39.09G 3.01Gn
Tomini, Gff. Indonesia 104 G3 0.30D 120.45Dn
Tomsk Ffed. Rwsia 58 K3 56.30G 85.05Dn
Tona, Gff. Ffed. Rwsia 59 P5 72.00G 136.10Dn
Tonbridge Lloegr 11 F2 51.12G 0.16Dn
Tondano Indonesia 105 G4 1.19G 124.56Dn
Tone a. Lloegr 13 E3 51.04G 2.56Gn
Tonga Cefn. Tawel 108 N5 20.00D 175.00Gn
Tongareva Ysdd. Cook 108 P6 9.00D 158.00Gn
Tongatapu, Grŵp ysdd. Tonga 108 N4 21.10D 175.10Gn
Tongeren Gw. Belg 42 E2 50.47G 5.28Dn
Tonghua China 103 N6 41.40G 126.52Dn
Tongking, Gff. Asia 104 D8 20.00G 107.50Dn
Tongliao China 103 M6 43.37G 122.15Dn
Tongling China 103 L4 30.57G 117.40Dn
Tongue (Tunga) Yr Alban 19 E3 58.28G 4.26Gn
Tongue, Sn. moryd Yr Alban 19 E3 58.27G 4.26Gn
Tônlé Sab ll. Cambodia 104 C6 12.50G 104.00Dn
Tønsberg Norwy 43 B2 59.16G 10.25Dn
Toowoomba Awstralia 110 E3 27.35D 151.54Dn
Topeka U.D.A. 65 G4 39.03G 95.41Gn
Topozero, Llyn Ffed. Rwsia 43 H4 65.45G 32.00Dn
Topsham Lloegr 13 D2 50.40G 3.27Gn
Tor, Bae Lloegr 13 D2 50.25G 3.30Gn
Torbat-e-Heydarīyeh Iran 95 I6 35.16G 59.13Dn
Torbat-e Jam Iran 95 J6 35.16G 60.37Dn
Torbay rhan. Lloegr 9 D2 50.27G 3.31Gn
Tordesillas Sbaen 46 C4 41.30G 5.00Gn

Torfaen *rhan.* Cymru **9 D2** 51.42G 3.01Gn
Torino Yr Eidal **50 B6** 45.04G 7.40Dn
Tori-shima *ys.* Japan **108 J9** 30.28G 140.18Dn
Tormes *a.* Sbaen **46 B4** 41.18G 6.29Gn
Torne *a.* Sweden **43 E4** 67.13G 23.30Dn
Torne, Ll. Sweden **43 D5** 68.15G 19.20Dn
Tornio Y Ffindir **43 F4** 65.52G 24.10Dn
Toronto Canada **63 K2** 43.42G 79.25Gn
Tororo Uganda **87 A3** 0.39G 34.10Dn
Toros, Mdd. Twrci **57 K2** 37.15G 34.00Dn
Torpoint *tref* Lloegr **13 C2** 50.23G 4.12Gn
Torquay Lloegr **13 D2** 50.27G 3.31Gn
Torre del Greco Yr Eidal **50 F4** 40.44G 14.22Dn
Torremolinos Sbaen **46 C2** 36.37G 4.30Gn
Torrens, Ll. Awstralia **110 C2** 31.00D 137.50Dn
Torreón México **70 D6** 25.34G 103.25Gn
Torres, Cf. Cefn. Tawel **110 D4** 10.30D 142.20Dn
Tôrres Vedras Portiwgal **46 A3** 39.05G 9.15Gn
Torres, Ysdd. Vanuatu **111 F4** 13.45D 166.30Dn
Torrevieja/ Torrevella Sbaen **46 E2** 37.59G 0.40Gn
Torridge *a.* Lloegr **13 C2** 51.01G 4.12Gn
Torridon, Loch Yr Alban **18 D2** 57.35G 5.50Gn
Torridon (Toirbheartan) Yr Alban **18 D2** 57.32G 5.30Gn
Torshavn Føroyar **58 B4** 62.02G 6.47Gn
Tortolas, M. las Chile/Ariannin **76 D2** 29.55D 69.55Gn
Tortosa Sbaen **46 F4** 40.49G 0.31Dn
Toruń Gw. Pwyl **54 F5** 53.01G 18.35Dn
Tory, Ys. Gwer. Iwerdd. **20 C5** 55.15G 8.15Gn
Tosno Ffed. Rwsia **43 G2** 59.38G 30.46Dn
Totland Lloegr **10 D1** 50.40G 1.32Gn
Totnes Lloegr **13 D2** 50.26G 3.41Gn
Totton Lloegr **10 D1** 50.55G 1.29Gn
Tottori Japan **106 B3** 35.32G 134.12Dn
Toubkal *m.* Moroco **84 D5** 31.03G 7.57Gn
Touggourt Algeria **84 E5** 33.08G 6.04Dn
Toulon Ffrainc **44 F3** 43.07G 5.53Dn
Toulouse Ffrainc **44 D3** 43.33G 1.24Dn
Toungoo Myanmar **97 J4** 19.00G 96.30Dn
Touraine *n.* Ffrainc **44 D5** 47.00G 1.00Dn
Tournai Gw. Belg **42 C2** 50.36G 3.23Dn
Tournon-sur-Rhône Ffrainc **44 F4** 45.04G 4.50Dn
Tours Ffrainc **44 D5** 47.23G 0.42Dn
Tove *a.* Lloegr **10 E3** 52.03G 0.42Gn
Towada Japan **106 D4** 40.36G 140.47Dn
Towcester Lloegr **10 E3** 52.07G 0.56Gn
Townsville Awstralia **110 D4** 19.13D 146.48Dn
Towori, Gff. Indonesia **105 G3** 2.00D 122.30Dn
Towot Sudan **87 A4** 6.11G 34.23Dn
Toyama Japan **106 C3** 36.42G 137.14Dn
Toyama-wan *b.* Japan **106 C3** 37.00G 137.20Dn
Toyota Japan **106 C3** 35.05G 137.09Dn
Tozeur Tunisia **52 E3** 33.55G 8.08Dn
Trâblous (Tripoli) Libanus **94 E5** 34.27G 35.50Dn
Trabzon Twrci **57 N4** 41.00G 39.43Dn
Traeth Coch Cymru **12 C5** 53.20G 4.10Gn
Trafalgar, P. Sbaen **46 B2** 36.10G 6.02Gn
Tralee Gwer. Iwerdd. **20 B2** 52.16G 9.42Gn
Tralee, Bae Gwer. Iwerdd. **20 B2** 52.18G 9.55Gn
Trallwng, Y Cymru **12 D4** 52.40G 3.09Gn
Tramore Gwer. Iwerdd. **20 D2** 52.10G 7.10Gn
Tranås Sweden **43 C2** 58.03G 15.00Dn
Trangan *ys.* Indonesia **105 I2** 6.30D 134.15Dn
Transilvania, Alpau *mdd.* România **34 F2** 45.35G 24.40Dn
Trapani Yr Eidal **50 E3** 38.02G 12.30Dn
Trasimeno, Ll. Yr Eidal **50 E5** 43.09G 12.07Dn
Traverse City U.D.A. **65 I5** 44.46G 85.38Gn
Travnik Bosna. **56 C6** 44.14G 17.40Dn
Trawsfynydd, Llyn Cymru **12 D4** 52.55G 3.55Gn
Trebišov Slofacia **54 G3** 48.40G 21.47Dn
Trecelyn Cymru **12 D3** 51.41G 3.09Gn
Tredegar Cymru **12 D3** 51.47G 3.16Gn
Trefaldwyn Cymru **12 D4** 52.34G 3.09Gn
Trefdraeth Cymru **12 C4** 52.01G 4.51Gn
Trefdraeth, Bae Cymru **12 C4** 52.03G 4.53Gn
Treforys Cymru **12 D3** 51.40G 3.55Gn
Trefyclo Cymru **12 D4** 52.21G 3.02Gn
Trefynwy Cymru **12 E3** 51.48G 2.43Gn
Treffynnon Cymru **12 D5** 53.17G 3.13Gn
Tregaron Cymru **12 D4** 52.14G 3.56Gn
Treig, Loch Yr Alban **18 E1** 56.48G 4.41Gn
Trelew Ariannin **75 C2** 43.20D 65.25Gn
Trelleborg Sweden **43 C1** 55.22G 13.10Dn
Tremadog, Bae Cymru **12 C4** 52.52G 4.14Gn
Trent *a.* Lloegr **15 G2** 53.41G 0.41Gn
Trento Yr Eidal **50 D7** 46.04G 11.08Dn
Trenton U.D.A. **65 L5** 40.15G 74.43Gn
Tresco *ys.* Lloegr **13 A1** 49.57G 6.20Gn
Tres Picos *m.* Ariannin **75 C3** 38.13D 61.50Gn
Treviso Yr Eidal **50 E6** 45.40G 12.14Dn
Trevose, Pr. *p.* Lloegr **13 B2** 50.33G 5.05Gn
Trier Yr Almaen **48 C3** 49.45G 6.39Dn
Trieste Yr Eidal **50 E6** 45.40G 13.47Dn
Tríkala Groeg **56 E3** 39.34G 21.46Dn
Trim Gwer. Iwerdd. **20 E3** 53.34G 6.47Gn
Trincomalee Sri Lanka **97 G2** 8.34G 81.13Dn
Trindade *ys.* Cefn. Iwerydd **72 H4** 20.30D 29.15Gn
Tring Lloegr **10 E2** 51.48G 0.40Gn
Trinidad Bolivia **76 D3** 15.00D 64.50Gn
Trinidad *ys.* De America **71 L3** 10.20G 61.10Gn
Trinidad U.D.A. **64 F4** 37.11G 104.31Gn
Trinidad a Tobago De America **71 L3** 10.30G 61.20Gn
Tripoli = Tarābulus Libya **84 F5** 32.58G 13.12Dn
Tripoli = Trâblous Libanus **94 E5** 34.27G 35.50Dn
Trípolis Groeg **56 F2** 37.31G 22.21Dn
Tripolitania *n.* Libya **52 F3** 31.00G 12.00Dn
Tripura *rhan.* India **97 I5** 23.45G 91.45Dn
Tristan da Cunha *ys.* Cefn. Iwerydd **116 I4** 38.00D 12.00Gn
Trivandrum India **96 F2** 8.41G 76.57Dn
Trnava Slofacia **54 E3** 48.23G 17.35Dn
Trobriand, Ysdd. P.G.N. **110 E5** 8.35D 151.05Dn
Troisdorf Yr Almaen **42 G2** 50.50G 7.07Dn
Trois-Rivières *tref* Canada **63 K2** 46.21G 72.34Gn
Troitsko-Pechorsk Ffed. Rwsia **58 H4** 62.40G 56.08Dn
Trollhättan Sweden **43 C2** 58.17G 12.20Dn
Trombetas *a.* Brasil **77 E4** 2.00D 55.40Gn
Tromsø Norwy **43 D5** 69.42G 19.00Dn
Trondheim Norwy **43 B3** 63.36G 10.23Dn
Troon Yr Alban **16 E3** 55.33G 4.40Gn
Trossachs *n.* Yr Alban **16 E4** 56.15G 4.25Gn
Trostan *m.* G. Iwerddon **16 C3** 55.03G 6.10Gn
Troup, Pr. Yr Alban **19 G2** 57.41G 2.18Gn
Trout, Ll. Canada **65 H7** 51.13G 93.20Gn
Trowbridge Lloegr **10 C2** 51.18G 2.12Gn
Troyes Ffrainc **44 F6** 48.18G 4.05Dn
Trubchevsk Ffed. Rwsia **55 M5** 52.36G 33.46Dn
Trujillo Periw **74 B6** 8.06D 79.00Gn
Truro Canada **63 L2** 45.24G 63.18Gn
Truro Lloegr **13 B2** 50.17G 5.02Gn
Tsaratanana, Uwchd. *mdd.* Madagascar **86 D3** 14.00D 49.00Dn
Tsavo *a.* Kenya **87 B2** 2.59D 38.29Dn
Tsavo, Parc Cen. Kenya **87 B2** 3.00D 38.30Dn
Tsetserleg Mongolia **103 I7** 47.26G 101.22Dn
Tsimlyansk, Cr. Ffed. Rwsia **35 H2** 48.00G 43.00Dn
Tsna *a.* Belarus **55 J5** 52.10G 27.03Dn
Tsu Japan **106 C2** 34.43G 136.35Dn
Tsuchiura Japan **106 D3** 36.05G 140.12Dn
Tsugaru-kaikyō *cf.* Japan **106 D4** 41.30G 140.50Dn
Tsumeb Namibia **86 A3** 19.13D 17.42Dn
Tsuruga Japan **106 C3** 35.40G 136.05Dn
Tsushima *ys.* Japan **106 A2** 34.30G 129.20Dn
Tuam Gwer. Iwerdd. **20 C3** 53.32G 8.52Gn
Tuamotu, Ysdd. Cefn. Tawel **109 Q5** 17.00D 142.00Gn
Tuapse Ffed. Rwsia **53 K3** 44.06G 39.05Dn
Tuban Indonesia **104 E2** 6.55D 112.01Dn
Tubbercurry Gwer. Iwerdd. **20 C4** 54.03G 8.47Gn
Tübingen Yr Almaen **48 D3** 48.31G 9.02Dn
Tubruq Libya **85 G5** 32.06G 23.58Dn
Tubuai *ys.* Cefn. Tawel **109 Q4** 23.23D 149.27Gn
Tucson U.D.A. **64 D3** 32.15G 110.57Gn
Tucumcari U.D.A. **64 F4** 35.11G 103.44Gn
Tucuruí Brasil **77 F4** 3.42D 49.44Gn
Tucuruí, Cr. Brasil **77 F4** 4.35D 49.33Gn
Tudela Sbaen **46 E5** 42.04G 1.37Gn
Tuguegarao Pili. **105 G7** 17.36G 121.44Dn
Tui Sbaen **46 A5** 42.03G 8.38Gn
Tuineje Ysdd. Dedwydd **46 Y2** 28.18G 14.03Gn
Tukangbesi, Ysdd. Indonesia **105 G2** 5.30D 124.00Dn
Tukums Latvia **43 E2** 56.58G 23.10Dn
Tula Ffed. Rwsia **55 O6** 54.11G 37.38Dn
Tulcea România **55 K1** 45.10G 28.50Dn
Tul'chyn Ukrain **55 K3** 48.40G 28.49Dn
Tulít'a = Fort Norman Canada **62 F4** 64.55G 125.29Gn
Tullamore Gwer. Iwerdd. **20 D3** 53.17G 7.31Gn
Tulle Ffrainc **44 D4** 45.16G 1.46Dn
Tullow Gwer. Iwerdd. **20 E2** 52.48G 6.43Gn
Tullybrack *m.* G. Iwerddon **16 B2** 54.23G 7.52Gn
Tulsa U.D.A. **64 G4** 36.07G 95.58Gn
Tumaco Colombia **76 C5** 1.51G 78.46Gn
Tumba, Ll. Gwer. Ddem. Congo **86 A4** 0.45D 18.00Dn
Tumbes Periw **76 B4** 3.37D 80.27Gn
Tumen China **106 B4** 42.56G 129.47Dn
Tumen *a.* China/G. Korea **106 B4** 42.19G 130.40Dn
Tumkur India **96 F3** 13.20G 77.06Dn
Tummel *a.* Yr Alban **17 F4** 56.39G 3.40Gn
Tummel, Loch Yr Alban **19 F1** 56.43G 3.55Gn
Tump Pakistan **95 J4** 26.06G 62.24Dn
Tumucumaque, Serra *mdd.* De America **77 E5** 2.20G 54.50Gn
Tunceli Twrci **57 N3** 39.07G 39.34Dn
Tundzha *a.* Bwlgaria **56 H5** 42.00G 26.35Dn
Tunguska Isaf *a.* Ffed. Rwsia **59 K4** 65.50G 88.00Dn
Tunis Tunisia **84 F5** 36.47G 10.10Dn
Tunisia Affrica **84 E5** 34.00G 9.00Dn
Tunja Colombia **71 J2** 5.33G 73.23Gn
Tunnsjøen *ll.* Norwy **43 C4** 64.45G 13.25Dn
Tupelo U.D.A. **65 I3** 34.15G 88.43Gn
Tupinambarama, Ys. *n.* Brasil **77 E4** 3.00D 58.00Gn
Tura Ffed. Rwsia **59 M4** 64.05G 100.00Dn
Turabah Saudi Arabia **94 F3** 21.13G 41.39Dn
Turbarkas Lithuania **54 H6** 55.05G 22.48Dn
Turbat Pakistan **96 C6** 25.59G 63.04Dn
Turgay Kazakhstan **102 A7** 49.38G 63.25Dn
Turgutlu Twrci **57 H3** 38.30G 27.43Dn
Turhal Twrci **57 M4** 40.23G 36.05Dn
Turkana, Ll. Kenya **87 B3** 4.00G 36.00Dn
Turkmenistan Asia **115 L7** 40.00G 60.00Dn
Turks, Ysdd. Ysdd. Turks a Caicos **71 J5** 21.30G 71.10Gn
Turks a Caicos, Ysdd. Cb. America **71 J5** 21.30G 71.50Gn
Turku/Åbo Y Ffindir **43 E3** 60.27G 22.15Dn
Turkwel *a.* Kenya **87 B3** 3.08G 35.39Dn
Turneffe, Ysdd. Belize **70 G4** 17.30G 87.45Gn
Turnhout Gw. Belg **42 D3** 51.19G 4.57Dn
Tŭrnovo Bwlgaria **56 G5** 43.04G 25.39Dn
Turnu Măgurele România **56 G5** 43.43G 24.53Dn
Turpan China **102 F6** 42.55G 89.06Dn
Turquino *m.* Cuba **71 I5** 20.05G 76.50Gn
Turriff Yr Alban **19 G2** 57.32G 2.29Gn
Tuscaloosa U.D.A. **65 I3** 33.12G 87.33Gn
Tutbury Lloegr **10 D3** 52.52G 1.40Gn
Tuticorin India **97 F2** 8.48G 78.10Dn
Tuttlingen Yr Almaen **48 D2** 47.59G 8.49Dn
Tutuila *ys.* Samoa **108 N5** 14.18D 170.42Gn
Tuvalu Cefn. Tawel **111 G5** 8.00D 178.00Dn
Tuxford Lloegr **15 G2** 53.14G 0.54Gn
Tuxtla Gutiérrez México **70 F4** 16.45G 93.09Gn
Tuzla Bosna. **56 D6** 44.33G 18.41Dn
Tuz, Ll. Twrci **57 K3** 38.45G 33.24Dn
Tver Ffed. Rwsia **58 F3** 56.47G 35.57Dn
Tweed *a.* Yr Alban **17 G3** 55.46G 2.00Gn
Twin Falls *tref* U.D.A. **64 D5** 42.34G 114.30Gn
Twrci Asia **57 K3** 39.00G 33.00Dn
Twyford Lloegr **10 E2** 51.29G 0.51Gn
Tyddewi Cymru **12 B3** 51.54G 5.16Gn
Tyler U.D.A. **65 G3** 32.22G 95.18Gn
Tynda Ffed. Rwsia **59 O3** 55.11G 124.34Dn
Tyne *a.* Lloegr **15 F4** 55.00G 1.25Gn
Tyne Ddeheuol *a.* Lloegr **15 E3** 54.59G 2.08Gn
Tyne Ogleddol *a.* Lloegr **15 E3** 54.59G 2.08Gn
Tyne a Wear *rhan.* Lloegr **8 E4** 54.57G 1.35Gn
Tynemouth Lloegr **15 F4** 55.01G 1.24Gn
Tynset Norwy **43 B3** 62.17G 10.47Dn
Tyrone *rhan.* G. Iwerddon **20 D4** 54.30G 7.15Gn
Tyrus Libanus **94 E5** 33.16G 35.12Dn
Tyumen Ffed. Rwsia **58 I3** 57.11G 65.29Dn
Tywi *a.* Cymru **12 C3** 51.46G 4.22Gn

U

Uaupés Brasil **76 D4** 0.00 67.10Gn
Ubangi *a.* Congo/Gwer. Ddem. Congo **86 A4** 0.25D 17.50Dn
Úbeda Sbaen **46 D3** 38.01G 3.22Gn
Uberaba Brasil **77 F3** 19.47D 47.57Gn
Uberlândia Brasil **77 F3** 18.57D 48.17Gn
Ubon Ratchathani Gw. Thai **104 C7** 15.15G 104.50Dn
Ucayali *a.* Periw **76 C4** 4.00D 73.30Gn
Uckfield Lloegr **11 F1** 50.58G 0.06Dn
Ucheldir *rhan.* Yr Alban **8 C5** 57.42G 5.00Gn
Udaipur India **96 E5** 24.36G 73.47Dn
Uddevalla Sweden **43 B2** 58.20G 11.56Dn
Uddjaure *ll.* Sweden **43 D4** 65.55G 17.50Dn
Udine Yr Eidal **50 E7** 46.03G 13.15Dn
Udon Thani Gw. Thai **104 C7** 17.29G 102.45Dn
Udupi India **96 E3** 13.21G 74.45Dn
Ueda Japan **106 C3** 36.27G 138.13Dn
Uele *a.* Gwer. Ddem. Congo **86 B5** 4.08G 22.25Dn
Uelzen Yr Almaen **48 E5** 52.58G 10.34Dn
Ufa Ffed. Rwsia **58 H3** 54.45G 55.58Dn
Uganda Affrica **86 C5** 1.00G 33.00Dn
Ugie Ogleddol *a.* Yr Alban **19 H2** 57.31G 1.48Gn
Uglegorsk Ffed. Rwsia **59 Q2** 49.01G 142.04Dn
Ugra *a.* Ffed. Rwsia **55 N6** 54.30G 36.10Dn
Uíge Angola **86 A4** 7.40D 15.09Dn
Uig (Uige) Yr Alban **18 C2** 57.35G 6.22Gn
Uinta, Mdd. U.D.A. **64 D5** 40.45G 110.30Gn
Uist, De *ys.* Yr Alban **18 B2** 57.15G 7.20Gn
Uist, Gogledd *ys.* Yr Alban **18 B2** 57.35G 7.20Gn
Ujung Pandang Indonesia **104 F2** 5.09D 119.28Dn
Ukerewe, Ys. Tanzania **87 A2** 2.00D 33.00Dn
Ukhta Ffed. Rwsia **58 H4** 63.33G 53.44Dn
Ukiah U.D.A. **64 B4** 39.09G 123.12Gn
Ukrain Ewrop **55 L3** 49.00G 30.00Dn
Ulaangom Mongolia **102 G7** 49.59G 92.00Dn
Ulan Bator Mongolia **103 J7** 47.54G 106.52Dn
Ulan-Ude Ffed. Rwsia **59 M3** 51.55G 107.40Dn
Ulchin De Korea **106 A3** 37.00G 129.26Dn
Uliastay Mongolia **102 H7** 47.42G 96.52Dn
Ulithi *ys.* Tal. Ffed. Micronesia **105 J6** 10.00G 139.40Dn
Ullapool (Ullabol) Yr Alban **18 D2** 57.54G 5.10Gn
Ullswater *ll.* Lloegr **14 E3** 54.34G 2.52Gn
Ullung do *ys.* De Korea **106 B3** 37.30G 130.55Dn
Ulm Yr Almaen **48 E3** 48.24G 10.00Dn
Ulsan De Korea **106 A3** 35.32G 129.21Dn
Ulster, Cam. Gwer. Iwerdd. **16 B2** 54.14G 7.00Gn
Ulundi G.D.A. **86 C2** 28.17D 31.28Dn
Ulva *ys.* Yr Alban **16 C4** 56.29G 6.12Gn
Ulverston Lloegr **14 D3** 54.13G 3.07Gn
Uman' Ukrain **55 L3** 48.45G 30.10Dn
Umboi *ys.* P.G.N. **110 D5** 5.35D 148.00Dn
Ume *a.* Sweden **43 E3** 63.43G 20.20Dn
Umeå Sweden **43 E3** 63.50G 20.15Dn
Umingmaktok (Bathurst Inlet) *tref* Canada **62 H4** 66.48G 108.00Gn
Umm Durmān (Omdurman) Sudan **85 H3** 15.37G 32.59Dn
Umm Keddada Sudan **94 C1** 13.33G 26.35Dn
Umm Ruwaba Sudan **94 D1** 12.54G 31.13Dn
Umm Sa'ad Libya **53 I3** 31.33G 25.03Dn
Umtata G.D.A. **86 B1** 31.35D 28.47Dn
Umuarama Brasil **77 E2** 24.00D 53.20Gn
Una *a.* Croatia/Bosna. **56 C6** 45.16G 16.55Dn
Unayzah Saudi Arabia **94 F4** 26.05G 43.57Dn
Ungava, Bae Canada **63 L3** 59.00G 67.30Gn
Unggi G. Korea **106 B4** 42.19G 130.24Dn
Ungwana, Bae Kenya **87 C2** 2.40D 40.23Dn
Unimak, Ys. U.D.A. **62 B3** 54.50G 164.00Gn
Unini *a.* Brasil **77 D4** 1.40D 61.40Gn
Unol Daleithiau America G. America **64 F4** 39.00G 100.00Gn
Unst *ys.* Yr Alban **19 Z9** 60.45G 0.55Gn
Upa *a.* Ffed. Rwsia **55 O5** 54.00G 36.15Dn
Upavon Lloegr **10 D2** 51.17G 1.49Gn
Upemba, Ll. Gwer. Ddem. Congo **86 B4** 8.35D 26.28Dn
Upernavik Grønland **63 M5** 72.50G 56.00Gn
Upington G.D.A. **86 B2** 28.26D 21.12Dn
Upolu *ys.* Samoa **108 N5** 13.55D 171.45Gn
Upper Tean Lloegr **10 D3** 52.57G 1.59Gn
Uppingham Lloegr **10 E3** 52.36G 0.43Gn
Uppsala Sweden **43 D2** 59.55G 17.38Dn
Upton upon Severn Lloegr **10 C3** 52.04G 2.12Gn
Ural *a.* Ffed. Rwsia/Kazakhstan **58 H2** 47.00G 52.00Dn
Ural, Mdd. Ffed. Rwsia **58 H3** 60.00G 59.00Dn
Ural'sk Kazakhstan **58 H3** 51.19G 51.20Dn
Uranium City Canada **62 H3** 59.32G 108.43Gn
Urawa Japan **106 C3** 35.51G 139.39Dn
Ure *a.* Lloegr **15 F3** 54.05G 1.20Gn
Urengoy Ffed. Rwsia **58 J4** 65.59G 78.30Dn
Urie *a.* Yr Alban **19 G2** 57.16G 2.22Gn
Urmia Iran **94 G6** 37.32G 45.02Dn
Urmia, Ll. Iran **94 G6** 37.40G 45.28Dn
Uruapán México **70 D4** 19.26G 102.04Gn
Urubamba *a.* Periw **76 C3** 10.43D 73.55Gn
Urucara Brasil **77 E4** 2.32D 57.45Gn
Uruguaiana Brasil **77 E2** 29.45D 57.05Gn
Uruguay De America **75 D3** 33.00D 55.00Gn
Uruguay *a.* Uruguay **75 D3** 34.00D 58.30Gn
Ürümqi China **102 F6** 43.43G 87.38Dn
Uşak Twrci **57 I3** 38.42G 29.25Dn
Ushuaia Ariannin **75 C1** 54.47D 68.20Gn
Usol'ye-Sibirskoye Ffed. Rwsia **59 M3** 52.48G 103.40Dn
Ussuri *a.* Ffed. Rwsia **106 B5** 45.36G 133.20Dn
Ussuriysk Ffed. Rwsia **59 P2** 43.48G 131.59Dn
Ustica *ys.* Yr Eidal **50 E3** 38.42G 13.11Dn
Ust-Ilimsk Ffed. Rwsia **59 M3** 58.05G 102.40Dn
Ust-Kamchatsk Ffed. Rwsia **59 S3** 56.14G 162.28Dn
Ust-Kamenogorsk Kazakhstan **102 E8** 50.00G 82.40Dn
Ust-Kut Ffed. Rwsia **59 M3** 56.40G 105.50Dn
Ust-Maya Ffed. Rwsia **59 P4** 60.25G 134.28Dn
Ust Olenek Ffed. Rwsia **59 N5** 72.59G 120.00Dn
Ust Urt, Llwyfandir *n.* Asia **58 H2** 43.30G 55.00Dn
Utah *rhan.* U.D.A. **64 D4** 39.00G 112.00Gn
Utara, Ys. Indonesia **104 C3** 2.42D 100.05Dn
Utena Lithuania **55 I6** 55.30G 25.35Dn
Utica U.D.A. **65 K5** 43.06G 75.05Gn
Utiel Sbaen **46 E3** 39.33G 1.13Gn
Utrecht Yr Iseld. **42 E4** 52.04G 5.07Dn
Utrecht *rhan.* Yr Iseld. **42 E4** 52.04G 5.10Dn
Utrera Sbaen **46 C2** 37.10G 5.47Gn
Utsunomiya Japan **106 C3** 36.40G 139.52Dn
Uttaradit Gw. Thai **104 C7** 17.20G 100.05Dn
Uttar Pradesh *rhan.* India **97 G6** 27.40G 80.00Dn
Uttoxeter Lloegr **10 D3** 52.53G 1.50Gn
Uusikaupunki Y Ffindir **43 E3** 60.48G 21.30Dn
Uvs Nuur *ll.* Mongolia **102 G8** 50.30G 92.30Dn
Uwajima Japan **106 B2** 33.13G 132.32Dn
Uwchdiroedd Cymru Cymru **12 D4** 52.33G 3.33Gn
Uwchdiroedd y De *bryniau* Yr Alban **17 F3** 55.30G 3.30Gn
Uxbridge Lloegr **11 E2** 51.33G 0.30Gn
Uyuni, Pant Heli *ll.* Bolivia **76 D2** 20.30D 67.45Gn
Uzbekistan Asia **115 M8** 42.00G 63.00Dn
Uzhgorod Ukrain **54 H3** 48.38G 22.15Dn
Uzlovaya Ffed. Rwsia **55 P5** 53.55G 38.11Dn

V

Vaal *a.* G.D.A. **86 B2** 29.04D 23.37Dn
Vaasa Y Ffindir **43 E3** 63.06G 21.36Dn
Vác Hwngari **54 F2** 47.49G 19.10Dn
Vadodara India **96 E5** 22.19G 73.14Dn
Vadsø Norwy **43 G5** 70.05G 29.47Dn
Vaduz Liech. **44 H5** 47.08G 9.32Dn
Værøy *ys.* Norwy **43 C4** 67.40G 12.40Dn
Váh *a.* Slofacia **54 F2** 47.40G 18.09Dn
Vaitupu *ys.* Tuvalu **111 G5** 7.28D 178.41Dn
Valdai, Bryniau Ffed. Rwsia **35 G3** 57.10G 33.00Dn
Valdepeñas Sbaen **46 D3** 38.46G 3.24Gn
Valdés, Gor. Ariannin **75 C2** 42.30D 64.00Gn
Valdez U.D.A. **62 D4** 61.07G 146.17Gn
Valdivia Chile **75 B3** 39.46D 73.15Gn
Val d'Or *tref* Canada **63 K2** 48.07G 77.47Gn
Valdosta U.D.A. **65 J3** 30.51G 83.51Gn
Valdres *n.* Norwy **43 B3** 61.00G 9.10Dn
Valence Ffrainc **44 F4** 44.56G 4.54Dn
Valencia Sbaen **46 E3** 39.29G 0.24Gn
Valencia Venezuela **71 K3** 10.14G 67.59Gn
Valencia, Gff. Sbaen **46 F3** 39.38G 0.20Dn
Valencia de Alcántara Sbaen **46 B3** 39.25G 7.14Gn
Valenciennes Ffrainc **44 E7** 50.22G 3.32Dn
Valera Venezuela **71 J2** 9.21G 70.38Gn
Valier, M. Ffrainc **44 D3** 42.48G 1.04Dn
Valinco, Gff. Môr Can. **44 H2** 41.40G 8.50Dn
Valjevo Iwgo. **56 D6** 44.16G 19.56Dn
Valka Latvia **43 F2** 57.44G 26.00Dn
Valkeakoski Y Ffindir **43 F3** 61.17G 24.05Dn
Valkenswaard Yr Iseld. **42 E3** 51.21G 5.27Dn
Valladolid Sbaen **46 C4** 41.39G 4.45Gn
Valledupar Colombia **71 J3** 10.10G 73.16Gn
Valletta Malta **50 F1** 35.53G 14.31Dn
Valley City U.D.A. **64 G6** 46.57G 97.58Gn
Valparaíso Chile **75 B3** 33.05D 71.40Gn
Vals, P. Indonesia **105 J2** 8.30D 137.30Dn
Valverde Ysdd. Dedwydd **46 X1** 27.48G 17.55Gn
Vammala Y Ffindir **43 E3** 61.20G 22.54Dn
Van Twrci **94 F6** 38.2?G 43.20Dn
Van, Ll. Twrci **94 F6** 38.35G 42.52Dn
Vancouver Canada **62 F2** 49.13G 123.06Gn
Vancouver, Ys. Canada **62 F2** 50.00G 126.00Gn
Vänern *ll.* Sweden **43 C2** 59.00G 13.15Dn
Vänersborg Sweden **43 C2** 58.23G 12.19Dn
Vanimo P.G.N. **105 K3** 2.40D 141.17Dn
Vännäs Sweden **43 D3** 63.56G 19.50Dn
Vannes (Gwened) Ffrainc **44 B5** 47.40G 2.44Gn
Vantaa Y Ffindir **43 F3** 60.13G 25.01Dn
Vanua Levu *ys.* Fiji **111 G4** 16.33D 179.15Dn
Vanuatu Cefn. Tawel **111 F4** 16.00D 167.00Dn
Varanasi India **97 G6** 25.20G 83.00Dn
Varanger, Ffiord *moryd* Norwy **43 G5** 70.00G 29.30Dn
Varaždin Croatia **56 C7** 46.18G 16.20Dn
Varberg Sweden **43 C2** 57.06G 12.15Dn
Vardar *a.* Groeg **56 F4** 40.31G 22.43Dn
Varese Yr Eidal **50 C6** 45.48G 8.48Dn
Vârful Bihor *m.* România **54 H2** 46.26G 22.43Dn
Vârful Moldoveanu *m.* România **56 G6** 45.36G 24.32Dn
Varkaus Y Ffindir **43 F3** 62.15G 27.45Dn
Varna Bwlgaria **57 H5** 43.13G 27.57Dn
Värnamo Sweden **43 C2** 57.11G 14.03Dn
Várpalota Hwngari **54 F2** 47.12G 18.09Dn
Vasa Barris *a.* Brasil **77 G3** 11.07D 37.08Gn
Vaslui România **55 J2** 46.38G 27.44Dn
Västerås Sweden **43 D2** 59.36G 16.32Dn
Västerdal *a.* Sweden **43 C3** 60.32G 15.02Dn
Västervik Sweden **43 D2** 57.45G 16.40Dn
Vasyl'kiv Ukrain **55 L4** 50.12G 30.15Dn
Vatersay *ys.* Yr Alban **18 B1** 56.56G 7.32Gn
Vatnajökull *mdd.* Gw. yr Iâ **43 Y2** 64.20G 17.00Gn
Vättern *ll.* Sweden **43 C2** 58.30G 14.30Dn
Vavau, Grŵp *ysdd.* Tonga **108 N5** 19.50D 174.30Gn
Växjö Sweden **43 C2** 56.52G 14.50Dn
Vaygach *ys.* Ffed. Rwsia **58 H5** 70.00G 59.00Dn
Vechte *a.* Yr Iseld. **42 F4** 52.39G 6.01Dn
Veendam Yr Iseld. **42 F5** 53.08G 6.52Dn
Veenendaal Yr Iseld. **42 E4** 52.03G 5.32Dn
Vega *ys.* Norwy **43 B4** 65.40G 11.55Dn
Vejle Denmarc **43 B1** 55.43G 9.33Dn
Velen Yr Almaen **42 F3** 51.53G 6.59Dn
Veles Macedonia **56 E4** 41.43G 21.49Dn
Vélez-Málaga Sbaen **46 C2** 36.48G 4.05Gn
Velhas *a.* Brasil **74 E5** 17.10D 44.49Gn
Velikiye Luki Ffed. Rwsia **58 F3** 56.19G 30.31Dn
Velino, M. Yr Eidal **50 E5** 42.09G 13.23Dn
Velizh Ffed. Rwsia **55 L6** 55.36G 31.13Dn
Vellore India **97 F3** 12.56G 79.09Dn
Vel'sk Ffed. Rwsia **58 G4** 61.05G 42.06Dn
Venachar, Loch Yr Alban **16 E4** 56.13G 4.19Gn
Vendôme Ffrainc **44 D5** 47.48G 1.04Dn
Venezia (Fenis) Yr Eidal **50 E6** 45.26G 12.20Dn
Venezuela De America **74 C7** 7.00G 65.20Gn
Venezuela, Gff. Venezuela **71 J3** 11.30G 71.00Gn
Venraij Yr Iseld. **42 E3** 51.32G 5.58Dn
Venta *a.* Latvia **43 E2** 57.22G 21.31Dn
Ventnor Lloegr **10 D1** 50.36G 1.11Gn
Ventspils Latvia **43 E2** 57.22G 21.31Dn
Vera Sbaen **46 E2** 37.15G 1.51Gn
Veracruz México **70 E4** 19.11G 96.10Gn
Veracruz *rhan.* México **70 E4** 18.00G 95.00Gn
Vercelli Yr Eidal **50 C6** 45.19G 8.26Dn
Verdalsøra Norwy **43 B3** 63.47G 11.23Dn
Verde *a.* Brasil **77 E2** 21.18D 51.50Gn
Verde *a.* Paraguay **77 E2** 23.00D 57.45Gn
Verde *a.* U.D.A. **64 D3** 33.22G 112.20Gn
Verdun Ffrainc **44 F6** 49.10G 5.24Dn
Verín Sbaen **46 B4** 41.55G 7.26Gn
Verkhoyansk Ffed. Rwsia **59 P4** 67.25G 133.25Dn
Vermont *rhan.* U.D.A. **65 L5** 44.00G 72.30Gn
Verona Yr Eidal **50 D6** 45.27G 10.59Dn
Versailles Ffrainc **44 E6** 48.48G 2.08Dn
Verviers Gw. Belg **42 E2** 50.36G 5.52Dn
Vervins Ffrainc **42 C1** 49.50G 3.55Dn
Verwood Lloegr **10 D1** 50.53G 1.53Gn
Vesoul Ffrainc **44 G5** 47.38G 6.09Dn
Vesterålen *ysdd.* Norwy **43 C5** 68.55G 15.00Dn
Vestmannaeyjar *ysdd.* Gw. yr Iâ **43 X1** 63.30G 20.20Gn
Vesturhorn *p.* Gw. yr Iâ **43 Z2** 64.17G 14.54Gn
Vesuvius *m.* Yr Eidal **50 F4** 40.48G 14.25Dn
Vettore, M. Yr Eidal **50 E5** 42.50G 13.18Dn
Veurne Gw. Belg **42 B3** 51.04G 2.40Dn
Vézère *a.* Ffrainc **44 D4** 44.53G 0.55Dn
Viana do Castelo Portiwgal **46 A4** 41.41G 8.50Gn
Viangchang (Vientiane) Laos **104 C7** 18.01G 102.48Dn
Viborg Denmarc **43 B2** 56.28G 9.25Dn
Vibo Valentia Yr Eidal **50 G3** 38.40G 16.06Dn
Vicenza Yr Eidal **50 D6** 45.33G 11.32Dn
Vich/ Vic Sbaen **46 G4** 41.56G 2.15Dn
Vichy Ffrainc **44 E5** 46.07G 3.25Dn
Victoria *rhan.* Awstralia **110 D2** 37.20D 144.10Dn
Victoria *a.* Awstralia **110 B4** 15.12D 129.43Dn
Victoria Canada **62 F2** 48.26G 123.20Gn
Victoria U.D.A. **64 G2** 28.48G 97.00Gn
Victoria, Ll. Affrica **86 C4** 1.00D 33.00Dn
Victoria, M. Myanmar **97 I5** 21.12G 93.55Dn

Canllawiau Golygyddol

Atgynhyrchwyd o ragair Dafydd Orwig i'r *Atlas Cymraeg* gwreiddiol, a mân amrywiadau i adlewyrchu rhai gwahaniaethau o ran cynnwys rhwng *Yr Atlas Cymraeg* a'r *Atlas Cymraeg Newydd*.

Wrth lunio'r canllawiau [golygyddol] roeddem yn ymwybodol o'r ffactorau a ganlyn:

(a) yr angen am atlas Cymraeg i ymestyn tiriogaeth yr iaith;
(b) yr angen i barchu enwau tramor yn eu priod ieithoedd;
(c) y ffaith ein bod yn byw yng nghysgod iaith rymusaf y byd a bod defnyddwyr yr atlas hwn yn mynd i weld mapiau Saesneg yn amlach o lawer na rhai Cymraeg.

Gan hynny cyfaddawd rhwng safbwyntiau simplistig yn aml yw rhai o'n polisïau.

Dyma grynodeb o'r prif ganllawiau:

1. GWLEDYDD
(a) Lle bo enw traddodiadol Cymraeg, ei ddefnyddio, e.e. Ariannin, Libanus, Seland Newydd.
(b) Cymreigio ambell enw neu ran o enw, e.e. Emiradau Arabaidd Unedig, Gogledd Korea, Guinea Gyhydeddol.
(c) Lle nad oes enw Cymraeg nac ymgais i Gymreigio'r enw:
(i) Gwyddor Rufeinig – cadw'r sillafiad cywir gan gynnwys yr acenion, e.e. Brasil, Grønland, México, Zimbabwe.
(ii) Gwyddor Anrufeinig – cadw'r fersiwn ryngwladol a arddelir gan y gwledydd, e.e. Afghanistan, Kuwait, Libya, Saudi Arabia.

2. TALEITHIAU, SIROEDD AC ATI
(a) Lle bo enw traddodiadol Cymraeg, ei ddefnyddio, e.e. Caint, Dwyrain a Gorllewin Fflandrys, Gwlad yr Haf.
(b) Cymreigio ambell enw neu ran o enw, e.e. De Cymru Newydd, Gogledd a De Dakota, Trefi Medway.
(c) Yn gyffredinol cadw at y brodorol, swyddogol, e.e. Basse-Normandie, Castilla-la Nueva, Mato Grosso, Queensland.

3. ARWEDDION FFISEGOL
(a) Cyfieithu'r rhan fwyaf o'r elfennau cyntaf Saesneg, Ffrangeg ac Eidaleg a chadw'r enwau mewn ieithoedd eraill.
(b) Wrth gyfieithu'r elfennau cyntaf penderfynwyd cadw'r ail neu'r drydedd elfen yn y gwreiddiol, e.e. Gff. (am *Gwlff*) Panamá, Ll. (am *Llyn*) Great Slave, Mdd. (am *Mynyddoedd*) Salmon River, P. (am *Penrhyn*) São Roque.

Ymysg yr eithriadau y mae rhai arweddion ac enwau lliw iddynt, e.e. M. (am *Mynydd*) Gwyn, Mdd. (am *Mynyddoedd*) Gleision.
(c) Pan fo ardal fynyddig yn gyfyngedig i un wlad tueddir i gadw enw'r wlad arni, e.e. Appennini, Massif Central, Rockies. Ceir rhai eithriadau megis Fforest Ddu a Mdd. Mwyn. Pan fo'r mynyddoedd yn croesi ffin, ac felly iddynt ddau enw, penderfynwyd Cymreigio, e.e. Alpau Morol, Carpatiau, Dolomitiau.

4. ANHEDDAU

A. Gwyddor Rufeinig
(a) Lle bo enw traddodiadol Cymraeg ar anheddiad y tu allan i Gymru, fe'i rhoddir mewn cromfachau o dan neu ar ôl yr enw brodorol, swyddogol, e.e. Köln (Cwlen), Oxford (Rhydychen), Roma (Rhufain).
(b) Yn gyffredinol cedwir at y ffurfiau swyddogol, e.e. Antwerpen, Ciudad de México, München, Québec.
(c) Lle bo dwy iaith yn gyd-swyddogol, defnyddir y ddau enw gan roi'r un rhyngwladol yn gyntaf, e.e. Cape Town/Kaapstad, Gerona/Girona, Thule/Qaanaaq.
(ch) Roddir triniaeth arbennig i'r gwledydd Celtaidd gan roi llawer o enwau anheddau yn y ddwy iaith, gan nodi'r ffurf frodorol mewn cromfachau. [Yn *Yr Atlas Cymraeg*, 1987, bu'n bosibl cynnwys ffurfiau Gwyddeleg enwau anheddau yng Ngweriniaeth Iwerddon, gan ddilyn patrwm (c) uchod. Gan fod graddfa'r map o Iwerddon yn llai o lawer yn *Yr Atlas Cymraeg Newydd* ni fu'n ymarferol bosibl ymgorffori'r ffurfiau Gwyddeleg, ac eithrio ar gyfer Corc a Dulyn.]

B. Gwyddor Anrufeinig
(a) Lle bo enw traddodiadol Cymraeg (o'r Beibl fel rheol) fe'i rhoddir mewn cromfachau ar ôl yr enw swyddogol, e.e. Antakya (Antioch), Dimashq (Damascus), Izmir (Smyrna).
(b) Derbyniwyd ffurf argraffiad Saesneg yr atlas ar y mwyafrif o enwau anheddau yn Asia. Mae enwau anheddau China mewn Pin Yin.
(c) Gyda'r Arabeg derbyniwyd y rhan fwyaf o'r enwau fel y maent ond rhoddir trawslythreniad cydnabyddedig o'r Arabeg uwchben y fersiwn arferol i rai trefi pwysig gan nodi'r ffurf arferol mewn cromfachau, e.e. El Iskandarîya (Alexandria), Tarâbulus (Tripoli).

Cyhoeddwyd gan Uned Iaith Genedlaethol Cymru,
Cyd-bwyllgor Addysg Cymru,
245 Rhodfa'r Gorllewin, Caerdydd CF5 2YX

Mae Uned Iaith Genedlaethol Cymru yn rhan o WJEC CBAC Cyf., cwmni a gyfyngir gan warant ac a reolir gan awdurdodau unedol Cymru.

Yr Atlas Cymraeg Newydd
Addasiad Cymraeg o *Collins-Longman Student Atlas*
(Argraffiad diwygiedig 1998)

Cyhoeddwyd dan nawdd Cynllun Adnoddau
Cyd-bwyllgor Addysg Cymru

Argraffiad cyntaf 1999

ISBN 1 86085 377 3

© HarperCollins Publishers ac Addison Wesley Longman Limited 1996, 1998
© Testun yr argraffiad Cymraeg: Cyd-bwyllgor Addysg Cymru, Caerdydd 1999

Cyhoeddwyd yr addasiad hwn o *Collins-Longman Student Atlas, Revised Edition*, trwy gytundeb â HarperCollins Publishers ac Addison Wesley Longman Limited, Llundain.

Mae'r mapiau yn yr atlas hwn wedi'u trwyddedu i HarperCollins Atlases ac yn deillio o gronfeydd data © HarperCollins Publishers.

Credir bod cynnwys yr atlas hwn yn gywir wrth iddo fynd i'r wasg. Er 'hynny, ni all y cyhoeddwr dderbyn unrhyw gyfrifoldeb am wallau na bylchau, na newidiadau i'r manylion a roddir, nac am unrhyw draul ariannol neu golled a achosir trwy hynny.

Argraffwyd yn y Dwyrain Pell

Cyfeiriadau
Social Trends 25, argraffiad 1995, Gwasg Ei Mawrhydi
Regional Trends 30, argraffiad 1995, Gwasg Ei Mawrhydi
FAO Yearbook Production 1994
World Health Statistics Annual 1994
UN Monthly Bulletin of Statistics
UN World Population Chart 1994
World Bank Atlas 1995
World Resources 1994-5

Ffotograffau
Delweddau lloeren: Science Photo Library
Clawr: Images Colour Library

Cydnabyddiaethau
General Bathymetric Chart of the Oceans (GEBCO)
Instituto Geográfico e Cartográfico, São Paulo, Brasil
Rheolwyr Porthladd Dinas Rotterdam, Rotterdam, Yr Iseldiroedd
Y Sefydliad Hydrograffig Rhyngwladol, Monaco
Y Sefydliad Atlas a Mapio Thematig Cenedlaethol, Calcutta, India
Y Weinyddiaeth Gynllunio a Datblygu Cenedlaethol, Nairobi, Kenya